21 世纪经管核心课程规划教材

国际金融实务

（第三版）

张炳达　王　军　主　编
郭淑娟　罗素梅　副主编

上海财经大学出版社

图书在版编目(CIP)数据

国际金融实务/张炳达,王军主编.—3版.—上海:上海财经大学出版社,2022.9

(21世纪经管核心课程规划教材)

ISBN 978-7-5642-3992-3/F·3992

Ⅰ.①国… Ⅱ.①张… ②王… Ⅲ.①国际金融-高等学校-教材 Ⅳ.①F831

中国版本图书馆CIP数据核字(2022)第100852号

□ 责任编辑 李成军
□ 封面设计 张克瑶

国际金融实务

(第三版)

张炳达 王 军 主 编

郭淑娟 罗素梅 副主编

上海财经大学出版社出版发行
(上海市中山北一路369号 邮编200083)
网 址:http://www.sufep.com
电子邮箱:webmaster@sufep.com
全国新华书店经销
上海天地海设计印刷有限公司印刷装订
2022年9月第3版 2022年9月第1次印刷

787mm×1092mm 1/16 16.5印张 422千字
印数:18 101—21 100 定价:48.00元

前　言

在科技创新和人工智能广泛应用的大背景下，金融业的对外开放和改革取得了举世瞩目的成就，中国金融业与国际接轨的广度和深度正发生着新的飞跃。面对当前这个机会与挑战并存、财富与风险同在的国际金融市场，我国迫切需要各层次人才投身于金融领域，也迫切要求金融领域从业人员与时俱进不断学习研究。为了给广大有志于从事国际金融实务的人员提供一本融实用性、系统性、科学性、前瞻性于一体的国际金融实务学习用书，本书作者做了大量调查研究，听取了相关专家学者的指导建议，也参阅了诸多同行的著作文献，力求改进以往国内教材的编写模式，有所突破、有所创新，本书的编写主要具有以下几个方面的特点：

(1)教材体例有所创新。我们精心设计了本书的体例。每一章开始时，通过准确精练、一目了然的“学习目标”，读者能较好地把握这一章的脉络。每一章中穿插的“案例分析”“资料卡”“衍生知识”等多个层次，形象生动、循循善诱，不仅能引发读者深入思考，还有助于读者开阔眼界和思路。每一章的最后，都有“本章小结”和“复习思考题”，以便让学生系统归纳、思考与自查。

(2)内容简明扼要、深入浅出、通俗易懂。作者在编写时，考虑到国际金融实务一般教材的编写，仅针对专业类学生的特点，内容过于庞杂，有些教材运用的案例过于陈旧，不太符合国际金融领域的最新情况。因此，本书在编写时，尽可能做到语言通俗，尽量选取国内外的最新案例及应用场景，例如针对中美贸易摩擦及英国脱欧带来的外汇影响，突出本书实用性的特点。

(3)对相关内容进行了创新。随着我国市场经济的深入发展，我国金融业在改革实践中有众多的创新活动。本书在收集这方面资料的基础上，将其上升到理论高度加以分析概括，从而增加了许多新观念、新知识、新应用场景、新技术等，诸如增加场外期权、信用违约互换、数字人民币等金融创新内容。

(4)力求反映国内外最新研究成果。在本书编写过程中，我们参考了目前最新版本的有关著作和教材，包括一些国外原版著作，做到与时俱进和博采众长，诸如宏观审慎评估体系(MPA)、商业银行全面风险管理(ERM)以及金融科技(Fintech)等最新理论成果均被纳入教材内容。

本书第三版的编写在前版张炳达、罗素梅老师编著的基础上，凝聚了王军、郭淑娟、王礼莹、贺叶婷四位新作者的新思考及新创造，具体的分工是王军老师负责编写第一、六、七、八、九章，郭淑娟老师负责编写第二、三、四、五、十章，王礼莹老师负责编写第十二、十四章，贺叶婷老师负责编写第十一、十三章，张炳达老师负责全书统稿及审稿。

随着世界经济金融全球化进程的日益加快，对国际金融理论和实务的研究不断深化，研究的内容不断更新并不断被注入新的内涵，内容体系更加趋于成熟和系统，其科学性和可操作性也大为增强。尤其是近年来，伴随着全球疫情常态化及国际贸易形势日趋严峻的国际金融实践，各类金融创新层出不穷，让人眼花缭乱、目不暇接。本书第三版的编写，凝聚了作者的一些思考，当然希望使用本书的读者和同行们能够喜欢。但碍于作者的水平，本书疏漏和不足之处在所难免，真诚地希望读者和同行专家提出宝贵意见，以便充实和完善。

编　者

2022 年 9 月

目　录

第一章　外汇与汇率

学习目标

通过本章学习，了解外汇和汇率的种类；了解国际货币符号；理解外汇与汇率的含义；掌握汇率的标价方法、汇率的折算和进出口报价；了解汇率决定的理论。

外汇(Foreign Exchange)是国际汇兑的简称，作为国际流通手段和购买手段，它大大方便了国际商品流通，促进了国际贸易的发展；作为国际支付手段，它可以调剂国际资金的余缺，加速国际资本的流动，扩大国际经济合作。汇率又称汇价或外汇行市，就是两种货币间的兑换比率。外汇和汇率是紧密相关的一对范畴，汇率的升降，不仅影响每笔进出口交易的盈亏，而且影响出口商品的国际竞争力与销售市场。

第一节　外　汇

一、外汇的含义

外汇是国际汇兑的简称，是国际金融的基本概念。外汇有动态和静态两种含义。动态的外汇，是指人们为了清偿国家间的债权债务关系，将一种货币兑换成另一种货币的行为。这种兑换由外汇银行办理，通过银行间的往来账户划拨资金完成，通常不需要现钞支付和现钞运输。在这个意义上，外汇就是国际结算。

静态外汇，又有广义和狭义之分。广义的静态外汇泛指可以清偿对外债务的一切以外国货币表示的资产或债权。以外币表示的资产是各国外汇管理法令中所沿用的外汇。我国1996年4月1日起施行并沿用至今的《中华人民共和国外汇管理条例》第三条中明确规定，外汇是指下列以外币表示的可以用作国际清偿的支付手段和资产：(1)外国货币，包括纸币、铸币；(2)外币支付凭证，包括票据、银行存款凭证、邮政储蓄凭证等；(3)外币有价证券，包括政府债券、公司债券、股票等；(4)特别提款权、欧洲货币单位(现为欧元)；(5)其他外汇资金。“其他外汇资金”主要是指各种外币投资收益，如股息、利息、债息、红利等。

狭义的静态外汇，是我们通常所说的外汇，是指以外币表示的可直接用于国际结算的支付手段。狭义的外汇必须具备三个基本特征：

(一)国际性

国际性即必须是以外币表示的金融资产，本币表示的不算。如美元对我国来说是外汇，对美国来说是本币，不是外汇。

（二）自由兑换性

自由兑换性即外汇必须是可以自由兑换成其他外币或以外币表示的金融资产。例如，美元可以自由兑换成英镑、欧元、日元等其他货币，因而美元对其他国家的人来说是一种外汇；而我国人民币现在还不能自由兑换成其他种类货币，所以我国人民币尽管对其他国家的人来说也是一种外币，却不能称作外汇。因此，严格地说，不是所有的外币都是外汇。

（三）可偿性

可偿性，即可以在国外作为贸易外汇支付手段向外支付，对方无条件接受。按照这一定义，以外币表示的有价证券，由于不能直接用于国际支付，不能视为外汇。严格地说，外币现钞也不能算作狭义外汇，因为只有将现钞运回发行国并存入银行形成银行存款后才能成为外汇。在这个意义上，只有在国外的银行存款以及索取这些存款的外币凭证和外币票据（如汇票、本票、支票、汇款凭证等），才是狭义外汇。

二、外汇的种类

（一）按照是否可以自由兑换分类，可分为自由外汇和记账外汇

1. 自由外汇

自由外汇是指无须发行国货币当局批准，可以随时自由兑换为另一国（或地区）货币或是向第三国办理支付的外汇。主要有美元、英镑、日元、欧元等。

2. 记账外汇

记账外汇，又称为协定外汇或双边清算外汇，是指未经当事国批准，不能兑换成自由外汇或是对第三国支付的外汇。它是在签订有双边清算支付协定的当事国协议安排下，以双边国家中央银行互设专门账户的形式存在的，是一种账面资产。有时，记账外汇也可在多边清算协定的货币集团成员国之间使用。

（二）按照外汇的来源或用途分类，可分为贸易外汇和非贸易外汇

1. 贸易外汇

贸易外汇是指通过出口贸易而取得的外汇以及用于进口支付的外汇。

2. 非贸易外汇

非贸易外汇是指一切非来源于出口贸易的外汇和非用于进口贸易的外汇。

（三）按照外汇买卖的交割期限分类，可分为即期外汇和远期外汇

1. 即期外汇

即期外汇是指外汇买卖成交后在两个营业日内办理交割的外汇。

2. 远期外汇

远期外汇是指买卖外汇的双方先按商定的汇价签订合同，预约到一定期限（如1个月、3个月等）办理交割的外汇。所谓交割，是指外汇买卖中交易双方货币的实际收付或者银行存款账户金额的实际划转。

（四）按外币形态分类，可分为外币现钞和外币现汇

1. 外币现钞

外币现钞是指外国钞票、铸币。现钞主要从国外携入，属于广义外汇。

2. 外币现汇

现汇是由境外携入或寄入的外汇票据，经本国银行托收后存入，为狭义外汇。其实体是在货币发行国本土银行的存款账户中的自由外汇。

三、外汇的作用

(一)外汇有利于对外的国际债权债务的支付和清偿

在国际贸易中，出口时收取外汇，进口时支出外汇，持有外汇敞口额度可以保证及时有效的对外支付清算。向外国政府、银行或国际组织借款或向外国居民发行债券成为各国筹集外汇、拓宽融资渠道、调剂余缺以促进经济发展行之有效的手段，保持一定的外汇储备可以提高本国在国际金融市场上融资的信心，从而推动国际贸易和国际投融资的进一步发展。

(二)通过对外汇市场的干预可以实现外部经济的均衡与稳定

在固定汇率下，各国有义务维持本币汇率水平的稳定，因此需要通过外汇市场的干预以保持本币汇率的稳定是各国政府或中央银行的一个重要政治任务。在浮动汇率下，各国政府虽然没有义务维持汇率的稳定，但是由于汇率关系着本国经济的发展，各国仍然要保留对外汇市场的干预手段，通过外汇供求调节影响汇率的变化，成为实现一国经济外部均衡和稳定的政策性工具。

(三)外汇有利于提升国际地位

外汇有利于本国的对外交流与合作，能提高本国在国际交往中的能力，提升本国在国际上的知名度。外汇储备是一国国际清偿力的重要标志，是一国政府对外借债和发行债券筹集资金的基础，外汇储备不足有时会导致债务危机，影响本国在国际上的地位。

四、国际标准货币符号及代码

全球经济一体化、国际贸易和国际金融的发展以及计算机的广泛应用，要求各国在货币的表示方法上具有通用性。特别是各国银行在国际结算和外汇交易中，需要准确地传递和接收有关货币信息。如果在信息交换中频繁出现货币名称长短不一或各国沿用自己的习惯表示法，那么，将导致国际结算和整个银行体系的运作严重混乱。所以每种货币都要有一个易于识别的和统一的表示方法。为了能够准确而简易地表示各国货币的名称，便于开展国家间的金融、贸易业务和计算机数据通信，国际标准化组织规定了货币的标准代码。表1—1是常用国家或地区的货币名称、货币符号及货币代码表。

表1—1　常用国家或地区的货币名称、货币符号及货币代码

国家或地区	货币名称	货币符号	货币代码
中国内地	人民币元	CNY	142
中国香港	港元	HKD	110
中国澳门	澳门元	MOP	121
日本	日元	JPY	116
马来西亚	马来西亚林吉特	MYR	458
菲律宾	菲律宾比索	PHP	129
新加坡	新加坡元	SGD	132
泰国	泰国铢	THB	136
欧洲货币联盟	欧元	EUR	300

续表

国家或地区	货币名称	货币符号	货币代码
丹麦	丹麦克朗	DKK	302
英国	英镑	GBP	303
挪威	挪威克朗	NOK	326
瑞典	瑞典克朗	SEK	330
瑞士	瑞士法郎	CHF	331
加拿大	加拿大元	CAD	501
美国	美元	USD	502
南非	兰特	ZAR	710
埃及	埃及镑	EGP	818
澳大利亚	澳大利亚元	AUD	601
新西兰	新西兰元	NZD	609

第二节 汇 率

一、汇率的含义

汇率(Exchange Rate)又称汇价或外汇行市,就是两种货币间的兑换比率,是一国货币折成另一国货币的比率、比价或价格;如果把外国货币当作商品,汇率就是买卖外汇的价格,是以一种货币表示另一种货币的价格,或者说是一国货币以另一国货币表示的“价格”。

二、汇率的标价方法

确定两种不同货币之间的比价,先要确定用哪个国家的货币作为标准货币,哪个国家的货币作为标价货币。由于确定的标准不同,于是便产生了几种不同的外汇汇率标价方法。

(一)直接标价法

直接标价法,又称为应付标价法,是以一定单位的外国货币作为标准,折算为本国货币来表示其汇率。也就是用1单位或100单位外国货币作为标准,折算为一定数量的本国货币,称为直接标价法。如在中国外汇市场:

USD 1=CNY 6.813 1 或 USD 100=CNY 681.31

在直接标价法下,外国货币数额固定不变,汇率涨跌都以相对的本国货币数额的变化来表示。一定单位外币折算的本国货币减少,说明外币汇率下跌,即外币贬值或本币升值。我国和国际上大多数国家采用直接标价法。我国人民币汇率是以市场供求为基础的、单一的、有管理的浮动汇率制度。中国人民银行根据银行间外汇市场形成的价格,公布人民币兑主要外币的汇率(见表1—2)。

表 1—2　　人民币外汇牌价　　单位：人民币元/100 外币

货　币	买入价(现汇)	买入价(现钞)	卖出价(现汇)	卖出价(现钞)
美元(USD)	644.64	639.39	647.37	647.37
欧元(EUR)	763.92	740.18	769.55	772.02
英镑(GBP)	893.05	865.3	899.63	903.61
港元(HKD)	82.98	82.32	83.31	83.31

资料来源：中国银行网站，2021 年 7 月 6 日。

(二)间接标价法

间接标价法又称为应收标价法，是以一定单位的本国货币为标准，折算为一定数额的外国货币来表示其汇率。用 1 单位或 100 单位本国货币作为标准，折算为一定数量的外国货币，称为间接标价法。如在伦敦外汇市场：

GBP 1＝USD 1.610 3　或　GBP 100＝ USD 161.03

在间接标价法下，本国货币的数额固定不变，汇率涨跌都以相对的外国货币数额的变化来表示。一定单位的本国货币折算的外币数量增多，说明本国货币汇率上涨，即本币升值或外币贬值。反之，一定单位本国货币折算的外币数量减少，说明本国货币汇率下跌，即本币贬值或外币升值。英国和美国都是采用间接标价法的国家。间接标价法的具体形式见表 1—3。

表 1—3　　2021 年某月某日外汇市场行情(1 美元合外币)

货　币	买入价	卖出价
欧元(EUR)	0.842 5	0.842 7
英镑(GBP)	0.720 5	0.720 8
日元(JPY)	110.8	110.82
瑞士法郎(CHF)	0.921 5	0.921 8
新加坡元(SGD)	1.344 2	1.344 8
港元(HKD)	7.767 9	7.768 6
加拿大元(CAD)	1.232 7	1.233 0

注：表中价格均为现汇买卖价。

直接标价法和间接标价法所表示的汇率涨跌的含义正好相反，所以在引用某种货币的汇率和说明其汇率涨跌时，必须明确采用哪种标价方法，以免混淆。直接标价法和间接标价法的区别见表 1—4。

表 1—4　　直接标价法与间接标价法的区别

标价法不同点	直接标价法	间接标价法
作为标准的货币不同	外币	本币
汇率波动所表现的货币不同	本币	外币
实行的国家不同	绝大多数国家	主要是英美等国
买入卖出汇率标示的地位不同	买入价在前	卖出价在前

(三)美元标价法和非美元标价法

在外汇交易中如果涉及的两种货币都是外币,则很难用直接标价法或间接标价法来判断。因此,传统的直接标价法和间接标价法已很难适应全球化的外汇交易的发展,国际外汇市场上逐步形成了以美元为基准货币标价的市场惯例,即划分为美元标价法和非美元标价法。

在美元标价法下,美元作为基准货币,其他货币是标价货币。如:USD 1=CAD 1.064 0。

在非美元标价法下,非美元货币作为基准货币,美元是标价货币。如:EUR 1=USD1.407 3。

三、汇率的种类

(一)按制定汇率的方法不同可划分为基本汇率和套算汇率

1. 基本汇率(Basic Rate):指一国货币与关键货币的比例。关键货币是指本国国际收支中使用最多的,在外汇储备中所占比重最大的,可以自由兑换,且国际上普遍接受的货币。

2. 套算汇率(Cross Rate):指两国货币通过各自对第三国货币的汇率而算出的汇率。

(二)按外汇汇付方式不同,可划分为电汇汇率、信汇汇率和票汇汇率

1. 电汇汇率

电汇汇率是银行卖出外汇后,以电报为传递工具,通知其国外分行或代理行付款给收款人时所使用的一种汇率。电汇系国际资金转移中最为迅速的一种国际汇兑方式,能在1~3天内支付款项,银行不能利用客户资金,因而电汇汇率最高。

2. 信汇汇率

信汇汇率是在银行卖出外汇后,用信函方式通知付款地银行转付收款人的一种汇款方式。由于邮程需要时间较长,银行可在邮程期内利用客户的资金,故信汇汇率较电汇汇率低。

3. 票汇汇率

票汇汇率是指银行在卖出外汇时,开立一张由其国外分支机构或代理行付款的汇票交给汇款人,由其自带或寄往国外取款。由于票汇汇率从卖出外汇到支付外汇有一段间隔时间,银行可以在这段时间内占用客户的资金,因此票汇汇率一般比电汇汇率低。

(三)按外汇买卖交割的时间不同,可划分为即期汇率和远期汇率

1. 即期汇率(Spot Rate):指买卖双方成交后在两个营业日内交割外汇所采用的汇率。

2. 远期汇率(Forward Rate):指外汇买卖双方约定在未来某一时间交割,而事先签订合同,达成协议的汇率。

(四)按银行买卖外汇角度不同,可划分为买入汇率、卖出汇率、中间汇率和现钞汇率

1. 买入汇率(Buying Rate):指银行向客户买外汇时的汇率,又叫买入价。

2. 卖出汇率(Selling Rate):指银行向客户卖外汇时的汇率,又叫卖出价。

外汇买卖一般均集中在商业银行等金融机构,它们买卖外汇的目的是为了追求利润,方法就是贱买贵卖,赚取买卖差价。商业银行等机构买进外汇时所依据的汇率叫“买入汇率”,也称“买价”;卖出外汇时所依据的汇率叫“卖出汇率”,也称“卖价”。买入汇率与卖出汇率相差的幅度一般在1‰~1%,各国不尽相同,储备货币与非储备货币相差幅度也不相同。买入汇率与卖出汇率的差额即商业银行买卖外汇的利润。

3. 中间汇率。买入汇率与卖出汇率相加,除以2,则为中间汇率。中间汇率不含银行买卖外汇的利润,常用来衡量或预测某种货币汇率变动的趋势和幅度。商业银行或企业进行内部核算时也用中间汇率。

4. 现钞汇率。现钞汇率即银行购买外币钞票的价格。前述的买入汇率、卖出汇率是指银

行购买或出售外币支付凭证的价格。银行在购入外币支付凭证后,通过航邮划账,可很快地存入国外银行,开始生息,调拨动用;而银行买进外国的钞票,要经过一定的时间,积累到一定数额以后,才能将其运送并存入外国银行调拨使用。在此以前买进钞票的银行要承受一定的利息损失;将现钞运送并存入外国银行的过程中还有运费、保险费等支出。银行要将这些损失及费用开支转嫁给出售钞票的顾客,所以银行买入外国钞票的价格低于买入各种形式的支付凭证的价格。而银行卖出外国现钞时,则根据一般的(即一般的支付凭证)卖出汇率,不再单列。

(五)按根据是否经过通货膨胀调整,可分为名义汇率、实际汇率和有效汇率

1. 名义汇率(Nominal Exchange Rate)。名义汇率是市场交易形成的汇率,该汇率通常出现在官方公布的数据中,这是两种货币的相对价格。名义汇率通常不能完全反映两国货币的真实比价。在纸币本位下,货币发行过量造成不同程度的通货膨胀是十分常见的,名义汇率一般不考虑通货膨胀因素。

2. 实际汇率(Real Exchange Rate)。实际汇率是在名义汇率基础上剔除了通货膨胀因素后的汇率。从严格意义来看,它是用若干单位国内货币的实际价值来衡量一定单位外币的真实价值的汇率。由于实际汇率需要对名义汇率做出调整,其调整量为国家物价总水平的变化量,因此实际汇率本质上是本国商品和服务在与外国商品和服务交换过程中体现出来的购买能力差异。

3. 有效汇率(Effective Exchange Rate)。有效汇率是指一国货币兑其他货币的总体汇率水平,通常以指数形式表示,用于反映一国货币兑主要贸易伙伴货币以贸易重要性为加权基础的整体汇率水平。有效汇率是由贸易权重确定的多种货币的加权平均价格,它能更好地反映一国货币汇率在国际贸易中的总体竞争力和总体波动幅度,可以用于研究货币危机的预警指标,还可以用于衡量一个国家相对于另一个国家居民生活水平的高低。国际货币基金组织和国际清算银行会公布各国货币的有效汇率。

第三节　汇率折算与进出口报价

一、即期汇率下的汇率折算与报价

(一)已知外币/本币,折本币/外币

外币/本币就是一个外币等于多少本币的意思。本币/外币就是一个本币等于多少外币的意思。外币/本币折本币/外币就是:

已知:1 个外币等于一定数量的本币

求出:1 个本币等于多少外币

在对外贸易及国际经济活动中,经常遇到这样的问题,已知 1 个外国货币兑本国货币的汇率,但并没有本币与外币比价的正式牌价。要想精确折算这种本币兑外币报价,然后对进出口商品价格发盘,就需要将外币/本币的报价用倒数来求解,即用 1 除以具体的外币/本币的数字就是本币/外币的价格。

【例 1—1】

已知中国银行某日牌价 USD/CNY=6.826 1,求 CNY/USD 为多少?

解:CNY 1=1/6.826 1=USD 0.146 5

所以 CNY/USD=0.146 5

如果中国某项产品出口,原报1元人民币的价格,现在就可报0.146 5美元的价格。

(二)已知外币/本币的买入价与卖出价,折本币/外币的买入价与卖出价

已知外币/本币的买入价与卖出价,折本币/外币的买入价与卖出价,也就是:

已知:1个外币等于多少本币的买入价与卖出价

求出:1个本币等于多少外币的买入价与卖出价

这种情况适用于银行有两个报价时,进出口商要根据具体情况选择。但是由于当已知外币/本币的标价对于本币所在国是直接标价法,而现在改为以本币/外币标价,则将标准货币换为本币的情况下,对本币而言是间接标价法。因此在求解时,要将已知的买入价与卖出价易位,然后再置于分母上,用1来除(或者说用1交叉相除)。举例如下:

【例1—2】

已知中国银行某日的牌价为USD/CNY=6.813 1/6.842 5,求CNY/ USD为多少?

解:(1)将6.813 1与6.842 5易位,并置于分母之上

(2)CNY/USD=(1/6.842 5)/(1/6.813 1)=0.146 1/0.146 8

所以,CNY/USD=0.146 1/0.146 8,即1元人民币等于0.146 1美元的买入价和0.146 8美元的卖出价。

(三)已知本币/甲种外币,本币/乙种外币,求甲种外币/乙种外币和乙种外币/甲种外币

已知本币/甲种外币,本币/乙种外币,求甲种外币/乙种外币和乙种外币/甲种外币的意思是:

已知:1个本币等于多少甲种外币,1个本币等于多少乙种外币

求出:1个甲种外币等于多少乙种外币,1个乙种外币等于多少甲种外币

这种报价主要是由于进出口范围的扩大,商品市场开拓业务越来越广,当对方要求用不同货币发盘时,必须掌握此种业务。

【例1—3】

已知伦敦外汇市场,GBP/CAD=1.785 5/1.786 5,GBP/USD=1.432 0/1.433 0,求USD/CAD和CAD/USD的买入价与卖出价。

套算此汇率的方法如下:

(1)先确定标准货币和报价货币,求USD/CAD,则美元是标准货币,加元是报价货币,属于美元报价法;求CAD/USD,则加元是标准货币,美元是报价货币,属于非美元报价法;

(2)标准货币易位,置于分母上;

(3)报价货币置于分子上,不易位。

解:(1)USD/CAD=(1.785 5/1.433 0)/(1.786 5/1.432 0)=1.246 0/1.247 6

所以USD/CAD为1.246 0/1.247 6,即1美元的买入价为1.246 0加元,卖出价为1.247 6加元。

(2)CAD/USD=(1.432 0/1.786 5)/(1.433 0/1.785 5)=0.801 6/0.802 6

所以CAD/USD为0.801 6/0.802 6,即1加元的买入价为0.801 6美元,卖出价为0.802 6美元。

二、合理运用汇率的买入价与卖出价

外汇汇率买入价与卖出价之间相差一般为1‰～3‰,进出口商在折算时应计算精确,并在合同条款上明确规定,否则会遭受损失。

（一）本币折外币时，应该用买入价

在进出口实务中，如果一出口商原以一种本国货币作为商品价格报价，但外国进口商往往要求将本币报价改为外国货币，以便于计算成本，考虑可接受市场价格，这时就要求出口商准确报出外币价格。

【例1—4】

中国某服装厂出口西服原报价10 000.00元/套，假设外汇牌价USD/CNY为6.813 1/6.842 5，现外国进口商要求改为美元报价，问如何报？

已知本币报价10 000.00元，求外币报价。

解：根据外币报价＝本币价÷（外币/本币的买入价）

美元报价＝10 000/6.813 1＝1 467.76（美元）

出口商将本币折外币按买入价折算的道理在于：出口商原收取本币，现改收外币，则需将外币卖给银行，换回原本币，出口商卖外币，即银行的买入，按买入价折算。

（二）外币折本币时，应用卖出价

这种情况适用于出口商原商品底价为外币报价，现在根据外国客户的要求改报本币。

【例1—5】

中国香港某机床出口商原报价为10 000美元，现假设USD/HKD汇率为7.791 0/7.795 0，现外国进口商要求改为港元报价。

已知美元报价10 000，求港元报价。

解：根据本币报价＝外币报价×（外币/本币卖出价）

港元报价＝10 000×7.795 0＝77 950（港元）

出口商将外币折本币的道理在于：出口商原收外币，现改本币，则需用本币向银行买回原外币，出口商的买入，即为银行的卖出，故按卖出价折算。

（三）以一种外币折算成另一种外币，按国际外汇市场牌价折算

对于本国货币不能自由兑换的国家而言，在对外贸易中经常涉及两种外币，就需要掌握此方法。

【例1—6】

我国向英国出口商品，原报价商品单价为10 000美元，英国进口商要求我方改用英镑报价，按下列即期汇率我方应报价多少？

如果当时伦敦外汇市场报价为GBP/USD＝1.607 5/1.608 5，纽约外汇市场报价为USD/GBP＝0.617 8/0.618 8。

解：(1)根据伦敦外汇市场1英镑兑美元牌价1.607 5/1.608 5，英镑视为本币，外币折本币用卖出价。

英镑报价＝10 000/1.607 5＝6 220.84（英镑）

(2)根据纽约外汇市场美元兑英镑牌价0.617 8/0.618 8，美元视为本币，本币折外币用买入价。

英镑报价＝10 000×0.618 8＝6 188（英镑）

上述买入价、卖出价折算原则，不仅适用于即期汇率，也适用于远期汇率，在外贸实务操作中，要根据情况具体应用。

三、进口报价的权衡

对进口商而言，如果一种商品有两种货币报价（既有本币报价，也有外币报价或两种外币

报价),那么选择哪种货币报价有利呢?

一般以即期汇率表作为确定进口报价可接受水平的主要依据。一种商品有两种货币报价时,可以换算成同一种货币或换算成第三种货币,然后比较其价格是否可以接受。例如我国进口的商品,一般在我国国内销售,因此可以和人民币比较,用以计算成本和利润。

【例 1—7】

我国某公司从法国进口商品,对方以欧元报价,每件商品为 100 欧元,另外以美元报价,每件为 128 美元。这两种货币没有可比性,只能折算为同一种货币或折算为第三种货币比较。

解:(1)将两种报价折成人民币比较:

当日我国某银行外汇牌价:EUR/CNY=958.66/966.36,USD/CNY=681.3/684.05,欧元报价折人民币为 966.36 元,美元报价折人民币为 875.58 元。

比较两种报价折成的人民币,美元报价的人民币成本低于欧元报价的人民币成本。如果不考虑其他因素,我国进口商可以接受美元报价。

(2)将两种报价折成同一种货币比较:

同一商品不同货币的进口报价,按国际外汇市场的即期汇率表统一折算后比较。

如上例以当天国际外汇市场的欧元兑美元的比价:EUR/USD=1.286 5,将欧元折算成美元,再与美元比较,从中选择合算的货币报价。

欧元的报价折成美元为:100×1.286 5=128.65(美元)

与每件 128 美元相比,欧元报价更高,如果不考虑其他因素,我国进口商应该接受美元报价。

四、汇率的决定

(一)汇率决定理论

1. 金本位制度下汇率水平的决定

金本位制度(Gold Standard System)是以黄金作为本位货币的货币制度,它具体包括金币本位制度(Gold Coin Standard System)、金块本位制度(Gold Bullion System)和金汇兑本位制度(Gold Exchange Standard System)。金币本位制度盛行于 19 世纪至 20 世纪初期,属于完全的金本位制度,后两种金本位制度出现于由金铸币流通向纸币流通过渡和第二次世界大战后对黄金与纸币兑换实行限制的时期,而且存在的时间较短,属于不完全的金本位制度。通常金本位制度主要是指金币本位制。

在金币本位制度下,各国都以法律形式规定每一金铸币单位所包含的黄金重量与成色,即法定含金量(Official Gold Content)。两国货币的价值量之比就直接而简单地表现为它们的含金量之比,称为铸币平价(Mint Parity)或法定平价(Mint Par of Exchange),黄金是价值的化身。铸币平价是决定两国货币之间汇率的价值基础,具体来说 A 国货币与 B 国货币的铸币平价决定了 A 国与 B 国两国货币汇率的价值基础,它是 A 国货币含金量与 B 国货币含金量之比。

金块本位制度下,流通中的货币主要是纸币,只有当出现大规模支付需要时,黄金才出现,以金块的形式参与流通和支付;而金汇兑本位制度下,流通中的货币完全是纸币。但在这两种制度中,政府都规定了纸币所代表的金量,纸币的发行以黄金储备为基础,所以这时的汇率决定的基础是纸币所代表的金量之比,即法定平价。铸币平价和法定平价是金平价(Gold Parity)的两种具体表现形式。所谓金平价,就是两种货币含金量的对比。

2. 纸币流通制度下汇率水平的决定

1929年至1933年，严重的世界性经济危机使得金本位制度彻底崩溃，世界各国普遍实行了纸币流通的货币制度。纸币本来只是价值符号，本身没有内在价值，它以国家法律的形式发行，代替金属货币执行流通手段的职能。在纸币流通制度下，各国政府参照过去金币的含金量，用法令的形式规定纸币的含金量，称作纸币的黄金平价。所以在纸币流通的制度下，如果纸币能真正代表其"黄金平价"，则两国纸币的"黄金平价"便是决定汇率的基础。

1973年，布雷顿森林货币体系瓦解后，取消了国际货币基金组织协定中有关黄金问题的一切条款，彻底切断了黄金与货币的联系。黄金非货币化，浮动汇率取代了固定汇率，各国货币的汇率由市场供求自由涨落，外汇市场动荡不安。尽管如此，各国货币汇率的波动也不是漫无边际的，它仍要受到一种内在的、本质的因素制约。这种因素便是纸币所代表的实际价值量，其具体表现形式便是各国货币所具有的购买力。一国货币购买力提高，其汇率便会上涨；购买力下降，其汇率便会下跌。

3. 购买力平价理论

(1)绝对购买力平价理论(Absolute Purchasing Power Parity)

卡塞尔指出，绝对购买力平价的理论基础是：一种货币的价值以及对这种货币的需求，是由单位货币在发行国所能购买的商品和劳务的数量决定的，即由它的内在购买力决定。而内在购买力是商品和劳务的价格水平的倒数，两个国家的一般物价水平决定了两国货币之间的汇率。

(2)相对购买力平价理论(Relative Purchasing Power Parity)

卡塞尔除了提出绝对购买力平价理论外，还提出了相对购买力平价理论。其观点是汇率的变动是由两国货币的购买力相对变化率决定的。在汇率依据两国物价水平决定下来后，经过一段时间，两国物价水平将发生变化，而且变化幅度又不一样，因此两国货币之间的汇率必然发生变化，产生新的汇率。相对购买力平价理论主要说明某两个时间点的汇率的变动，认为在一定时期，报告期汇率是基期的汇率与两国价格指数的比率的乘积。

(3)成本平价理论

一些经济学家围绕卡塞尔理论进行了进一步的论证，在一定程度上发展了该理论。成本平价理论便是购买力平价理论的进一步发展与深化。

成本平价理论的基本内容是，按照购买力平价理论，两种货币之间的比价由两国物价水平决定，两国物价水平是以产品的生产成本为基础的，因此生产成本高，物价水平就高。以两国的生产成本之比来确定两种货币之间的汇率，更为合理。

4. 利率平价理论

利率平价理论认为，在开放经济条件下，两国汇率由金融资产市场上两国货币资产的收益来决定。当一国利率低于另一国时，交易者为获得较高收益，会将其资本从利率低的国家转移到利率高的国家，以进行套利活动，获取利息差额。在国际金融市场上，在资本自由流动下，拥有一国货币的机会成本除利息外，还包括预期或远期汇率水平。两国投资收益比较的结果，便是国际资本流动方向的依据，直到通过利率的调整，两国的投资收益相等时，国际资本流动才会终止。因此同即期汇率相比，利率较低国家的货币的远期汇率会上升，而利率高的国家的货币的远期汇率会下跌；远期汇率同即期汇率的差价约等于两国间的利率差。套利是利率平价理论运行的基础，根据套利原理，在完全流动的市场中，同一单位货币无论投资于何种资产，若不考虑风险和成本的影响，套利收益应该相等。也就是说在一个有效的市场中(理性预期和风险中性)，当价格完全反映市场信息时，交易者是不可能获得超额收益的。由于利率平价理论同时考虑了两国的利率和汇率，因此它也是利率决定理论。

5. 汇率理论的新进展

(1)市场效率论

市场效率论是指在一个有效的外汇市场上，汇率(即期汇率和远期汇率)必须充分反映所有相关和可能得到的信息，这样投资者就不可能赚得超额利润，均衡汇率就是在完全信息条件下形成的，市场是所有信息的敏感器，调节着价格的变动。

(2)微观行为的汇率决定理论

20世纪90年代以来，奥伯斯菲尔德和罗戈夫的研究认为，汇率在很大程度上可以看作人们根据自己的消费方式选择资产的结果，经济主体的行为及其影响因素等微观基础在宏观经济变量发生变化过程中起着重要的作用。因此提出基于微观行为的汇率决定理论，还应进一步考虑投资者偏好、风险承受能力等微观因素，从而分析现有汇率理论的宏观经济指标如何改变市场参与者的各项决策，进而研究汇率决定与变化的规律。

(3)信息经济学的汇率决定理论

莱昂斯提出，在特定交易体系下掌握不同信息或对信息理解不一致的外汇交易者的相互博弈是汇率波动的直接原因。学者们以此为基础分别从信息、市场参与者的异质性和交易机制等方面来研究汇率形成的规律。

从信息角度来看，金融指标如外汇市场订单流和买卖价差传递反映了私有信息，并对汇率变动产生重要影响。通过汇集了各个交易者私有信息的订单流能够很好地说明国际金融市场上主要外汇的走势。同时信息不对称导致外汇市场参与者的异质性的观点，市场参与者的异质性使得有效市场假说不能成立，这也是原有汇率理论无法很好地解释现实汇率波动的一个重要原因。此外，外汇交易市场的批发交易和零售交易有密切关系，做市商机制的存在必然产生信息不对称对汇率影响的问题。

资料卡1—1 汇率理论最新发展的两类思路

20世纪70年代以来，浮动汇率制成为世界汇率制度的主流，国际金融市场上的资金流动成了汇率形成的重要影响因素。由于浮动汇率制本身的特点，外汇市场上的汇率水平跌宕起伏，传统的汇率理论常常不能解释汇率的这种易变性。经过多年的研究，汇率理论又增添了新成员，它们一方面对资本市场上决定的汇率是否和实体经济的状况相符合提出了判断方法；另一方面又对汇率决定的微观机理进行了更为细致的研究。下面，我们就简单介绍汇率理论最新发展的两类思路：宏观均衡分析方法(Macroeconomic Equilibrium Approach)和外汇市场微观结构方法(Market Microstructure Approach)。

1. 宏观均衡分析方法

外汇的宏观均衡分析方法要回答的问题并不是市场上的汇率如何决定，而是市场上的汇率应该是多少，怎样的市场汇率能够使本国经济实现内外均衡。J. 威廉姆森(J. Williamson)于1983年提出的基本要素均衡汇率理论(Fundamental Equilibrium Exchange Rate Theory)是此类研究的代表。其将均衡汇率定义为与宏观经济均衡相一致的实际有效汇率，其中宏观经济均衡包括充分就业、低通货膨胀率、可持续性的经常账户余额、合意的净资本流动等。通过比较基本要素均衡汇率与实际有效汇率，我们可以判断一国实际汇率偏离均衡汇率的失调程度。

在基本要素均衡汇率之后，又出现过行为均衡汇率、国际收支均衡汇率、自然均衡汇率、均衡实际汇率等诸多均衡汇率计算方法，它们计算所得的均衡汇率都是由宏观经济变量决定的，是“规范的”(Normative)汇率而非市场中的实际汇率。其含义是：当市场汇率达到某种均衡汇率水平时，能够实现该均衡汇率计算时所设定的“均衡目标”。这一思路反映了研究者对汇率与实体经济关系的重新关注。

2. 外汇市场微观结构方法

传统的汇率决定理论认为汇率水平是由外汇市场上货币的供求关系决定的，只要研究清楚了供求，就能知道汇率。在此过程中，供应方和需求方是如何达成交易的，交易的路径、条件、方式等都被忽略了。外汇市场微观结构方法的主要思想是：汇率是由市场决定的，而市场上的汇率又是在交易者的交易中决定的。所以，研究一定基本面条件和制度下各种交易者的行为，尤其是在外汇市场中处于核心的做市商的行为，就有可能揭示汇率决定的原因和路径。形象地说，传统的汇率决定理论将外汇市场视作一个“黑箱”，在黑箱一端输入“供给”和“需求”等宏观变量，就能从黑箱另一端获得决定好了的汇率水平；而微观市场结构方法则试图揭示，在黑箱中汇率是如何被具体决定的。

微观市场结构分析方法的分支很多，其代表人物有 Hans Stoll、Albert Kyle、M. O’Hara 等人。这里简单介绍一下比较典型的存货模型和信息模型的思路。

在存货模型中，做市商要随时满足任意数量的外汇买卖要求，并对买卖要求报出价格。由于在有限的时期内，买卖的委托不一定能够完全抵消，因此做市商就会被迫持有一部分头寸以应付交易。为此，做市商就会承担一系列风险和成本，包括存货数额无法满足委托的要求而破产的风险、持有的存货偏离其期望的资产组合的成本等，从而，做市商会要求买卖差价以补偿持有存货的成本和风险。

在信息模型中，市场中的交易者被分为知情交易者和不知情交易者，前者拥有不为人知的私人信息，知道资产(外汇)的真实价值，而后者不知道资产的真实价值，只能在与知情交易者交易的过程中设法获得信息。信息模型中，做市商处于不知情的地位，他通过研究买卖委托的订单来猜测和学习信息，并根据猜测和学习到的信息来制定买卖差价。譬如，当做市商收到大量英镑买单时，他从中发掘的信息可能是：知情交易者认为当前英镑的价格低于真实价值，从而大量买入，据此，做市商会提高英镑的卖出价，英镑升值。

资料来源：https://www.guayunfan.com/lilun/383732.html，2021 年 11 月 25 日。

本章小结

1. 外汇是国际汇兑的简称。狭义的外汇必须具备三个基本特征：国际性、自由兑换性和可偿性。

2. 汇率又称汇价或外汇行市，就是两种货币间的兑换比率，是一国货币折成另一国货币的比率、比价或价格。

3. 汇率的标价方法有直接标价法和间接标价法，美元标价法和非美元标价法。

4. 直接标价法，又称为应付标价法，是以一定单位的外国货币作为标准，折算为本国货币来表示其汇率。间接标价法又称为应收标价法，是以一定单位的本国货币为标准，折算为一定数额的外国货币来表示其汇率。

思考题

1. 什么是外汇？它有哪些特征？
2. 什么是汇率？它有哪些种类？
3. 直接标价法与间接标价法有何异同？
4. 美元标价法和非美元标价法有何异同？
5. 在进出口报价中，如何合理运用汇率的买入价与卖出价？

第二章　即期外汇交易

学习目标

通过本章学习，了解即期外汇交易的概念；理解即期外汇交易的报价技巧；掌握即期外汇交易的操作程序的运用。

即期外汇交易(Spot Exchange Transaction)，也称现汇交易，是指外汇银行与其客户或与其他银行之间的外汇买卖成交后，原则上于当日或在两个营业日内办理交割的外汇业务。即期外汇交易主要是为了满足机构与个人因从事国际贸易、国际投资等国际经济活动而产生的外汇需求，它是外汇交易的重要组成部分。

第一节　即期外汇交易概述

一、即期外汇交易的概念

即期外汇交易，也称现汇交易，是指外汇银行与其客户或与其他银行之间的外汇买卖成交后，原则上于当日或在两个营业日内办理交割的外汇业务。在两个营业日间，如果出现假日，则交割日期顺延。不同外汇市场的交割习惯有所不同，如伦敦、纽约、苏黎世等欧美外汇市场的惯例是成交后第二个营业日办理交割；东京外汇市场是在成交后第一个营业日办理交割；中国香港外汇市场对港元与美元的兑换当日交割，对日元、新加坡元、马来西亚林吉特和澳大利亚元次日交割，对其他币种在成交后第二个营业日办理交割。

二、即期外汇交易交割时间的确定

交割就是交易双方各自按对方的需要，将卖出的货币及时解入对方指定的账户的处理过程。在此，即期外汇交易与外钞兑换不同。外钞兑换虽也是一项经常性的银行业务，但它不存在外汇资金从一个账户到另一个账户的账面转移问题。交割的日期称为交割日或起息日。不同外汇市场规定的即期交易的交割日是不同的。一般而言，居民和旅客的外币现钞、旅行支票及其他小额外汇交易，在当日成交和交割。银行同业间的外汇买卖，在两个营业日内收付。需要注意的问题是，成交日是指达成买卖外汇协议日，而交割日是指实际办理外汇收付日。

在国际外汇市场上，外汇交易双方一旦达成买卖协议，交易价格就已确定。再由于外汇交易与其他商品交易不同，并不能当时就收付资金，外汇交易涉及的金额较大，而汇率又在不停地波动，因此，在所有的外汇交易市场上，都有其固定的标准交割日，以免出现分歧和经济纠纷。大多数是在成交后的第二个营业日交割。这里注意,“第二个营业日”的确定并不简单。比如涉及两个国家时,这个“营业日”一般是在这两个国家都营业的日子。另外,假如即期外汇交易是在周末成交的,其交割日一般也应顺延。不同外汇市场规定的即期交易的交割日一般有下面三种情况:

1. 标准起息交易(Value Spot),即交割日为成交日后第二个营业日。如在星期一达成一笔即期交易,应在星期三交割。目前,国际外汇市场普遍应用的是标准即期起息交易。

若在两天中逢两个结算国中某国银行(美国银行除外)的假日,则交割时间顺延。主要有两种情况:(1)如果成交后的第一天是两个结算国中某国银行的假日,这一天不算营业日,交割时间顺序推迟。(2)成交后的第一天是两国银行的营业日,但第二天是其中某一国银行的假日,这一天不算营业日,交割时间顺序推迟。

当交易涉及美元的时候,如果两天之中的头一天在美国是银行的假日,但在另一国不是,这一天也算作营业日。这样在对美元进行的即期交易中,交割日的确定可能出现四种情况,例如,某交易者以美元买入即期欧元,星期一成交,可能会出现以下四种情况:

(1)星期二、星期三两国银行都营业,交割日为星期三;

(2)星期二是德国银行的假日,交割日推迟到星期四;

(3)星期二是美国银行的假日,交割日不受影响,仍为星期三;

(4)星期二已确定为营业日,星期三在美国或德国任何一国的银行是假日,交割日都要顺延到星期四。

2. 明天起息交易(Value Tomorrow,Value Tom)即交割日为成交日后的第一个工作日,这在东京和新加坡等远东市场上使用。

3. 当天起息交易(Value Today)即交割日为成交日的当天。

中国香港外汇市场上,对不同的货币是区别对待的。港元兑美元的交割是在当天交割;港元兑日元、新加坡元、马来西亚林吉特和澳大利亚元是在次日交割;港元兑其他货币的交易则在成交日后第二个营业日交割。

就外汇买卖而言,“一言为定”是交易双方必须遵守的原则,交易双方一经成交,就不得擅自撤销或变更。

三、即期外汇交易的报价及技巧

(一)即期外汇交易市场的报价

在即期外汇市场上,一般把提供交易价格(汇价)的机构称为报价者,通常由外汇银行充当这一角色;与此相对,外汇市场把向报价者索价并在报价者所提供的即期汇价上与报价者成交的其他外汇银行、外汇经纪、个人和中央银行等称为询价者。在外汇市场上,报价银行在报出外汇交易价格时一向采用双向报价法,即同时报出银行买价与卖价(这里的买价与卖价是对于银行来说的),在直接标价法和间接标价法下,报价是不相同的。

1. 直接标价法下,银行报出的外汇交易价格是买价在前、卖价在后。例如,2020年某月某日,日本东京银行报出美元兑日元的开市价为:USD 1=JPY 120.50～120.60,其中前面这个数字表示报价银行买入美元(外汇)付出日元的价格,后面的数字(120.60)表示报价银行卖出美元收回日元的价格。

2. 间接标价法下,银行报出的即期外汇交易价格是卖价在前、买价在后。例如,2020年某月某日,纽约外汇市场美元兑加元的收市价是:USD 1=CAD 1.012 6～1.013 6,前面一个数字是美国银行卖出加元的价格(即客户用 1 美元只能买到 1.012 6 加元),后面一个数字是美国银行买入加元的价格(即客户要用 1.013 6 加元才能买到 1 美元)。即期外汇交易中,报价的最小单位(市场称基本点)是标价货币最小价格单位的 1%,如人民币,其最小单位是 1%元(即分),则美元兑人民币的交易价格应标至 0.000 1 元。

3. 银行报价的主要惯例。在外汇市场上,为了保证外汇交易的正常运行,各地外汇市场逐步形成了一些约定俗成的交易惯例,所以,对于投资者来说,了解这些惯例是十分必要的。

(1)除特殊标明外,所有货币的汇价都是针对美元的,即采用以美元为中心的报价方法。在外汇市场上,外汇交易银行所报出的买卖价格,如没有特殊标明外,均是指所报货币与美元的比价。例如,东京银行 2020 年某月某日报出日元的开市价是 117.30/40,这一价格就是指日元与美元的即期买卖价格。

(2)除英镑、澳大利亚元、新西兰元和欧元的汇价是采用间接标价法以外(以 1 单位货币等值多少美元标价),其他可兑换货币的汇价均采用直接标价法表示(以 1 单位美元等于多少该币标价)。此外,任何标价法下,报价银行报出的买价是指其愿意以此报价买入标的货币的价格;反之亦然。买价与卖价之间的价格差别称为价差。

(3)对所有可兑换货币的报价,报价银行都必须同时报出买卖两个价格。当报价银行的外汇交易员向询价方报出某种货币买卖价的同时,这一银行也就承担了以这一价格买进或卖出一定数额货币的义务,但条件是询价方同意在报价方报价的基础上立即成交。至于报刊公布的外汇交易中间价,只是供读者参考,不能作为外汇交易的依据。

(4)在通过电信(如电话、电传等)报价时,报价银行只报汇价的最后两位数。例如,美元兑欧元的汇价为 USD 1=EUR 0.801 5/25,报价银行的交易员一般只报为 15/25。在了解了银行报价的一般惯例后,有些人可能会问,银行报价有无依据可循呢?其实,银行在报价时也是有其原则的,了解银行报价的依据对个人交易者来说是十分必要的,并可以以此确定自己可接受的报价范围。银行报价的依据主要有以下几个:(1)市场行情。市场行情是银行报价时的决定性依据,包括现行的市场价格和市场情绪。市场价格一般是指市场上上一笔交易的成交价或市场上核心成员的买价或卖价。市场情绪,即指报价行对外报价时,市场是处于上升还是下降的压力之下,这种依据具有很大的主观性。(2)报价行现时的某种外汇数量的多少。例如,若询价方需要买入银行持有较多的某种外汇时,银行一般报价较低以便抛出该货币,减少风险。(3)国际经济、政治及军事最新动态。报价银行所在国家及西方主要国家(如美国、日本、英国等)的繁荣或萎缩、财政的盈余或赤字、国际收支的顺差或逆差、政治军事动荡与稳定等,都会引起外汇行市的动荡不安。报价银行的外汇交易员必须时刻注意并以此调节本行的报价。(4)询价者的交易意图。有经验的交易员在报价时,能够推测问价方的交易目的(买入或卖出),借此调整报价。如问价方欲卖出某种货币,报价则稍稍压低一点;反之则抬高一点。

(二)即期外汇交易的报价技巧

交易员在报价时会同时报出买入汇率(Bid Rate)及卖出汇率(Offer Rate),买入汇率与卖出汇率之间的差异,我们称之为价差(Spread)。价差是报价者承做外汇交易的利润及风险成本。价差越大,报价者的利润越大,而风险成本越低,但市场竞争力越弱。如何报出一个有竞争力而又能赚取利润的汇率买卖价格,便是报价者必须面对的挑战。就市场实务而言,报价者的报价好坏,常以其所报价格之价差大小来评定:价差越小,其报价越好。通常外汇交易员在报出价格时,应考虑到下列五个因素:

1. 交易员本身已持有的外汇头寸

每位外汇交易员都有被授权的外汇头寸额度，在额度之内，交易员尽其最大可能来赚取利润。为了控制风险，不允许交易员持有的头寸超过其被授权的额度。交易员报价时必须考虑目前所持有的头寸在目前市场的波动幅度之下，其所报的价格是否对其现有头寸有利。

2. 各种货币的极短期走势

交易员必须对欲报价的货币的极短期走势有准确的预测，在此所谓极短期，可能是一小时、五分钟或五秒钟。一般而言，在银行从事报价的交易员大多是属于短线交易员（Intra-day Trader），亦即交易员所持有的外汇头寸不会超过一日。交易员会随着市场波动状况，随时改变自己的持有头寸，以伺机获利。因此只有对各种货币的极短期走势应有准确的预测，才能报出理想的价格。

3. 市场的预期心理

若市场有明显的预期心理，货币的走势就较易往预期的价位波动。交易员必须了解目前市场的预期心理，从而调整本身的持有头寸，使本身的头寸处于有利的状况。如此报出来的价格才不会违反市场走势，从而遭到重大损失。

4. 各种货币的风险特性

每种货币如同人一样，各有其个性。交易员必须了解每种货币的特性，才能在报价时报出适当的价格。

5. 收益率与市场竞争力

报价者在报出价格之后，就是希望询价者愿意以其所报出的价格来交易；然而为增加市场竞争力，即需缩小买卖价差，亦即利润相对减少。因此交易员在报价时，必须顾及市场竞争力与利润。

综合上述五个考虑因素之后，交易员的基本报价技巧大致可分为四种：

第一，市场预期被报价币上涨。当市场预期被报价币上涨时，此时市场的参与者倾向买入被报价币，以期获取利润。则报价银行应报高被报价币的价格，以降低风险或取得有利之头寸，因为报价银行卖出被报价币的价格越高，则报价者以较低的价格平仓的概率越大，赚钱的机会越多。

第二，预期被报价币下跌。当市场预期被报价币会下跌时，市场的参与者会倾向卖出被报价币以期获取利润。此时报价者所报出之价格会比市场价格略低，以降低风险或取得有利之头寸。由于报价者买入的价格较低，因此报价者有比较大的概率以较高的银行间价格平仓，进而赚取利润。

第三，报价者不欲持有头寸时。有时当报价者的头寸已平仓或市场波动的幅度过大，报价者不愿意买入或卖出被报价币。因此报价者的价差会比市场宽，亦即询价者若欲与报价者成交时，不论买入价格或卖出价格都比市场价格差，因此询价者愿意成交的意愿就降低了。

第四，报价者有强烈的意愿成交时。报价者以市场竞争力为主要考虑因素时，其报价与市场价格相较为窄，亦即报价者报价的价差会比市场的小。不论买入或卖出价格均比市场价格好，因此询价者会有比较高的意愿来交易。

资料卡 2—1　人民币跨境支付系统

人民币跨境支付系统（Cross-border Interbank Payment System，CIPS）是专司人民币跨境支付清算业务的批发类支付系统，旨在进一步整合现有人民币跨境支付结算渠道和资源，提高跨境清算效率，满足各主要时区的人民币业务发展需要，提高交易的安全性，构建公平的市场竞争环境。

CIPS是我国重要的金融市场基础设施，在助力人民币国际化等方面发挥着重要作用。

该系统于2012年4月12日开始建设，2015年10月8日上午正式启动。2018年3月26日，CIPS系统（二期）成功投产试运行。实现对全球各时区金融市场的全覆盖，支持全球的支付与金融市场业务，满足全球用户的人民币业务需求。

截至2019年年末，CIPS共有33家直接参与者，903家间接参与者，分别较上线初期增长74%和413%，覆盖全球6大洲94个国家和地区，CIPS业务实际覆盖167个国家和地区的3 000多家银行法人机构。

2019年，人民币跨境支付系统处理业务188万笔，金额34万亿元。日均处理业务7 537笔，金额1 357亿元。

CIPS（一期）的主要功能是便利跨境人民币业务处理，支持跨境货物贸易和服务贸易结算、跨境直接投资、跨境融资和跨境个人汇款等业务。其主要特点包括：

（1）CIPS（一期）采用实时全额结算方式处理客户汇款和金融机构汇款两类业务。

（2）各直接参与者一点接入，集中清算业务，缩短清算路径，提高清算效率。

（3）采用国际通用ISO20022报文标准，采纳统一规范的中文四角码，支持中英文传输，在名称、地址、收费等栏目设置上更有利于人民币业务的自动处理。CIPS报文设计充分考虑了与现行SWIFT MT报文的转换要求，便于跨境业务直通处理并支持未来业务发展需求。

（4）运行时间覆盖亚洲、欧洲、非洲、大洋洲等人民币业务主要时区。

（5）为境内直接参与者提供专线接入方式。

CIPS（二期）在功能特点上进行了改进和完善：

（1）运行时间由5×12小时延长至5×24小时+4小时，实现对全球各时区金融市场的全覆盖。

（2）在实时全额结算模式的基础上引入定时净额结算机制，满足参与者的差异化需求，便利跨境电子商务。

（3）业务模式设计既符合国际标准，又兼顾可推广可拓展要求，支持多种金融市场业务的资金结算。

（4）丰富参与者类型，引入金融市场基础设施类直接参与者。

（5）系统功能支持境外直接参与者扩容，为引入更多符合条件的境外机构做好准备。

（6）建成CIPS备份系统。实现主系统向备份系统的实时数据复制，提高了CIPS业务连续运行能力。

资料来源：https://baike.baidu.com，2022年2月28日。

第二节　即期外汇交易的操作程序

一、银行间即期外汇交易的操作程序

在外汇市场开市前，银行交易员的工作是搜集资料，了解其他地区外汇市场的汇率，分析

可能影响汇率变动的各种因素，掌握本银行的外汇头寸状况。在此基础上，对汇率变动趋势做出大致的预测，并确定开市后前几笔交易所要买进或卖出的外汇种类和数额。

一般每笔即期外汇交易都需要通过询价、报价、成交（或放弃）、证实及交割这五个步骤来完成。

（一）询价

询价方在使用交易机询价（Asking Price）时需报告所询货币价格的交易类型、交易币种和交易金额，并可按惯例使用缩写。以缩写 SP 或 SPOT 来表示即期交易类型（有时也可省略）。交易金额通常以百万元为单位，以 Million 表示，可缩写为 MIO 或 M，甚至可以省略。在国际外汇市场上，正常的交易金额（Normal Amount）是 500 万至 1 000 万美元，1 000 万美元以上称为大金额（Good Amount），而 200 万美元以下就是小金额（Small Amount），25 万美元以下为微小金额（Tiny Amount）。

如果所询汇率使用美元标价法，则所报的数字为美元的金额；如果所询汇率使用单位镑标价法，则所报出的数字为非美元币种的金额。如果在美元标价法中想以非美元货币金额成交，或在单位镑标价法中想以美元金额成交，其表达方式又有不同，就需特别明确是哪种货币的金额。

（二）报价

报价方在接到询价方询问后，一般会以最快的速度报价（Quotation）。由于交易双方对汇价的大致水平都比较清楚，因此报价时通常只需报出汇率的小数。但有时外汇市场汇率波动异常剧烈，在很短的时间内汇率的大数也会发生变化。在这种特殊的情况下，报价时最好将汇率的大数也同时报出，以免造成误解。

报价速度的快慢和买卖价差的大小是反映一个交易员报价水平和市场经验是否丰富的重要标志，并直接影响其所在银行在外汇市场上的信誉和竞争力，但更重要的是，交易员应能通过报价盈利。这就需要交易员掌握一定的报价技巧，并有较丰富的市场经验。

（三）成交（或放弃）

当报价方报出询价方所需要的汇价后，询价方应对报价迅速做出反应：成交（Done）或者放弃（Nothing），而不应与报价方讨价还价。按惯例，即期交易要求询价方在数秒钟内做出是否成交的决定，否则就会给报价方带来汇率风险。如果询价方略有迟疑，报价方通常会说“UR RISK”表示刚才的报价已经取消。询价方还想交易，必须再次询价，可用“ANY CH”（ANY CHANGE 的缩写）询问新的报价。

询价方对报价满意并想成交时，可以用 Buy、I Buy、I Take、Mine 等术语来表达买入的意愿，可以用 Sell、I Sell、I Give、Yours 等术语来表达卖出的意愿。也可以直接报出所愿意接受的买入价或卖出价，用以表示交易方向。

如果询价方对报价不满意，可以先用“MY RISK”表示原来的报价不再有效，并在数秒钟内再次请求报价。如果询价方不愿继续询价，可用“SORI NTH!”（SORRY NOTHING 的缩写）、“NTH THERE!”等行话表示放弃。在交易过程中询价方应避免与报价方讨价还价，或犹豫不决迟迟不做回答，拖延对方时间，使交易程序混乱。

一旦成交，汇率水平、交易金额、交易币种等细节内容便都已经确定，对交易双方具有约束力。除非双方同意，否则任何一方无权擅自修改或否认交易细节。

（四）证实

由于询价、报价和成交都是在快速简捷的过程中进行的，大量地使用缩写和行话，不利于清算工作和日后的查询。因此在成交之后，交易双方必须就交易的详细内容进行一次完整的重复证实(Confirmation)。

交易的证实部分通常包括以下五项内容，缺一不可：

1. 交易汇率(Rate)：证实时使用的交易汇率必须将大数和小数全部列明。

2. 买卖货币的名称(Currency)：必须清楚地表明交易双方买入了何种货币，卖出了何种货币。

3. 买卖金额(Amount)：要特别注意成交的是哪一种货币的金额。

4. 起息日(Value Date)。

5. 收付账户(Payment)：为了方便交易清算工作，在证实中交易双方还必须把各自买入的货币应划入哪个银行账户告诉对方。交易的一切细节都应以交易证实中的内容为准，因此交易员在证实时必须认真仔细，尽量避免差错。

(五)交割

交易双方分别按对方要求，把卖出的货币划入对方指定的账户上。

可举例来说明以上操作程序：

【例 2—1】

A 银行询价：即期交易，欧元兑美元，金额 1 000 万欧元。

B 银行报价：25/35。

A 银行：我方卖出欧元。

B 银行：1 000 万欧元成交，证实我方在 1.112 5 买入欧元，卖出美元。起息日为 2020 年 12 月 10 日，欧元请付我行巴黎分行账户。谢谢，再见。

A 银行：同意，美元请付我行纽约分行账户。谢谢，再见。

二、银行与客户间即期外汇交易的程序

下面以中国银行对公司客户交易为例，说明银行与客户即期外汇买卖的程序。

(一)开立账户

开立相应外汇账户或持转账支票到银行(公司客户须持有进出口贸易合同)，在银行开证并开立相应的外币账户，账户中有足够支付的金额，或携带以银行为收款人的转账支票，直接将卖出的货币转入银行。外汇买卖有最低金额限制，如有的银行规定外汇买卖金额不得低于5 万美元。

(二)填表

填制保值外汇买卖申请书(由企业法人代表或有权签字人签字并加盖公章)。客户在填制保值外汇买卖申请书时，须向银行预留买入货币的交割账号，交易达成后，银行在交割日当天把客户买入的货币划入上述指定的账户。

客户可通过电话或预留交易指令的方式在银行办理即期外汇买卖。客户申请通过电话交易，须向银行提交由企业法人代表签字并加盖公章的委托交易授权书，指定被授权人可通过电话方式与银行进行即期外汇交易，同时，被授权人必须在银行预留电话交易密码。通过电话交易后第二个工作日，客户还需向银行补交成交确认书，若对已达成的交易有争议，以银行的交易电话录音为准。

(三)询价交易

客户向银行询价交易。外汇买卖价格由银行参照国际市场价格确定，客户一旦接受银行

报价，交易便成立，客户不得要求更改或取消该交易，否则由此产生的损失及费用由客户承担。

(四)交割

买卖双方按照约定的价格交付相应的货币。

第三节 即期外汇交易的应用

即期外汇交易是外汇市场上最普遍的交易形式，约占全部外汇交易量的 2/3。即期外汇交易是通过银行间账户往来划拨资金完成的。

一、外汇银行与客户之间的即期外汇业务

外汇银行与客户之间的即期外汇业务主要有汇款业务、出口收汇、进口付汇、外汇投资和投机。

(一)汇款业务

汇款业务又分为汇出汇款业务和汇入汇款业务。

1. 汇出汇款。汇出汇款是汇出行接受汇款人的委托向外国支付一定金额外币的行为。持有外币的汇款人委托汇出行直接汇出；未持有外币的汇款人则要向汇出行支付本币，兑换成外币后委托汇出行汇出，这时汇出行便请求收款人的往来银行从本行的外币结算账户中借记相应的金额，支付给收款人。

汇款有电汇、信汇和票汇三种方式。

(1)电汇(Telegraphic Transfer，T/T)。电汇是汇出行以加押电报、电传或 SWIFT(全球银行金融电信协会)等电信手段向汇入行发出付款委托，指示和授权汇入行解付一定金额给收款人的一种汇款方式。

电汇的费用包括手续费和电报费。如我国国内某银行手续费：按汇出金额的 1‰，最高收取人民币 260 元，最低收取人民币 50 元；电报费：150 元人民币(港澳地区 80 元人民币)。如果是现钞的电汇，除手续费和电报费外，还有钞转汇差价。

电汇方式的特点是对汇款者而言，电汇方式成本高，但结算安全及时，可加速收款人(出口商)资本周转，能减少其外汇风险，有利于收款人；适用于急需购买的商品的汇款和大额汇款。对银行业务而言，可增加营业额，且易于控制交易的真实性。

(2)信汇(Mail Transfer，M/T)。信汇是指汇款人向当地银行交付本国货币，由银行开具付款委托书，用航空邮寄交国外分行或代理行，办理付出外汇业务。采用信汇方式，由于邮程需要的时间比电汇长，银行有机会利用这笔资金，因此信汇汇率低于电汇汇率，其差额相当于邮程利息。

在进出口贸易合同中，如果规定凭商业汇票“见票即付”，则由议付行把商业汇票和各种单据用信函寄往国外收款，进口商银行见汇票后，用信汇(航邮)向议付行拨付外汇，这就是信汇方式在进出口结算中的运用。进口商有时为了推迟支付货款的时间，常在信用证中加注“单到国内，信汇付款”条款。这不仅可避免本身的资金积压，并可在国内验单后付款，保证进口商品的质量。

信汇凭证是信汇付款委托书，其内容与电报委托书内容相同，只是汇出行在信汇委托书上不加注密押，而以负责人签字代替。

(3)票汇(Demand Draft，D/D)。票汇是指汇出行应汇款人的申请，开立以汇入行为付款

人的汇票，列明收款人姓名和所在国家及城市名称、汇款金额等交给汇款人，由汇款人寄给收款人或自行携带出国，凭票取款的一种汇款方式。

票汇方式的特点是汇入行不需要通知收款人前来取款，由收款人持票上门自取；收款人通过背书可以转让汇票；到银行领取汇票的很可能不是汇票上列明的收款人本人，而是其他人，所以票汇涉及的当事人较多。

票汇费用较低，只包括手续费差价费（外汇现汇不收差价费）。如我国国内某银行票汇：手续费为汇出金额的 1‰，最高收取人民币 300 元，最低收取人民币 50 元。

以上三种方式中票汇成本最低，有利于汇款者，但结算速度慢；银行因为可以利用客户交来的款项贷放，从而收取利息，对银行有利。在国际贸易实务中，进出口商的佣金、回扣、寄售货款、小型样品与样机、展品出售和索赔等款项的支付，常常采取票汇方式汇付。采用信汇和票汇业务时，银行收到顾客交来的款项以后，经过两国间邮程所需的时间，才在国外付出外汇。在此期间内，银行利用了顾客的汇款，有利息收益。由于银行间竞争的关系，银行为了获得客户，必须把这部分收益转给客户，其结果是信汇和票汇的汇率低于电汇汇率，差额大致相当于邮程期间的利息。

【例 2—2】

在中国香港市场上，美元兑港元的电汇汇率为 USD 1＝ HKD 7.790 0～7.794 0，香港银行拆放利息为 8%（年率），美国到中国香港的邮程为 10 天，那么美元兑港元的票汇汇率应是多少？

先考虑买入价，当银行买进 1 美元，需付出 7.790 0 港元，10 天后才能计入在美国代理行的美元存款账户，扣除两天电汇交割时间，银行就要把因垫款所损失的 8 天拆息转嫁给信汇或票汇的卖主，所以信汇或票汇的买价为：

$7.7900\times(1-8\%\times8/365)=7.7763$

再考虑卖出价，当银行卖出 1 美元，立即收到 7.794 0 港元，而美国代理行要到 10 天后才能付给买主，扣除 2 天的电汇交割时间，美国代理行利用客户资金得到 8 天的额外利息。为了竞争的需要，银行必须将这笔额外的利息收入转让给（还给）买主，所以银行信汇或票汇的卖价为：

$7.7940\times(1-8\%\times8/365)=7.7803$

所以，中国香港市场上票汇或信汇的汇率为：

USD 1＝HKD 7.776 3～7.780 3

2. 汇入汇款。汇入汇款是外汇银行（汇入行）接受汇款人委托向收款人解付一定外币的行为。收款人收到外币后，可存入自己的外币账户，也可将外汇卖给银行，兑换成本币。

（二）出口收汇

出口收汇是指在信用证结算方式下，出口商根据信用证发货并取得全套单据后交银行议付货款，收回一定金额的货款的行为。

（三）进口付汇

进口付汇是在信用证结算方式下，开证行取得全套单据后向进口商提示，要求进口商根据信用证的规定支付一定金额的本币赎取全套单据的行为。实际上是进口商用本币向开证行买入了一笔外汇，开证行卖出外汇的即期外汇业务。

（四）外汇投资和投机

外汇投资和投机是指客户以外汇作为投资或投机工具的交易活动。此时，客户必须先在外汇银行开立账户并存入一定的保证金之后，才可买卖相同或数倍于保证金的外汇，进行投资或投机。

资料卡 2—2　个人如何来炒外汇

个人炒汇、参与国际外汇市场投资须具备哪些条件呢？

一是要有合法外汇来源。个人外汇买卖的基础是居民手中的原有外汇。

目前我国居民获得外汇的主要渠道有：侨汇、回国劳务人员所带外汇、回国创业留学人员所携带的外汇、外企公司职员的外汇薪金收入、外汇黑市交易等。其中，外汇黑市交易是违法行为，居民炒汇要遵守国家有关外汇管理法规。

二是要注意风险。个人外汇买卖业务的报价，是参照国际金融市场的即时汇率，加上一定幅度的买卖差价后确定的，因此报价也随着国际金融市场的波动而波动，这就存在一定的汇市风险。

三是要不断充实炒汇知识。炒汇要具有基本的金融知识，对全球外汇市场基本情况要有所了解，如外汇形成、参与者的动机、汇率报价形成等。要了解影响汇价变动的基本因素，如基本经济因素、政治和传媒因素、各国央行的政策因素、心理及市场预测因素、突发事件因素等。成功的汇民都是“全球通”。

四是要具备良好的心理素质，赢不骄、亏不馁。只有牢记风险，科学止损，及时获利了结，才能成为一个成功的炒汇者。

二、银行与银行间的即期外汇业务

银行与银行间的即期外汇业务主要是外汇银行平衡外汇头寸的交易（又称平盘）。当某种外汇处于多头地位时，为了防止该种外汇汇率下跌，必须将多头部分的外汇及时卖出；当某种外汇处于空头地位时，为了防止该种外汇汇率上升，必须将空头部分的外汇及时补进。当一些银行处于多头地位时，总有另一些银行处于空头地位，它们之间在银行同业市场上相互交易，各自得到平衡。同业交易员根据市场汇率变动和利率变动等因素的分析，也可以推迟平盘，但有关于平盘的最高头寸额度的限制。

【例 2—3】

某年 12 月 12 日纽约花旗银行和日本东京银行通过电话达成一笔外汇买卖交易，纽约花旗银行愿意按 USD 1＝JPY 120.25 的汇率卖出 100 万美元，买入等值的日元。东京银行也愿意按同样的汇率卖出 1 202.5 万日元，买入等值的美元。12 月 13 日，花旗银行和东京银行分别按照对方的要求将卖出的货币解入对方指定的账户，从而完成了整个交易过程。

三、即期外汇交易的应用实例

（一）保值交易

不论是外汇银行为客户服务的交易还是外汇银行之间的交易，都可以利用即期外汇交易达到保值目的。

【例 2—4】

某年 6 月 1 日，美元兑日元即期汇率为 USD/JPY＝123.50。根据贸易合同，某进口商将在同年11月12日支付2亿日元的进口货款，进口商的资金来源只有美元。进口商由于担心美元兑日元贬值增加换汇成本，需要通过外汇买卖对汇率风险进行保值，进口商通常可做即期外汇交易，用美元按即期价格123.50买入日元，并将日元存入银行，到6个月后支付。

(二)投机交易

利用即期外汇交易还可进行外汇投机。在即期外汇市场上，人们会利用国家间汇价的不同，谋取差价利益。

【例2—5】

某日即期外汇市场上，EUR/USD=1.153 0，投机者预期3个月后欧元将升值，可以进行投机交易，以1.153 0价格买入10 000欧元，若3个月后预期准确，价格为EUR/USD=1.163 0，该投机者按1.163 0卖出10 000欧元将获利100美元。

本章小结

1. 即期外汇交易，也称为现汇交易，是指外汇银行与其客户或与其他银行之间的外汇买卖成交后，原则上于当日或在两个营业日内办理交割的外汇业务。不同外汇市场规定的即期交易的交割日一般有标准起息交易、明天起息交易和当天起息交易三种情况。

2. 一般每笔即期外汇交易都需要通过询价、报价、成交(或放弃)、证实及交割这五个步骤来完成。

3. 外汇银行与客户之间的即期外汇业务主要有汇款业务、出口收汇、进口付汇、外汇投资和投机。

4. 即期外汇交易的作用主要有保值和投机获利。

复习思考题

1. 什么是即期外汇交易？它的报价技巧有哪些？

2. 即期外汇交易的操作程序有哪些？

3. 举例说明如何利用即期外汇交易进行外汇保值和投机。

4. 某公司欲将其在银行日元账户上的100万日元兑换成英镑。假设银行挂牌汇率为：

USD 1=JPY 122.30/40

GBP 1=USD 1.438 5/95

问该公司能兑换多少英镑？

第三章　远期外汇交易

学习目标

通过本章学习，了解远期外汇交易的概念和特点；理解远期汇率的报价方法；掌握远期汇率的决定和计算及远期外汇交易的应用。

远期外汇交易(Forward Exchange Transaction)的出现，给从事国际经济交易的资金需求者开辟了绝佳的避险渠道。一般从事国际贸易的进出口商，在报价完成到实际收付外汇之间，通常需要一段时间，而将来支付时因汇率变化带来的外汇风险便需由自己承担。若进出口商在签订贸易合同时，便与银行承做远期外汇交易锁定汇率，就能够事先将贸易上的外汇成本或收益固定下来，可规避此类汇率风险。在国际借贷中，也会经常遇到借款货币与实际经营收益的货币不一致，而借款的偿还一般又是在远期的情况。为了避免在还款时外汇汇率变化所带来的风险，借款人可以事先进行远期外汇交易，锁定还款金额。总之，目前远期外汇交易已经成为国际上避免外汇风险的常用方法之一。

第一节　远期外汇交易概述

一、远期外汇交易的概念和特点

(一)远期外汇交易的概念

远期外汇交易又称期汇交易，是指外汇买卖成交后，根据合同规定，在约定的到期日，按约定的汇率，办理收付交割的外汇交易。外汇市场的远期交易期限，一般按月计算，从 1 个月到 6 个月不等，长的可达 12 个月，最常见的是 3 个月期限的外汇交易。

远期外汇交易的基本动机主要是：(1)保值避险。在国际商品交易中，进出口商为清偿或了结债权债务关系，预计在未来的某一个特定日期中，将需支付或收入一定金额的外汇。为了避免这一过程中因汇率波动而带来的损失或不确定性，进出口商需要进行远期外汇交易，以实现保值避险。在预计本国货币贬值时，对于未来支付外国货币的进口商而言，因为本币的贬值使得其必须用较多的本国货币才能换得固定数量的外国货币，这样就会增加进口商的进口成本。然而，预先购买外币的远期外汇则可以使进口商在现在即决定未来所欲购买外国货币的汇率。不论未来汇率如何波动，进口商均可根据远期外汇交易所确定的汇率、金额进行交割。(2)投机获利。在外汇市场上，投机者根据自己的专业知识和各方面的信息判断，若预计某种货币的汇率将要下降，则预先卖出该种货币，称作抛出或做空头，待将来价格下降，再行买入以抵补空头。反之，如果预计某种货币汇率将上升，则预先买进该种货币，称作购进或做多头，待将来价格上升再卖出。如此贱买贵卖，投机者从中便可赢得利润。

(二)远期外汇交易的特点

远期外汇交易具有以下几个特点：

1. 买卖双方签订外汇交易合同时，无须立即支付外汇或本国货币，而是延至将来某个时间。

2. 买卖的规模一般都较大。

3. 买卖的目的主要是为了保值。

4. 外汇银行与客户签订的合同必须由外汇经纪人担保。

二、远期外汇交易的类型

远期外汇交易根据交割日是否固定，可分为两种形式：

1. 固定交割日的远期外汇交易(Fixed Forward Transaction)，指交割日固定在将来某一天(如成交后 90 天、180 天等)的远期外汇交易。它是最典型、最早的远期外汇交易。

2. 选择交割日的远期外汇交易(Optional Forward Transaction)，又称择期交易，是指买卖双方在订约时，事先确定交易规模和汇率，但不固定具体交割日而是规定一个期间，买卖双方可以在此期间内的任何一天交割的远期外汇交易。确定交割期间有两种方法，一是把交割期间固定在两个具体日期之间(例如最常见的是自成交日第三天起至到期日)；二是把交割期间固定在某个月份。择期交易是创新的远期外汇交易，主要用于银行同业间、银行和大客户间的交易。

案例分析 3—1　利用远期外汇交易套期保值

某一美国进口商从德国购进一套机器设备，价值为 100 万欧元，3 个月后付款。签约时，汇价为 EUR 1＝USD 1.250 0。但汇率是经常变动的，为了避免汇率变动造成的损失，他可以从银行买进 3 个月期的远期欧元 100 万，假定欧元远期汇率报价为 EUR 1＝USD 1.255 0。3 个月后，美国进口商履行远期合同，用 125.5 万美元按远期汇率买入 100 万欧元支付货款，从而防范了汇价大幅度变动的风险。

通过本例分析可以发现：第一，套期保值后进口商的实际进口成本并不完全等于预计进口成本。在本例中因远期欧元升水，该进口商多支付 5 000 美元，这实际上是运用远期外汇避险的成本，也称为掉期成本；当然，在本例中如远期欧元为贴水，则该进口商还可少支付一点。同样，出口商在运用远期外汇避险时，也会遇到类似情况。第二，运用远期外汇交易防范外汇风险，实际上是消除了汇率变动造成的不确定性，也就是说，既不蒙受损失，也不意外获利。

固定和选择交割日的远期外汇交易只是具体交割日不同，但它们的交易双方都签订了远期合同，规定了到期日即合同终止日，双方都负有履行合同的义务。

第二节 远期汇率的报价方法

远期汇率的报价是指在金融市场上如何报出远期汇率。远期汇率的报价和汇率标价方法不同,汇率标价指的是一国与他国之间以本国或外国货币作为标准,用外国或本国货币来表示标准货币。而远期汇率报价指的是在既定的汇率标价下,如何报出远期外汇价格。远期汇率的报价方法主要有两种:一是直接报出远期外汇的实际汇率,瑞士和日本等国家采用这种方法;二是远期差价报价法。下面我们分别来介绍这两种方法。

一、直接标出远期汇率

直接标出远期外汇的实际汇率,是直接将各种不同交割期限的远期买入价、卖出价完整地标示出来,又称全额报价。举例如下:

【例 3—1】

某日,伦敦外汇市场英镑兑美元的汇率为:

即期汇率	1个月远期汇率	3个月远期汇率	6个月远期汇率
1.620 5/15	1.623 5/50	1.626 5/95	1.634 5/90

这种方法通常用于银行对客户的报价。在银行同业交易中,瑞士、日本等国也采用这种方法。该种方法一目了然,但也有其缺陷,如改动比较费事等。因此在银行同业间往往采用另一种方法,即远期差价报价法。

二、标出即期和远期的差价

远期差价报价法,又称掉期率(Swap Rate)或点数汇率(Points Rate)报价方法,是指不直接公布远期汇率,而只报出即期汇率和各期的远期差价,然后再根据即期汇率和远期差价来计算远期汇率。某一时点上远期汇率与即期汇率的汇率差称为掉期率或远期价差,这种远期价差又可分为升水(Premium)和贴水(Discount)两种。升水表示远期汇率比即期汇率高,或期汇比现汇贵;贴水表示远期汇率比即期汇率低,或期汇比现汇贱。还有一种情况叫平价(At Par),表示远期汇率与即期汇率相同。升贴水的幅度一般用点数来表示。

如某日伦敦外汇市场英镑兑美元的远期汇率为:

即期汇率	1.622 5/35
1个月掉期率	40/65
3个月掉期率	80/90
6个月掉期率	140/175

用远期差价或掉期率来表示远期汇率的方法简明扼要。因为虽然在即期汇率变动的同时,远期汇率也进行着相应变动,但通常远期差价比较稳定,用远期差价或掉期率报价比直接报价方法要省事。

由于直接标价法和间接标价法的不同,升水和贴水的表示方法也就不一样。现举例说明如下。

(一)直接标价法

1. 升水举例:

【例 3—2】

中国外汇市场上即期汇率：USD 1＝CNY 6.822 7/23，1 个月远期汇率：USD 1＝CNY 6.826 7/73，说明美元的远期汇率高于即期汇率，美元升水，升水点数为 40/50。

2. 贴水举例：

【例 3—3】

法兰克福市场上即期汇率：USD 1＝EUR 0.841 0/20，3 个月远期汇率：USD 1＝EUR 0.835 0/70，说明美元的远期汇率低于即期汇率，美元贴水，贴水点数为 60/50。

（二）间接标价法

1. 升水举例：

【例 3—4】

纽约市场上即期汇率：USD 1＝CAD 1.117 0/80，1 个月远期汇率：USD 1＝CAD 1.111 0/30，说明加元的远期汇率高于即期汇率，加元升水，升水点数为 60/50。

2. 贴水举例：

【例 3—5】

伦敦市场上即期汇率：GBP 1＝USD 1.530 5/15，1 个月远期汇率：GBP 1＝USD 1.532 5/50，说明美元的远期汇率低于即期汇率，美元贴水，贴水点数为 20/35。

通过以上举例可以看出，在不同的标价法下，根据即期汇率和远期差价计算远期汇率的方法不一样，可归纳为：

直接标价法下：远期汇率＝即期汇率＋升水点数

远期汇率＝即期汇率－贴水点数

间接标价法下：远期汇率＝即期汇率－升水点数

远期汇率＝即期汇率＋贴水点数

银行公布升贴水点数时，不必直接说明这是升水还是贴水。根据风险与收益的关系，外汇买卖成交后交割的期限越远，风险越大，银行的兑换收益也就要求越高。因此，远期外汇的买卖差价总是大于即期外汇的买卖差价。根据这一原则，按照远期点数的排列关系，即可判断出这是升水还是贴水。直接标价法下，远期点数按“小/大”排列为升水，按“大/小”排列则为贴水；间接标价法下刚好相反，按“小/大”排列为贴水，按“大/小”排列则为升水。

【例 3—6】

伦敦外汇市场，英镑兑美元的汇率则可公布为：

即期汇率	1 个月远期差价	3 个月远期差价	6 个月远期差价
1.622 5/35	40/65	80/90	140/175

由于伦敦市场采用的是间接标价法，且英镑兑美元 1 个月的远期差价为 40/65，则表示 1 个月远期美元贴水，于是伦敦外汇市场英镑兑美元 1 个月的远期汇率为：

1.622 5	1.623 5
＋0.004 0	＋0.006 5
＝1.626 5	＝1.630 0

即 GBP 1＝USD 1.626 5/300。计算后我们可以发现，英镑兑美元即期的买卖差价为 10 点，而 1 个月远期的买卖差价则扩大为 25 点。

如果我们将上例中的伦敦外汇市场改为纽约外汇市场，其他条件均不变，这样 1 个月的远期差价 40/65，则表示 1 个月远期英镑升水，于是纽约外汇市场英镑兑美元 1 个月的远期汇率为：

1.622 5　　　　　　1.623 5
+0.004 0　　　　　+0.006 5
=1.626 5　　　　　=1.630 0

即 GBP 1=USD 1.626 5/300。虽然伦敦和纽约两个外汇市场英镑兑美元汇率的标价方法不一样，但计算结果完全一致。于是，在根据即期汇率和远期差价计算远期汇率时，不论何种标价法，我们都可以归纳为：

当远期点数按"小/大"排列时，远期汇率=即期汇率+远期差价；当远期点数按"大/小"排列时，远期汇率=即期汇率-远期差价。也就是如果远期汇率"点数"组为前小后大，就用加法；远期汇率"点数"组为前大后小，就用减法。

第三节　远期汇率的决定和计算

在远期外汇交易中，外汇银行报出某种货币远期汇率的升贴水是有一定依据的。决定远期汇率的有三个基本因素：即期汇率、买入货币与卖出货币间的利率差和远期期限的长短。在一个充分流动的外汇市场中，远期汇率与即期汇率的差异反映了两种交易货币利率的差异。一笔远期外汇交易完全可以看作一笔即期外汇交易和相关货币拆放交易组合。

一、远期汇率与利率关系

在其他条件不变的情况下，一种货币对另一种货币是升水还是贴水，升水或贴水的具体数字以及升水或贴水的年率，受两种货币之间的利息率水平与即期汇率的直接影响。

(一)远期外汇是升水还是贴水，受利息水平的制约

在其他条件不变的情况下，利率低的国家的货币远期汇率会升水，利率高的国家的货币远期汇率会贴水。

远期汇率、即期汇率和利息率三者之间的关系是：

1. 其他条件不变，两种货币之间利率水平较低的货币，其远期汇率为升水，利率较高的货币为贴水。

2. 远期汇率和即期汇率的差异，决定于两种货币的利率差异，并大致和利率的差异保持平衡。

(二)远期汇率升水、贴水的具体数字

远期汇率升水、贴水的具体数字可从两种货币的利率差异与即期汇率中推导计算。计算公式为：

升(贴)水数=即期汇率×两地利率差×月数/12

(三)升水(贴水)的年率

升水(贴水)的年率也可从即期汇率与升水(贴水)的具体数字中推导计算。计算公式为：

升(贴)水年率=[升(贴)水数÷即期汇率]×(12÷远期月数)×100%

二、应用实例

【例 3—7】

假如美元 3 个月存款利率为年率 15%，欧元 3 个月存款利率为年率 10%，欧元兑美元的即期汇率 EUR 1=USD 1.232 5。法国商人出口价值 10 000 美元的商品，3 个月之后付汇。

为防止将来美元贬值而造成的损失，法国商人可以这样做：

(1)先借入 10 000 美元，借期 3 个月，到期需支付美元本利和为

$S=P(1+in)$

$=10\ 000\times(1+15\%\times3/12)=10\ 375$(美元)

(2)将借入的美元在即期市场上卖出，可获得欧元：

EUR 1=USD 1.232 5

USD 1=EUR 1/1.232 5

10 000×(1/1.232 5)=8 113.59(欧元)

(3)将所获欧元贷出，期限 3 个月，到期本利和为

$S=P(1+in)$

$=8\ 113.59\times(1+10\%\times3/12)=8\ 316.43$(欧元)

(4)如果市场充分流动，欧元本利和与美元本利和之值相等，则有：

8 316.43×远期汇率=10 375(美元)

(5)远期汇率定价为：

远期汇率=10 375/8 316.43=1.247 5

根据以上推演，我们可以直接利用公式简单地计算出远期汇率：

升水(或贴水)数=即期汇率×两地利率差×月数÷12

=1.232 5×(15%−10%)×3/12

=0.015 4(美元)

远期汇率=即期汇率+升(贴)水数

=1.232 5+0.015 0

=1.247 5(美元)

所以 3 个月远期欧元兑美元的汇率为：EUR 1=USD 1.247 5

我们也可以将升(贴)水的数字转化为年率：

升(贴)水年率=[升(贴)水数÷即期汇率]×(12÷月数)×100%

=(0.015 0÷1.232 5)×(12÷3)×100%

=4.87%

它只是一个近似的远期汇率，在此推算中，没有考虑存贷差价、外汇交易差价和交易费用，但可作为远期汇率决定的重要依据。应该指出，在一般情况下，两种货币的利率差是决定远期货币升(贴)水及其数值大小的主要因素。因此，在其他条件不变的情况下，两种货币之间利率水平较低的货币，其远期汇率为升水，利率较高的货币为贴水。远期汇率和即期汇率的差异，决定了两种货币的利率差异，并大致和利率的差异保持平衡。

案例分析 3—2　远期汇率的确定

假设美元和日元 3 个月期的存款利率分别为 15%和 10%，即期汇率为 USD1=JPY 110.20。若美国一客户向银行用美元购买 3 个月远期日元，问远期汇率是多少？

1. 分析

银行按即期汇率用美元买入日元，将日元存放于银行以备 3 个月后交割。

银行持有日元 3 个月意味着银行要放弃美元的高利息而收取日元的低利息。银行绝不会自己承担这部分损失，它会把这个因素打入远期日元的汇价，从而将损失转嫁到客户

头上。因此远期日元要比即期日元贵，即远期日元升水。

2. 总结

两种货币的利差是决定其远期汇率的基础。即

(1)利率低的货币，远期汇率升水。

(2)利率高的货币，远期汇率贴水。

(3)若利差为零，则为平价。

3. 计算公式

$$远期差价=即期汇率\times利差\times月数\div12$$

4. 解题

第一步，求远期差价。

110.20×(15%−10%)×3÷12=1.38(日元)

第二步，判断升、贴水。

日元利率低，则远期升水。

美元利率高，则远期贴水。

第三步，求远期汇率。

USD 1=JPY (110.20−1.38)=JPY 108.82

资料来源：杨向荣：《外汇交易实务》，清华大学出版社2019年版，第47—48页。

第四节 远期外汇业务的应用

一、远期外汇交易的保值避险

(一)进出口商利用远期外汇交易的保值避险

汇率的变动是经常的，而在国际贸易中，进出口商从签订贸易合同到执行合同、收付货款通常需要相当长的时间。在此期间，进出口商可能因为汇率的变动遭受损失。例如，美国某进出口公司从日本进口汽车，可能对方要求必须以日元支付。这样，该进出口公司就形成了一定量的外汇的汇率风险。如果该公司从外汇市场上购买日元时，美元兑日元汇率越低，购买这笔日元所需花费的美元成本就越高。

案例分析3—3 远期外汇交易的套期保值

中国某进出口公司于某年3月12日出口纺织品到美国，以美元结算，价值10万美元，3个月后支付。即期汇率为USD 1=CNY 6.85。该公司认为，美元汇率有下跌之势，为了避免因美元贬值而减少收入的风险，决定对该交易进行远期保值。外汇市场上3个月远期报价为USD 1=CNY 6.75(该公司预期美元下跌与银行预期一致，但公司预期下跌的幅度还要大)。请分析3个月后在下面各种不同的实际市场价格下该公司的损益情况。

分析如下：

(1)公司预测正确，市场如公司所预期，汇率为USD 1=CNY 6.71

6.75－6.71＝0.04(元)

0.04×10 万＝0.4(万元)

因为做了远期外汇交易，与实际市场价格相比，该公司可多换回 0.4 万元人民币。

(2)公司预测错误，市场汇率变化相反，汇率为 USD 1＝CNY 6.86

6.86－6.75＝0.11(元)

0.11×10 万＝1.1(万元)

因为做了远期外汇交易，与实际市场价格相比，公司少收入 1.1 万元人民币。

(3)市场如银行所预期的一样，汇率为 USD 1＝CNY 6.75

该公司既不少收也不多收，达到保值目的。

由此可见，远期外汇交易固定了交易的价格，固定了将来的收入，有利于公司的经济核算。

资料来源：https://wenku.baidu.com/view/b9f7f87869ec0975f46527d3240c844768eaa0f2.html，2021 年 8 月 6 日。

(二)外汇银行利用远期外汇交易平衡其外汇头寸

进出口商进行远期外汇交易避免或转嫁风险的同时，就是银行承担风险的开始。外汇银行之所以有风险，是因为它在与客户进行交易后，会产生外汇“综合持有额”或总头寸，这期间难免会出现期汇和现汇的超买或超卖，因此，外汇银行就面临汇率变动的风险。为避免外汇风险，要抛补不同期限、不同货币头寸的余缺，以求外汇头寸平衡。在实际业务处理中，银行在卖出远期外汇的同时，往往要买进相同数额相同币种的即期外汇。即在出现头寸不平衡时，应该先买入或卖出相同数额相同币种的现汇抵补期汇头寸平衡的外汇风险，然后再抛补这笔期汇。

案例分析 3—4　远期外汇交易对外汇头寸的平衡

假设我国某外汇指定银行于某年 10 月 30 日开盘时卖给某企业 100 万美元的远期外汇，买进相应的加元。外汇市场行情如下：

即期汇率：USD/CAD＝1.631 0

3 个月远期汇率：USD/CAD＝1.671 0

如果这家银行的美元头寸不足，那么在卖出 3 个月远期的 100 万美元后，应该补回 100 万美元的远期外汇，以平衡美元的头寸。如果该银行没有立即补回，而是延至当日收盘时才成交。若此时美元兑加元的即期汇率变为 USD/CAD＝1.651 0，3 个月远期汇率为 USD/CAD＝1.691 0，这样该银行就要损失 2 万加元[(1.691 0－1.671 0)×100 万]。

二、远期外汇投机交易

外汇投机，是指根据对汇率变动的预期，有意持有外汇的多头或空头，从而冒险获取利润的行为。在现汇市场上，如投机者预期某种货币汇率将要上涨，则可买进该货币，过一段时间后，若预期正确，该货币汇率果然上升，他便将其卖出，从而获取利润；如果他预期某一货币汇率将要下跌，便卖出手中的这种货币，若预期正确，该货币汇率果然下跌，则他可以等到该货币跌到最低点并可能又要上涨时，再重新买入该货币。当然，如果投机者预期错误，那么只能是压占资金或损失。

在期汇市场上投机，要以某货币的期汇汇率为比较的基准。当投机者预期某货币的现汇汇率将来上升并能超过其期汇汇率时，他可以签订买入该货币的远期合同，合同到期时，如果他预期正确，则先履行远期合同买入该货币期汇，同时按上升了的现汇汇率卖出该货币现汇，从而赚取差价收益。当投机者预期某货币的现汇汇率将来下跌并能低于其期汇汇率时，他就签订卖出该货币的远期合同，如果他预期正确，则按下跌了的现汇汇率买入该货币现汇，并且同时履行远期合同卖出该货币期汇，从而赚取差价收益。期汇投机克服了现汇投机的缺点：第一，投机者只要预期正确，既可赚牛市也可赚熊市；第二，不用长期占用资金。

【例 3—8】

英镑 3 月期的远期汇率为 GBP 1＝USD 1.6，投机者预期 3 月后英镑市场汇率低于这一汇价，他便卖出 3 月期的 10 000 英镑期汇。如果他预期正确，3 月后英镑市场汇率为 GBP 1＝USD 1.56，则他可以在现汇市场花 15 600 美元买入 10 000 英镑，并将其在期汇市场按约定好的远期汇率卖出得 16 000 美元，从而赚取 400 美元的收益。

案例分析 3—5　利用远期外汇交易投机获利

一美国投机商预期英镑有可能大幅度下跌。假定当时英镑 3 个月远期汇率为 GBP/USD＝1.661 8，该投机商卖出 10 万远期英镑，成交时他只需付少量保证金，无须实际支付英镑。如果在交割日之前英镑果然贬值，设远期英镑汇率跌为 GBP/USD＝1.368 0，则该投机商再次进入远期市场，买入 10 万远期英镑，交割日和卖出远期英镑的交割日相同。这一卖一买使他获得 2.94 万美元(1.661 8×10 万－1.368 0×10 万)的投机利润。

上例中，投机者先卖后买，并且在他抛售外汇时，实际上手中并无外汇，所以这种投机活动被称为“卖空”(Sell Short)，若该投机者预期英镑将升值，他可以采取先买后卖的方法以期获利，这叫作“买空”(Buy Long)。

由此可见，避险者和投机者对风险的态度不同。投机实际上就是持有外汇多头或空头，那些不轧平外汇头寸、无意套期保值的银行、进出口商、借贷者也属于投机者。投机有其积极意义，因为避险者把风险转嫁给了投机者。

第五节　远期外汇业务的操作程序

一、签订远期外汇交易合同

进行远期外汇交易的双方必须签订远期外汇交易合同，合同必须详细写明买卖者的姓名、商号、外汇币种、金额、远期汇率、远期期限、交割日。

远期外汇买卖的期限通常为 1 个月、2 个月、3 个月、6 个月、9 个月和 12 个月以及不规则起息日。

远期外汇交易可以是外汇与本币交易，也可以是外币与外币交易。一种货币能否参与远期市场的交易主要取决于该种货币能否自由兑换，本国是否存在严格的金融管制以及所在国家的经济实力是否强大等。目前大多数主要货币可通过远期合约交易。

在买卖远期外汇时，一般还要求有一定的保证物和保证金以防汇价突然出现超乎异常的变化而对方不履约，对银行造成损失，并且一旦汇价变动对顾客造成的损失超过了保证物或押金价值，银行就通知客户增加保证物或保证金。

二、远期外汇交易合同的履行

远期外汇合同签订后，对远期外汇交易双方都具有法律效力。双方必须按期履行，不能任意违约。如有一方在交割前要求取消合同，由此受到损失的一方，可向对方索取补偿金。补偿金相当于其受损失金额。

远期外汇合约不能按期履行有以下几种处理：

（一）了结

如果有一方不能按期履行其合约，必须了结已签订的远期合约。了结只是客户处理其到期而不能按正常情况履行远期合约的方法之一，其方法是在现汇市场上卖出或买入现汇以履行其在远期合约中的义务。

对不能正常履行的远期合约进行了结，可能使当事人蒙受损失，也可能使当事人获益，这说明了结远期合约使得客户的远期合约处于投机地位。

如果客户已在银行开立了外币账户，也可以将其外币存款支付给银行或将收到的其他外币存入其外币账户。对国外负有债务的人，如果已经购买了远期外汇，到交割日又不需要外汇时，同样可以用即期交易了结其远期合约，即在交割日依据合约买下外汇，然后以现汇售出。

（二）展期

如果有一方到期不能按时交割，经协商征得对方同意可把交割展期。所谓展期（Roll Over）是指交易的一方，因为某种需要，推迟外汇的实际交割日期而采取的一种技术处理。通过操作一笔与原交易余额相同、买卖方向相反的即期交易和相对应的远期交易，使之在即期轧平头寸，在远期重新安排交易。客户因合理原因无法按时交割的可申请展期。例如进口商不能准时付款，使出口商不能履行远期合同。出口商可以要求与他达成远期合同的银行延长期限。

（三）提前

远期交易也可提前开展。

本章小结

1. 远期外汇交易又称期汇交易，是指外汇买卖成交后，根据合同规定，在约定的到期日，按约定的汇率，办理收付交割的外汇交易。远期外汇交易具有以下几个特点：买卖双方签订外汇交易合同时，无须立即支付外汇或本国货币，而是延至将来某个时间；买卖的规模一般都较大；买卖的目的主要是为了保值；外汇银行与客户签订的合同必须由外汇经纪人担保。

2. 远期汇率的报价方法主要有两种：一是直接报出远期外汇的实际汇率，瑞士和日本等国采用这种方法；二是远期差价报价法，又称掉期率或点数汇率报价方法，是指不直接公布远期汇率，而只报出即期汇率和各期的远期差价，然后再根据即期汇率和远期差价来计算远期汇率。

3. 决定远期汇率有三个基本因素：即期汇率、买入货币与卖出货币之间的利率差和远期期限的长短。在一个充分流动的外汇市场中，远期汇率与即期汇率的差异反映了两种交易货币利率的差异。一笔远期外汇交易完全可以看成一笔即期外汇交易和相关货币拆放交易的组合。

4. 远期外汇交易主要应用于保值避险和投机交易。

5. 进行远期外汇交易的双方必须签订远期外汇交易合同,合同必须详细写明买卖者的姓名、商号、外汇币种、金额、远期汇率、远期期限、交割日。

复习思考题

1. 什么是远期外汇交易？它有哪些特点？

2. 远期汇率的报价方法有哪些？

3. 远期外汇交易主要包括哪些程序？

4. 某日在中国香港外汇市场上,即期汇率为 USD 1＝HKD 7.360 2～7.375 0,3 个月远期变动 50/60 点。计算 3 个月期美元的远期汇率。

5. 某日纽约外汇市场报价:USD/JPY 即期汇率为 120.76/86,3 个月远期 90/80,请计算 USD/JPY3 个月的远期汇率。

6. 英国伦敦外汇市场上英镑与美元的即期汇率是 GBP 1＝USD 1.960 0,英镑的年利率为 9.5%,美元的年利率是 7%,问在其他条件不变的情况下,英镑与美元的远期汇率会发生什么变化？为什么？3 个月 GBP/USD 远期汇率是多少？升贴水数字及年率是多少？

7. 某年 10 月中旬外汇行情为:GBP/USD 即期汇率为 GBP 1＝USD 1.610 0;90 天远期贴水为 16 点。

此时,美国出口商签订向英国出口价值 62 500 英镑仪器的协议,预计 3 个月后才会收到英镑,到时需将英镑兑换成美元核算盈亏。假如美国出口商预测 3 个月后 GBP/USD 即期汇率将贬值到 GBP1＝USD1.600 0。不考虑买卖价差等交易费用。问:

(1)若美出口商现在就可收到英镑 62 500,可获得多少美元？

(2)若美出口商现在收不到英镑,也不采取避免汇率变动风险的保值措施,而是延后 3 个月才收到英镑 62 500,预计到时候这些英镑将可兑换多少美元？损失多少美元？

(3)若美出口商现在采取保值措施,如何利用远期外汇市场进行保值？

8. 设纽约市场上年利 8%,伦敦市场上年利 6%,即期汇率为 GBP 1＝USD 1.602 5/1.603 5,3 个月的差价为 30～50,问:(1)3 个月远期汇率;(2)年升(贴)水率;(3)你若有 100 万英镑应投在哪个市场？可获利多少？

第四章　套汇交易、套利交易和掉期交易

学习目标

通过本章学习，了解套汇交易、套利交易和掉期交易的概念；理解套汇交易、套利交易和掉期交易的类型；掌握套汇交易、套利交易和掉期交易的操作和应用。

由于世界各主要外汇市场的营业时间不一致，买卖的外汇种类较多，各地的供求关系不同，有时某一种或某几种外汇的汇率在不同的外汇市场上会出现短暂的差异。这样，套汇者就可以在外汇汇率低的市场上买进，而在汇率高的市场上抛出，从而赚取利润。

套利是外汇市场上重要的交易活动。由于目前各国外汇市场联系十分密切，一有套利机会，大银行或大公司便会迅速投入大量资金，最终促使各国货币利差与货币远期贴水率趋于一致，使套利无利可图。套利活动使各国货币利率和汇率形成了一种有机的联系，两者互相影响和制约，推动国际金融市场的一体化。

掉期交易，又称时间套汇，传统掉期交易同现汇交易和远期外汇交易一样，是国际金融市场上的一种重要交易方式。

第一节　套汇交易

一、套汇交易的概念

套汇交易（Arbitrage）是利用不同的外汇市场、不同的货币种类、不同的交割期限在汇率上的差异，贱买贵卖，赚取利润的外汇交易。

由于世界各主要外汇市场的营业时间不一致，买卖的外汇种类较多，各地的供求关系不同，有时某一种或某几种外汇的汇率在不同的外汇市场上会出现短暂的差异。这样，套汇者就可以在外汇汇率低的市场上买进，而在汇率高的市场上抛出，从而赚取利润。从事套汇业务的大多数是资金雄厚的大银行和设有专门的外汇交易部的大公司。它们往往能够在很短的时间内动用大笔资金，尽管有时汇率在不同的市场上差异很小，但由于买卖的外汇数量很大，也可以获得相当丰厚的利润。

当今社会，通信和网络技术高度发达，可供套汇的时间转瞬即逝，套汇使世界范围内的汇率趋向统一。因为当人们在货币价格低的市场买进该种货币时，对该货币的需求上升，因而该货币的价格就会上升；当人们在货币汇率高的市场上卖出该种货币时，市场上对该种货币的供给增加，其价格就会下跌。这样，不同外汇市场上的汇率差异很快就会消失，套汇将无利可图。

因此，套汇者能否抓住宝贵的时机套汇，取决于套汇者的业务水平、工作经验以及反应的灵敏程度。

二、套汇交易的类型

套汇交易按其方式可分为地点套汇和时间套汇。地点套汇是利用不同外汇市场上汇率的差异从价格低的市场买进，在价格高的市场卖出的套汇活动。时间套汇是利用不同外汇的交割期限所造成的汇率差异而进行的套汇活动，实际上就是掉期交易，这一内容在本章的第三节介绍。这里主要讨论地点套汇。地点套汇按交易方式划分，可分为直接套汇和间接套汇。

(一)直接套汇

直接套汇也称两角套汇或两地套汇，是指利用两个不同地点的外汇市场之间的汇率差异，贱买贵卖，赚取汇率差额的一种外汇交易。也就是在价格低的市场买进，在价格高的市场抛出。

根据套汇交易者的目的，又可将直接套汇分为积极的直接套汇和消极的直接套汇。

1. 积极的直接套汇

一般来说，积极套汇者完全是以赚取利润为目的的。

【例 4—1】

伦敦外汇市场 GBP/USD＝1.526 5/75，纽约外汇市场 GBP/USD＝1.522 5/35，套汇者在伦敦外汇市场卖出 100 万英镑，获得 152.65 万美元，将 152.35 万美元电汇纽约，购进英镑 100 万，如果不计套汇成本，套汇者就可以获得差额利润 0.3 万美元(152.65 万—152.35 万)。

2. 消极的直接套汇

消极的直接套汇是指套汇者以资金的国际转移为主要目的，而恰好两地间的汇率不平衡，顺便赚取利润的直接套汇。

【例 4—2】

某人在纽约有一笔美元外汇，因外汇资金调度的需要，电汇伦敦 100 万英镑，当天伦敦外汇市场 GBP/USD＝1.538 5/95；纽约外汇市场 GBP/USD＝1.534 5/55。

这里有两种选择：一是在纽约市场上购入伦敦付款的英镑外汇，二是在伦敦的联行出售纽约付款的美元外汇。这两种方法均能达到美元转换为英镑，使资金转移到伦敦的目的。但两者之间的差别是：如果从纽约对伦敦电汇英镑 100 万，则为获取 100 万英镑需支付 153.55 万美元；如果在伦敦购入英镑 100 万，则为获取 100 万英镑需支付 153.85 万美元。两种方法都是获得英镑 100 万，而需付的美元相差 3 000 美元。第一种方法体现了消极的直接套汇。

母公司向子公司拨款与借款，银行间资金调拨等，若两地间汇率有差异，则可以顺便套汇。

(二)间接套汇

间接套汇又称为三角套汇或三点套汇，是指套汇者在同一时间利用三个或三个以上不同外汇市场，不同货币之间的汇率差异，贱买贵卖，赚取差额利润的外汇交易。

【例 4—3】

某日，纽约、东京、伦敦三个市场的即期汇率报价如下(为了分析方便，各市场汇率均采用中间价)：

纽约外汇市场 GBP/USD＝1.602 0

东京外汇市场 USD/JPY＝122.32

伦敦外汇市场 GBP/JPY＝200.82

想了解100万英镑套汇能否获利，首先要判断三个外汇市场是否存在汇率差异。

第一种判断方法：$1.6020\times122.32\times1/200.82\neq1$，套汇有利可图。

第二种判断方法：套汇者以英镑为初始投放货币，有两个汇兑循环体：

(1)GBP→USD→JPY→GBP；

(2)GBP→JPY→USD→GBP。

按循环体(1)计算，套汇者的具体操作方法如下：

第一步：首先在纽约市场卖出英镑100万，获得美元160.20万。

第二步：将美元160.20万电汇到东京市场卖出，获得19 595.664万日元。

第三步：将19 595.664万日元电汇到伦敦市场卖出，获得97.578 2万英镑。

这样，套汇者用100万英镑套汇，损失2.421 8万英镑。

按循环体(2)计算，套汇者的具体操作方法如下：

第一步：首先在伦敦市场卖出英镑100万，获得日元20 082万。

第二步：将日元20 082万电汇到东京市场卖出，获得164.175 9万美元。

第三步：将164.175 9万美元电汇到纽约市场卖出，获得102.481 8万英镑。

这样，套汇者用100万英镑套汇，获利2.481 8万英镑。

从事三角套汇，计算汇率之间的差异很重要，而且计算要十分精确，要及时掌握套汇所涉及的三个市场汇率的变动情况，否则会带来风险。特别是在当今浮动汇率制下，汇率波动幅度较大，要掌握其变动趋势是不容易的。

积极的套汇交易应注意把握以下要点：

1. 套汇交易只有在没有外汇管制，没有政府干预的条件下才能顺利进行。具备这一条件的欧洲货币市场是套汇交易的理想市场。

2. 由于现代通信技术发达，不同外汇市场之间的汇率差异日趋缩小，因而成功的套汇须有大额交易资金和传递迅速的外汇信息系统及分支代理机构，才能及时捕捉和把握转瞬即逝的套汇时机，并在抵补成本的基础上获利。

3. 套汇过程必须遵循从低汇率市场买入，到高汇率市场卖出原理。套汇过程应是一个完整的循环，即套汇以初始投放货币形态结束或在货币资金初始投放市场结束。

第二节　套利交易

一、套利交易的概念

套利交易(Interest Arbitrage Transaction)亦称利息套汇，是指套利者利用不同国家或地区短期利率的差异，将资金从利率较低的国家或地区转移至利率较高的国家或地区，从中获取利息差额收益的一种外汇交易。例如，美国金融市场上的短期利率为年率12%，而英国为10%，于是在英国以10%的年率借入英镑资金，兑成美元现汇，汇往美国，存放于美国的金融市场。如不考虑手续费等因素，资金转移可获得的利润率为2%，即英美两国短期利率的差额。如果这时由英国调往美国的是自有资金，则可比在英国运用该笔资金多赚取2%的利润。但无论是借入资金还是自有资金，由英镑兑换成美元汇往美国都要承担美元汇率波动的风险。因此，在英国购进美元现汇套利时，一般还需要做一笔远期外汇交易，即同时在英国出售与这笔美元投资的本利和等值的美元期汇，以避免美元汇率波动带来的损失。

套利是外汇市场上重要的交易活动。由于目前各国外汇市场联系十分密切,一有套利机会,大银行或大公司便会迅速投入大量资金,最终促使各国货币利差与货币远期贴水率趋于一致,使套利无利可图。套利活动使各国货币利率和汇率形成了一种有机的联系,两者互相影响和制约,推动国际金融市场的一体化。

二、套利交易的类型

根据套利者是否对外汇风险进行防范,套利交易可分为两种形式:非抛补套利(Uncovered Interest Arbitrage)和抛补套利(Covered Interest Arbitrage)。

(一)非抛补套利

非抛补套利又称不抵补套利,这是指利用两国市场的利息率差异,把短期资金从利率低的市场调到利率高的市场投资,以谋取利息差额的收益,但不同时进行反向操作轧平头寸的一种套利形式。非抛补套利作为一种纯粹的套利交易,要冒汇率变动的风险,因而具有投机性质。

案例分析 4—1 非抛补套利的运用

某一时期,美国金融市场的6个月期国库券年利率为10%,英国的同期国库券年利率为6%,这时,如果英国英镑的持有人用100万英镑购入英国的6个月期国库券,到期时本利之和将是103万英镑。设当时伦敦外汇市场上的美元即期汇率为1英镑等于1.669 5美元,投资者可将100万英镑按此汇率兑换成美元,可得美元166.95万,用这笔美元购入美国6个月期国库券,则可得到本利和为175.297 5万美元[166.95(1+10% 6/12)]。投资者在6个月后,把得到的美元在外汇市场上兑换为英镑,如果这时的即期汇率没有变化,则投资者可得到105万英镑,比购买英国国库券多获利2万英镑。

这种纯粹套息方式建立在对未来(本例为6个月后)的即期汇率的预测基础上,如果现在的即期汇率与未来的即期汇率没有发生变化,则投资者稳拿到利息差额收入,假若汇率发生了变化,投资者的收入就会发生变化,甚至发生亏损。在上例中,如果6个月后的即期汇率为1英镑等于1.779 5美元,则投资者得到的175.297 5万美元的本利,在外汇市场上只能兑换为98.5万英镑,投资者反而亏损1.5万英镑。可见,不抛补套利行为面临汇率变动不确定性所带来的风险,在大多数情况下,投资者对投资期内的汇率变动是没有把握的。为了避免汇率在投资期内向不利方向变动带来的损失,投资者往往采取抛补套利的交易方式。

资料来源:兰容英、倪信琦:《外汇交易实务》,厦门大学出版社2019年版,第158页。

(二)抛补套利

抛补套利又称抵补套利,这是指套利者把资金从低利率市场调往高利率市场的同时,在外汇市场上卖出高利率货币的远期,以避免汇率风险的一种套利形式。这实际上是将远期和套利交易结合起来。从外汇买卖的形式看,抵补套利交易是一种掉期交易。

例如,纽约金融市场利率为年率11%,伦敦金融市场利率为年率13%,两地利差为2%,单纯从利息收入考虑,如果将美元换成英镑存入伦敦银行,就可赚取2%的净利息收入。但实际上,在将美元换成英镑做短期投资生息期间,英镑汇率很可能下跌,当投资到期后把资金调回美国时,英镑兑换成美元的数额就会减少,套利者会遭受损失。所以,套利者在将美元兑成英镑的同时，会再卖出远期英镑，以回避到期时英镑下跌的风险。套利者买进即期英镑，卖出远期英镑，会促使即期英镑上涨，远期英镑贴水，如果远期英镑贴水接近两地之间2%的利差，则套利将无利可图。因此，套利的先决条件是两地利差大于年贴水率或小于年升水率。

第三节　掉期交易

一、掉期交易的概念

掉期交易（Swap Transaction），又称时间套汇，传统掉期交易同现汇交易和远期外汇交易一样，是国际市场上的一种重要交易方式。掉期交易是指将货币相同、金额相同而方向相反、交割期限不同的两笔或两笔以上的外汇交易结合起来进行的，即交易者在买进或卖出即期外汇的同时，卖出或买进数额基本相同的远期外汇，使资金做反方向回流，避免外汇风险。掉期率等于两笔交易所使用的汇率的差价，即买进和卖出两种不同期限的外汇所使用的汇率的差价。

在掉期交易中，掉期交易改变的不是交易者手中持有的外汇数额，而是交易者所持货币的期限。它的基本用途是避免外汇风险，掉期交易强调买入和卖出的同时性，并且掉期交易绝大部分是针对同一对手进行的。

二、掉期交易的类型

（一）掉期交易按交易对象是否相同可分为纯粹的掉期交易和操纵的掉期交易

1. 纯粹的掉期交易（Pure Swap Transactions）。即同时向同一对象买进或卖出不同交割日的等额外汇的交易。换言之，交易的买和卖都发生在相同的两个交易员之间。

在这一交易中，掉期率是双方直接协商的，一旦双方达成协议后，就按约定的即期汇率和远期汇率成交。

2. 操纵的掉期交易（Engineered Swap Transactions）。该掉期交易包括两个交易行为，而两笔交易的对手并不相同。例如，交易员与某一交易对手按远期汇率买入远期外汇之后，再与另一交易对手按即期汇率或按另一期限的远期汇率，卖出同一币种的即期或远期外汇，这就是分散的掉期交易。

前者是指交易只涉及两方，即所有外汇买卖都发生于银行与另一家银行或客户之间；后者是指交易涉及三个参与者，即银行与一方进行即期交易的同时，与另一方进行远期交易，或两种交易都为远期交易。

（二）掉期交易按交割期限的不同可分为即期对远期掉期交易、隔日掉期交易和远期对远期掉期交易

1. 即期对远期掉期交易（Spot-forward Swaps）。指在买进即期外汇的同时卖出同一笔远期外汇，或者在卖出即期外汇的同时买进同一笔远期外汇。这是最常见的掉期交易。在国际外汇交易市场上，最常见的即期对远期掉期交易有即期对次日、即期对一周、即期对整数月等。

2. 即期对即期掉期交易（Spot Against Spot）又称为“一日掉期”，指两笔交易都是即期外汇交易，交易金额相同，但交割日相差1天，交易方向相反。一日掉期主要用于银行同业的隔夜资金拆借，目的在于调整短期头寸和资金缺口。

3. 远期对远期掉期交易（Forward-forward Swaps）。指两笔交易均在超过两个营业日后才交割的掉期交易，亦即在买进某货币较短的远期的同时，卖出该货币较长的远期；或者，买进

某货币较长的远期，同时卖出该货币较短的远期。银行在承做远期对远期掉期交易时，通常会将它拆分为两个即期对远期的外汇交易，而真正的远期对远期掉期在国际市场上较为少见。

资料卡 4－1 国有大行被动结汇压力加大，以大量掉期交易对冲美元流动性

近日中国人民银行公布数据显示，2021 年 2 月末央行口径外汇占款为 211 634.89 亿元人民币，较上月增加 234.83 亿元，增加规模创 2015 年 5 月以来新高。

分析人士指出，去年国内率先实现复工复产，但海外产能却迟迟不能恢复，在产能替代作用的推动下，我国出口增长迅猛，2020 年贸易顺差扩大至 5 350 亿美元，为有史以来顺差规模次高。

在人民币汇率走强的背景下，企业结汇意愿增强，银行代客结售汇已连续 5 个月保持顺差，大量外汇资金流入银行体系，导致外币流动性充足，银行被动结汇给央行，导致央行外汇占款增加。

但如果商业银行在面对大量的美元流动性时，不选择和央行结汇，就需要通过外汇市场进行掉期交易。事实上，在海外成熟市场中，商业银行负责外汇市场的流动性调节，调剂外汇供求缺口，是一种常态。

“商业银行大规模放出美元流动性，可以缓解外汇占款上涨的压力，估计 3 月外汇占款增长就会下降了。”华南某中型券商研究员对财联社表示。

数位银行外汇交易员向财联社表示，上述国有大行近期一直在进行 sell/buy 方向的外汇掉期操作，此交易行为已将一年期美元/人民币掉期持续推高至 1 750 点附近。

另外目前 1 年期离岸人民币/美元交叉货币掉期利率已经上升到 2.825%，已经是 2019 年 6 月以来的最高值，而且是在美债利率近期显著走高的背景下发生的。

业内人士解释称，银行通过掉期市场将从企业手中买入的外币换成人民币，可对冲掉当下的外汇头寸。对企业来说，为锁定汇率，与银行签订远期售汇合约，并约定日后回购以完成付汇，也有助于减少因汇率波动所带来的财务成本。

银行为应对企业结汇造成的外汇敞口，将会在即期市场买入一笔外币，同时在掉期市场卖出同等金额外币，并在远期购入外币，即构建一个 sell/buy 方向的掉期组合，银行全程无敞口风险。

理论上，掉期产品的供需关系是 sell/buy 和 buy/sell 两个方向，sell/buy 方向多，掉期点向上，即期不变的情况下，远期合约人民币趋于贬值；buy/sell 方向多，掉期点向下，即期不变的情况下，远期合约人民币贬值压力缓解。

西部证券某宏观研究员对财联社表示：“商业银行这样操作的原因，主要来自近一年来大量累积的外汇顺差。这是银行在面对大量的美元流动性时，对资金头寸的跨期处理的一种手段。”她认为，去年来我国出口持续走强，外汇顺差扩大。1—2 月贸易顺差持续位于高位，净结汇需求明显增加，银行结汇压力较大。另外美国推出 1.9 万亿美元的财政刺激政策，可见我国顺差还会保持强势。

因此，银行在远期市场上利用掉期合约消化目前累积的部分外汇头寸，是个适宜的选择。

资料来源：https://baijiahao.baidu.com/s?id=1694471389037474139&wfr=spider&for=pc，2021 年 3 月 17 日。

三、掉期交易的应用

现在我们举例分析说明掉期交易的应用。

【例 4—4】

一家美国贸易公司在 1 月份预计 4 月 1 日将收到一笔欧元货款，为防范汇率风险，公司按远期汇率水平同银行叙做了一笔 3 个月远期外汇交易，买入美元卖出欧元，起息日为 4 月 1 日。但到了 3 月底，公司得知对方将推迟付款，在 5 月 1 日才能收到这笔货款。于是公司可以通过一笔 1 个月的掉期外汇交易，将 4 月 1 日的头寸转换至 5 月 1 日。

若客户目前持有甲货币而需使用乙货币，但在经过一段时间后又收回乙货币并将其换回甲货币，也可通过叙做掉期外汇交易来固定换汇成本，防范风险。

一家日本贸易公司向美国出口产品，收到货款 500 万美元。该公司需将货款兑换为日元用于国内支出。同时公司需从美国进口原材料，并将于 3 个月后支付 500 万美元的货款。此时，公司可以采取以下措施：叙做一笔 3 个月美元兑日元掉期外汇交易：即期卖出 500 万美元，买入相应的日元，3 个月远期买入 500 万美元，卖出相应的日元。通过上述交易，公司可以轧平其中的资金缺口，达到规避风险的目的。

四、外汇掉期的操作

以我国银行为例，办理外汇掉期交易的有关要求如下：

1. 办理外汇掉期交易，银行对交易方的要求与办理即期和远期外汇交易相同，需要有贸易或其他保值背景，填写保值外汇买卖申请书，并比照办理远期外汇交易的办法交存一定数量的保证金。

2. 交易方要对已达成的远期交易进行展期，必须在该远期交易起息日的第 5 个工作日前向原叙做远期交易的银行机构或部门提出申请，经批准后填写新的保值外汇买卖申请书，办理外汇掉期交易。

3. 交易方要对已达成的远期交易提前交割，需在提前交割的 5 个工作日前向原叙做远期交易的银行机构或部门提出申请，经批准后填写新的保值外汇买卖申请书，办理外汇掉期交易。

资料卡 4—2 人民币外汇掉期

一、基本定义

人民币外汇掉期业务是指银行与客户签订协议，约定一种外币对人民币的两笔兑换交易，两笔交易中外币的金额相同、交割日不同、方向相反，其中交割日在前的为近端交易，交割日在后的为远端交易。

二、产品简介

1. 产品特点

人民币外汇掉期业务可为客户锁定未来外币兑人民币的兑换汇率，起到保值避险作用。同远期结售汇不同，人民币外汇掉期业务为方向相反的两笔交易，可以认为是一笔即期结售汇和远期结售汇或两笔远期结售汇业务的组合。人民币外汇掉期必须符合国家外汇管理政策，具有真实背景。

2. 交易币种

美元、港元、日元、欧元、英镑、瑞士法郎、澳大利亚元、加拿大元、新加坡元。

3. 交易期限

客户可办理标准期限及非标准期限的人民币外汇掉期业务。标准期限分为7天、20天、1个月、2个月、3个月、4个月、5个月、6个月、7个月、8个月、9个月、10个月、11个月、12个月等,非标准期限的人民币外汇掉期业务可以根据客户需求任意选择。对于1年期以上的客户需求,可根据具体情况判断是否办理。

4. 客户范围

符合国家外汇管理局政策可以进行结售汇的境内机构。

5. 风险提示

风险与收益并存。如果锁定了汇率成本,将无法享受到汇率向有利方向变动时的额外收益。

三、我行优势

1. 我行为人民币外汇银行间市场做市商,报价能力强,做市经验丰富,交易执行能力强,为客户节约交易成本。

2. 服务专业化。配备专业的研究团队,每日每周为客户提供金融市场研究服务。

四、办理流程

1. 账户开立。客户办理远期结售汇业务,原则上须在我行开立相应外汇及人民币账户。

2. 委托审核。客户需与我行签订总协议,除特殊约定外,客户需逐笔提交书面交易委托。业务办理前,需审核是否符合国家外汇管理政策及我行风险管理政策。另外,客户需缴纳相应的交易担保,如符合我行风险管理政策,也可支用授信额度。

3. 交易办理。交易成功后,我行将向客户发送交易确认书。

4. 交割。在到期日,客户按交易书中各项要素与我行办理资金交割,同时需提交国家外汇管理政策要求的相关材料;客户也可提前提出展期或违约申请,但需承担因展期或违约所产生的损益。

资料来源:中国建设银行官网,2021年10月16日。

本章小结

1. 套汇交易是利用不同的外汇市场、不同的货币种类、不同的交割期限在汇率上的差异,贱买贵卖,赚取利润的外汇交易。套汇交易按其方式可分为地点套汇和时间套汇。地点套汇按交易方式划分,可分为直接套汇和间接套汇。

2. 套汇交易只有在没有外汇管制,没有政府干预的条件下才能顺利进行。具备这一条件的欧洲货币市场是套汇交易的理想市场。套汇过程必须遵循从低汇率市场买入,到高汇率市场卖出原理。套汇过程应是一个完整的循环,即套汇以初始投放货币形态结束或在货币资金初始投放市场结束。

3. 套利交易亦称利息套汇,是指套利者利用不同国家或地区短期利率的差异,将资金从利率较低的国家或地区转移至利率较高的国家或地区,从中获取利息差额收益的一种外汇交易。根据套利者是否对外汇风险进行防范,套利交易可分为两种形式:非抛补套利和抛补套利。

4. 掉期交易是指将货币相同、金额相同而方向相反、交割期限不同的两笔或两笔以上的外汇交易结合起来进行的,即交易者在买进或卖出即期外汇的同时,卖出或买进数额基本相同的远期外汇,使资金做反方向回流，避免外汇风险。掉期交易按交易对象是否相同可分为纯粹的掉期交易和操纵的掉期交易，按交割期限的不同可分为即期对远期掉期交易、隔日掉期交易和远期对远期掉期交易。

复习思考题

1. 什么是套汇交易？它有哪些类型？

2. 什么是套利交易？它有哪些类型？

3. 什么是掉期交易？它有哪些类型？

4. 举例说明三角套汇交易是如何操作的。

5. 说明外汇掉期操作程序。

6. 假设某日纽约市场上 GBP/USD=1.652 0/40；伦敦市场上 GBP/JPY=227.80/90；东京市场上 USD/JPY=138.50/70。

如果不考虑其他费用，你用 100 万美元套汇，可获多少套汇利润？

第五章　金融期货交易

学习目标

通过本章学习，了解金融期货产生的背景，世界上主要的金融期货交易市场、外汇期货的特点；理解金融期货的定义及特点、外汇期货的概念；掌握金融期货交易的流程，外汇期货交易的基本程序；掌握外汇期货、利率期货、股指期货的运用。

金融期货自20世纪70年代初问世以来，发展十分迅速。金融期货工具、交易方式不断创新，有力地推动着金融期货市场的飞速发展。金融期货交易是商品经济发展的必然产物，由于它具有独特的保值功能和避险机制，因此，在国际金融市场上发挥着巨大的作用。金融期货交易的发展速度不仅远超过商品期货交易的发展速度，而且，在许多重要的金融市场上，这种金融衍生产品交易量大大超过了基础金融产品的交易量，成为金融市场的主要交易产品。金融期货主要包括外汇期货、利率期货和股票指数期货。本章将分别介绍这几种金融期货交易的发展、特点、主要种类、交易方式和实际运用。

第一节　金融期货概述

所谓金融期货，是指以金融工具作为标的物的期货合约。金融期货交易是指交易者在特定的交易所通过公开竞价方式成交，承诺在未来特定日期或期间内，以事先约定的价格买入或卖出特定数量的某种金融商品的交易方式。金融期货交易具有期货交易的一般特征，但与商品期货相比，其合约标的物不是实物商品，而是金融商品，如外汇、债券、股票指数等。

一、金融期货产生的背景

金融期货商品的出现有一定的历史背景。1971年以后，随着美元的两次贬值和美国政府宣布美元与黄金脱钩，布雷顿森林体系彻底崩溃。国际货币制度从固定汇率制走向浮动汇率制。汇率变动取决于市场的供求关系，加上投机因素的影响，各种货币之间汇率的变动极其频繁，变化幅度也很大，这对从事对外贸易的商人来说，就形成了外汇汇率变动这一新风险。此外，1973年和1978年两次爆发石油危机，使西方国家宏观经济陷于滞胀局面，通货膨胀日趋严重。为对付通货膨胀，美国不得不运用利率工具，这又加剧了金融市场的利率波动。利率是资金的价格，利率的升降会引起固定收益证券价格的反方向变化，并直接影响投资者的收益。面临新出现的汇率风险和利率风险，金融资产的发行者和投资者都需要找到一种回避或减少风险的途径，于是人们将商品期货交易方式移植到金融资产的交易之中并取得了成功，金融期货交易应运而生。

金融期货交易是从20世纪70年代初开始的。1972年5月16日，芝加哥期货交易所的国际货币市场(IMM)率先推出包括英镑、加拿大元、德国马克、法国法郎、日元、瑞士法郎、荷兰盾在内的外币汇率期货。1975年10月20日，芝加哥期货交易所第一张抵押证券期货取得成功。以后它又陆续推出美国政府90天国库券期货、美国政府长期公债期货、90天期和30天期的商业票据期货、中期政府债券期货、欧洲美元期货、大面额存单期货等。到1982年2月，美国堪萨斯农产品交易所推出了一种新的期货——股票指数期货，并获得成功。美国金融期货开办成功后，许多国家竞相效仿。1982年9月，伦敦国际金融期货交易所(LIFFE)成立，上市的金融期货主要有3个月期欧洲美元、3个月期英镑和英国政府长期债券等。1985年10月，日本东京证券交易所开办政府公债期货，此外巴黎金融期货交易所(MATIF)、新加坡国际货币期货交易所(SIMEX)等也先后开办了金融期货交易，1986年我国香港期货交易所开始进行恒生指数期货交易。这样，金融期货24小时全球交易的局面就形成了。

根据各种合约标的物的不同，通常将金融期货分为三大类：外汇期货、利率期货和股票指数期货(包括股票期货)。其中，市场上交易规模最大的是利率期货。

二、金融期货交易的组织结构

金融期货基本上遵循一般商品期货交易的交易模式，因此，一般商品期货交易中的交易制度与交易流程也适用于金融期货。为了保障期货交易的“公开、公平、公正”，对高风险的期货市场实施有效的管理和控制，期货交易所不断发展和完善其交易制度与流程，要求所有参与者必须严格遵守“游戏规则”。在此介绍一些主要的相关内容：

期货市场是一个高度组织化的发达的市场，有着严密的组织结构，从而保障市场的有效、有序运转。金融期货市场的组织构成形式与商品期货市场是相似的，通常由三部分组成：期货交易所、期货经纪公司和结算所。

1. 期货交易所

期货交易所就是专门进行标准化期货合约买卖的场所，一般可以分为会员制和公司制两种形式。交易所成立的主要目的在于提供交易场所和交易所需设备、服务，订立交易规则，以利于会员进行正常的期货交易。目前，世界上的大多数金融期货交易所采用会员制形式，交易所由全体会员共同出资组建，会员缴纳的会员资格费作为注册资本，会员制交易所不以营利为目的。交易所会员与普通股份公司股东不同，其权利不是领取股息，而是在交易所的交易厅内为自己或非会员进行期货交易。另一种形式是公司制交易所，即由投资者以入股方式组建的股份有限公司，是以营利为目的的企业法人，公司制交易所对参与交易者收取交易费，投资者则定期按股份取得投资回报。世界上大多数国家的交易所须由政府有关部门批准才能正式成立。我国《期货交易管理条例》第六条规定：“设立期货交易所，由国务院期货监督管理机构审批。未经国务院批准或者国务院期货监督管理机构批准，任何单位或者个人不得设立期货交易场所或者以任何形式组织期货交易及其相关活动。”

资料卡5—1　世界主要的金融期货交易场所

一、芝加哥商品交易所

芝加哥商品交易所(CME)的金融期货交易主要集中在国际货币市场。国际货币市场是该交易所为开办外汇期货交易而设立的一个分部，成立于1972年5月，当时共推出

7种货币的外汇期货合约。1976年1月，国际货币市场推出90天期的美国国库券期货合约；1981年12月，它开办了3个月的欧洲美元定期存款期货交易。

二、芝加哥期货交易所

芝加哥期货交易所(CBOT)自1975年10月推出利率期货交易以来，其金融期货的交易量占总交易量的比重日益上升，已超过其农产品期货的交易量，成为一个以金融期货为主的期货市场。1977年8月，该交易所开办美国长期国库券期货交易；1979年6月该交易所开办10年期美国中期国库券期货交易；1984年7月，该交易所又推出主要市场指数(MMI)期货交易。1987年4月30日，该交易所开始在星期日至星期四的晚上开设夜市，时间与远东主要期货市场的交易时间相对应，在国际化的道路上迈出了重要的一步。目前，该交易所交易的金融期货品种以各种利率期货为重点，利率期货的交易量占整个交易所总交易量的一半以上，成为世界上最重要的金融期货市场之一。2006年10月17日，芝加哥商品交易所与芝加哥期货交易所合并，合并后更名为芝加哥交易所集团。

三、伦敦国际金融期货交易所

伦敦国际金融期货交易所(LIFFE)于1982年9月正式开业，是欧洲建立最早、交易最活跃的金融期货交易所。目前，该交易所交易的货币期货有以美元结算的英镑、瑞士法郎、欧元和日元期货；利率期货包括英国的各种国库券期货、美国长期国库券期货、日本长期国库券期货、3个月期欧洲美元定期存款期货以及3个月期英镑利率期货等；股票指数期货有《金融时报》100种股票指数期货。此外，该交易所的结算与国际货币市场等不同，是依靠独立的结算会司——国际商品结算公司(ICCH)——进行的。国际商品结算公司作为独立的专业性结算公司，与伦敦国际金融期货交易所没有行政隶属关系，仅负责该交易所的日常结算。

四、中国香港期货交易所

中国香港期货交易所(HKFE)的前身是1977年开始运营的香港商品交易所。1984年对交易所改组和对管理条例修订后才重新挂牌，将香港商品交易所更名为期货交易所。1998年恒生指数期货和期权合约交易量占市场总交易量的90%以上。目前在中国香港期货交易所上市的还有红筹股票指数、个股等金融品种的期货和期权。

五、新加坡国际货币期货交易所

新加坡国际货币期货交易所(SIMEX)建立于1984年9月，由原来的新加坡黄金交易所与芝加哥商品交易所以合伙的方式创办。在该交易所上市的欧洲美元、日元、欧元、英镑4种期货合约都是芝加哥商品交易所的上市品种，合约规格完全一样，并可在两个交易所之间实行相互对冲。这一相互对冲制度延长了交易时间，提高了交易效率，极大地促进了金融期货交易的国际化进程。此外，在新加坡国际货币期货交易所上市的品种还有90天期欧洲日元期货合约、日经225股指期货合约及美国长期国库券期货合约等。目前，该交易所已成为东南亚地区最有影响力的金融期货市场。

资料来源：根据中国网相关资料整理。

2. 期货经纪公司

期货经纪公司是指依法设立的、接受客户委托、按照客户的指令、以自己的名义为客户进行期货交易并收取业务手续费的中介组织。

由于大多数期货交易所采取的是严格的会员制，非会员不能入场交易。因此，为了让更多的交易者能参与交易，交易所允许一部分具备一定资质的会员接受客户的委托，代客户进行期货交易。这样，就产生了期货市场的中介机构——期货经纪公司。

期货经纪公司作为交易者与期货交易所之间的桥梁和纽带，对期货市场的发展壮大起到了重要的作用。首先，期货经纪公司通过接受客户委托代理期货交易，从而扩展市场参与者范围，扩大市场规模，提高交易效率，增强期货市场的竞争性，有助于形成权威、有效的期货价格；其次，期货经纪机构具有专门从事信息收集和行情分析的专业人士，能够为客户提供高质量查询服务，有助于客户提高决策效率和决策的准确性；最后，期货经纪公司通过自身设立的一套严密的风险控制机制，可以有效地控制客户交易风险，增强期货市场的稳定性。

3. 结算所

结算所(Clearing House)负责买卖双方交易的清算工作，期货市场上每一笔交易都要通过结算所来结算。结算所可以是期货交易所的一部分，也可以是业务上完全独立的机构。美国的期货交易所一般都有自己的结算所，而英国则是通过独立的结算机构进行交割和平仓的。结算所通常是非营利性组织，只有具备结算所会员资格者才能与结算所结算。要成为结算所会员首先必须成为交易所会员，但并不是所有的交易所会员都一定能成为结算所会员。结算所的主要职能是：为期货交易提供交易账户；收缴履约保证金，承担合约履约责任；监督并执行实物交割；报告交易数据。

三、金融期货交易的规则与流程

(一)交易规则

1. 合约标准化

金融期货合约是期货交易所统一定制的、规定在将来某一特定的时间和地点交割一定数量和规格的金融产品或金融工具的标准化合约。期货交易实际上就是在交易所自由买卖这种合约，转嫁价格风险，获取风险收益的交易方式。金融期货合约和其他期货合约最重要的特点就是合约条款的标准化，包括交易的金融工具或金融产品的定义、交易数量、交割时间、交割地点等全都是由交易所统一规定的，只有价格可以通过在交易所以公开竞价的方式产生。

2. 保证金制度

芝加哥期货交易所在最初的远期合约交易过程中就发现，远期合约交易往往有较大的违约风险，因为远期合约从成交到交割往往有几个月的时间，在这期间，交易标的物的价格或者上升或者下跌，总是会发生波动，对买卖双方而言都有可能发生损失，而损失的一方就有可能违约。于是，芝加哥期货交易所在 1865 年将远期合约标准化，推出期货产品时，开始采用“保证金制度”，这是期货交易史上的一项重要的制度创新，并一直沿用至今。

保证金是期货交易的抵押品，是用作将来清偿损益的本金或充当履约的保证。保证金按照期货合约价值的一定比例缴纳，通常为 5%～10%。保证金可分为结算保证金和交易保证金。结算保证金是交易所向会员或者经纪公司向客户收取的、存入专用结算账户中为了交易结算而预先准备的资金，是未被合约占用的保证金。交易保证金则是指会员或客户在其专用结算账户中由于交易的实现已被占用的、确保合约履行的资金。

结算保证金又分为两种：初始保证金(Original Margin)和追加保证金(Variation Margin)。初始保证金是指拥有新增合约所需缴纳的原始存款。初始保证金通常占期货合约价值的一定比例，但比例并不高。例如美国国债期货每一合约价值 100 000 美元，只需缴存 1 000

美元初始保证金，其比例仅为1%。对于价格变动较为剧烈的期货品种，初始保证金的比例就会提高。追加保证金是指由于期货合约结算价格的变动而需要每天对保证金做调整的金额。为了保持零负债，期货结算所需每日结算，所以如果市场价格变化对持有期货合约的交易者不利，则其初始保证金数额就会下降到规定比例之下。此时该交易者就需要缴纳追加保证金以继续持有合约。

3. 价格制度

在期货交易中，交易价格是由买卖双方在交易所内通过公开竞价的方式确定的，但是交易所仍然有一些相应的价格制度，对交易价格的变动进行监督，为交易会员提供一个公平竞争的市场环境。期货交易所对金融期货的价格规定主要有以下几个方面：

第一，交易单位，一般是以市场最小买卖单位为基础。例如，外币期货是以每份合约的标准金额为单位。

第二，最小变动单位，金融期货价格浮动有一个最小单位，任何交易商在公开竞价时不得小于价格最小变动单位额。例如在国际货币市场(IMM)中，英镑的最小价格浮动为5个点，合12.50美元。

第三，每日价格最大波动限制，即涨跌停板制度，是指在一个交易日内所允许的最大涨跌幅度，超过该涨跌幅度的报价不能成交。涨跌停板一般以合约上一交易日结算价为基准。合约上一交易日结算价加上允许的最大涨幅构成当日价格上涨上限，即涨停板；而以该合约上一交易日结算价减去允许的最大跌幅则构成当日下跌的下限，即跌停板。交易所通过该制度使得在每一个交易日内，期货价格不会出现剧烈波动，从而能够控制风险，保持市场平稳运行。

4. 平仓制度

在交割期到来之前，已经签约成交的期货买方(多头)或卖方(空头)，可以根据市场价格变化趋势以及自己的预期判断，转让手中的合约，改变自己在市场中的交易头寸。例如，原来的交易头寸是空头，即卖出了一份金融期货合约。在到期前不想交割，则该交易者可以做多头，买入相应的金融期货合约，用以抵消原来的空头头寸，这种做法就叫对冲或冲销。绝大多数期货合约都是利用这样的反向操作平仓的。

当然，对冲只是平仓的方法之一。还是有少量的期货合约是在到期后进行实物交割的。

5. 每日结算制度

在期货交易中，由于合约被频繁转让，价格在不断波动，因此，对期货交易的结算提出了较高要求。

首先，期货交易的结算，由结算所分别成为任何一笔交易的买方或卖方，即“交易对手”。对买方而言，结算所充当了卖方，对卖方而言，结算所则充当买方。这样，买卖双方在成交以后不再发生任何关系。

其次，期货结算遵循“无负债原则”，采用“每日结算制度”，每日交易结束后，结算所按当日结算价结算所有合约的盈亏、交易保证金、手续费等费用，结转应收应付款项，对保证金不足的交易者发出追加保证金的通知。

除以上几项主要的交易制度之外，完整的交易制度还包括持仓限额制度、大户报告制度、实物交割制度等。

(二)交易流程

交易者认为某种金融期货的价位比较合适的时候，即可以入市买卖。完整的交易流程包括开户、下单、竞价、结算和交割。由于在期货交易中，绝大多数期货合约是通过对冲平仓方式结束的，因此，交割环节并不是交易流程的必经环节。

1. 开户

希望进入期货市场的一般交易者，首先需要选择一个具有代理资质、信用好、运作规范、佣金合理的期货经纪公司，向其提出委托申请，开立账户，并足额缴纳所需的保证金。经纪公司在获得此项授权以后就可以根据客户指令买卖。

2. 下单

所谓下单，就是客户向经纪公司下达交易指令，内容一般包括交易的品种、买卖方向、价格、月份、数量、日期、交易所名称、客户编码和账户等。其中，最重要的是关于价格的指令，即客户愿意以什么样的价格成交，一般有市价指令、限价指令、止损指令、限时指令等。随着通信技术的不断发展，客户不但可以通过传统的书面方式下单，还可以进行电话下单、网上下单。

3. 竞价

经纪公司在接到客户的交易指令以后，首先会审核客户指令，然后将指令传达给交易所场内的经纪人。场内经纪人根据客户指令在交易所内竞价，竞价的方式有两种：公开喊价方式和计算机撮合成交方式。公开喊价方式是场内经纪人在交易池内通过公开叫价并辅以手势完成交易的。该方法盛行于欧美的期货交易所。计算机撮合方式则是计算机交易系统根据“价格优先，时间优先”的原则对交易双方的指令进行配对，从而完成交易的方式。我国期货交易采用的是该种方法。

4. 结算

在场内竞价成功以后，场内经纪人将交易记录通知结算所，由结算所当天结算。同时，经纪公司也要将执行指令的结果通知客户，由客户确认。

至此，一项交易指令执行完毕。整个交易过程非常迅速，在每个执行步骤上都要标记时间。

四、金融期货交易的特点

（一）金融期货的特性

金融期货的特性首先是由标的物——金融商品——的特性，即金融商品的同质性、耐久性、易变性所决定的。主要表现为：一是金融期货交易中基差（即现货价格与期货价格之间的差额）的决定与变动不同于普通商品期货交易。二是金融期货交易中的结算与交割同普通商品相比有着明显的便利性。

（二）金融期货的基本特征

金融期货的特征是由它的基本特性所决定的。其特征就是金融期货交易与金融现货交易的区别（见表5－1）：

1. 交易对象不同。金融现货交易的对象是某一具体形态的金融商品，是代表所有权或债权关系的股票、债券或其他金融商品。金融期货交易的交易对象是期货合约。

2. 交易目的不同。金融现货交易的目的是为了获得价值或收益权，为生产和经营筹集必要的资金，为暂时闲置的货币资金寻找生息获利的投资机会。金融期货交易主要是为了套期保值，其过程也是价格发现过程。金融期货交易过程中也有巨大的投机获利机会。

3. 结算方式不同。金融现货交易通常以证券与货币等金融商品的转手而结束交易活动。金融期货交易中，仅有极少数合约到期交割实物或现金。近99％的期货合约是通过做相反交易对冲结算的。

表 5—1 金融期货交易与金融现货交易的区别

	金融现货交易	金融期货交易
交易对象	某一具体的金融商品，如股票、债券等	期货合约
交易目的	筹资投资、获取价值或收益权	套期保值和价格发现
结算方式	金融现货转手	对冲结算

五、金融期货的功能

（一）套期保值

套期保值即金融期货通过在现货市场与期货市场同时相反的交易而达到为其现货保值目的的功能。某一特定商品或金融资产的期货价格和现货价格受相同经济因素的制约和影响，从而它们的变动趋势是一致的。现货价格与期货价格具有市场走势的收敛性，即当期货合约临近到期日时，现货价格与期货价格将逐渐趋合，它们之间的价差（即基差）将接近于零。其套期保值的基本做法是：在现货市场买进或卖出某种金融资产的同时，做一笔与现货交易品种、数量、期限相当但方向相反的期货交易，以期在未来某一时间通过期货合约的对冲以一个市场的盈利来弥补另一个市场的亏损，从而回避现货价格变动带来的风险，实现保值的目的。

套期保值的基本类型有两种：多头套期保值，即交易者先在期货市场买进期货，以便将来在现货市场买进时，不至于因价格上涨而给自己造成经济损失的一种期货交易方式；空头套期保值，即交易者先在期货市场卖出期货，当现货价格下跌时以期货市场的盈利来弥补现货市场的损失，从而达到保值目的的一种期货交易方式。

（二）价格发现

价格发现即在一个公开、公平、高效竞争的期货市场中，金融期货通过集中竞价形成期货价格的功能。期货价格具有预期性、连续性和权威性的特点，能够比较准确地反映出未来商品价格的变化趋势。今天的期货价格可能就是未来的现货价格。

第二节 外汇期货

一、外汇期货的概念

外汇期货（Foreign Currency Futures）也称货币期货，是买卖双方通过期货交易所按约定的价格，在约定的未来时间买卖某种外汇合约的交易方式。外汇期货是产生最早且最重要的一种金融期货。外汇风险分为商业性汇率风险和金融性汇率风险两大类。商业性汇率风险是指人们在国际贸易中因汇率变动而遭受损失的可能性，是外汇风险中最常见、最重要的风险。金融性汇率风险包括债权债务风险和储备风险。债权债务风险是指在国际借贷中因汇率变动而使其中一方遭受损失的可能性。储备风险是指国家、银行、公司等持有的储备性外汇资产因汇率变动而使其实际价值减少的可能性。

20 世纪 70 年代初布雷顿森林体系的解体使固定汇率体制被浮动汇率体制所取代。主要西方国家的货币纷纷与美元脱钩，汇率波动频繁，市场风险加大。同时经济的全球化使得越来越多的企业面临汇率波动的风险，市场迫切需要规避这种风险的工具，货币期货就是在这种背景下产生的。

二、外汇期货的特点

外汇期货是在有组织的交易所市场上，采用公开叫价或计算机撮合方式，竞争性地进行交易；交易者并不是直接买卖外汇，而是买卖外汇期货合约。外汇期货交易和远期外汇交易虽然具有许多相同或相似之处：交易客体相同，都是外汇；交易原理相同；交易目的都是为了防范风险或转移风险，实现套期保值和投机获利的目的；交易的经济功能相似，都有利于国际贸易的发展，为客户提供风险转移或价格发现的机制。但是，外汇期货与远期外汇交易亦存在多个方面的不同。

1. 交易的标的物不同。外汇期货交易的是标准化的合约，这种合约除价格外，在交易币种、交易时间、交易结算日期等方面都有明确、具体的规定。交易数量用合约来表示，买卖的最小单位是一份合约，每份合约的金额交易所都有规定。芝加哥“国际货币市场”上，主要西方货币期货合约的标准买卖单位为 6.25 万英镑、10 万加元、1 250 万日元，交易的金额是标准化合约额的整数倍数。而远期外汇交易的金额没有严格的规定，由交易者之间根据需要而定。

2. 交易方式不同。外汇期货交易是由场内经纪人或场内交易商在交易所内、在规定的时间内以公开叫价方式进行的；这种场内交易只限于交易所会员之间进行，且交易双方不直接接触，买卖的具体执行都由经纪商代理。而远期外汇交易则通常是场外交易，没有固定的交易场所，交易时间也没有限制，交易者通过电报、电传、电话等进行；尽管远期外汇交易有银行之间和银行与客户之间的交易两种，有时也可能出现中介，但仍通常由买卖双方直接联系，进行交易。

3. 保证金和手续费制度不同。外汇期货合约的买卖双方需缴纳一定金额的保证金，而且需向中介机构缴纳一定手续费；远期外汇交易一般是交易双方凭信用交易，不需存入保证金和缴纳手续费。

4. 交易清算方式不同。外汇期货与一般商品期货一样，实行每日清算，获利的部分（即超过预交保证金部分）可提取，亏损时从保证金中扣除，并要及时追加保证金，在当日营业终结时以现金结算；远期外汇交易的盈亏由双方在约定的结算日结算。

5. 交割方式不同。外汇期货合约一般有两种交割方式：一是等到到期日交割；一是不实行实际交割，通过随时叙做一笔方向相反但合约数和交割期相同的期货交易实现“对冲”。外汇期货交易实际交割率很低（一般只有 2%～3%），绝大多数合约通过对冲方式了结；而远期外汇合约一般要按双方约定的汇率实行实际交割。

三、外汇期货交易的流程

外汇期货交易都是在专营或兼营外汇期货的交易所进行的，任何企业和个人都可通过外汇期货经纪人或交易商买卖外汇期货。

客户欲进行外汇期货交易，首先必须选定代理自己交易的经纪公司，开设账户存入保证金。然后，客户即可委托经纪公司替他办理外汇期货合约的买卖。在每一笔交易之前客户要向经纪公司发出委托指令，说明他愿意买入或卖出的外汇期货、成交的价格、合约的种类和数量等，指令是以订单的形式发出的。经纪公司接到客户订单后，便将此指令用电话或其他通信设备通知交易厅内的经纪人，由后者执行订单。成交后，交易厅内经纪人一方面把交易结果通知经纪公司和客户，另一方面将成交的订单交给清算所，记录并最后结算。每个交易日末，清算所计算出每一个清算会员的外汇头寸(买入与卖出的差额)。

外汇期货交易流程见图 5—1。

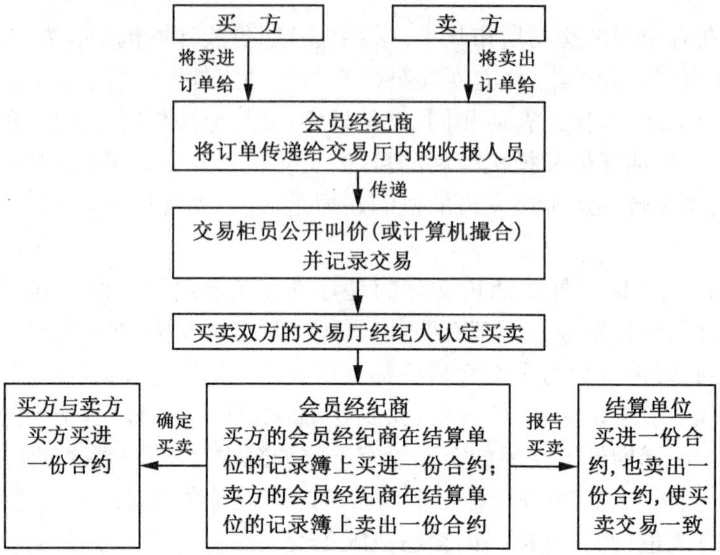

图 5—1　外汇期货交易流程

四、外汇期货的运用

(一)运用外汇期货套期保值

所谓外汇期货套期保值是指在现汇市场上买进或卖出的同时,又在期货市场上卖出或买进金额大致相当的期货合约。在合约到期时,因汇率变动造成的现汇买卖的盈亏可由外汇期货交易上的盈亏弥补。

什么人做套期保值呢? 外汇持有者、贸易商、银行、企业等均可采用套期保值规避外汇风险。例如在国际进出口业务中,出口商担心在未来时间内应收外汇汇率会下降,出口的利润就会减少,为了稳定货物的经营利润,在出口货物的同时,立即到期货市场卖出与出口货物价值相等的外汇期货,这样即使在将来外汇汇率下跌,出口利润受损,期货的盈利也能够弥补出口商的外汇损失。一般出口商运用卖出期货,进口商运用买进期货。进口商或有短期负债者,为防范在未来时间内外汇汇率的升值,在签订进口合约时,可在外汇期货市场买进与货款金额相等的外汇期货,如果进口货款的货币汇率上升,进口商在外汇现货上遭受损失,但期货盈利也可以弥补进口损失。

在国际金融市场做信贷业务,发生的对外应收款项或者给国外附属分公司贷款,为了防范贷款货币贬值,就必须到期货市场卖出外汇期货。

银行为避免某种货币因汇率变化造成的损失,其交易员可通过在期货市场上买入或卖出相应货币的期货合约来达到控制汇率风险的目的。如果交易员预期某种货币将升值,则可以买入相应的期货合约;如果预期某种货币将贬值,则可以卖出相应的期货合约。

外汇期货套期保值可分为买入套期保值和卖出套期保值。买入套期保值(又称多头套期保值)是指在现货市场处于空头地位者,在期货市场上买进期货合约,目的是防止汇率上升带来的风险。它适用于进口商和短期负债者。卖出套期保值(又称空头套期保值)是指在现货市场上处于多头地位的人，为防止汇率下跌的风险，在期货市场上卖出期货合约。这样即使汇率下降，交易者也可从期货交易中获得补偿。它适用于出口商、应收款的债权人等。

案例分析 5—1　外汇期货的套期保值

某年 3 月底，美国一家设备制造公司向英国出口一批价值 3 000 万英镑的机械设备，双方约定 6 月底以英镑结算，交货日与付款日相差 3 个月。交货日的即期汇率为 GBP 1=USD 1.676 0 美元，依此汇率，这批机械设备货款折合 5 028 万美元。但是，外汇市场预期英镑兑美元的汇率在 3 个月后将下浮。根据这种预期，该公司在 6 月底把收到的货款兑换为美元时，可能会面临兑换损失，也即 3 000 万英镑货款到时兑换到的美元数额要少于 5 028 万美元。为了避免这种损失，公司决定在外汇市场实施套期保值交易(见表 5—2)。

表 5—2　美国设备制造公司实施的外汇保值交易

	现货市场	期货市场
某年 3 月底	按照 1 英镑兑 1.676 0 美元的现货汇率，美国公司的 3 000 万英镑货款收入可兑换为 5 028 万美元	卖出 60 份交易单位为 50 万英镑，期货汇率为 1 英镑兑 1.676 4 美元的 3 个月期货合约
某年 6 月底	汇率下浮至 1 英镑兑 1.669 0 美元的水平，若据此现货汇率，美国公司的货款收入可兑换为 5 007 万美元	将收到的 3 000 万英镑货款收入在期货市场上交割
结果	未做套期交易可能的损失：5 028—5 007=21(万美元)	期货市场的交易结果：3 000×1.674 0=5 022(万美元)，5 022—5 028=—6(万美元)

到 6 月底时，英镑兑美元汇率若如市场预期的那样出现下浮，则美国公司货款在现货市场上的兑换损失可以用期货市场上的反向操作予以抵补，从而达到保值的目的。

需要指出的是，外汇保值交易并不是一种百分之百的保值交易。从某种意义上说，外汇保值交易与外汇止损交易是同一名词的不同表述。由于期货合约存在交易单位的限制，用其进行的保值操作也就无法做到对所保值资金的完全覆盖，因此套期操作的结果可能会是少有盈利或少有损失，但即使出现损失，其数额也将是远远小于未做保值交易而可能产生的损失。另外，汇率的实际波动还可能是逆市场预期而行的，在这种情况下，套期操作的保值作用就变成以现货市场的盈利抵补期货市场反向运作的损失。由此，更可以深刻理解保值交易的真正意义不在盈利而在止损，这与利用外汇市场不确定性因素实施单向投机交易的操作是有本质区别的。

外汇期货合约是规避汇率风险的有效工具，但在实际运用时，交易员还需要考虑支付期货交易的佣金和保证金的成本。

(二)外汇期货投机交易

并不是所有的外汇期货参与者都为了避险，有些人参与期货交易的目的是利用汇率变动谋利。投机的原则为：当预期某种外币的价格会上升时，投机者就可买进该种货币的期货合约，等外币价格上涨后再卖出，也就是先贱买后贵卖，从中获利。反之，当预计某种外币价格下跌时，则卖出该种货币的期货合约，也就是先贵卖后贱买，从中获利。

案例分析 5—2　外汇期货的投机交易

1. 某年 9 月 5 日，某投机者预期英镑期货将会下跌，在 GBP 1＝USD 1.697 0 的价位上卖出 4 份期货合约。9 月 15 日，英镑期货价格果然下跌。投机者在 GBP 1＝USD 1.687 0 的价位上买入 2 份 3 月期英镑期货合约对部分空头头寸进行平仓。可是，此后英镑期货价格开始上涨，投机者只得在 1.704 0 的价位上买入另外两份期货合约加以平仓。交易的结果如下：

(1.697 0－1.687 0)×25 000×2＝500(美元)

(1.697 0－1.704 0)×25 000×2＝－350(美元)

在不考虑交易手续费的情况下，该投机者从英镑期货的交易中获取利润 150 美元。

2. 某投机商认为日元兑美元的汇率短期还会上升，于是在外汇期货市场买入 2 份某月交割的日元合约。成交价 JPY 100＝USD 0.781 3，成交额 2 500 万日元。1 个月后 JPY 100＝USD 0.819 7，日元汇率果然上升，投机商对冲未到期的在手合约，即卖出 2 份合约(2 500 万日元)平仓，盈利 96 万日元。

投机交易存在巨额风险，一旦投机者对汇价行情判断有误，就会造成巨大损失。

第三节　利率期货

各种债务凭证对利率极其敏感，利率的少许波动都会引起它们的价格大幅波动，给其持有者带来巨大的风险。为了控制利率风险，减少利率波动的影响，人们创造出利率期货来实现这一目的。

一、利率期货的概念与特点

利率期货是指以债券类证券为标的物的期货合约，它可以规避银行利率波动所引起的证券价格变动的风险。

利率期货有以下特点：一是利率期货价格与实际利率呈反方向变动，即利率越高，债券期货价格越低；利率越低，债券期货价格越高。二是利率期货的交割方法特殊。利率期货主要采取现金交割方式，有时也有现券交割。现金交割是以银行现有利率为转换系数来确定期货合约的交割价格。

二、利率期货的种类

利率期货的种类繁多，分类方法也有多种。按照合约标的期限，利率期货通常可分为短期利率期货和长期利率期货两大类。

短期利率期货是指期货合约标的期限在 1 年以内的各种利率期货，即以货币市场的各类债务凭证为标的的利率期货均属短期利率期货，包括各种期限的商业票据期货、国库券期货及欧洲美元期货等。在短期利率期货交易中，美国的 3 个月国库券期货曾经火爆一时，但目前交易最活跃的短期利率期货分别是 CME 的 3 个月欧洲美元定期存款期货和 3 个月欧洲银行间欧元利率(EURIBOR)期货。

中长期利率期货是指期货合约标的的期限在 1 年以上的各种利率期货，即以资本市场的各类债务凭证为标的的利率期货均属中长期利率期货，包括各种期限的中长期国库券期货和市政公债指数期货等。中长期利率期货在金融市场上交易量不及短期利率期货，但交易却非常频繁。尤其是长期国债期货交易，在世界各大金融期货交易所均有相当活跃的表现。美国财政部的中期国库券偿还期限在 1 年至 10 年之间，通常以 5 年期和 10 年期较为常见。中期国库券的付息方式是在债券期满之前，每半年付息一次，最后一笔利息在期满之日与本金一起偿付。长期国库券的期限在 10 年至 30 年之间，并以其富有竞争力的利率、保证及时还本付息、市场流动性高等特点吸引了众多外国政府和公司的巨额投资，美国国内购买者主要是美国政府机构、联邦储备系统、商业银行、储蓄贷款协会、保险公司等。

三、利率期货的产生与发展

利率期货合约最早于 1975 年 10 月由芝加哥期货交易所推出，在此之后利率期货交易得到迅速发展。虽然利率期货的产生较之外汇期货晚了三年多，但其发展速度比外汇期货快得多，其应用范围也远较外汇期货广泛。目前，在期货交易比较发达的国家和地区，利率期货都早已超过农产品期货而成为成交量最大的一个类别。在美国，利率期货的成交量甚至已占到整个期货交易总量的一半以上。由于设计、需求等各方面的因素，并非所有推出的利率期货合约都能成功。在现存的众多利率期货品种中，交易呈现集中的趋势。以美国为例，目前几乎所有重要的、交易活跃的利率期货都集中在芝加哥交易所集团。芝加哥交易所集团上市的长期利率期货合约中，最有代表性的是美国长期国库券期货和 10 年期美国中期国库券期货，短期利率期货的代表品种则是 3 个月期的美国短期国库券期货和 3 个月期的欧洲美元定期存款期货。

20 世纪 70 年代中期以来，为了治理国内经济和在汇率自由浮动后稳定汇率，西方各国纷纷推行金融自由化政策，以往的利率管制得以放松甚至取消，导致利率波动日益频繁而剧烈。面对日趋严重的利率风险，各类金融商品持有者，尤其是各类金融机构迫切需要一种既简便可行、又切实有效的管理利率风险的工具。利率期货正是在这种背景下应运而生的。

1975 年 10 月，芝加哥期货交易所推出了政府国民抵押贷款协会(GNMA)抵押凭证期货合约，标志着利率期货这一新的金融期货类别的诞生。在这之后不久，为了满足人们管理短期利率风险的需要，1976 年 1 月，芝加哥商品交易所的国际货币市场分部推出了 3 个月期的美国短期国库券期货交易，并大获成功，在整个 20 世纪 70 年代后半期，它一直是交易最活跃的短期利率期货。

在利率期货发展历程上具有里程碑意义的一个重要事件是，1977 年 8 月 22 日，美国长期国库券期货合约在芝加哥期货交易所上市。这一合约获得了空前的成功，成为世界上交易量最大的合约。此前的政府国民抵押贷款协会抵押凭证期货合约，虽然是长期利率期货，但由于交割对象单一，流动性较差，不能完全满足市场的需要。而长期国库券则信用等级高，流动性强，对利率变动的敏感度高，且交割简便，成为市场的首选品种，甚至美国财政部发行新的长期国库券时，都刻意选择在长期国库券期货合约的交易日进行。继美国推出国债期货之后，其他国家和地区也纷纷以其本国的长期公债为标的，推出各自的长期国债期货。其中，比较成功的有英国、法国、德国、日本等。

1981 年 12 月，国际货币市场推出了 3 个月期的欧洲美元定期存款期货合约。这一品种发展很快，其交易量现已超过短期国库券期货合约，成为短期利率期货中交易最活跃的一个品种。欧洲美元定期存款期货之所以能够取代短期国库券期货的地位，其直接原因在于后者自身的局限性。短期国库券的发行量受到期债券数量、当时的利率水平、财政部短期资金需求和政府法定债务等多种因素影响。许多持有者只是将短期国库券视为现金的安全替代品，对通过期货交易进行套期保值的需求并不大。同时，由于在利率变动时，短期国库券价格的变动幅度要大于信用等级较低的其他短期债务工具，不利于投资者对其债市投资组合实现高效的套期保值。于是人们又不断创新，推出新的短期利率期货。其中相对重要的有1981年7月由国际货币市场、芝加哥期货交易所及纽约期货交易所同时推出的美国国内可转让定期存单期货交易，但由于实际交割的定期存单往往由信用等级最低的银行发行，给投资者带来了诸多不便。欧洲美元定期存款期货的产生，则有效地解决了这一问题。由于欧洲美元定期存款不可转让，因此，该品种的期货交易实行现金结算的方式。所谓现金结算，是指期货合约到期时不进行实物交割，而是根据最后交易日的结算价格计算交易双方的盈亏，并直接划转双方的保证金以结清头寸的一种结算方式。现金结算方式的成功，在整个金融期货的发展史上具有划时代的意义。它不仅直接促进了欧洲美元定期存款期货的发展，并且为股票指数期货的推出铺平了道路。

四、影响利率期货价格波动的因素

1. 货币供应量。当货币供应不足时，利率上升；货币供应过剩时，利率下跌。

2. 经济发展速度。当经济发展速度较快，贷款需求旺盛时，利率会升高；经济发展速度放慢，贷款需求减少时，利率会下跌。

3. 政府的财政收入。当出现财政赤字时，利率会受到一定的影响。

4. 其他国家利率水平。由于国际资本流动十分频繁，因此一国的利率水平很容易受到其他国家利率水平的影响。最明显的是美国利率对其他国家利率的影响。

5. 其他因素。如社会政治环境、失业率等。

五、利率合约的内容

利率合约的规格大致包括以下内容：

(一)交易单位

交易单位即一个合约所规定的标准交易数量，例如，美国芝加哥商品交易所规定每份短期国债期货合约代表的是100万美元的91天(13周)期的短期国债。

(二)交割月份

国债期货合约的交割月份为每个季度的最后一个月，即每年的3月、6月、9月、12月。

(三)价格

利率期货合约的价格是以标的物的利率水平为基础的，但并不等于这项金融工具的当前市场利率。以3个月欧洲美元期货合约为例，其价格是按指数报价的，即100减去相应的利率水平就是合约的报价。例如，一份6月到期的3个月欧洲美元存款期货合约报价95.50，100减去价格则为利率水平，表示在6月时，期限为3个月的欧洲美元存款利率水平为4.5%。再如价格为97.00，表示利率水平为3%。价格越高，利率水平就越低。利率期货价格与实际利率呈反方向变动，即利率越高，债券期货价格越低；利率越低，债券期货价格越高。

（四）变化幅度

变化幅度包括最小变化幅度和最大变化幅度。

例如，芝加哥交易所集团对短期国债期货合约的价格的涨跌幅度做出了规定，其最小变化幅度为价格指数变化幅度的0.01%，或称为1个基点。短期国债期货合约价格变化的最大幅度为60个基点。

（五）交割方式

利率期货的交割方式比较特殊。利率期货主要采取现金交割方式，有时也以券交割。所谓现金交割，是指期货合约到期时不进行实物交割，而是根据最后交易日的结算价格计算交易双方的盈亏，并直接划转双方的保证金以结清头寸的一种结算方式。不过通常合约在此之前都已平仓，到期交割的合约只占极小比例。

短期国债期货合约是允许实际交割的期货合约，按照芝加哥交易所集团的规定，通知日为交割月份第三次拍卖短期国债之后的第二个营业日，这一天也是短期国债期货合约的最后交易日，在通知日这天，愿意进行实际交割的持有空头或多头头寸的交易者要通知清算所准备进行实际交割。这些多头头寸或空头头寸由清算所来配对，然后由清算所通知多头或空头的银行第二天付款或交货。短期国债期货合约的交割方式在金融期货中是最简单和最方便的。

买卖利率期货还有相应的利息。例如，买入3个月欧洲美元期货合约可以获得相应的利息，相当于进行期限为3个月的美元存款操作；卖出3个月欧洲美元期货合约需支付相应的利息，相当于进行期限为3个月的美元借款操作。

六、利率期货交易的应用

（一）套期保值

利率期货套期保值是在期货市场上，交易者采取与现货市场相反的交易头寸，通过买进或卖出利率期货合约，来冲抵现货市场上现行资产或预期资产以确保其价格（利率或收益率）的买卖活动。交易者参加套期保值交易的动机有两个：一是通过现货和期货价格大致同步变动达到减少甚至消除风险的目的。如果价格完全同步变动，风险就可以彻底消除，这对于寻求减少风险的套期保值者来说，是一种最理想的状况。二是通过现货价格和期货价格的不完全同步变动达到获利的目的。套期保值交易一般在期货市场和现货市场上同时进行，交易方向相反；期货交易可以暂时替代将来要在现货市场上进行的交易，当在现货市场上实际进行导致期货交易发生的购买或销售时，期货合约就被方向相反的交易冲销了。

要想成功地进行利率套期保值，除了要遵循有关的决策程序以外，还必须注意下列问题：(1)有价证券价格波动的相关性。相关程度越高，套期保值效果越好。(2)分析净敞口数量以评价所担负的利率风险。所谓净敞口是指一个机构（或企业）金融市场上的总资产与总负债之间的差额。如果净敞口大于零，则称净资产敞口或多头敞口；如果净敞口小于零，则称净负债敞口或空头敞口。(3)在分析净敞口的数量和性质后，估计下一季度敞口的数量，再决定可以进行利率套期保值的敞口数量。(4)运用基本分析法和技术分析法分析与预测套期保值期间的货币市场利率变动趋势。

利率套期保值根据各种附息有价证券的价格和市场利率反向变动的原理，分为空头套期保值和多头套期保值两种类型。空头套期保值是当利率上升时在期货市场上卖出利率期货合约，以抵消现货市场上现行或预期资产。多头套期保值是在利率下跌时在期货市场上买入利率期货合约，是与现货市场上有关在未来某一日期交付证券的现有合约或者计划的现货购买方向相反的交易。

案例分析 5—3 利率期货的套期保值

1. 空头套期保值

假定 8 月初市场利率为 8.75%，某企业此时准备在 9 月前投资一个 200 万元的项目。由于担心 9 月利率会上升，从而因贷款成本的增加而蒙受损失。该企业打算进行期货交易，以规避预期利率提高带来的风险。由于期货交易成本很低，而且不存在违约风险，因此，投资经理在期货市场上卖出 2 份总价值为 200 万美元、9 月到期的 90 天期国库券期货合约。如果 9 月利率真的上升，投资者在现货市场上的融资成本增加了 11 250 美元，因而蒙受了损失。同时，在期货合约平仓的时候，由于利率提高，期货合约的价格与现货价格一样下跌，投资方买进合约所支付的价格低于卖出合约时所得到的价格，因此在结清期货交易时获得了 11 250 美元的利润。该企业融资的实际利率锁定在 8.75%：

$$\frac{55\ 000-11\ 250}{2\ 000\ 000}\times\frac{360}{90}=8.75\%$$

由于现货和期货价格完全同步变化，现货交易蒙受的损失正好由期货交易的利润所抵消，这样就达到了规避利率变化风险的目的(见表 5—3)。在本例中，尽管市场利率由 8.75%提高到 11%，但由于使用利率期货合约做了套期保值，该企业的实际贷款利率仍然锁定在 8.75%。反之，如果利率不升反降，他本来可以付出更小的融资成本，获得较低利率的借款，但由于做了套期保值，期货价格随现货价格同步上升，期货交易出现的亏损就会抵消现货市场上利率下降带来的好处。在这种情况下如果不进行套期保值，该企业的境况会更加有利。

表 5—3 利率期货空头套期保值

时 间	现货市场	期货市场
8 月 1 日	做出将向银行贷款 200 万美元的计划，当时利率为 8.75%，利息成本为 43 750 美元(2 000 000×8.75%×3/12)	卖出 2 份 9 月到期的 90 天期国库券期货合约，IMM 指数为 91.25，收益率为 8.75%，合约总价值为 1 956 250 美元
9 月 1 日	企业贷款 200 万美元投资，期限 3 个月，利率为 11%，利息成本为 55 000 美元(2 000 000×11%×3/12)	买入 2 份 9 月到期的 90 天期国库券期货合约，IMM 指数为 89.00，合约总价值为 1 945 000 美元
盈亏状况	在利率提高的情况下，企业由于融资成本提高而亏损 11 250 美元(43 750—55 000)	在期货合约价格下降的情况下，企业进行期货交易的利润为 11 250 美元(1 956 250—1 945 000)
净盈亏	0(—11 250+11 250)	

2. 多头套期保值

某投资者 6 月初准备在 3 个月后投资 100 万美元购买 GNMA 债券，如果 3 个月后利率水平下跌，其计划的投资收益将会减少。为了使收益率锁定在现有水平上，该投资人在期货市场上买入 10 份 GNMA 合约，每份合约的价值为 100 000 美元。3 个月后，投资 100 万美元购买 GNMA 时，由于利率下降，GNMA 债券的价格随之上升。在现货市场上以更高的价格购买 GNMA 债券的同时，他必须在期货市场上卖出 10 份期货合约，冲销其期货交易的头寸。由于现货利率水平下降,期货价格随现货价格上升而上升,卖出期货合约就会获利,从而抵消现货市场上的机会损失。在这里,现货市场的机会损失为45 000美元,期货交易的盈利也是45 000美元,二者互相抵消,从而避免了利率风险(见表5—4)。在此例中,基差(现货价格和期货价格之间的差额)并没有发生变动,都是16/32或5 000美元。如果基差缩小,即朝着有利于套期保值的方向变动,那么损失将会小于盈利;如果基差变大,即朝着不利于套期保值的方向变动,那么损失将会大于盈利。

表5—4 利率期货多头套期保值

时 间	现货市场	期货市场
6月1日	投资者拟将1 000 000美元投资于息票利率为8%、价格为82—08的GNMA债券,以锁定现有收益率水平	买入10份9月GNMA合约,价格为81—24,合约价值为817 500美元
9月1日	购买1 000 000美元的GNMA债券,息票利率为8%,价格为86—24	卖出10份9月GNMA合约,价格为86—08,合约价格为862 500美元
盈亏状况	机会损失为4～16个点或—45 000美元($4\frac{16}{32}\times$1 000 000÷100)	期货交易的盈利为4～16个点或+45 000美元($4\frac{16}{32}\times$1 000 000÷100=862 500—817 500)
净盈亏	0(—45 000+45 000)	

资料来源:https://www.renrendoc.com/paper/107766505.html,2021年2月19日。

套期保值的结果取决于现货价格和期货价格对应变化的方向和程序。根据结果的不同,套期保值可以分成如下几种:

(1)完全套期保值。一个市场上的利润正好被另一个市场上的损失所抵消,现货价格和期货价格同向变动,程度相同。

(2)过度补偿套期保值。现货价格和期货价格同向变动,但程度不同,期货价格的变动大于现货价格,其间的差额使现货市场上的亏损者(或盈利者)由于进行套期保值交易而变成最终的盈利者(或亏损者),这个差额即是净收益或净损失。

(3)不足补偿套期保值。期货价格变动小于现货价格,方向一致,现货市场上的亏损者通过套期保值只能补偿一部分,仍是亏损者。

(4)恶化性套期保值。现货价格与期货价格反向变动,套期保值引起了额外的损失和利润,多头套期保值者的损失会更大,空头套期保值者则会获取更大利润。

(5)中性套期保值。期货价格保持不变,套期保值交易的结果由现货价格的变动方向决定。

(6)确定性套期保值。现货价格保持不变,套期保值交易的结果由期货价格变动的方向所决定。

(二)利率期货的投机交易

对于投机的交易者而言,是盈利还是亏损,完全取决于他们对市场行情的预期是否正确。投机的交易者在判断利率期货价格将上升时,将会进行多头投机,低价买进,高价抛出;而在预期利率期货价格将下跌时会进行空头投机,高价抛出,低价买进。

资料卡 5—2　保险资金参与国债期货不得用于投机目的

2020 年 7 月 1 日，银保监会发布《保险资金参与国债期货交易规定》(以下简称《国债期货规定》)。

《国债期货规定》明确，保险资金参与国债期货应以对冲或规避风险为目的，不得用于投机目的，具体包括：对冲或规避现有资产风险；对冲未来半年内拟买入资产风险，或锁定其未来交易价格；对冲或规避资产负债错配导致的利率风险。其中，拟买入资产，应当是机构按其投资决策程序，已经决定将要买入的资产。

对于拟买入资产，若未在决定之日起的半年内买入，或在规定期限内放弃买入，应当在规定期限结束后或做出放弃买入决定之日起的 15 个交易日内，终止、清算或平仓相关衍生品。

根据《国债期货规定》，保险机构参与国债期货交易，持仓比例因市场波动等外部原因不再符合本规定要求的，应当在 15 个交易日内调整完毕，并在季度报告中向银保监会报告，列明事件发生的原因及处理过程。保险机构应每半年回溯国债期货买入计划与实际执行的偏差，纳入每半年及年度稽核审计报告，并按规定向银保监会报告。

资料来源：金融界，2020 年 7 月 2 日，有删改。

第四节　股票指数期货

近几年来，我国经济高速发展，缺乏市场化定价能力的资本市场备受境外投资者的青睐。在推进我国资本市场对外开放程度的过程中，境外机构一直都未停止过对我国股票指数及其衍生品的研究与上市交易。2003 年 12 月 8 日，中国香港交易所上市 H 股指数期货；2004 年 10 月，新华富时中国 25 指数基金先后在纽约证券交易所、伦敦证券交易所挂牌交易；同月，芝加哥期权交易所(CBOE)下属的期货交易所(CFE)上市中国指数期货(该指数由 16 家在美国主板市场上市或发行存托凭证的中国公司构成)，等等。这已经表明，国际投资者对中国资本市场的兴趣正日益增强，与中国股票市场相关的创新产品在国际市场上越来越受欢迎。

一、股票指数期货的产生与发展

股票指数期货(以下简称股指期货)是一种以股票价格指数作为标的物的金融期货合约。股票价格是指在证券市场上买卖股票的价格。股票只是一种凭证，之所以有价格，并可以买卖，是因为股票能够给它的持有者带来股息收入。因此股票价格与预期股息的大小成正比，而与利息率高低成反比。用公式表示为：

股票价格＝预期股息/利息率

股票价格受预期股息和利息率变动的影响，其市场价格也会不断变动，使股票投资者随时面临价格风险。这种价格风险可以分为两类：一是系统性风险，在这种风险下，某种股票价格的变动与整个股票市场的变动相一致，这些股票受到政治、经济等共同的社会因素的影响，具有相同的风险；二是非系统性风险，是指个别股票由于经营差别造成的股价涨跌的风险。一般来说，股价大多受共同因素的影响而一同升降，如利率、经济周期、政治因素等，即系统性风险主要是由于宏观经济状况造成的。非系统性风险是个别股票的商业风险，这种风险不受其他股票影响，主要是由于企业经营不善、盈利减少、派息下降，市场迅速做出反应所致。投资者通过分散化投资方式，可以减轻个别股票价格波动带来的风险，但是不能防止股票市场全面下降的系统性风险。

第二次世界大战以后，随着发达国家经济的恢复与迅速膨胀，股票市场在 20 世纪 70 年代和 80 年代初期出现了高度繁荣的景象。股市与经济增长相比，像一堆巨大的经济泡沫，掩盖了经济发展的实际情况，形成了虚假的繁荣。同时，在发展中国家和地区的证券市场，由于法律法规不健全、投机盛行、投资者风险意识差，导致股市在 80 年代开始进入大起大落的时期。很多国家和地区在这一阶段都经历过股市狂跌造成的股灾。

股票市场价格暴起暴落，使得股票投资者面临巨大的投资风险，迫切需要一种能有效规避风险，实现资产保值的金融工具。于是，股票指数期货应运而生。1982 年 2 月 24 日，美国堪萨斯期货交易所最早推出股票指数期货——价值综合指数期货。股票指数期货的兴起，一方面给拥有股票和将要购买或抛出股票的投资者提供了转移风险的有效工具，另一方面也给期货投机者以投机的机会，使得股票指数期货迅速获得了不同投资者的青睐。

二、股票指数期货的特点

与股票交易相比，交易股票指数期货还有重要的优势，主要表现在以下几个方面：

（一）提供较方便的卖空交易

卖空交易的一个先决条件是必须首先从他人手中借到一定数量的股票。国外对于卖空交易设有较严格的条件，这就使得在金融市场上，并非所有的投资者都能很方便地完成卖空交易。例如在英国只有证券做市商才能借到英国股票；而美国证券交易委员会规则 10A-1 规定，投资者必须通过证券经纪人借股票，还得缴纳一定数量的相关费用。因此，卖空交易也并非人人可做。而进行指数期货交易则不然。实际上有半数以上的指数期货交易中都包括拥有卖空的交易头寸。

（二）交易成本较低

相对现货交易，指数期货交易的成本是相当低的。指数期货交易的成本包括交易佣金、买卖价差、用于支付保证金的机会成本和可能的税项。如在英国，期货合约是不用支付印花税的，并且购买指数期货只进行一笔交易，而想购买多种（如 100 种或者 500 种）股票则需要进行多笔、大量的交易，交易成本很高。而美国一笔期货交易（包括建仓并平仓的完整交易）收取的费用只有 30 美元左右。有人认为指数期货交易成本仅为股票交易成本的十分之一。

（三）较高的杠杆比率

在英国，对于一个初始保证金只有 2 500 英镑的期货交易账户来说，它可以进行的《金融时报》100 种指数期货的交易量可达 70 000 英镑，杠杆比率为 28 ： 1。由于保证金缴纳的数量是根据所交易的指数期货的市场价值来确定的，交易所会根据市场的价格变化情况决定是否追加保证金或是否可以提取超额部分。

（四）流动性较高

有研究表明，指数期货市场的流动性明显高于现货股票市场。从国外股指期货市场发展的情况来看，使用指数期货最多的投资人当属各类基金（如各类共同基金、养老基金、保险基金）的投资经理。另外，其他市场参与者主要有承销商、做市商、股票发行公司。

三、股票指数期货的运作

(一)股指期货的交易规则

以股票指数为基础交易物的期货合同称为股票指数期货。由于它的标的物的独特性质,决定了其独特的交易规则:

1. 交易单位

在股指期货交易中,合约的交易单位以一定的货币金额与标的指数的乘积来表示。在这里,一定的货币金额由合约固定。因此,期货市场只以该合约的标的指数的点数来报出它的价格。例如,在CBOT上市的主要市场指数期货合约规定,交易单位为250美元与主要市场指数的乘积。因而若期货市场报出主要市场指数为410点,则表示一张合约的价值为102 500美元(250×410)。如果主要市场指数上涨了20点,则表示一张合约的价值增加了5 000美元(250×20)。

2. 最小变动价位

股票指数期货的最小变动价位(即一个刻度)通常也以一定的指数点来表示。如标准普尔500(S&P 500)指数期货的最小变动价位是0.05个指数点。由于每个指数点的价值为500美元,因此,就每张合约而言,其最小变动价位是25美元,它表示交易中价格每变动一次的最低金额为每张合约25美元。

3. 每日价格波动限制

自1987年10月股灾以后,绝大多数交易所均对其上市的股票指数期货合约规定了每日价格波动限制,但各交易所的规定不同。这种不同既表现在限制的幅度上,也表现在限制的方式上。同时,各自还经常根据具体情况限制每日价格波动。

4. 结算方式

以现金结算是股票指数期货交易不同于其他期货交易的一个重大特色。在现金结算方式下,每一个未平仓合约将于到期日自动冲销。也就是说,交易者比较成交及结算时合约价值的大小计算盈亏,进行现金交收。

(二)CBOT主要市场指数期货合约规格

CBOT主要市场指数期货合约规格见表5—5。

表5—5 **CBOT主要市场指数期货合约规格**

交易单位	250×主要市场指数点
最小变动价位	0.05个指数点(每张合约12.50美元)
每日价格波动限制	不高于前一交易日结算价格80个指数点,不低于前一交易日结算价格50个指数点
合约月份	最初三个连续月份及紧接着的三个以3月、6月、9月、12月循环的月份
交易时间	上午8:15至下午3:15(芝加哥时间)
最后交易日	交割月份的第三个星期五
交割方式	根据主要市场指数期货收盘价实行逐日结算,并于最后交易日根据主要市场指数的收盘价实现现金结算

四、股指期货交易的主要功能

一般来说，期货交易的功能有两个：一是价格发现功能，一是套期保值功能。作为金融期货的一种，指数期货也具有这两个功能。

所谓价格发现功能，是指利用期货市场公开竞价交易等交易制度，形成一个反映市场供求关系的市场价格。具体来说就是，指数期货市场的价格能够对股票市场未来走势做出预期反应，同现货市场上的股票指数一起，共同对国家的宏观经济和具体上市公司的经营状况做出预期。从这个意义上讲，股指期货对经济资源的配置和流向发挥着信号灯的作用，可以提高资源的配置效率。

套期保值功能是指投资者买进或卖出与现货数量相等、与交易方向相反的期货合约，以期在未来某一时间通过卖出或买进期货合约，从而补偿因现货市场价格变动所带来的实际损失。股指期货的这种套期保值功能，会丰富股票市场参与者的投资工具，带动或促进股票现货市场交易的活跃，并减轻集中性抛售对股票市场造成的恐慌性影响，对平均股价水平的剧烈波动起到缓冲作用。

五、股指期货合约的定价

对股票指数期货进行理论上的定价，是投资者做出买入或卖出合约决策的重要依据。股指期货实际上可以看作一种证券的价格，而这种证券就是该指数所涵盖的股票所构成的投资组合。

同其他金融工具的定价一样，股票指数期货合约的定价在不同的条件下也会出现较大的差异。但是有一个基本原则是不变的，即由于市场套利活动的存在，期货的真实价格应该与理论价格保持一致，至少在趋势上是这样的。

为说明股票指数期货合约的定价原理，我们假设投资者既进行股票指数期货交易，同时又进行股票现货交易，并假定：(1)投资者首先构造出一个与股市指数完全一致的投资组合(即二者在组合比例、股指的“价值”与股票组合的市值方面都完全一致)；(2)投资者可以在金融市场上很方便地借款用于投资；(3)卖出一张股指期货合约；(4)持有股票组合至股指期货合约的到期日，再将所收到的所有股息用于投资；(5)在股指期货合约交割日立即全部卖出股票组合；(6)对股指期货合约进行现金结算；(7)用卖出股票和平仓的期货合约收入来偿还原先的借款。

【例 5—1】

假定在 2019 年 10 月 27 日某种股票市场指数为 2 669.8 点，每个点“值”25 美元，指数的面值为 66 745 美元，股指期货价格为 2 696 点，股息的平均收益率为 3.5%；期货合约的最后交易日为 2020 年 3 月 19 日，投资的持有期为 143 天，市场上借贷资金的利率为 6%。再假设该指数在 5 个月期间内上升了，并且在 3 月 19 日收盘时收在 2 900 点，即该指数上升了 8.62%。这时，按照我们的假设，股票组合的价值也会上升同样的幅度，达到 72 500 美元。

按照期货交易的一般原理，这名投资者在指数期货上的投资将会出现损失，因为市场指数从 2 696 点上升至 2 900 点，上升了 204 点，则损失额是 5 100 美元。

然而投资者还在现货股票市场上进行了投资，由于股票价格的上升得到的净收益为 5 755 美元(72 500—66 745)，在这期间获得的股息收入大约为 915.2 美元，两项收入合计 6 670.2 美元。

再看一下其借款成本。在利率为 6%的条件下，借得 66 745 美元，期限 143 天，所付的利息大约是 1 569 美元，再加上投资期货的损失 5 100 美元，两项合计 6 669 美元。

在上述例子中，简单比较一下投资者的盈利和损失，就会发现无论是投资于股指期货市场，还是投资于股票现货市场，投资者都没有获得多少额外的收益。换句话说，在上述股指期货价格下，投资者无风险套利不会成功，因此，这个价格是合理的股指期货合约价格。

由此可见，对指数期货合约的定价(F)主要取决于三个因素：现货市场上的市场指数(I)、在金融市场上的借款利率(R)、股票市场上的股息收益率(D)。即：

$$F=I+I\times(R-D)=I\times(1+R-D)$$

其中，R 是指年利率，D 是指年股息收益率，在实际的计算过程中，如果持有投资的期限不足一年，则相应地进行调整。

现在我们用刚才给出的股票指数期货价格公式计算在上例给定利率和股息率条件下的股指期货价格：

$$F=2\ 669.8+2\ 669.8\times(6\%-3.5\%)\times143/365$$
$$=2\ 695.95(\text{美元})$$

同样需要指出的是，上面公式给出的是在前面假设条件下的指数期货合约的理论价格。在现实生活中要全部满足上述假设存在一定的困难。因为，首先在现实生活中再高明的投资者要想构造一个完全与股市指数结构一致的投资组合几乎是不可能的，当证券市场规模越大时越是如此；其次，在短期内进行股票现货交易，往往使得交易成本较大；再次，由于各国市场交易机制存在差异，如在我国目前就不允许卖空股票，这在一定程度上会影响指数期货交易的效率；最后，股息收益率在实际市场上是很难得到的，因为不同的公司、不同的市场在股息政策上(如发放股息的时机、方式等)都会不同，并且股票指数中的每只股票发放股利的数量和时间也是不确定的，这必然影响正确判定指数期货合约的价格。

从国外股指期货市场的实践来看，实际股指期货价格往往会偏离理论价格。当实际股指期货价格大于理论股指期货价格时，投资者可以通过买进股指所涉及的股票，并卖空股指期货而谋利；反之，投资者可以通过上述操作的反向操作而谋利。这种交易策略称作指数套利(Index Arbitrage)。然而，在市场中，实际股指期货价格和理论期货价格的偏离，总处于一定的幅度内。例如，美国 S&P 500 指数期货的价格，通常位于其理论值上下 0.5%的幅度内，这就可以在一定程度上避免风险套利的情况。

资料来源：https://max.book118.com/html/2020/1021/7153106131003010.shtm，2020 年 10 月 21 日。

六、股票指数期货交易的应用

股票指数期货交易同样可用于套期保值。

【例 5—2】

某投资者持有某公司股票 10 000 股，每股价格为 20 元，此时股指期货标的物(即股票指数)为 2 000 点。该投资者认为，在未来 2 个月股票市场行情看跌，股指期货也会下跌，投资者所持有的股票也会随之下跌，但他又不愿意卖出手中的股票(或者是由于交易清淡卖不出去)。为了规避这种可能的损失，该投资者便在股指期货的 2 000 点时卖出 2 份股指期货合约(假设保证金比例为 5%，每点值 100 元，则 1 份合约保证金为 10 000 元)。

两个月后，期货指数跌至 1 800 点，投资者持有的股票已跌至每股 16 元。该投资者在股票现货市场的利润缩水了，而同期股指期货也跌至 1 800 点，该投资者便可以买进 2 份股指期货合约平仓。这样，该投资者在期货合约上的盈利正好可以弥补同期在股票现货市场上的损失。

该投资者的整个操作过程计算如下(为计算方便,不计算各项税费):

1. 下跌前的操作(股票大盘 2 000 点,股票价格每股 20 元,期指价格 2 000 点,每点值 100 元)

此时股票市值:10 000 股×20 元/股=200 000 元

卖出 2 份股指期货合约(开仓)的保证金:10 000 元/份×2 手=20 000 元

2. 下跌后的操作

此时股票市值:10 000 股×16 元/股=160 000 元

下跌前股票市值 200 000 元－下跌后股票市值 160 000 元=40 000 元,即投资者在股票现货上损失 40 000 元。

买进 2 份股票期货合约(平仓)盈利:(2 000 点－1 800 点)×100 元/点×2 手=40 000 元

这样,该投资者虽然在股票现货市场上损失了 40 000 元,但在股指期货市场的交易中赚了 40 000 元,亏损得到了全部弥补,锁定了利润,达到了保值的目的。

股票指数期货的套期保值功能是很实用的,即使投资者对股市大盘很不了解,做多做空无从选择,但仅从保值的目的来讲,无论是在指数期货上做多还是做空,都可以弥补股市波动给投资者带来的系统性风险。当股市走势与投资者所预料的趋势相反时,投资者在期货市场上会遭受损失,但在股票现货市场又可以获利。这样可以达到保值的目的。当然,实践中投资者不可能做到前述示例中那样绝对分毫不差的完全保值,但只要依照上述思路操作,即使有损失,也是很少的,同样会达到大幅度降低风险的目的。

资料来源:https://max.book118.com/html/2020/1021/7153106131003010.shtm,2020 年 10 月 21 日。

资料卡 5—3 香港金融保卫战

1997 年亚洲金融危机首起于泰铢大幅贬值,之后迅速蔓延至马来西亚、新加坡、菲律宾、中国香港等地,造成各主要货币大幅贬值,同时各地股市恐慌性下跌,继而冲击实体经济,造成大量失业甚至是政治动荡。其中,中国香港虽有波及,但有强有力的中央政府支撑,最终顶住压力,香港金融市场得以稳定。与此同时,中国政府做出人民币不贬值承诺,提振了东南亚各地区的信心,防止金融危机进一步扩散,在本次危机中起到了中流砥柱的作用。

1997 年以前,各东南亚国家/地区通过承接日本、韩国等发达国家的产业转移,普遍实施出口替代战略,以发展外向型经济为主,在发展初期确实速度较快。但东南亚国家地区在积极融入全球化的同时,经济对外依存度不断提高,易受到外部经济影响。另外,当时各国为了更多地吸引外资,往往在保持固定汇率制度的同时,放开资本市场外汇管制,资本在本地市场自由流通。

这些政策带来了极大的风险。首先,为了维持固定汇率制,国家需要动用外汇储备来对冲资本外逃,这会导致外债增加;其次,由于经济对外依存度很高,且外向型经济大多以纺织品等附加值较低产品为主,出口创汇有限,当外部经济环境对本地发展不利时,这些国家和地区债务偿还能力降低,容易导致国际投机资本看空该国/地区货币,如果此时资本流出大于资本流入,同时外汇储备又不足以对冲资本净流出时,该国/地区货币贬值便不可避免,固定汇率制便会土崩瓦解,进而因恐慌情绪造成货币进一步贬值。

这次金融危机中,在国际投机资本的推波助澜下,各国纷纷放弃固定汇率制,泰国、马来西亚、印尼等国货币竞相贬值，给中国香港的港元和股市带来很大压力。1997年10月，国际投机资本开始狙击香港金融市场，香港股市在初期以大跌收场，之后在中央政府支持下，香港特区政府开始救市，在外汇市场保持现行汇率制度不变，股票市场信心大增，恒生指数重上1万点，基本维持住金融稳定。1998年，国际投机资本再次狙击香港金融市场，香港特区政府再次动用大量外汇储备救市，将汇率稳定住，打赢了香港金融保卫战。可以说，在这次危机中，除了中国内地和香港外，东南亚各国/地区均遭受了不同程度的影响。由于中国政府的审时度势，在危机发生前后实行的各种政策措施，保证了中国金融和经济的稳定运行，这也客观上对亚洲乃至世界金融稳定和经济发展提供了重要的支撑作用。

资料来源：部分节选自《中国经济周刊》2018年第48期，第121—122页。

外汇期货、利率期货和股指期货的比较见表5—6。

表5—6 外汇期货、利率期货、股指期货的比较

种类		防范风险	特点
外汇期货		商业性汇率风险、金融性汇率风险（含债权债务风险和储蓄风险）	产生最早
利率期货（以美国为例）	短期国库券期货	利率波动	其标的物是一定数量的某种与利率相关的商品，即各种固定利率的有价证券
	3个月期欧洲美元期货		
	美国政府长期国债期货		
股指期货		管理股市风险，尤其是系统性风险	现金结算，合约价位以股票指数值乘以一个固定的金额计算

第五节 我国的金融期货

我国最早在1993年3月第一次在“海南证券交易中心”发布了“深圳综合指数深圳A股指数”股指期货合约。但这次股指期货交易尚未得到有关国家有关部门的批准，属于当地越权审批。股指期货各方加大市场猜测，然后没有设定股指期货的条件，很快就决定关闭股指期货。

随后，1997年引进香港红筹指数期货，为2003年引进国内股指期货提供了宝贵的经验。同时，1999年股指期货指数（沪深300指数原型）为国内股指期货奠定了坚实的基础。

2006年9月，经国务院同意，委员会批准设立中国金融期货交易所。随后，中国金融期货交易所完成了沪深300指数期货合约设计，监管及股指期货交易的技术工作。2001年1月，国务院同意进行证券公司融资业务试点和引进股指期货品种。2010年4月16日，沪深300股指期货（见表5—7）在中金所正式上市运行。

表 5—7　沪深 300 股指期货合约

合约标的	沪深 300 指数
合约乘数	每点 300 元
报价单位	指数点
最小变动价位	0.2 点
合约月份	当月、下月及随后两个季月
交易时间	上午:9:15～11:30,下午:1:00～3:15
最后交易日交易时间	上午:9:15～11:30,下午:1:00～3:00
每日价格最大波动限制	上一个交易日结算价的±10%
最低交易保证金	合约价值的 12%
最后交易日	合约到期月份的第三个周五,遇国家法定假日顺延
交割日期	同最后交易日
交割方式	现金交割
交易代码	IF
上市交易所	中国金融期货交易所

继 2010 年 4 月沪深 300 股指期货上市,2015 年 2 月上证 50ETF 期权上市,2015 年 4 月上证 50、中证 500 股指期货上市之后,2019 年 11 月 8 日,证监会的金融期权扩容是我国金融衍生品市场发展的又一个重要里程碑。2019 年 12 月 23 日,沪深 300 股指期权正式上市,这是我国首只股票指数期权,其上市给市场注入了更多活力,标志着我国股指期权的发展正式迈过起跑线。

资料卡 5—4　我国四大期货交易所

上海期货交易所(以下简称上期所)是受中国证券监督管理委员会(以下简称证监会)集中统一监管的期货交易所,宗旨是服务实体经济。根据公开、公平、公正和诚实信用的原则,上期所组织经证监会批准的期货交易,目前已上市铜、铝、锌、铅、镍、锡、黄金、白银、螺纹钢、线材、热轧卷板、原油、燃料油、石油沥青、天然橡胶、纸浆、20 号胶、不锈钢、低硫燃料油、国际铜 20 个期货品种以及铜、天然橡胶、黄金、铝、锌、原油 6 个期权合约。

大连商品交易所成立于 1993 年 2 月 28 日,并于同年 11 月 18 日开始营业,是中国东北地区唯一一家期货交易所。目前已上市玉米、玉米淀粉、粳米、黄大豆 1 号、黄大豆 2 号、豆粕、豆油、棕榈油、鸡蛋、生猪、纤维板、胶合板、线型低密度聚乙烯、聚氯乙烯、聚丙烯、乙二醇、苯乙烯、焦炭、焦煤、铁矿石、液化石油气共计 21 个期货品种和豆粕、玉米、棕榈油、铁矿石、液化石油气、聚丙烯、聚氯乙烯、线型低密度聚乙烯共计 8 个期权品种,并推出了 17 个期货品种和 8 个期权品种的夜盘交易。

郑州商品交易所(以下简称郑商所)成立于 1990 年 10 月,是国务院批准成立的首家期货市场试点单位,由中国证监会管理。郑商所目前上市交易普通小麦、优质强筋小麦、早籼稻、晚籼稻、粳稻、棉花、棉纱、油菜籽、菜籽油、菜籽粕、白糖、苹果、红枣、动力煤、甲醇、精对苯二甲酸(PTA)、玻璃、硅铁、锰硅、尿素、纯碱、短纤、花生 23 个期货品种和白糖、棉花、PTA、甲醇、菜粕、动力煤 6 个期权,范围覆盖粮、棉、油、糖果和能源、化工、纺织、冶金、建材等多个国民经济重要领域。

中国金融期货交易所(以下简称"中金所")是经国务院同意,中国证监会批准设立的,专门从事金融期货、期权等金融衍生品交易与结算的公司制交易所。中金所由上海期货交易所、郑州商品交易所、大连商品交易所、上海证券交易所和深圳证券交易所共同发起,于2006年9月8日在上海正式挂牌成立。

资料来源:上海期货交易所、大连商品交易所、郑州商品交易所和中国金融期货交易所官网。

本章小结

1. 所谓金融期货,是指以金融工具作为标的物的期货合约。金融期货交易是指交易者在特定的交易所通过公开竞价方式成交,承诺在未来特定日期或期间内,以事先约定的价格买入或卖出特定数量的某种金融商品的交易方式。金融期货交易具有期货交易的一般特征,但与商品期货相比,其合约标的物不是实物商品,而是金融商品,如外汇、债券、股票指数等。

2. 期货市场是一个高度组织化的发达的市场,有着严密的组织结构,从而保障市场的有效、有序运转。金融期货市场的组织构成形式与商品期货市场是相似的,通常由三部分组成:期货交易所、期货经纪公司和结算所。

3. 交易者认为某种金融期货的价位比较合适的时候,即可以入市买卖。完整的交易流程包括开户、下单、竞价、结算和交割。由于在期货交易中,绝大多数期货合约是通过对冲平仓方式结束的,因此,交割环节并不是交易流程的必经环节。

4. 金融期货的功能主要体现在两方面:一是套期保值功能。即金融期货通过在现货市场与期货市场同时进行相反的交易而达到为其现货保值的目的。二是价格发现功能。即在一个公开、公平、高效竞争的期货市场中,金融期货通过集中竞价形成期货价格的功能。期货价格具有预期性、连续性和权威性的特点,能够比较准确地反映未来商品价格的变化趋势。

5. 所谓外汇套期保值是指在现汇市场上买进或卖出的同时,又在期货市场上卖出或买进金额大致相当的期货合约。在合约到期时,因汇率变动造成的现汇买卖的盈亏可由外汇期货交易上的盈亏弥补。外汇期货套期保值可分为买入套期保值和卖出套期保值。

6. 利率期货是指以债券类证券为标的物的期货合约,它可以回避银行利率波动所引起的证券价格变动的风险。利率期货的特点:一是利率期货价格与实际利率呈反方向变动,即利率越高,债券期货价格越低;利率越低,债券期货价格越高。二是利率期货的交割方法特殊。利率期货主要采取现金交割方式,有时也有现券交割。现金交割是以银行现有利率为转换系数来确定期货合约的交割价格。

7. 利率合约的规格大致包括以下几个内容:交易单位、交割月份、价格、变化幅度、交割方式。

8. 股票指数期货是一种以股票价格指数作为标的物的金融期货合约。投资者在股票市场上面临的风险可分为两种。一种是股市的整体风险,又称为系统性风险,即所有或大多数股票的价格一起波动的风险。另一种是个股风险,又称为非系统性风险,即持有单个股票所面临的市场价格波动风险。

复习思考题

1. 什么是金融期货?它有哪些特点?
2. 什么是外汇期货?它有哪些特点?
3. 举例说明外汇期货交易的基本程序。
4. 利率合约大致包括哪些内容?
5. 什么是股指期货?它有哪些特点?

第六章　金融期权交易

学习目标

通过本章学习，了解金融期权、外汇期权、利率期权的含义；理解欧式期权和美式期权的操作要领及区别；掌握外汇期权交易的操作及应用；了解期权定价理论；了解场外期权概念；了解股票期权。

在国际金融市场上，金融期权（Financial Option）是一类应用广泛、交易活跃、富有挑战性的金融衍生工具。最早的金融期权交易产生于20世纪80年代。现在，金融期权交易已覆盖利率、外汇、股票、股票指数等各种基础资产，形成了全球庞大的交易网络。

第一节　金融期权的含义及类型

一、金融期权的含义

期权（Option）交易产生的基础是资产价格的多变性。期权交易是回避价格波动风险的手段，也是利用价格波动投机的工具。人们使用商品期权交易已有几百年的历史。所谓期权是一种能在未来某特定时间以特定价格买进或卖出一定数量的某种特定商品的权利。

金融期权是期权的一种。所谓金融期权，是指以金融商品或金融期货合约为标的物的期权交易形式。在金融期权交易中，期权购买者向期权出售者支付一定金额后，就获得了能在未来某特定时间以某一特定价格向期权出售者买进或卖出一定数量的某种金融商品或金融期货合约的权利。为了比较准确地理解金融期权的定义，我们首先必须了解金融期权的购买者和出售者在交易中的权利和义务以及金融期权的价格。

（一）金融期权的购买者和出售者

期权交易作为一种交易形式，既有购买者也有出售者。

1. 期权购买者（Buyer），也称期权持有者（Holder），在支付一笔较小的费用（期权费）之后，就获得了期权合约所赋予的权利。在金融期权交易中，期权购买者可以在期权合约所规定的某一特定时间，以事先确定的价格（协定价格）向期权出售者买进或卖出一定数量的某种金融商品。在期权合约规定的时间内（即期权有效期内）或期权合约规定的某一个特定的履约日，期权购买者既可以行使他所拥有的这一权利，也可以放弃这一权利。这就是说，对期权购买者而言，期权合约只赋予他可以行使的权利，而未规定他必须履行的义务。不过，无论期权购买者行使其权利，还是放弃其权利，他支付给期权出售者的期权费均不予退还。

2. 期权出售者(Seller),也称期权签发者(Writer),在收取期权购买者支付的期权费之后,就承担着在规定的时间内履行该期权合约的义务。也就是说,在期权合约规定的时间内或期权合约规定的某一个特定履行日,只要期权购买者要求行使其权利,期权出售者就必须无条件地履行期权合约规定的义务。这就是说,对期权出售者而言,除了在成交时向期权购买者收取一定的期权费之外,期权合约只规定了他必须履行的义务,而未规定他有任何权利。

由此可见,在期权交易中,期权购买者和期权出售者在权利与义务上存在明显的不对称性。这种不对称性决定了期权交易不同于期货交易的许多特点。

(二)协定价格与期权费

协定价格(Contract Price)又称履约价格(Exercise Price),是指期权合约中所规定的期权购买者在行使其权利时所实际执行的价格。在金融期权交易中,协定价格是指向期权出售者买进或卖出一定数量的某种金融商品或金融期货合约的价格。这一价格一经确定,则在期权有效期内,无论期权标的物上涨或下跌到什么水平,只要期权购买者要求执行该期权,期权出售者都必须以此协定价格履行义务。

期权交易是一种权利的交易。期权费就是这一权利的价格。期权费(Premium)也称权利金,是指期权购买者为获得期权合约所赋予的选择权而向期权出售者支付的代价,它作为期权的价格,由期权购买者在确立期权交易时付给期权出售者。这一费用一经支付,则不管期权购买者执行该期权还是放弃该期权都不予退还。

期权费与协定价格是完全不同的两个概念。期权费只是期权合约的价格,更确切地说,它是期权合约所赋予权利的价格,而协定价格是期权合约的标的物的价格。协定价格与期权费之间是有内在联系的,对看涨期权而言,两者同向变动;对看跌期权而言,两者逆向变动。

二、金融期权的类型

(一)买入期权和卖出期权

买入期权(Call Option),又称看涨期权,是指期权购买者可在约定的未来某日期以事先约定的价格(即协定价格)向期权出售者买进一定数量的某种金融商品或金融期货合约的权利。一般来说,期权购买者之所以买进这种期权,是因为他们预计该期权的标的物——某种金融商品或金融期货合约——的市场价格将上涨。他们买进这种期权后,可在日后市场价格果真上涨后仍以较低的协定价格买入该种金融商品或金融期货合约,从而避免市场价格上涨所带来的损失。对于套利者和投机者而言,他们买进这种期权后,也可以从市场价格上涨中赚取价差收益。

卖出期权(Put Option),也称看跌期权,是指期权购买者可在约定的未来某日期以事先约定的价格(即协定价格)向期权出售者卖出一定数量的某种金融商品或金融期货合约的权利。一般来说,期权购买者之所以买进这种期权,是因为他们担心自己所持有的某种金融商品或金融期货合约的市场价格将下跌。他们买进这种期权后,可在日后市场价格果真下跌后仍以较高的协定价格卖出该种金融商品或金融期货合约,从而避免市场价格下跌所带来的损失。对于套利者和投机者而言,他们买进这种期权后,也可以从市场价格下跌中赚取价差收益。

买入期权与卖出期权的区别见表6—1。

表 6—1 买入期权与卖出期权的区别

	买入期权	卖出期权
买方（付出期权费一方）	看涨后市，愿以协定价格买入一定数量的金融商品	看跌后市，愿以协定价格卖出一定数量的金融商品
卖方（收取期权费一方）	看跌后市，愿以协定价格卖出一定数量的金融商品	看涨后市，愿以协定价格买入一定数量的金融商品

无论是买入期权还是卖出期权都对期权购买者赋予不同的权利，而对期权出售者规定不同的义务。需要注意的是，这里所谓的买入和卖出并不是期权本身的买入和卖出，而是在期权被执行时，期权的标的物的买入和卖出。因此，对期权出售者而言，无论他卖出何种期权（买入期权或卖出期权），都需要向期权购买者收取期权费；而对期权购买者而言，则无论他买进何种期权（买入期权或卖出期权），都必须向期权出售者支付期权费。因为期权费代表着期权被执行时，期权购买者以协定价格买入或卖出标的物的权利的价格。

资料卡 6—1 期权的买方和卖方及其权利义务

买进期权合约的一方称期权买方。买进期权未平仓者称为期权多头。在期权交易中，期权买方在支付一笔较小的期权费之后，获得期权合约所赋予的在合约规定的特定时间内，按照事先确定的协定价格向期权卖方买进或卖出一定数量相关期货合约的权利。期权买方只有权利，没有义务。

卖出期权合约的一方称期权卖方。卖出期权未平仓者称为期权空头。在期权交易中，期权卖方在收取期权买方的期权费之后，负有在期权合约规定的特定时间内，只要期权买方要求执行期权，期权卖方就必须按照事先确定的协定价格向期权买方买进或卖出一定数量相关期货合约的义务。期权卖方只有义务，没有权利。

期权交易中，买卖双方的权利、义务是不对等的。买方支付期权费后，获得买进或卖出的权利，而不负有必须买进或卖出的义务。卖方收取期权费后，负有应买方要求，必须买进或卖出的义务，而没有不买或不卖的权利。

（二）欧式期权与美式期权

金融期权根据履约时间的不同规定，可以分为欧式期权与美式期权。

所谓欧式期权（European Option），是指这样一种期权：购买者只能在期权到期日行使其权利，既不能提前，也不能推迟。若提前，期权出售者可拒绝履约；而若推迟，则期权将被作废。

所谓美式期权（American Option），是指这样一种期权：购买者既可以在期权到期日行使其权利，也可以在到期日前任何一个营业日行使其权利。当然，超过到期日，美式期权也同样会被作废。

美式期权和欧式期权这两个术语源于美洲和欧洲的期权交易所不同的交易方式。现在这种分类与地理位置已经不相关了，但名称却保留了下来。因此，即使在欧洲国家的金融期权市场也可以交易美式期权，而在美国的金融期权市场也可以交易欧式期权。目前，在世界各主要的金融期权市场上，美式期权的交易量远大于欧式期权。不过在理论分析中，欧式期权比美式期权更为方便，也更容易理解。

第二节 外汇期权

一、外汇期权的产生

第一批外汇期权是英镑期权和德国马克期权，由美国费城股票交易所(Philadelphia Stock Exchange)于1982年承办，它是已建立的股票期权交易的变形。

外汇期权的产生归因于两个重要因素：国际金融市场日益剧烈的汇率波动和国际贸易的发展。随着20世纪70年代初期布雷顿森林货币体系危机的出现到最终崩溃，汇率波动越来越剧烈。例如，1959—1971年间，原联邦德国马克对美元的日均波动幅度1马克为0.44美分，而1971—1980年增长了近13倍，1马克达5.66美分。同时，国际商品与劳务贸易也迅速增长，面对汇率变动加剧的市场，越来越多的交易商寻求避免外汇风险更为有效的途径。

在远期外汇和货币期货这两种保值交易的基础上，期权不仅具有能避免汇率风险、固定成本的同样作用，而且克服了远期与期货交易的局限，因而颇得国际金融市场的青睐。对于那些应急交易，如竞标国外工程或海外公司分红等不确定收入或投资保值来说，期权交易尤其具有优越性。

二、外汇期权的概念及分类

(一)外汇期权的概念

外汇期权(Foreign Exchange Option)又称外币期权(Foreign Currency Option)，它是一种选择权契约，其持有人即期权买方享有在契约届期或之前以规定的价格购买或销售一定数额某种外汇资产的权利。当行市有利时，他有权买进或卖出该种外汇资产；当行市不利时，他也可以不行使期权。而期权的卖方则有义务在买方要求履约时卖出或买进期权买方买进或卖出的该种外汇资产。

(二)外汇期权的种类

一般来说，外汇期权可以按下面两个标准分类：

1. 按照行使期权的时间是否具有灵活性可以分为美式期权和欧式期权。

2. 按照期权方向不同分为买方期权(Call Option)和卖方期权(Put Option)。买方期权又称看涨期权或购买选择权，其购买者(Call Buyer)支付期权费并取得以某预定汇率购买特定数量外汇的权利，其发售者(Call Seller或Writer)取得期权费并有义务应购买者的要求交付外汇。卖方期权又称看跌期权，其购买者(Put Buyer)支付期权费并取得以既定汇率出售特定数量外汇的权利，其出售者(Put Seller或Writer)取得期权费并有义务应购买者的要求购买其出售的外汇。

根据上述分类，外汇期权共有4种基本类型：美式买方期权、美式卖方期权、欧式买方期权和欧式卖方期权。这些基本类型的期权对象都是外汇现货。随着期权的发展，为了适应各类客户的需要，期权开始与期货结合起来，产生了外汇期货期权(Option on Foreign Currency Futures)和期货式期权交易(Futures-style Option)两种新型期权类型。

外汇期货期权交易是指期权买方有权在到期日或之前，以协定的汇价购入或售出一定数量的某种外汇期货。

期货式期权是以外汇期权行市(指期权权利金或期权价格)作为商品来从事期货交易，又称期权期货，与一般期货合同相似的特点是交易双方盈亏取决于期权行市变动方向。合同双方都必须缴存保证金，并且按每天期权收市价结清，即按每天收市的期权清算价对期权合同价的变动差额进行盈亏计算，当人们预计期权行市上涨时就会买入看涨期权期货，如果期权行市果然上涨，买入者获利，出售者亏本。反之期权行市下跌，则买入者亏损，出售者盈利。而当人们预计期权行市下跌时，就会买入看跌期权期货，日后果然下跌，则多头获利，空头亏损。

案例分析 6－1　外汇美式期权和欧式期权的比较分析

外汇期权买卖提照期权行使方式划分，在国际上通常有两种：

一种是美式期权。例如，今天上午 EUR/USD 即期汇价为 1.150 0，一客户预期欧元的汇价晚上或明天可能升到 1.160 0 或更高水平。于是他向银行买入一个面值为 10 万欧元，时间为两周，协定价格在 1.150 0 的欧元看涨、美元看跌的美式期权，设期权费率为 2.5%（即买期权要付出 2 500 欧元费用）。翌日，EUR/USD 的汇价上升了，且超越 1.150 0，达 1.170 0。那么，该客户可以要求马上执行期权，获利 200 点（1.170 0－1.150 0），即 2 000 美元。但减去买入期权时支付的费用后，客户仍亏损 875 美元（2 000－2 500×1.150 0）。可见，美式期权虽然较为灵活和方便，但期权费的支出是十分昂贵的。

另一种是欧式期权。在亚洲区的金融市场，规定行使期权的时间是期权到期日的北京时间下午 2:00。过了这一时间，再有价值的期权都会自动失效作废。同样，我们以上例的条件加以说明：该客户预期 EUR/USD 会在两周内从 1.150 0 水平逐步上升到 1.170 0 水平。于是他同样买入一个面值 10 万欧元、时间两周，行使价在 1.150 0 水平的欧式期权，期权费只有 0.65%（即付费 650 欧元）。但该欧式期权必须等到到期日当天的北京时间下午 2:00 才能行使。不能像美式期权那样随意执行。假设该期权到期同样以 1.170 0 执行，客户即可获利 1 252.50 美元（2 000－650×1.150 0）。

通过比较，结论是：欧式期权本少利大，但在获利的时间上不具灵活性；美式期权虽然灵活，但付费十分昂贵。因此，目前国际上大部分期权交易都是欧式期权。

资料来源：http://baike.esnai.com/history.aspx? id=12824，2021 年 8 月 6 日。

三、外汇期权的基本特征

1. 外汇期权形式多样，既有场外交易期权（OTC 期权，Over the Counter Option），也有交易所场内期权（Exchange Traded Option）。场外交易期权与远期外汇交易类似，其金额、期限和履约价格均由买卖双方根据需要斟酌商定，目前，具有代表性的场外交易期权市场是以伦敦和纽约为中心的银行同业外汇期权市场；交易所场内期权类似于期货交易，期权规格固定划一，在交易所内集中买卖，并可在市场上转让出售。目前具有代表性的交易所场内期权市场主要集中在费城、芝加哥、伦敦等地。通常情况下，场外交易金额比交易所场内交易大得多，也不仅限于几种货币，甚至还包括交叉货币的期权。另外，它在期限、交易时间等各方面都具有弹性，因而更适合于那些有特殊需要的客户。

2. 期权业务下的期权费不能收回。无论是履行合约或放弃履行合约，期权业务的买方所交付的期权费均不能收回。

3. 外汇期权具有执行合约与不执行合约的选择权，灵活性强。因此，相比较而言，采用期权业务规避风险要比远期、期货交易彻底得多。例如,买入一笔远期外汇能避免该外汇汇率升值的风险,但当汇率贬值时,它不仅不能回避风险,反而产生了风险,而期权能同时规避汇市升值的风险和享受贬值所带来的好处。

4. 金融机构是期权交易的主要参与者。各主要商业银行、投资银行等金融机构通过场外期权交易向公司、企业出售外汇期权,同时再从交易所购入相似期权以对冲或规避风险,从而充当了客户之间的桥梁,从中赚取期权费差价利润,同时也使交易所场外期权和场内期权同步发展。

四、外汇期权合约的要素

一份完整的外汇期权合约,必须具备以下要素:

(一)外汇期权合约

期权合约是一种标准化合约。所谓标准化合约,即除了期权的价格是在市场上公开竞价形成的之外,合约的其他条款,如合约到期日、交易品种、交易金额、交易时间、交易地点等要素都是事先规定好的,是标准化的。

(二)期权的主体

期权交易中,首先要确定交易主体之间的关系。期权的交易主体像商品买卖一样,有买方(购买期权合约者)与卖方(出售期权合约者)。期权的买方获得权利,期权的卖方则需承担义务。期权对于买方来说只有权利没有义务,对于卖方则只有义务没有权利。

(三)交易方向

期权交易必须确定货币交易方向。由于外汇买卖意味着买入一种货币的同时也卖出另一种货币,因此对一项外汇期权来说,它是一种货币的买权,同时也是另一种货币的卖权。必须明确它是哪一种货币的买权和哪一种货币的卖权。

买方期权是指期权的买方与卖方约定在到期日或期满前,买方有权按约定的汇率从卖方买入特定数量的货币。也就是期权购买者可在合同有效期内或约定在到期日按约定汇率买入一定的数额外币。

卖方期权是指期权的买方与卖方约定在到期日或期满前,买方有权按约定的汇率向卖方卖出特定数量的货币。也就是期权购买者可在合同有效期内或约定在到期日按约定汇率卖出一定数额的外币。

例如一项期权的内容是 USD CALL EUR PUT,称为美元买权、欧元卖权,表明期权的买方有从卖方买入美元,同时卖出欧元的权利。在买方要求执行期权时,期权的卖方则承担从买方购买欧元并卖出美元的义务。

再如一项期权的内容是 USD PUT JPY CALL,称为美元卖权、日元买权,表明期权的买方有向卖方卖出美元,同时买入日元的权利。在买方要求执行时,期权的卖方承担从买方购买美元并卖出日元的义务。

(四)敲定价格

敲定价格(Strike Price)又称协定价格,是指在期权交易双方约定的期权到期日或期满前双方交割时所采用的买卖价格,相当于金融商品单价。协定价格确定后,在期权合约规定的期限内,无论价格怎样波动,只要期权的买方要求执行该期权,期权的卖方就必须以此价格履行义务。

（五）期权费

期权费又称权利金、保险金、期权价格，是指期权买方事先要向期权的卖方支付一笔费用。由于期权的买方有是否执行买卖的选择权，期权（权利）的卖方则承担了今后可能带来的风险。期权费是为了补偿卖方风险可能造成的损失，是期权买方获得选择权的代价，也是期权（权利）的价格。持有期权合约者的买方无论是履行合约还是放弃合约的履行，其所交付的期权费不能收回。期权费是由买卖双方在国际期权市场公开竞价形成的，按期权的交易金额来计算。

（六）交易日

交易日（Contract Date）是指交易双方期权交易成交，确定期权有关内容的日期。

（七）期权费支付日

期权费支付日（Premium Pay Date）又称权利金交付日。在一般情况下，期权的买方须在期权成交日后的第二个银行工作日将期权费支付给卖方，与即期外汇买卖的起息日相同。

（八）到期日

到期日（Expire Date）是指期权买方决定是否要求履行期权合约的最后日期。如果超过这一时限，买方未通知卖方要求履约，就表明买方已放弃这一权利。

同一品种的期权合约的有效期，有按周、季、年以及连续月等划分的不同的时间期限。

一般来说交割时间可分为两种情况：东京时间的下午 3:00（Tokyo Cut）；纽约时间的上午 10:00（New York Cut）。截止时间由双方在交易时确定，一般亚洲市场的期权交易多选用东京时间下午 3:00 为截止时间。

（九）交割日

如果买方在到期日要求履约，买卖双方进行的外汇买卖就按即期交易的方式，在到期日后的第二个银行工作日收付资金。

五、外汇期权交易的应用

外汇期权、远期外汇买卖和货币期货虽然都有保值和投机的作用，但外汇期权在这方面更具有优越性、灵活性，弥补了后两者的不足。下面我们通过案例分析进一步说明。

（一）利用外汇期权保值

案例分析 6—2 外汇期权的套期保值

美国 A 公司从英国进口机器设备，3 个月后支付 1.50 万英镑，即期汇率为 GBP 1＝USD 1.55，A 公司预测英镑将升值，为避免 3 个月后英镑升值的损失，A 公司与某外汇银行签订期权合约，购入英镑买权 1.50 万英镑，期权费为 150 美元，协定价格为 GBP 1＝USD 1.60。

分析：3 个月后市场汇率出现三种不同情况：

（1）若 A 公司预测正确，3 个月后市场汇率为 GBP 1＝USD 1.70。选择执行期权合约，以每英镑 1.60 美元的价格购入 1.50 万英镑，共用去 2.40 万美元（1.50×1.60），如按市场价则要付 2.55 万美元（1.50×1.70），差价为 1 500 美元，扣除期权费 150 美元，实际上少支付 1 350 美元。

（2）若 A 公司预测错误，3 个月后市场汇率为 GBP 1＝USD 1.57，则选择不执行期权合约，按市场价买入英镑支付。损失为 150 美元（期权费）。

（3）若银行的 3 个月远期汇率报价与实际市场价一致，汇率为 GBP 1＝USD 1.6，美国A公司可选择执行也可选择不执行期权合约。损失为150美元(期权费)。

结论:期权交易的最大损失为期权费。

资料来源:https://max.book118.com/html/2019/0731/6124011005002052.shtm,2019年8月4日。

(二)利用期权交易投资和投机

利用外汇期权保值和投机的优越性可归纳为两点:

1. 在规避外汇风险方面有更大的灵活性。也就是期权买方对期权合约可执行或可不执行;可买进,也可卖出;另外,还可转让。对于在不确定外汇流量,或无法确定是否会发生外汇流量,或无法确定发生外汇流量的具体时间的情况下,利用外汇期权保值更为适用。同时,可以根据交易者的需求进行期权的个性化设计。

2. 期权买方既能获得汇率变化对其有利时的利润,也能规避汇率变化对其不利时的风险。当市场汇率向期权买方有利的方向运动时,买方可以不行使期权而按市场价格交易以获利;当市场汇率向其不利的方向运动时,买方又可通过行使期权而免于损失,其最大损失是支付的期权费。

案例分析6—3 外汇期货搭配外汇期权的交易

通过外汇期货搭配外汇期权的交易,不仅可以规避风险,还可以通过外汇投机获利。

假设美国汇市某个参与人预计未来欧元期货行情疲软,拟买进欧元期货看跌期权,以赚取价差。但若当时欧元期货"看跌期权"因需求者较多而不易买到,则投资人可以通过买进欧元期货看涨期权,同时出售期限和金额都与"看涨期权"相同的欧元期货,以"合成"所需买进的欧元看跌期权。

具体操作为:投资者根据欧元期货时价EUR 1=USD 0.99出售欧元期货,而买进欧元期货看涨期权,这时它的履约价格也是EUR 1=USD 0.99,所支付的期权费为每欧元0.008 5美元。现在分两种情况分析。首先,如果欧元期货汇率果然下跌,则投资人可放弃行使购买权,同时可按降低的汇率从交易所补购金额相同的欧元期货,轧平先前抛售欧元期货所造成的空头头寸,赚得买卖高低价差,以冲抵期权费支出。其次,如果欧元期货汇率升值,则投资人可直接行使看涨期权,按原定较低的履约价格,买进欧元期货,同时轧平先前抛售欧元期货所形成的空头头寸。设到期即期价为X,则损益P为:

(1)当$X \leq 0.99$时,$P=0.981\ 5$。

(2)当$X \geq 0.99$时,$P=-0.008\ 5$。

这种外汇期货看涨期权的买进,因为同时搭配了该项外汇期货本身的抛补,而利用两者的损益对冲,以达成利用外汇期货价差的目的,所以统称为买进"对冲看涨期权"。

资料来源:陈湛匀:《国际金融》,立信会计出版社2005年版,第100页。

六、外汇期权交易的损益分析

一般来说,进出口商、金融机构从事外汇期权交易有四种基本方法:买入买方期权、卖出买方期权、买入卖方期权和卖出卖方期权。

下面具体分析各种不同期权交易方法随汇率变化的收益和风险状况。

(一)买入买方期权

买入买方期权(Buying a Call Option)使买入者或期权持有者获得了到期日以前按协定价格购买合约规定的某种外汇的权利(不是责任)。为了获得这种权利,购买者必须付给出售者一定的期权费。购买买方期权合约者通常预测外汇汇率将要上升,当市场汇率朝着预测方向变动时,购买者的收益不封顶;但当市场汇率朝着预测相反方向变动即市场汇率趋跌时,购买者的损失是有限的,最大的损失就是支付的期权费(见图 6—1)。

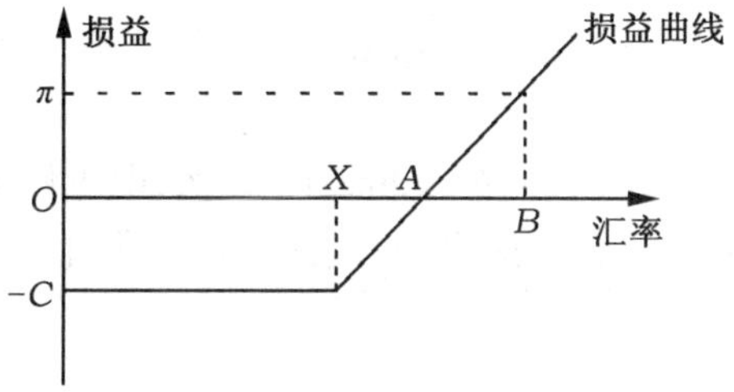

图 6—1

从图 6—1 中看出,期权买入方的最大损失不会超过期权费的 OC 水平,随着汇率上升,其收益也递增。如果市场汇率升至 OB,买方期权的购买者就可获得 $O\pi$ 的收益,这里的 $O\pi$ 是市场汇率 OB 高出协定汇率 OX 的部分给期权的购买者带来的收益减去已付出的期权费 OC 后的净收益。如果汇率升至 OA,期权的购买者履行权利的收益正好等于支出的期权费(C),此时称为盈亏平衡点(Break-even Point)。

(二)卖出买方期权

卖出买方期权(Writing or Selling Call Option)指如果买入方执行合约,出售者就有责任在到期日之前按协定汇价出售合约规定的某种外汇,作为回报,期权的出售者可收取一定的期权费。期权卖方的损益与汇率之间的关系见图 6—2。

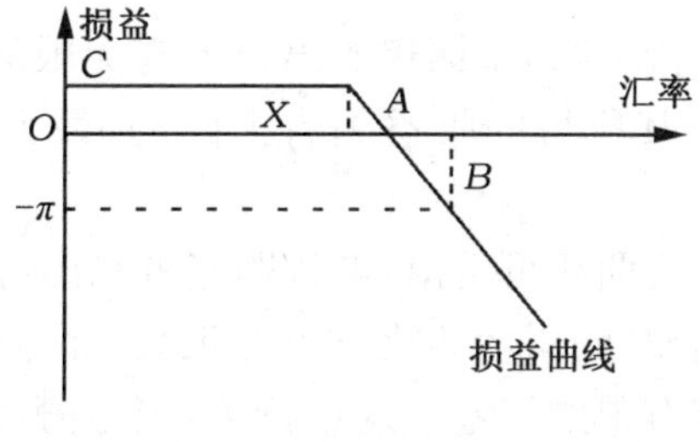

图 6—2

当市场汇率朝着出售者预测方向变动(即下跌)时,出售者获得的收益就越大;不过其最大收益就是收取的期权费(C);但当市场汇率看涨时,出售期权者的收益将递减,在汇率超过 OA 水平时,出售期权者就从收益转为亏损,随着汇率的继续上升,亏损将越来越大,而且不封顶。

(三)买入卖方期权

买入卖方期权(Buying Put Option)使得买入者获得了在到期日以前按协定汇价出售合

约规定的某种外汇的权利(而不是责任)。为了获得这种权利,买入者必须支付给出售者一定的期权费。卖方期权的买入者的损益随汇率而变化的情况见图 6—3。

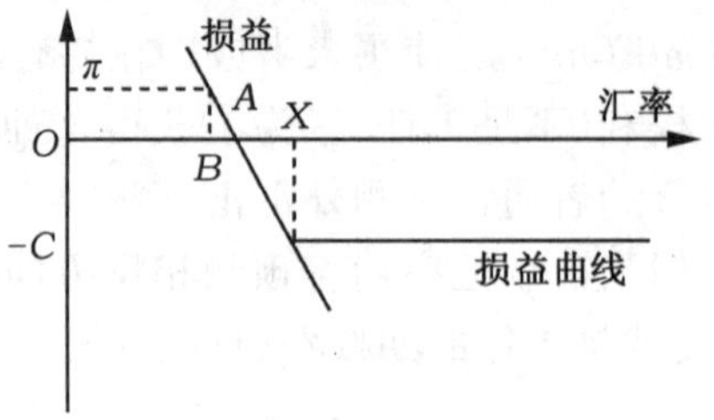

图 6—3

从图 6—3 中看出,当汇率朝着购买者预测方向变化(即下跌)时,他的收益越来越大且不封顶;当市场汇率没有按购买期权者预测方向变化而是上升时,他的损失是有限的,最大的损失就是先前支付的期权费(C)。

(四)卖出卖方期权

卖出卖方期权(Writing or Selling Put Option)时,卖方出售一份期权合约后可以获得一笔期权费,同时承担了一种责任,即当买入卖方期权者选择履行权利,他就有责任在到期日之前按协定汇价买入合约规定的某种外汇。卖方期权的出售者的损益状况见图 6—4。

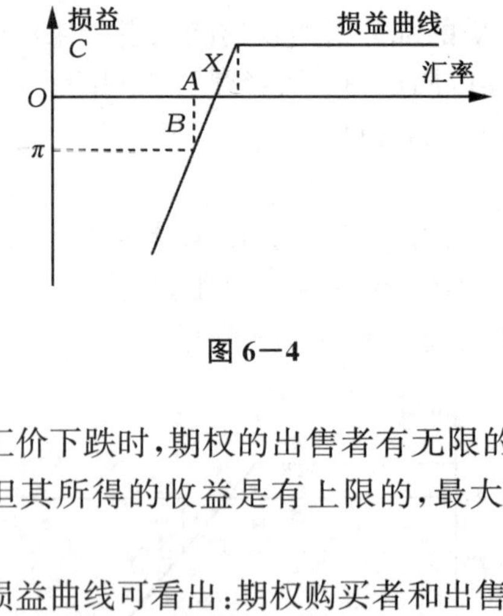

图 6—4

从图 6—4 中可看出:当汇价下跌时,期权的出售者有无限的风险;当市场汇价上升时,期权的出售者则可获得收益,但其所得的收益是有上限的,最大收益就是先前收取的期权费(C)。

从上述四种期权交易的损益曲线可看出:期权购买者和出售者的收益和亏损是不对称的,即不管是买方期权还是卖方期权,购买者的收益可能很大,而亏损却是有限的;出售者正好相反,亏损可能很大,而收益却是有限的。基于这一特点,当金融机构或进出口商在外汇现货中处于多头地位时,为了避免汇率风险,他一般买入一份卖方期权,而不会选择卖出一份买方期权。这两种避险方法的效果可分别表示在图 6—5 和图 6—6 中。

从图 6—5 可以看出,金融机构或进出口商卖出一份买方期权,在市场汇率上涨时,外汇现货可获得高汇价的收益,这种收益被卖出的买方期权的亏损随之抵消;但当市场汇率下跌时,金融机构或进出口商出售买方期权所得的收益不足以抵消外汇现货的汇价损失,因为出售买方期权的最高收益不会超过所收取的期权费,说明卖出一份买方期权并不能完全避免该金融机构或进出口商的汇率风险。

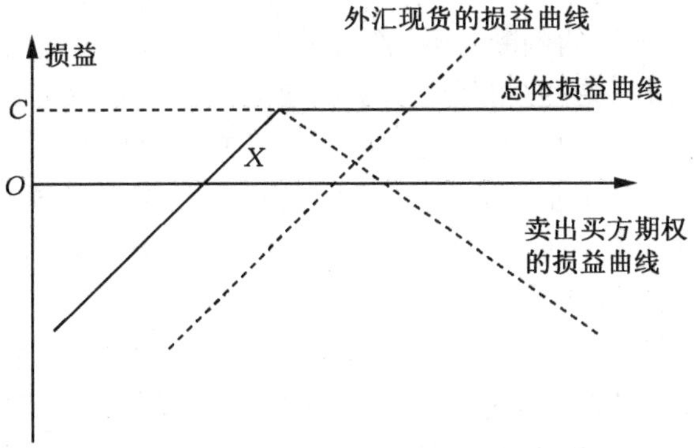

图 6—5

相比较而言，买入一份卖方期权能让金融机构或进出口商处于较有利的地位，如图 6—6 所示，当汇价下跌时，外汇现货的汇价损失为买入一份卖方期权的收益所抵消；当汇价上升时，外汇现货可获较高汇价的收益，而买入卖方期权的亏损却有限，因而，该金融机构或进出口商仍处于有利地位。

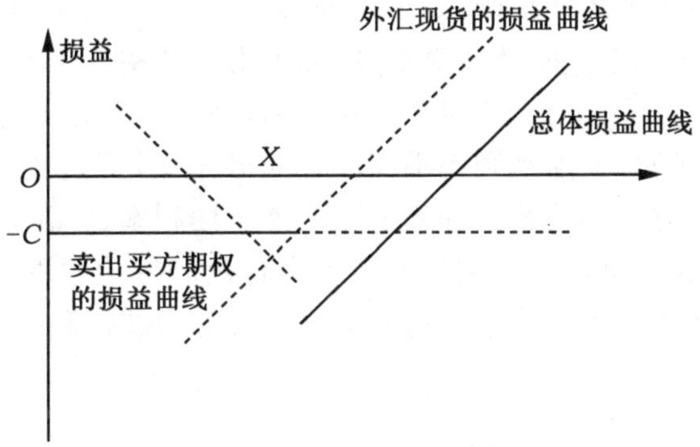

图 6—6

同样的道理，当金融机构或进出口商在外汇现货中处于空头地位时，为了避免汇率风险，一般会买入一份买方期权，而不会选择卖出一份卖方期权。

第三节　利率期权

一、利率期权的含义和特点

利率期权是指买方在支付了期权费后，即取得在合约有效期内或到期时以一定的利率（价格）买入或卖出一定面额的利率工具的权利。利率期权合约通常以货币市场的利率，政府短期、中长期债券，欧洲美元债券，大面额可转让存单等利率工具为标的物。利率期权是一项规避利率风险的有效工具。借款人通过买入利率期权，可以在利率水平向不利方向变化时得到保护，而在利率水平向有利方向变化时受益，达到限制融资成本，确保投资收益的目的。同时利率期权也是有效的投资工具。

利率期权交易的灵活性大于利率互换。利率互换同远期外汇买卖一样,一旦办理了,不论到期市场上的利率是否与自己的判断一致,都必须按其合约规定执行。例如,原来判断贷款利率要上调,为防范利率风险,债务方将浮动利率调换为固定利率,但如果利率并没有如预期上扬,反而下降,那么债务方所做的利率互换业务不仅没有为其降低成本,反而使其丧失了低利率带来的利益。因此,利率互换业务缺乏灵活性,并且可能因市场预测失误而失去更多机会。利用利率互换防范利率波动的风险,要对相关货币国家的经济情况、利率的走势进行正确的分析、预测和判断,但实际很难预测准确。

利率期权则能适应这种需要。因为利率期权实际上是一项选择利率变化的权利。买方支付一定金额的期权费后,就可以获得这项权利。在到期日按预先约定的利率,按一定的期限借入或贷出一定金额的货币。这样当市场利率向不利方向变化时,买方可固定其利率水平;当市场利率向有利方向变化时,买方可获得利率变化的好处。

二、利率期权的应用

利率期权有多种形式,常见的主要有利率上限、利率下限、利率上下限。

(一)利率上限

利率上限是客户与银行达成一项协议、双方确定一个利率上限水平,在此基础上,利率上限的卖方向买方承诺:在规定的期限内,如果市场参考利率高于协定的利率上限,则卖方向买方支付市场利率高于协定利率上限的差额部分;如果市场利率低于或等于协定的利率上限,卖方无任何支付义务。同时,买方由于获得了上述权利,必须向卖方支付一定数额的期权费。

在市场利率走势上扬时,以浮动利率举债的企业或个人,可购买利率上限期权,若市场利率高于约定的上限,则卖方就必须补偿利率上限与该市场利率之间的差价给买方。这样,买方限制了其浮动利率利息成本负担。其利息费用不会超出利率上限的利率水平。同时,当利率下跌时,其又可降低浮动利率利息成本。利率上限的买方为获得利率上的这种保障和利益,必须支付卖方期权费。

(二)利率下限

利率下限是指客户与银行达成一个协议,双方规定一个利率下限,卖方向买方承诺:在规定的有效期内,如果市场参考利率低于协定的利率下限,则卖方向买方支付市场参考利率低于协定的利率下限的差额部分;若市场参考利率大于或等于协定的利率下限,则卖方没有任何支付义务。作为补偿,卖方向买方收取一定数额的期权费。

在市场利率走势下跌时,以浮动利率投资的公司,可购买利率下限期权,以确保其以浮动利率计算利息的收益绝对不会低于合约的下限利率水平。在到期日,当市场利率低于约定利率的下限,则卖方就必须补偿利率下限与该市场利率之间的差价给买方。同时,当市场利率上涨时,又可享受较高的浮动利息收益。利率下限买方为获得利率上的这种保障和利益,必须支付给卖方期权费。

(三)利率上下限

所谓利率上下限,又称为“利率区间”,是指将利率上限和利率下限两种金融工具结合使用。具体地说,购买利率上下限是指在买进利率上限的同时,卖出利率下限,而卖出利率上下限是指在卖出利率上限的同时,买进利率下限。

当上限、下限并用时,借款人可购买利率上下限(即约定上限利率及下限利率之间的区间)。这样将利率波动的风险锁定在上下限之间。在到期日,若市场利率上涨超过利率上限,则卖方须补偿市场利率与利率上限之间的利息差价给买方；若市场利率下跌超过利率下限，则买方须支付市场利率与利率下限之间的利息差价给卖方。这样当利率上扬时，利息成本不会超过上限；当利率下跌时，借款人至少需要负担下限的利息成本。利率上下限的买方须支付给卖方一定期权费，但这种期权费较购买利率上限的期权费少。

总之，以浮动利率举债的企业或个人，当预测其市场利率走势上扬时，可购买利率上限期权。若在履约日，市场利率高于约定的上限，则卖方就必须补偿利率上限与该市场利率之间的差价给买方。以浮动利率投资的公司，当预测其市场利率走势下跌时，可购买利率下限期权。若在履约日，市场利率低于约定利率的下限，则卖方就必须补偿利率下限与该市场利率之间的差价给买方。为将利率波动的风险锁定在上下限之间，可购买利率上下限期权。无论购买哪种利率期权，购买者可在利率水平向其不利方向变化时避免损失，而在利率水平向其有利方向变化时获利。

第四节　股票期权[①]

一、股票期权基本概念

股票期权是先进的激励机制，只有当公司的市场价值上升时，享有股票期权的人才能得益。股票期权能让员工认识到自己的工作表现将直接影响股票的价值，从而与自己的利益直接挂钩。同时，这也是一种风险与机会并存的激励机制，对于准备上市的公司来说，这种方式最具激励作用，因为公司上市的那一天就是员工得到报偿的时候。

(一)股票期权的定义

股票期权是指买方在交付了期权费后即取得在合约规定的到期日或到期日以前按协定价格买入或卖出一定数量相关股票的权利，是对员工进行激励的众多方法之一，属于长期激励的范畴。

股票期权是上市公司给予企业高级管理人员和技术骨干在一定期限内以一种事先约定的价格购买公司普通股的权利。股票期权是一种不同于职工股的崭新激励机制，它能有效地把企业高级人才与其自身利益很好地结合起来。股票期权的行使会增加公司的所有者权益，是由持有者向公司购买未发行在外的流通股，即直接从公司购买而非从二级市场购买。

(二)股票期权的产生背景

股票期权作为企业管理中的一种激励手段，源于 20 世纪 50 年代的美国，在 20 世纪七八十年代走向成熟，为西方大多数公众企业所采用。我国的股票期权计划始于 20 世纪末，曾出现了上海仪电模式、武汉模式及贝岭模式等多种版本，但都是处于政策不规范前提下的摸索阶段，直到 2005 年 12 月 31 日中国证监会颁布了《上市公司股权激励管理办法(试行)》，我国的股权激励特别是实施股票期权计划的税收制度和会计制度才有章可循，有力地推动了我国股票期权计划的发展。《上市公司股权激励管理办法》自 2016 年 8 月 13 日起实行，《上市公司股权激励管理办法(试行)》及相关配套制度同时废止。

---

① 本节部分内容节选自：王慧彩：《一本书读懂股票期权》，人民邮电出版社 2017 年版，第 30—49 页。

二、股票期权的基本要素

(一)受益人

期权的受益人即持有者,是期权计划所要激励的对象。股票期权的受益人一般是董事会的董事长、公司总裁,以及一些高级管理人员和具有特殊作用的技术科研人员。因此,有些经济学家又将它称为经理股票期权。目前国外股票期权的受益人已从公司的高层管理人员扩展到全体职工,甚至可以扩展到少数外部关系人员,其实施目的是为公司招募和留住人才,激发员工的责任心和创造力。

(二)有效期

所谓股票期权有效期,就是公司给予其经营者在一定的期限内按照某个既定的价格购买一定公司股票的权利。公司给予其经营者的既不是现金报酬,也不是股票本身,而是一种权利,经营者可以某种优惠条件购买公司股票。

(三)授予数量

国外对期权价值的研究已经相当深入,普遍使用的期权定价模型为B-S模型,根据期权价值的估计可以确定期权的授予数量。在我国,由于诸多原因,目前对期权还不能准确估价,由此也不能确定期权的授予数量。一般来讲,上市公司授予的股票期权占总股本的比例约为10%。

(四)行权价格

行权价格是指发行人发行权证时所约定的权证持有人向发行人购买或出售标的证券的价格。行权价格与权证价格紧密相关,行权价格依附于权证而存在。对认沽权证来说,行权价格高于行权期证券价格时,权证有内在价值;对认购权证来说,行权价格低于证券价格时,权证有内在价值。

(五)行权期和窗口期

期权是一种可在一定日期,按买卖双方所约定的价格,取得买进或卖出一定数量的某种金融资产或商品的权利。行权是指权证持有人要求发行人按照约定时间、价格和方式履行权证约定的义务。行权期是指从获准行权到行权到期为止的这一段时间,也称“行权窗口期”,也就是期权和行权定义中所指的“一定日期”“约定时间”。

(六)股权转让

股权转让是指公司股东依法将自己的股份让渡给他人,使他人成为公司股东的民事法律行为。我国《公司法》规定,股东有权通过法定方式转让其全部股权或部分股权。

(七)结束条件

员工如果自愿离开,可以对持有的股票期权部分行权。当管理者或员工违反法律时,公司有权收回认股权未执行部分。

三、股票期权和限制性股票的主要区别

限制性股票和股票期权是我国上市公司实施期权激励的两种主要方式。从本质上说,限制性股票与股票期权均是将企业股票价格作为激励对象收入函数的重要变量,两者均属于长期激励机制设计范畴,但又存在一些不同。

(一)权利、义务的对称性不同

股票期权是典型的权利、义务不对称的激励方式,这是由期权这种金融工具的本质属性决

定的。期权持有人只有行权获益的权利，而没有必须行权的义务。

限制性股票的权利与义务则是对称的。激励对象在满足授予条件的情形下获得股票之后，股票价格上涨，限制性股票的价值增加；反之，股票价格下跌，限制性股票的价值下跌。股票价格的涨跌会增加或减少激励对象的利益。

（二）行权价格和授予价格不同

股票期权的行权价格是上市公司向激励对象授予股票期权时所确定的激励对象购买上市公司股份的价格。行权价格具有明确规定，不应低于下列价格较高者：股权激励计划草案摘要公布前 1 个交易日的公司标的股票收盘价；股权激励计划草案摘要公布前 30 个交易日内的公司标的股票平均收盘价。

从授予价格的经济学含义考虑，授予价格应为激励对象的真实购买价格。由于激励对象的真实购买价格并不同于计划草案公布时的股票市场价格，因此一般与市场价格存在折价，而且各公司不同方案的真实购买成本差异很大。

（三）价值评估不同

股票期权的估值一般按照金融工程学中的期权定价模型（如 B-S 模型或二叉树定价模型）测算，根据股票市价、行权价格、股票收益率的波动率、期权有效期限、无风险利率、股票分红率等参数决定。

而管理层的激励股票期权与作为普通金融工具的期权存在各种现实差异（如激励股票期权无流通市场、存在等待期等），无论采用 B-S 模型还是二叉树定价模型计算期权价值，都不能符合激励期权的真实价值。而限制性股票的价值估值则十分简单，限制性股票的价值即为授予日的股票市场价值扣除授予价格，并无未来的等待价值。二者的差异可理解为限制性股票只有内在价值，而股票期权拥有内在价值和时间价值。

（四）激励力度不同

就股权激励的股本规模而言，两者并无区别，总股本的 10%均为上限，且两者是一种此消彼长的关系。国资委规定，要求国有控股上市公司首次实施股权激励计划时授予的股权数量原则上应控制在上市公司股本总额的 1%以内。

股票期权计划的总份额一般事先确定，而限制性股票的数量可能是事先确定的（如采取定向发行方式），也可能不事先确定（如采取激励基金购买方式），最终限制性股票的数量实质上取决于年度公司利润的完成，因为提取激励基金均来自年度利润的增量，能够买到的股票数量依赖于当时的股价。

就同样数量的股票期权和限制性股票而言，期权的激励力度弱于限制性股票。

（五）激励与惩罚的对称性不同

由于权利和义务的对称性不同，激励与惩罚的对称性也不同。股票期权并不具有惩罚性，若股价下跌或期权计划预设的业绩指标未能实现，受益人只是放弃行权，并不会产生现实的资金损失。

而限制性股票则存在一定的惩罚性。在激励对象用自有资金或公司用激励基金购买股票后，股票价格下跌将产生受益人的直接资金损失。限制性股票通过设定解锁条件和未能解锁后的处置规定对激励对象进行直接的经济惩罚。

（六）会计核算不同

按照《企业会计准则第 11 号——股份支付》的规定，股票期权与限制性股票都属于以权益结算的股份支付，应当以授予职工权益工具的公允价值计量。在授予日，对股票期权和限制性股票确定公允价值(即评估价值)。对于股票期权,在等待期内每个资产负债表日估计可行权的期权数量,按照授予日确定的公允价值计入当期的成本费用和资本公积。对于限制性股票,一般并无等待期,授予后即让激励对象持有股票。如果采用激励基金购买股票方式,则将激励基金计入下一期的成本费用和扣减银行存款。如果采用定向发行,则增加公司股本和银行存款,对于企业来说并无成本费用。

(七)对企业财务的影响不同

股票期权对企业财务的影响主要体现在计划等待期内公司的人工成本费用逐年增加,同时资本公积增加。因此,期权成本会减少企业利润,但不影响企业的现金流。由于期权估值较高(包括内在价值和时间价值)、规模较大(可达公司股本的10%),因此其对公司利润的负面影响可能比较大。

限制性股票对企业财务的影响主要是提取激励基金方式下产生的现金流出和成本费用增加,其他两种方式下并无直接的不利影响。

(八)等待期、禁售期和锁定期不同

股票期权在授予后存在等待期(一年以上),然后进入可行权期。一般设计为分次行权(可为匀速或加速行权)。目前,我国上市公司均增加了可行权条件,如设置财务指标门槛等。一旦行权认购股票,股票的出售则不再受到限制,只需符合《公司法》《证券法》对高管出售股票等的有关规定。

限制性股票则在授予时规定有严格条件(如净利润、净资产收益率、每股收益等财务指标),激励对象获得股票后存在一定时期的禁售期,然后进入解锁期(三年或三年以上),符合严格的解锁条件后每年限定数量的股票才可上市流通。

(九)税收制度不同

根据相关规定,授予员工股票期权时不需要征税。员工行权购买股票时,其从企业取得股票的实际购买价(行权价格)低于购买日公平市场价(指该股票当日的收盘价)的差额,应按"工资、薪金所得"适用的规定计算缴纳个人所得税。员工在出售股票时,对股票转让所得暂不征收个人所得税。

对于限制性股票,员工从其雇主那里以不同形式取得的折扣或补贴属于个人因受雇而取得的工资、薪金所得,应在雇员实际认购股票等有价证券时按照《个人所得税法》及其实施条例和其他有关规定计算缴纳个人所得税。而在股票出售时,暂不征收个人所得税。

四、股票期权制度的理论基础

股票期权制度的出现是经济发展的必然产物。它有一定的理论基础作支撑,主要包括委托代理理论、人力资本产权理论、公司治理结构理论和相关利益者理论。其具体内容如下。

1. 委托代理理论

在现代企业中,随着企业规模的不断扩大,企业所有者完全独立控制的企业的人、财、物、供、产、销,越来越受到所有者的专业知识、精力、时间、组织协调能力及决策能力等的限制。当所有者不能在进行企业重大决策的同时又圆满地从事日常经营管理活动时,如果仍由所有者控制和经营企业,一方面,会因为所有者经营能力不足而降低效率(收益);另一方面,企业所有者(股东)人数众多,会导致企业决策缓慢、滞后,难以跟上市场的发展节奏,从而引起企业效益下降,并最终损害所有者自己的利益。因此,企业所有者(股东)从自身经济利益需要出发,放弃了对企业的日常经营等直接管理权,主要保留对企业财产的最终所有权和挑选任命总经理的权利，而把对企业的控制权委托给由自己挑选的总经理，这样企业的所有权与经营权分离，委托代理关系形成。委托代理制是现代企业的体制特点，是现代企业与传统企业相区别的主要特征之一，这种体制确保了资源的优势互补，但也带来了代理成本问题。

由于委托人与代理人签订的契约不完备，代理人的价值取向成为决定企业经营成败最关键、最重要的因素。在委托代理制下，存在两个相互矛盾甚至冲突的二元经济目标，即委托人（资产所有者）追求利润最大化与代理人（经营者）追求收入与福利最大化、委托人追求长期经济增长与代理人追求短期经济利益。因为二元经济目标的存在，代理人会利用信息的不对称在最大限度地增进自身利益的同时可能做出不利于委托人的行为。改变博弈规则，使委托人与代理人两个相互矛盾的二元经济目标趋于一致，使委托人和代理人共同分享企业剩余（包括利润、资本市场的盈余）形成激励机制，将代理人的努力诱导出来，克服规避行为。而最有效的激励机制就是股票期权制度。

2. 人力资本产权理论

在传统企业中，资产所有者和经营权高度统一，股东承担了企业全部的剩余风险，也应享受因经营发展带来的全部净利，剩余索取权和剩余支配权归股东。但是现代企业与传统企业有着很大的差异，现代企业是多边契约关系的总和，股东当然要承担风险，但债权人和职工所承担的风险也很大，政府也承担了相当大的风险。

现代企业中，大批量生产和高科技含量生产已构成社会生产的主流形式和主要特征，这一特征要求生产的组织结构和生产过程的管理更加科学化、制度化，经营过程的运作更加高效。为此，企业为了在激烈的竞争中不断发展壮大，必须拥有劳动技能高度专门化的高级管理人员和科研队伍。但是劳动技能高度专门化的高级管理人员和科研队伍是企业经营方向、经营管理水平、生产工艺、产品市场以及企业命运和前途的决策者，因此高级管理人员和科研骨干是企业最重要、最稀缺的生产要素。既然是生产要素，就应该拥有人力资本产权，进而对企业拥有剩余索取权和剩余支配权。剩余索取权和剩余支配权的分配问题就是人力资本的激励问题。从监控成本和监控效率来看，内含人力资本股权的股票期权制度是最优的产权结构。

3. 公司治理结构理论

传统的公司治理结构试图通过股东大会、董事会和经理人员之间的责权划分形成相互之间的制衡关系，以实现物质资本所有者对公司的最终控制，但现实情况往往是公司的经营控制权掌握在高层经理人员手中。随着经济发展和市场竞争的加剧，传统的公司权力结构越来越不能适应发展的需要。传统公司治理结构效率低下，影响了公司在市场中的竞争力，公司控制权正在发生由股东大会向董事会过渡再向经理层发展的变化，正在发生所有权与控制权的持续分离。尤其是在大型开放性股份公司中，由于股份的持有更加分散，经营者权力的增大有损害物质资本所有者利益的危险。

防止企业经理人员独占剩余控制权的方式之一就是承认经理人员拥有包含高度偶然事件、长期激励的契约，使得某些偶然事件下经理人员获得的边际补偿能够大于其独占控制权获得的边际个人收益，这就是股票期权激励机制发挥作用的基本原理。因此，构建行之有效的经营者激励机制成为建立科学的公司治理结构中必不可少的环节。股票期权制度作为一种长期激励经营者的法律制度，在改善公司治理结构、防范风险方面发挥了独特的作用，得到越来越多企业的青睐。股票期权制度将会有效地推进公司治理结构的完善和发展。从一定意义上讲，衡量公司治理结构有效性的标准之一在于是否对高管人员实行包括股票期权在内的激励方式。

4. 利益者相关理论

现代社会,制度的竞争也许远远超过了其他方面的竞争。股票期权作为一项重要的制度创新,实践证明,其在改善公司治理结构、稳定核心雇员、推动企业业绩提高等方面都显示出了独特、高效的优势,已成为国际公认的有效激励机制。本节讨论的四个基本理论奠定了股票期权激励制度产生的基础,并使这项制度迅速得以普及与推广。

现实中的企业治理结构是利益相关者之间展开复杂博弈的结果。有效率的治理结构必然是由利益相关者各方共同分享企业的剩余控制权和剩余索取权的治理结构。

第五节　场外期权①

一、场外期权简介

(一)场外期权的基本概念

期权市场分为场内交易市场和场外交易市场,两个市场都是全球风险管理的重要组成部分。

场外期权是指在非集中性的交易场所进行的非标准化的金融期权合约,是根据场外双方的洽谈,或者中间商的撮合,按照双方需求自行制定交易的金融衍生品。性质基本上与交易所内进行的期权交易差别不大,二者最根本的区别在于期权合约是否标准化(见表6—2)。场内期权是在交易所交易的标准化合约,通过清算机构集中清算。场外期权根据客户的需求设计,是个性化的,更加灵活,虽然没有统一的挂牌和指令规则,但其在交易量和交易额上占据明显的优势。

表6—2　场内期权与场外期权的区别

	场内期权	场外期权
产品类型	标准化	个性化
灵活程度	低	高
流动水平	高	低
透明程度	高	低
参与者	做市商、公司、机构投资者、个人投资者	做市商、公司、机构投资者
定价方法	估值	协商
报价模式	动态	静态
交易机制	集中交易	非集中交易
存在的风险	市场风险	市场风险、信用风险、流动性风险、结算风险
监管机制	政府监管与行业自律	以行业自律为主导
交易动机	投资、投机、避险	投资、投机、避险、产品开发
做市商成本	低,花费时间短	高,花费时间长

① 本节部分内容节选自:《场外期权业务模式及海内外发展概况》,新浪财经头条,2017年9月18日。

（二）场外期权的业务模式

1. 交易模式

场外期权的交易模式主要有两种，一种是撮合模式，一种是做市模式。

撮合模式是经过中间商的撮合，买方与卖方达成交易。中间商从撮合交易中赚取价差，风险相对较低，但是由于场外期权产品是“私人订制”的，流动性差，容易出现因为买卖方的产品在行权价格、到期日等合约设置上存在的差异而造成交易失败。因为要找到相匹配的买卖方，需要分别和买方、卖方沟通，所以整个交易过程耗费的时间较长，谈判成本也较高。

做市模式是具备一定实力和信誉的机构作为做市商，向投资者提供产品的买卖报价，并在该价位上接受投资者的买卖要求，用其自有资金或资产与投资者交易，风险较高，需要用自有资金在场内市场用现货或者期货对冲风险。因此要求做市商有较为雄厚的资金实力，但会存在资金链断裂的破产风险。

2. 清算模式

场外期权交易主要有三种清算模式：非标准化双边清算模式、标准化双边清算模式、中央对手清算模式。

非标准化双边清算模式：是早期的清算模式，由交易双方自主完成清算，主要凭借各自的信用或者第三方信用担保，但会面临较大的信用风险，尤其是进行多笔交易时会承担多个对手的信用风险。

标准化双边清算模式：通过主协议对场外期权合约的内容进行标准化处理，并通过增加抵押金的方式降低违约风险，方便交易双方结算。主要是对应于做市商的交易模式，做市商一般是大型的商业银行等信用良好的机构，以自身的良好信用作为担保，提供合理的报价。

中央对手清算模式：本质是场外交易，场内清算。最早是在 2002 年由纽约商品交易所和洲际交易所推出，核心是合约替换和担保交收，由清算所作为交易双方的对手方，使原来的场外期权合约转化为两张与中央对手方的清算合约，中央对手方一般是各个交易所旗下的清算所，实力雄厚，风险管理能力也比一般的做市商强。近几年为了减少场外市场的系统性风险，全球已经逐渐提高了中央对手清算的比例。

3. 场外期权的功能

（1）完善市场结构，提高市场活跃度

场外期权的推行丰富了市场的产品结构，满足市场各类投资者的多样化需求，场外期权的交易特点与场内期权类似，但是场内期权会受到标的物、期限的制约而影响其与现有产品的结合。场外期权可以实现与其他产品的结合，从而改善理财产品的收益特征，形成产品之间协同发展的格局。例如在保本型理财产品中，期权的保险作用可以在原有的条件下，降低产品在固定收益资产权重的限制，释放更多的空间给高收益的权益类资产，从而提高产品的收益率，场外期权的一个重要应用就是结构化产品。

（2）优化资产配置，提高标的成交量

期权的非线性损益特征使其可以构造出多种组合，因此场外期权的应用产生了更加丰富的投资策略，从而有助于优化资产配置，降低投资组合的波动性。部分场外期权采用实物交割，因此会加大对标的物的需求，从而对标的价格产生积极的刺激作用，提升交易量。

（3）拓展发行方的盈利模式，增加利润来源

场外期权的发行方可以根据客户对风险、收益的偏好程度，设计出“私人订制”的场外期权产品，拓展公司的盈利模式，摆脱传统业务对于市场行情等因素的依赖，提高自身服务水平、定

价和做市能力，增加利润来源。

(4)满足投资者多样化需求，降低投资成本

因为场外期权的非标准化特性，所以可以根据投资者的需求而专门设计产品，用于满足投资者套期保值、套利、对冲、投机等需求。与期货的套期保值操作相比，当市场行情朝着现货有利的方向发展时，期货部分的损失会大幅降低现货部分的盈利。而场外期权损失的只是少量的期权费，而且期货的操作要求对进出场时点、仓位管理有精准的投资判断。

一旦操作失误，将会造成严重的亏损，场外期权则比较简单，到期选择是否行权即可，对于想将更多精力放在实体经营的企业或者投资专业能力不强的企业来说，选择场外期权进行套期保值更加合适。期权具有高杠杆特性，相比于配资产品和融资融券，场外期权的杠杆更高，有 5 到 20 倍的杠杆，资金占用比例较低，而且利用期权之间的相互组合能够在实现投资目的的同时通过大规模交易来降低成本。

二、场外期权的定价及风险

(一)场外期权的定价

目前常用的期权定价方法主要有 B-S 模型、二叉树模型、蒙特卡洛模拟等。

由于场外期权的非标准化，流动性较低，投资人往往需要将期权产品持有到期，因此所需对冲风险的时间更长，不确定性也更高，场外期权的定价必须要考虑到对冲过程中所涉及的交易成本、资金占用成本、复制误差、头寸舍入误差等因素。

针对场外期权的卖方而言，当场外期权到期时，发行方需要将内含价值支付给买方，场外期权卖方的盈亏取决于期权费、对冲盈亏和到期所需支付的内在价值。一般而言，场外期权的价格会高于场内期权，价格中还会包含对实体企业的服务费用。

(二)场外期权的风险

场外期权的风险主要体现在定价风险、信用风险和流动性风险上。

定价风险：场外期权主要是一对一的交易，透明度低，流动性差，存在信息不对称，所以价格发现能力弱，成交效率低。场外期权的定价比较复杂，需要考虑对冲交易成本和资金占用成本等因素的综合影响。

信用风险：场外期权业务交易规模比较大，如果期权的卖方无法履行支付义务，那么期权的买方将因此遭受严重的损失。因此在签约前，双方应对对手方进行适当性评估，判断业务是否可以开展，并确定客户所适合的交易规模，必要时可以要求对方提供一定的保证金、担保品或者提供额外的回报率。

流动性风险：场外期权的发行方在对产品进行对冲时，可能会发生资金周转不开、不能及时追加保证金或者对冲交易失败等原因造成的严重损失。

(三)场外期权的对冲

1. 静态对冲

静态对冲是指通过多产品组合抵消单只产品的 Greeks 风险，以多产品收益相互抵补、风险相互对冲来降低整体风险，优点是操作相对简单，对冲成本低，对冲效果好。但是目前我国市场上现存的产品比较有限，所以静态对冲策略的使用受到一定的限制。

2. 动态对冲

在 Greeks 金融风险中，gamma 风险、vega 风险和 theta 风险都无法用线性产品有效对冲，随着标的价格的变化、时间的减少、波动率的变化，期权对冲面临较大的不确定性。

尤其是在临近到期日且标的价格在行权价格附近时，对冲风险最大，针对 gamma 风险、vega 风险和 theta 风险，可以采用期权的组合方法对冲。一般对于 rho 风险的关注比较少，因为利率在短期内很少会发生 1%的剧烈波动。所以目前采用比较多的风险管理方法是针对 delta 的动态对冲策略。delta 对冲是指通过建立对冲工具头寸，使得对冲工具头寸与要保护头寸的 delta 组合值等于 0。

动态对冲是指由于资产的 delta 是时间等变量的函数，为了实现对冲目标，必须动态调整对冲工具头寸的数量。根据期权复制的原理，连续对冲下的对冲损益理论上应该等于期权的理论价格，但实际上很难做到连续对冲，因此对冲损益与期权理论价格之间存在一定的误差。

三、全球场外期权发展现状

全球场外衍生品存续期合约名义本金呈现季节性波动特征，2020 年年底为 582 万亿美元，同比增长 4%。总市值和总信用风险敞口保持增长。与 2020 年 6 月底相比，2020 年底全球场外衍生品存续期合约总市值由 15.5 万亿美元增至 15.8 万亿美元，总信用风险敞口由 3.2 万亿美元增至 3.4 万亿美元。信用违约互换的中央对手清算率略有上升，从 2020 年 6 月底的 60%增至 2020 年底的 63%。

四、我国券商场外期权发展概况

截至 2022 年 1 月 7 日中证协最近一次新增名单，场外期权交易商共计 45 家，包括 8 家一级交易商和 37 家二级交易商。据中证协公布的《场外业务开展情况报告(2021 年第 11 期)》显示，截至 2021 年 10 月底，场外期权业务新增交易的集中度下降较为明显，从 2021 年 5 月的 78.72%已逐步下降至 64.08%。

截至 2021 年 10 月，证券公司开展场外金融衍生品交易新增初始名义本金 6 096.05 亿元；场外金融衍生品存续未了结初始名义本金合计 19 644.73 亿元。其中，场外期权 9 814.21 亿元，收益互换 9 830.53 亿元。存续的场外期权标的以股指类(56.48%)、其他类(22.20%)为主；收益互换以其他类(55.86%)、股指类(20.02%)为主。存续名义本金规模较大的前五家证券公司在收益互换、场外期权中的全行业占比分别为 72.02%、67.32%，在整个场外衍生品业务中占到 65.58%。

从证券公司场外衍生品合约的交易对手情况入手分析，商业银行、私募基金、证券公司及子公司是场外衍生品市场的主要买方机构。以名义金额计，在本期新增互换交易中，私募基金、其他机构占比较高，分别为 68.55%、17.86%；在本期新增期权交易中，商业银行、证券公司及子公司占比较高，分别为 53.35%、21.95%。

第六节　期权定价理论①

一、风险中性的定价

到目前为止，我们并没有给股票价格的上升或下降赋予特定的概率。事实上，期权价格的

① 本节部分内容节选自：罗伯特·L. 麦克唐纳著，任婕茹、戴晓彬译：《衍生品市场基础》，机械工业出版社 2009 年版，第 203—205 页。

计算并不需要用到概率。因为无论股票价格朝哪一个方向运动，持有合适数量的股票和债券的策略都能复制出股票的期权，所以股票价格上升或下降的概率与期权的定价无关。

风险中性理论，又称风险中性定价方法，表达了资本市场中这样的一个结论：在市场不存在任何套利可能性的条件下，如果衍生证券的价格依然依赖于可交易的基础证券，那么这个衍生证券的价格是与投资者的风险态度无关的。

利用风险中性假设对金融产品定价，首先要构造出风险中性概率(即风险中性世界的概率，而不是真实世界的概率)。按照风险中性概率计算出未来收益的预期值，再以无风险利率折现。

例如，假设一种不支付红利的股票目前的市价为 10 元，在 3 个月后，该股票价格要么是 11 元，要么是 9 元。假设现在的无风险年利率等于 10%(连续复利)，计算一份 3 个月协定价格为 10.5 元的该股票欧式看涨期权现在的价值。

其次，计算风险中性概率。风险中性世界，假设该股票上升的概率为 P，下跌的概率则为 $1-P$，则该股票未来现金流的预期值为 $11P+9(1-P)$，将其按照无风险利率折现获得的现值就是股票目前的市价，即：

$$e^{-0.1\times 0.25}[11P+9(1-P)]=10$$

计算出风险中性的概率：$P\approx 0.6266$。

再次，计算风险中性世界期权 3 个月后的预期收益值，即：$0.5\times 0.6266+0\times 0.3734=0.3133$。

最后，计算期权现在的价值 c。根据风险中性定价原理就可以求出该期权现在的价值为：

$$c=e^{-0.1\times 25}[0.5\times 0.6266+0\times 0.3734]\approx 0.31$$

由上述计算我们得到风险中性定价的思路：

假定风险中性世界股票上升的概率为 P，由于股票未来期望值按无风险利率贴现值必须等于该股票目前的价格，故风险中性概率可通过以下公式求得。

由 $S=e^{-r(T-r)}[S_uP+S_d(1-P)]$，求出 $P=\dfrac{e^{r(T-t)}-d}{u-d}$。

因此期权的价格为：$f=e^{-r(T-t)}[Pf_u+(1-P)f_d]$。

二、二叉树模型

(一)二叉树模型简介

二叉树模型通过对股票价格做出一个非常强的假定条件而变得简单：在任何时刻，股票的价格要么向上变动固定幅度，要么向下变动固定幅度。在这个固定幅度之间的变动，或者大于/小于该幅度的变动，都是不被允许的。限定于两个可能的价格是这种方法被称为“二叉树”的原因。二叉树定价的吸引力在于它仅使用代数为期权定价这一简单的设定就体现了期权定价的逻辑。

这种定价方法首次是被 Sharpe(1978)当作解释期权定价的一种直观方式。Cox 等人(1979)与 Rendleman 和 Bartter (1979)更正式地发展了二叉树定价方法，他们展示了如何使用二叉树模型，证明了二叉树模型和布莱克-斯科尔斯模型之间的联系，并展示了二叉树模型为那种提早行权可能是最优选择的期权的定价提供了一种易处理的方法。因此，二叉树模型经常被称为“Cox-Ross-Rubinstein 定价模型”。

简单的例子：考虑某公司股票的欧式看涨期权，执行价格为 40 美元，并在 1 年后到期。某公司的股票不派发股息，即期价格为 41 美元。无风险连续复利为 8%。我们想要对该期权定价。由于下一年的股票回报是不确定的，因此期权届时可能处于实值状态也可能处于虚值状态，这取决于到时股票的价格是大于 40 美元还是小于 40 美元。期权的价值应该把这两种情况都考虑进去。如果期权在到期时处于虚值状态，那么它的价值为 0。如果期权在到期时处于实值状态，那么它的价值将取决于实值状态的深度。

（二）二叉树模型的构建

CRR 二叉树模型(Cox-Ross-Rubinstein 模型，CRR 模型)。

第一步：确定 p,u,d 参数。

$$p=\frac{e^{r\Delta t}-d}{u-d}$$

$$u=e^{\sigma\sqrt{\Delta t}}$$

$$d=e^{-\sigma\sqrt{\Delta t}}$$

其中：Δt 为把时间分成许多小的时间段；

上升的比率为 u，它的概率为 p；

下降的比率为 d，它的概率为 $1-p$；

r 为利率；

σ 为标准差。

第二步：二叉树结构。

当时间为 0 时，证券价格为 S，时间为 Δt 时，证券价格要么上涨到 Su，要么下跌到 Sd；时间为 $2\Delta t$ 时，证券价格就有 3 种可能，分别为 Su^2、Sud、Sd^2，以此类推，在时间 $i\Delta t$，证券价格有 $i+1$ 种可能，可以表示为

$$Su^j d^{i-j}$$

其中，$j=0,1,2,3,\ldots;i=1,2,3,\ldots$。

第三步：根据二叉树进行倒推定价。

在二叉树模型中，期权定价从树形图末端开始，采用倒推定价法进行。由于在 T 时刻欧式看跌期权现金流为 $\max(K-S^T,0)$，求解 $T-\Delta t$ 时刻每一节点上的期权价格时都可以通过将 T 时刻期权现金流预期值以无风险收益率贴现求出。

假设将欧式看跌期权的存续期分成 N 个长度为 Δt 的小区间，设 $f_{i-f}(0\leqslant i\leqslant N,0\leqslant j\leqslant i)$ 表示在时刻 $i\Delta t$ 第 j 个节点处的欧式看跌期权价格，也称 f_{i-j} 为节点 (i,j) 的期权价值，同时 $Su^j d^{i-j}$ 表示节点 (i,j) 处的标的价格，欧式看跌期权到期价值是 $\max(K-S^T,0)$，所以有

$$f_{N,j}=\max(K-Su^j d^{N-j},0)$$

其中，$j=0,1,2,3,\ldots,N$。

当时间从 $i\Delta t$ 变到 $(i+1)\Delta t$ 时，从节点 (i,j) 移动到 $(i+1,j+1)$ 的概率为 p，移动到 $(i+1,j)$ 的概率为 $(1-p)$，则在风险中性情况下

$$f_{i,j}=e^{-r\Delta t}[pf_{i+1,j+1}+(1-p)f_{i+1,j}],0\leqslant i\leqslant N-1,0\leqslant j\leqslant i$$

当我们选择的时间间隔足够小时，就可以求出欧式看跌期权的精确值。

三、布莱克-斯科尔斯公式

1973 年，费希尔·布莱克(Fischer Black)和迈伦·斯科尔斯(Myron Scholes)发表了一个计算股票欧式看涨期权理论价格的公式。他们的论文，连同与之密切相关的罗伯特·默顿(Robert Merton)的工作一起，掀起了金融理论和金融实践的革命。

资料卡 6—2　布莱克-斯科尔斯公式的由来

布莱克-斯科尔斯公式首次发表于 1973 年 5—6 月期的《政治经济学杂志》。凑巧的是，芝加哥期货交易所(CBOE)也几乎于同一时间开张，开张日期为 1973 年 4 月 26 日。最初，交易所只交易 16 只股票的看涨期权，看跌期权直到 1977 年才开始交易。与之相对照的是，在 2000 年芝加哥期货交易所交易超过 1 200 只股票的看涨期权和看跌期权。

费希尔·布莱克(1989)中讲述了这个公式的故事。他和迈伦·斯科尔斯于 1969 年开始研究期权的定价问题，当时布莱克是波士顿一位独立的顾问，而斯科尔斯是麻省理工学院 (MIT)的一位助理教授。在研究该问题的时候，他们与也正在研究期权定价的麻省理工学院的罗伯特·默顿展开了广泛的讨论。

1970 年 10 月，他们形成了论文初稿，而当时的《政治经济学杂志》拒绝发表该论文，并且随后被另外一家著名的刊物拒绝。然而，在 1971 年芝加哥大学的尤金·法玛(Eugene Fama)和默顿·米勒(Merton Miller)意识到他们工作的重要性，因此代表他们与《政治经济学杂志》的编辑协调。在 1973 年的晚些时候，罗伯特·默顿发表了一篇重要且覆盖面广的后续论文(Merton，1973b)。该论文除了做出其他的贡献外，还建立了期权价格的标准无条件约束，这在大大一般化布莱克-斯科尔斯公式的同时还给出了该模型的由来，并且提供了永久美式看跌期权和看涨期权的定价公式。

在 1997 年，罗伯特·默顿和迈伦·斯科尔斯因为他们在期权定价方面的工作而获得了诺贝尔经济学奖。费希尔·布莱克于 1995 年去世而无缘此殊荣，享年 57 岁。

布莱克-斯科尔斯公式为：

$$C=S\cdot N(D_1)-L\cdot[E^{(-\gamma T)}]\times N(D_2)$$

其中：

$$D_1=\{\ln(S/L)+[\gamma+(\sigma^2)/2]\times T\}/[\sigma\times T^{(1/2)}]$$

$$D_2=D1-\sigma\times T^{(1/2)}$$

C 为期权初始合理价格；

L 为期权交割价格；

S 为所交易金融资产现价；

T 为期权有效期；

γ 为连续复利计无风险利率 H；

σ^2 为年度化方差。

$N()$为正态分布变量的累积概率分布函数，在此应当说明两点：

第一，该模型中无风险利率必须是连续复利形式。一个简单的或不连续的无风险利率(设为 γ_0)一般是一年复利一次，而 γ 要求利率连续复利。γ_0 必须转化为 r 方能代入上式计算。两者换算关系为：$\gamma=\ln(1+\gamma_0)$ 或 $\gamma_0=E^{\gamma}-1$。例如 $\gamma_0=0.06$，则 $\gamma=\ln(1+0.06)=0.0583$，即 100 以 5.83%的连续复利投资第二年将获 106，该结果与直接用 $\gamma_0=0.06$ 计算的答案一致。

第二，期权有效期 T 的相对数表示，即期权有效天数与一年 365 天的比值。如果期权有效期为 100 天，则 $T=100/365=0.274$。

本章小结

1. 所谓金融期权，是指以金融商品或金融期货合约为标的物的期权交易形式。在金融期权交易中，期权购买者向期权出售者支付一定金额后，就获得了能在未来某特定时间以某一特定价格向期权出售者买进或卖出一定数量的某种金融商品或金融期货合约的权利。

2. 买入期权，又称看涨期权，是指期权购买者可在约定的未来某日期以事先约定的价格(即协定价格)向期权出售者买进一定数量的某种金融商品或金融期货合约的权利。卖出期权，也称看跌期权，是指期权购买者可在约定的未来某日期以事先约定的价格(即协定价格)向期权出售者卖出一定数量的某种金融商品或金融期货合约的权利。

3. 所谓欧式期权，是指这样一种期权：购买者只能在期权到期日行使其权利，既不能提前，也不能推迟。若提前，期权出售者可拒绝履约；而若推迟，则期权将被作废。所谓美式期权，是指这样一种期权：购买者既可以在期权到期日行使其权利，也可以在到期日前任何一个营业日行使其权利。当然，超过到期日，则美式期权也同样会被作废。

4. 外汇期权，又称外币期权，它是一种选择权契约，其持有人即期权买方享有在契约届期或之前以规定的价格购买或销售一定数额某种外汇资产的权利。

5. 外汇期权的基本特征有：外汇期权形式多样，既有场外交易期权，也有交易所场内期权；期权业务下的期权费不能收回；外汇期权具有执行合约与不执行合约的选择权，灵活性强；金融机构是期权交易的主要参与者。

6. 一份完整的外汇期权合约，必须具备以下要素：外汇期权合约、期权的主体、货币交易方向、协定价格、期权费、成交日、期权费支付日、合约到期日、交割日。

7. 利率期权是指买方在支付了期权费后，即取得在合约有效期内或到期时以一定的利率(价格)买入或卖出一定面额的利率工具的权利。

复习思考题

1. 什么是金融期权？它有哪些类型？

2. 什么是美式期权和欧式期权？二者有何区别？

3. 什么是外汇期权？它有哪些特征？

4. 外汇期权合约必须具备的要素有哪些？

5. 什么是利率期权？

6. 某德国公司预计 6 月上旬将有 50 万瑞士法郎收入，为防止瑞士法郎汇率下跌而蒙受损失，4 月 3 日公司买入 4 份 6 月的瑞士法郎看跌期权(欧式期权)，协定汇率为 CHF1＝EUR0.644 0，期权费为 CHF1＝EUR0.000 2。

(1)若到期日瑞士法郎即期汇率为：

EUR1＝CHF1.540 8/32

或 EUR1＝CHF1.557 6/96

哪种情况下该公司将执行期权？

(2)分别计算两种情况下公司的欧元收入。

7. 卖出一份履约价格为 11 200 点的恒指看涨期权，买入 2 月协定价格为 10 800 点的看跌期权，期权费分别为 30 点和 110 点，净期权费收入为 50 点。请画出盈亏结构示意图并简要分析。

8. 某进口商进口日本设备，6 个月后交货需 6 250 万日元，即期 USD/JPY 汇率为 97.50/60。为防范汇率风险，该进口商以 3 000 美元的期权费买进汇价为 98.50/60 的欧式期权，6 个月后该进口商在下述情况下应按约买卖还是放弃合约，为什么？请计算并说明。

(1)市场汇率(USD/JPY)为 98.55/65；

(2)市场汇率(USD/JPY)为 98.50/60；

(3)市场汇率(USD/JPY)为 98.40/50。

第七章 金融互换

学习目标

通过本章学习，了解金融互换的含义及类型；理解货币互换和利率互换的含义及作用；掌握货币互换和利率互换的操作。

互换交易是一种发展非常迅速的衍生金融交易，是20世纪70年代以来国际金融创新中最重要的工具之一。经过几十年的演变和发展，现已流行于各大金融市场，世界上大的银行、金融家、投资者、资产债务管理者等都很重视这一创新金融工具的使用。

近几年来，我国一些金融机构也已经积极引进互换交易，为降低筹资成本和避免利率与汇率风险做了有益的尝试。

第一节 金融互换的含义及类型

一、金融互换的含义及与掉期的区别

（一）含义

所谓金融互换(Financial Swaps)，是指交易双方按照预先约定的汇率、利率等条件，在一定期限内，相互交换一组资金的合约，达到规避风险的目的。金融互换是20世纪70年代以来国际金融市场上出现的一种新型金融衍生产品。金融互换的交换合约的标的物可以是资产，也可以是负债；可以是本金，也可以是利息。

金融互换被金融界誉为“金融业务链条中的集成电路”。若能充分理解其结构，并在实际交易中应用，就会开发出很多行之有效的交易技巧；只有在实际业务中不断应用互换交易，才能了解其本质。

（二）金融互换与掉期交易的区别

金融互换是由外汇市场上掉期交易演变而来的。它们在英文中是同一个词(Swap)，但互换交易在许多方面还是有别于掉期业务的：

1. 交易市场的不同。掉期交易在外汇市场上进行，是外汇交易的一种方式；而互换交易则自成市场，互换合约本身已成为一种重要的可买卖的金融工具。

2. 交易性质的不同。掉期交易是在一个交割日（即期或近期）卖出或买入某一货币的同时，再做成一笔反向的远期交易，约定在将来某个交割日按远期汇率买入或卖出原来的货币。在这种交易中，只是在期初兑换本金、到期时又兑回本金，其间并没有一连串利息支付的交换。

而互换交易一般都包含一连串的利息交换，期初和期末可以有本金的交换，但多数情况下尤其是在利率互换的情况下没有本金的交换。

3. 交易的期限不同。掉期交易无论是即期对远期还是近期对远期的货币交割，通常都是在1年内完成。而互换交易的期限一般都在1年以上，甚至长达数年才能完成。因此货币互换和利率互换通常是在远期外汇市场和期货、期权市场不能提供中长期合约或较为灵活的条件时才被使用的工具。

4. 交易的对象不同。掉期交易的即期和远期货币交换通常是两笔独立的外汇买卖，交易对象往往并不是同一个对手。互换交易在期初的交换与期末的交换是同一笔交易，并且是与同一个交易对手交换。

5. 交易的价格不同。掉期交易按外汇市场的即期汇率和远期汇率进行，交易的成本和盈亏通过远期汇率的升水或贴水反映在掉期率上，成交后则掉期率不再变化。互换交易期初和期末都是按相同的汇率交换货币，没有远期汇率和掉期率的问题，但有两种不同的利率条件，双方的盈亏体现在利差上，并且采用的利率条件是在双方讨价还价的基础上协商决定的，以尽可能适合双方的要求。换句话说，在掉期交易中，外汇市场将不同货币的利差转变为远期汇率的升水或贴水，使交易者统一按市场决定的汇率交易；互换交易中则不采用远期汇率而保留了不同货币的利差，利率交换条件由交易双方自己商定。此外，掉期不涉及其他费用，互换则往往还要支付有关的中介费用。

二、金融互换的种类

金融互换根据内容的不同主要分为货币互换、利率互换和货币利率交叉互换。

货币互换、利率互换是金融互换基本的交易品种。在货币互换和利率互换的基础上逐步发展出了创新产品，也就是将两者相结合的货币利率交叉互换。

货币利率交叉互换是指交易双方将两种货币的资产或者债务按不同形式的利率交换，兼具货币互换和利率互换的双重特征。一方面，它涉及两种货币的本金，因此需要按约定的汇率交换本金；另一方面，还需要进行两种货币间固定利率和浮动利率的交换，其交易过程较为复杂。

三、金融互换交易的作用和特点

金融互换这一新型的金融工具曾被誉为20世纪80年代最重大的金融创新，其发展很快。尤其是1983年利率互换被广泛使用后，交易额迅猛增长。截止到2020年，中国央行和世界范围里39个国家的银行签署了货币互换协议，货币互换协议的规模已经达到3.47万亿元人民币，人民币已经构成了世界上最大的货币互换圈。互换交易之所以受到普遍欢迎，主要是因为它具有以下作用和特点：

（一）可用于降低筹资的成本和获取高收益率的资产

这是因为具有不同信用级别和融资优势的互换双方通过互换可以分享它们各自单独直接融资所得不到的好处。

（二）可用于防范利率和汇率风险

因为期初换出和期末换回的货币额保持不变，就完全避免了汇率变动对本金的影响，受汇率影响的仅仅是所交换的两种货币的利息。

（三）可用于改进对现有资产和负债的管理

运用互换交易可以在不改变现有资产和负债的情况下，根据外汇市场和资金市场各种货币汇率和利率的变化，不断调整和改进资产和负债的风险和收益状况，使其更加合理。因为互换交易也是表外业务，通常不会直接增加或减少资产和负债的数额，这就使企业和银行等金融机构在对资产负债的管理上有了更大的自由。尤其是当有些资产和负债缺乏有效的期货和期权工具调整其结构时，互换提供了更多选择的余地。

（四）可用于间接进入某些外国资本市场

有的国家政府对进入某些外国资本市场设有限制，或者有资信等级方面的障碍，使借款人直接进入有困难，利用互换交易就可以突破这些限制，间接地进入这些外国资本市场，从而获得更多的筹资来源。有时借款人在某一市场已经借款很多，投资者可能对其怀有戒心，使其借款成本上升，利用互换间接进入这一市场，可以避免借款人过多地直接出面，从而有利于转变其形象，并降低其借款成本。

（五）可用于赚取投机利润和中介费用

互换交易既是一种避免外汇风险和利率风险的手段，也可以用作投机的工具。在国际金融交易中，近年来一些跨国金融机构和跨国集团公司纷纷采用互换等衍生金融工具进行投机交易，以获取巨额的投机收益。但其所潜伏的风险也是巨大的，不少有较深资历的银行和其他金融机构往往因此而蒙受重大损失。而对于一些互换交易的中间人来说，互换则是赚取可观中介费用收入的一个重要来源。

四、金融互换的操作程序

我国的金融互换操作程序如下：

（一）办理利率或货币互换申请书

利率互换申请书必须经公司法人代表或有权签字人签字、加盖公章，并且原贷款银行签字同意。

（二）签订利率和货币互换协议书

金融互换交易双方通常在进行第一笔交易时签订一份规范的交易文本。目前市场上使用较多的是“国际互换交易员协会”拟定的标准文本——《利率和货币互换协议》，这一协议对交易双方的权利和义务做了详细的规定，条款多达 14 条，包括：第 1 款释义，第 2 款支付，第 3 款陈述，第 4 款协定，第 5 款违约和终止事件，第 6 款提前终止，第 7 款转让，第 8 款合同货币，第 9 款杂项，第 10 款有多个分支机构的交易方，第 11 款费用，第 12 款通知，第 13 款适用法律和司法管辖权，第 14 款定义。

该项协议签订后，交易双方的每一笔互换交易均受其约束。对于每一笔互换交易，交易双方仅需要一份证实书，确认交易日、生效日、到期日、名义本金、利率、汇率、清算账户等具体内容即可。

（三）由原贷款人提供互换交易项下的延续性担保

协议签订后，由原贷款人对互换交易的延续性提供担保。

（四）到银行询价交易

互换双方到银行询价交易。

第二节 货币互换

一、货币互换的含义及作用

(一)含义

货币互换(Currency Swap)是指交易双方互相交换不同币种、相同期限、等值资金债务或资产的货币及利率的一种预约业务。具体而言,就是双方按固定汇率在期初交换两种不同货币的本金,然后按预先规定的日期进行利息和本金的分期互换,在某些情况下,期初可以不交换本金,也可以到期日不交换本金。

(二)作用

最为著名的一笔货币互换交易是 1981 年 8 月在世界银行与国际商业机器公司之间进行的。在这次交易中,世界银行将 2.9 亿美元金额的固定利率负债与国际商业机器公司已有的瑞士法郎和德国马克的债务互换,互换双方的主要目的是:

世界银行希望筹集固定利率的德国马克和瑞士法郎低利率资金,但世界银行无法直接通过发行债券来筹集德国马克和瑞士法郎,而世界银行具有 3A 级的信誉,能够从市场上筹措到最优惠利率的美元借款。

正好相反,国际商业机器公司需要筹集一笔美元资金,由于数额较大,集中于任何一个资本市场都不妥,而其在筹集德国马克和瑞士法郎资金方面具有较大的优势,为此,它希望利用自己的优势筹集德国马克和瑞士法郎资金以后,通过互换从世界银行那里换得优惠利率的美元。

可见,货币互换最主要的作用就是能够让交易双方扬长避短,最大限度地降低筹集资金成本。

二、货币互换的特点

1. 货币互换交易必须具备前提条件。货币互换必须具备两个前提。一是存在两个在期限和金额上利益相同,而对货币种类需要相反的交易伙伴;二是交易双方具有相对优势。货币互换交易中,交易方在不同市场通过相对优势获得的收益在交易各方之间分配。

2. 货币互换交易更为灵活。在货币互换交易中,交易条件由双方商定,本金互换的汇率以及双方支付的利率都可以根据需要商定。例如,可以用所规定的汇率,也可以用即期汇率,还可以用远期汇率,但对应于不同汇率水平的利率水平会有所不同。货币互换的利率形式,可以是固定利率换浮动利率,也可以是浮动利率换浮动利率,还可以是固定利率换固定利率。期初本金互换的过程也可有可无。只要精心安排,货币互换就能发挥出最大的功能。

3. 利用货币互换既可以规避汇率和利率风险,也可以降低债务成本。

4. 利用货币互换可以拓宽融资渠道。

5. 利用金融互换,筹资者可以在各自熟悉的市场上筹措资金,通过互换来达到各自的目的,而不需要到自己不熟悉的市场寻求筹资机会。

6. 在货币互换交易中,还存在一些特殊风险。在货币互换交易中,除了汇率风险,还存在一些特殊风险,如汇兑风险、替代风险及信用风险。一笔货币互换协议至少要牵涉两种货币,如果一种货币由于官方的干预(如在严格的外汇管制国家)而导致超过一定限量的货币不予兑换或不准汇出，便会产生汇兑风险。替代风险是指交易一方不能履行支付义务时，另一方必须另寻交易者加以替代的风险。所谓信用风险即客户或交易对手违约的风险。在货币互换中，银行承担了这种信用风险，因此银行要防范这种信用风险。例如，评定客户或交易对手的信用等级；评价交易真实价值风险；设计安全保障措施；用保证金、资产抵押等方法提高保障程度等。

7. 银行承担了相应的汇率和利率风险。银行同客户叙做了货币互换交易后，便承担了相应的汇率和利率风险。对于银行来说，最简单的办法是找到另一个交易对手，做一笔方向相反的交易，完全抵消风险。但在实际交易中，这样的机会并不多：往往难以找到金额、期限等内容完全匹配的交易。这就需要银行通过在外汇市场、货币市场以及资本市场上的操作来管理它所承担的风险，将各种不同类型的金融互换交易或是其他金融产品放在一起，作为一项风险组合集中管理，凭借先进的实时风险管理系统和高素质的专业人员来完成这一工作。

三、货币互换的操作过程

货币互换交易实际上是互换双方相互提供不同货币的交易。具体操作过程包括三个步骤：

1. 期初的本金交换。通常在互换双方订立货币互换合约后，即按即期汇率相互交换约定的两种货币的本金，并在合约中规定好两种货币的利率、期限和本金到期换回的方式。因此货币互换相当于在向对方贷出一种货币资金的同时，从对方借入另一种货币资金。

2. 期中的利息交换。互换的货币通常采用固定利率计息，但两种货币的利息一般不相同，也有些采用浮动利率计息。利息每半年相互支付一次，因此在互换合约期间实际上要发生一连串的利息支付。

3. 期末的本金换回。互换合约到期时，双方按照期初交换本金的汇率，换回各自原来的货币资金。本金可以期末一次换回，也可以分次换回。

【例 7—1】

美国 A 公司需要筹集一笔日元资金，但 A 公司筹集美元的能力比筹集日元的能力强，因此采用先发行欧洲美元债券，然后向 C 银行互换获得日元资金。假设 A 公司发行欧洲美元债券的条件见表 7—1。

表 7—1　　A 公司发行欧洲美元债券的条件

期　限	5 年
金　额	1 亿美元
票息率	9.5%(每年)

C 银行则为了抵补外汇风险，同时安排一笔与 A 公司所处情况正好相反的 B 公司的“资产互换”交易，即以那笔从 A 公司互换而来的美元资产交换 B 公司的日元资产，假定此时货币互换的汇价为 USD 1＝JPY 100，日元利率为 7.5%，互换开始日为 2016 年 1 月，每年支付一次利息，为期 5 年，具体流程如下：

第一步，期初相互交换本金(见图 7—1)。

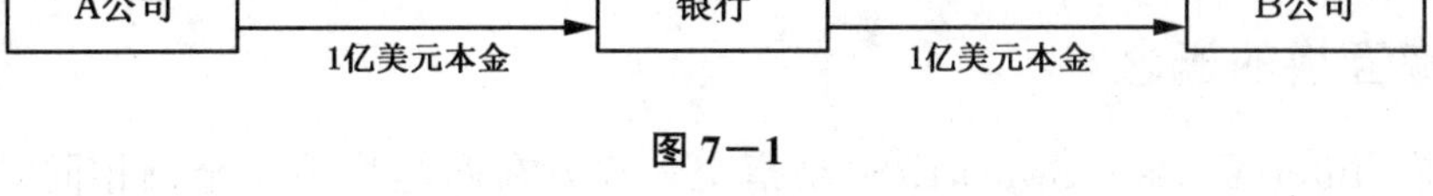

图 7—1

第二步，其间每年年初各方互换利息(见图 7—2)。

图 7—2

第三步，期末各方互换利息和本金(见 7—3)。

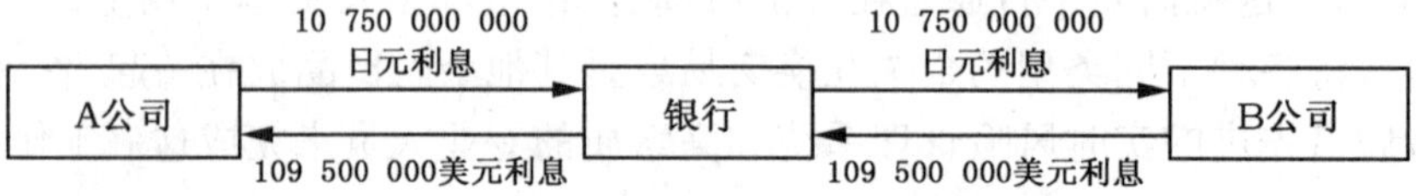

图 7—3

这样，A 公司通过货币互换以较低的筹资成本(7.5%)筹集到 100 亿日元资金，B 公司把日元债务互换成了美元债务，避免了日元升值而导致的债务负担加重的风险。

四、其他货币互换

还存在其他种类的货币互换。前面的例子假定所有的借款都是固定利率。假设基于美元的借款者发行以欧元为计价单位的浮动利率贷款。在这种情况下，存在两个关于未来的未知数：转换利率支付的汇率以及(由于该债券的利率是浮动的)利息支付的金额。虽然可以很直截了当地把这个贷款互换为美元贷款，但是还需要额外的套期保值交易。

首先，我们使用欧元利率互换把浮动利率转换为固定利率。可以使用货币远期对以欧元为计价单位的固定利率暴露进行套期保值，并将其转换为美元利率敞口。

一般来说，可以进行固定对固定互换、固定对浮动互换、浮动对固定互换和浮动对浮动互换。表面上看，差别互换(diffswap)与上述这些互换相类似。这种互换的支付是基于两种不同货币的浮动利率之差，而名义金额只由一种单独的货币度量。例如，我们可能有一个 1 000 万美元名义金额的互换，而互换支付的美元基于以欧元为计价单位的利率和以美元为计价单位的利率之差。如果短期欧元利率从 3.5%上升到 3.8%而美元利率保持不变，那么年互换支付将是 1 000 万美元乘以 30 个基点，或者说是 30 000 美元。这很像是标准的利率互换，只是对于差别互换来说，参照利率是以不同的货币为计价单位的。

标准的货币远期合约不能用于对差别互换进行套期保值。问题在于，虽然可以对外国利率的变化进行套期保值，但是这样就要求进行以外国货币为计价单位的交易。无法很容易地对转换利率的变化价值的汇率进行套期保值，因为事先并不知道有多少货币将需要被转换。在效果上，存在着关于被转换的外币的数量不确定性。

第三节 利率互换

一、利率互换的概念

利率互换(Interest Rate Swap，IRS)是指交易双方在两笔货币与金额相同、期限一样，但付息方式不同的资金进行相互交换利率的业务活动。由于是同一种货币，通常没有交换本金的必要，双方只需在约定的期限内交换一组不同特征的利息。

利率互换产生于交易实践。在互换的发展过程中，交易员们发现互换可运用于同一货币，于是就出现了将同种货币的利息进行互相交换的交易方式。有记载的第一笔利率互换发生在1982年8月。德意志银行发行了3亿美元的7年期固定利率欧洲债券，经中介安排，同另外3家银行进行了债务互换。德意志银行将固定利率的美元债务换成了浮动利率的美元债务，与其持有的浮动利率长期资产相匹配，避免了利率变化的风险。而它的交易对手则以浮动利率美元债务换取了优惠的固定利率美元债券，也从这一交易中获益。

二、利率互换的形式

利率有多种形式，任何两种不同形式的利率都可以相互转换。利率互换有三种主要形式：息票互换、基本利率互换、交叉货币利率互换。

（一）息票互换

息票互换（Currency Coupon Swap）是利率互换最基本的交易方式，也是固定利率与浮动利率的互换。即交易双方对币种或金额相同的资金，一方以固定利率支付给对方利息，同时也收到对方以浮动利率支付的利息；同样，另一方则是收到固定利率支付的利息，支付浮动利率的利息。例如，甲公司同意支付名义本金为1 000万美元、固定利率为10.5%、期限为5年的利息，通过互换从乙公司收到名义本金相同、利率为6个月期限的美元LIBOR＋1.5%的利息，并每半年支付1次。这种交易，期初和到期日均不交换本金。

（二）基本利率互换

基本利率互换（Basic Rate Swap）是以某种利率为参考的浮动利率对浮动利率的互换。互换的利息支付额，以两种不同的利率指数计算。

（三）交叉货币利率互换

交叉货币利率互换（Cross Currency Interest Rate Swap）又称混合互换，是某种货币的固定利率对另一种货币的浮动利率的互换。这种以不同货币、按不同利率基础的互换，一些交易者把它当作单一的交易，另一些交易者则把交叉货币与利率的组成区分开来。通常，这种交换是把非美元固定利息支付换成美元浮动利息支付。

虽然利率互换产生的时间较晚，但金融市场对规避中长期利率风险的需求推动着利率互换交易的迅速发展。目前市场上利率互换的交易量已经超过货币互换，成为金融互换中最主要的交易品种。随着互换市场的迅速发展，银行间的竞争日益激烈，要求创造出更多的方法安排互换交易，以适应交易各方的需要，这就产生了三角或多角互换。许多规模较大的投资公司和银行都有专门负责安排互换交易的业务小组，它们拥有大批可以互换的资金，按各方的需要进行灵活的、多种形式的互换交易。

三、利率互换操作中应明确的问题

在利率互换交易中双方一般需要明确以下内容：

1. 本金。即货币种类和交易金额。
2. 交易期限。交易期限从1年到15年不等，期限短的流动性相对较好。
3. 浮动利率的付息期限。3个月和6个月LIBOR较常见。
4. 利率互换的期限。美元、日元及主要外币利率互换期限可以做到10年以上。

5. 费用。做利率互换只需在每个付息日向银行互相支付浮动(或固定)利率的利息,此外无其他费用。

6. 交易方向。根据交易惯例,交易的一方如果愿意收入浮动利率支付固定利率,称为买入一项利率互换;如果愿意支付浮动利率收入固定利率,称为卖出一项利率互换。

7. 市场报价。利率互换有两种报价方式:

一种是根据固定利率水平报价。例如一项 5 年期的利率互换交易,市场报价为 7%和 7.1%。如果交易一方选择 7%,表示愿意向对方收取 7%的固定利率,同时支付 LIBOR 浮动利率,是卖出利率互换;选择 7.1%,表示愿意向对方支付 7.1%的固定利率,同时收取 LIBOR 浮动利率,是买入利率互换。

另一种报价方式是根据不同的政府债券的收益率为基础报价。美元利率互换通常是在美国政府债券收益率的基础上报价,英镑则以英国金边债券(Gilt)的收益率为基础报价。如 5 年期的美元利率互换交易报价为 T+30/27,表示在 5 年期的政府债券收益率基础上,上浮 0.30%和 0.27%作为最终的报价。由于债券收益率和利率互换固定利率的计息基础不同,因此需要将收益率进行一系列换算才能得到最终的利率互换报价。

四、利率互换的应用

运用利率互换交易可以将一种利率形式的资产或负债转换为另一种利率形式的资产或负债。市场参与者可以获得优惠利率的固定利率贷款或浮动利率贷款,降低筹资成本,实现债务的重组,加强对风险的管理,使债务结构具有更大的灵活性。

【例 7—2】

A 公司在市场上容易借到某种货币的固定利率(11%)贷款,但举借浮动利率贷款时需要支付 LIBOR+0.25%的利息。B 公司也能以 LIBOR+0.25%的利息借到同种货币浮息贷款,而举借固定利率贷款时则要支付 11.5%的利息。但是 A 公司需要借入浮动利率贷款;而 B 公司需要借入固定利率贷款,债务的本金相同。A 公司与 B 公司利用各自相对优势在分别借入固定利息和浮动利息债务后,双方相互交换支付利率的种类(见图 7—4)。

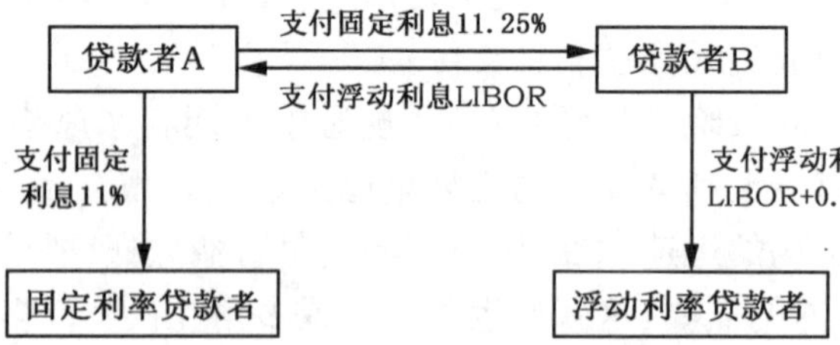

图 7—4 利率互换示意图

利率互换的结果:

A 公司实际支付利息率为浮动利率 LIBOR,比直接借入浮动利率贷款降低利率 0.25%。

B 公司实际支付利息率为固定利率 11.25%,比直接借入固定利率贷款降低利率 0.25%。

第四节　信用违约互换

一、信用违约互换概念

在市场上最流行的信用衍生产品是信用违约互换(Credit Default Swap,CDS)。这种合约是对某一特定公司违约的风险所提供的保险。这里所涉及的公司被称为参考实体(Reference Entity),而这个公司的违约被定义为信用事件(Credit Event)。在信用事件发生时,保险的买入方有权将违约公司的债券以面值的价格卖给保险的卖出方,而保险的卖出方则同意按面值的价格买进债券。能够被卖出的债券总面值被称为 CDS 的名义本金(Notional Principal)。CDS 的买入方定期向卖出方付款,直到 CDS 结束或信用事件发生。这里的定期付款通常是在每个季度末,但也有些交易规定定期付款的时间是在每月末、每半年末或者每年末,甚至可以提前付款。

信用违约互换使得公司以类似于多年来它们对冲市场风险的方式对冲信用风险。在合约的期限内或者到参考实体违约为止,信用违约保护的买方要向信用违约卖出方支付被称为 CDS 溢差的保金。

例如:假定一份 CDS 合约的面值为 1 亿美元,期限为 5 年,CDS 溢差为 120 个基点,保金数量为 1 亿美元的 120 个基点,即每年 120 万美元。如果参考实体在 5 年内没有违约,保金支付方将不会收到任何赔偿。但当参考实体违约时,假定参考实体发行的债券每 1 美元面值只值 40 美分,这时信用违约的卖出方要向信用违约的买入方支付 6 000 万美元。这种赔偿机制的意义是如果信用违约保护的买入方拥有面值为 1 亿美元由参考实体发行的债券组合,那么信用违约保护的收益使得交易组合的价值不会低于 1 亿美元。

二、信用违约互换期限

许多不同的公司和国家可以成为在市场上交易的 CDS 合约参考实体。付款频率通常为每季度一次,付款时间为期尾。5 年期的 CDS 在市场上最为流行,但其他像 1 年、2 年、3 年、7 年和 10 年期的 CDS 在市场上也较为常见。

合约的到期日通常是以下标准日期:3 月 20 日、6 月 20 日、9 月 20 日和 12 月 20 日。这种约定的结果是:在最初签订时,合约的真正期限年数与合约里所说的年数可能比较接近,但并非一定完全一致。假定在 2015 年 11 月 15 日,你通知交易商要买入对某家公司 5 年期的信用保护,合约的有效期到 2020 年 12 月 20 日。第一次付款日为 2015 年 12 月 20 日,数量是基于 2015 年 11 月 15 日至 2015 年 12 月 20 日这一段时间。CDS 合约的关键是对违约事件的定义。违约事件通常为应当付款时未能支付、债务重组或破产。在北美的合约中,有时债务重组不算违约事件(尤其是在公司债务有很高收益率的情形下)。

三、信用违约与债券收益率

CDS 可以用来对冲企业债券头寸的风险。假定某投资者按面值的价格买入一只 5 年期、收益率为每年 7%的企业债券,同时又签订了一份 5 年期 CDS 合约来获得对债券发行者违约时的保护。假定 CDS 的溢价为 200 个基点,即每年 2%。CDS 的作用是将企业债券转换成了无风险债券。如果债券发行人没有违约,投资者收益率为每年 5%(企业债券收益率减去 CDS

的溢价）。如果债券发行人违约，投资者在违约发生前的收益率为 5%，然后根据 CDS 合约的条款，投资者可以用债券换回债券的本金。投资者在收到本金后可以在 5 年的剩余时间内将资金以无风险利率投资，这说明 n 年期 CDS 溢价应该大约等于 n 年的企业债券收益率与无风险利率的差价。如果 CDS 溢价远小于企业债券收益率与无风险利率的差价，那么投资者通过买入企业债券并购买信用保护而得出的收益率（近似于无风险）会大于无风险利率；如果 CDS 溢价远大于企业债券收益率与无风险利率的差价，投资者可以卖空企业债券并卖出信用保护而得到小于无风险利率的借款利率。

CDS 债券基点＝CDS 溢价－债券溢差

其中债券溢差的计算以 LIBOR/互换利率作为无风险利率。在一般情况下，债券溢差取资产互换的溢差。基于无套利论证说明 CDS 债券基点应当接近 0，但事实上有时这个值倾向于取正值，有时会倾向于取负值，CDS 基点的正负取决于所依赖的参考实体。

四、信用违约与远期合约和期权

随着 CDS 市场的发展趋于完善，衍生产品交易商自然会开始交易信用违约互换溢价上的远期合约和期权。

信用违约互换远期合约是一种契约：在将来某个特定时间，签约者需要买入或卖出有关某个特定参考实体的特定信用违约互换。如果参考实体在特定时间之前违约，远期合约自动失效。例如，某银行可以签订在 1 年后按 280 个基点卖出关于某公司 5 年期信用保护的远期合约。如果这家公司在一年内违约，远期合约将会自动失效。

信用违约互换期权是一种权利：在将来某个特定时间期权持有者有权买入或卖出有关某个特定参考实体的特定信用违约互换。例如，一个投资者可以购买在 1 年后按 28 个基点的价格买入关于某公司 5 年期信用保护的权利。这是一种看涨期权。如果在 1 年后，这家公司的 5 年期 CDS 溢价高于 280 个基点，期权将会被行使，否则期权不会被行使。期权的费用要在期权交易成交时付清。类似地，一个投资者可以购买在 1 年后按 280 个基点的价格卖出关于某公司 5 年期信用保护的权利，这是一种看跌期权。如果在 1 年后这家公司的 CDS 溢价低于 280 个基点，期权将会被行使，否则期权不会被行使，期权的费用也必须在交易成交时付清。与 CDS 远期合约一样，如果在期权到期之前参考实体违约，CDS 期权合约将会自动失效。

第五节　其他互换类型

一、总收益互换

总收益互换（Total Return Swap）是一种信用衍生产品，这是将某个债券（或任何资产组合）的总收益与 LIBOR 加上一个差价相交换的互换合约。资产的总收益包括券息、利息以及在互换期限内资产的盈亏。

例如，一个 5 年期总收益互换的名义本金为 1 亿美元，互换的一方将某企业债券的收益同另一方 LIBOR＋25 个基点交换。在券息支付日期，总收益付出方将 1 亿美元债券所收入的券息付给总收益收入方，同时收入方将利率为 LIBOR＋25 个基点时 1 亿美元面值的利息付给互换总收益付出方（LIBOR 在券息日设定），但相应利息在下一个券息日付出，这与标准利率互换是一样的，在互换合约结束时将会有最后一次付款来反映债券价值的变化。例如，如果债券在互换期限内价值增长了10%，在5年后总收益互换的付出方需要向收入方支付1 000万美元(1亿美元的10%)；如果债券价值降低了15%，总收益互换的收入方在5年时需要向付出方支付1 500万美元。如果债券违约，总收益互换合约将会停止，但是总收益互换的收入方必须向付出方支付债券市场价格与1亿美元的差额。

如果在合约结束的时间点上对双方均加上名义本金，我们可以这样理解总收益互换：总收益的付出方支付由1亿美元公司债券投资所收入的现金流，总收益的收入方支付由面值为1亿美元、利率为LIBOR＋25个基点的债券所收入的现金流。如果付出方拥有公司债券，总收益互换可以将债券的信用风险转让给收入方。如果付出方不拥有债券，总收益互换就可以使其达到卖空债券的目的。

总收益互换常常被当作融资工具。例如总收益互换合约：收益的收入方为了对参考债券的1亿美元投资进行融资，从而与付出方(可能是金融机构)达成一项总收益互换协议。然后总收益付出方买入1亿美元的债券。对于总收益收入方而言，做的结果与按LIBOR＋25个基点的利息贷款并买进债券是等价的。在总收益互换协议中，付出方在互换期限内仍然拥有债券的所有权。但对付出方而言，这样做比直接借钱给收入方来买入债券并以债券作为抵押品所面临的对手信用风险要小。如果总收益的收入方违约，付出方不用面临因抵押品的所有权问题而可能带来的法律纠纷。总收益互换与再回购协议相似，它们的构造方式是为了减小融资时的信用风险。

二、标准利率互换变形

许多利率互换是标准利率互换的简单变形。有时利率互换的名义本金会随时间以某种事先约定的固定形式变化。当名义本金随时间变化增加时，利率互换被称为递升互换。当名义本金随时间变化递减时，利率互换被称为摊还互换。如果某家建筑公司对一项目以浮动利率借入资金的形式融资，而且借入资金的数量逐渐增加，这时如果公司希望将浮动利率转换为固定利率，递升互换将会非常有用。当某家公司的债务为固定利率，而债务数量逐步递减时，摊还互换可以用来将债务转换为浮动利率。

互换交易的双方可以有不同的本金，双方付款频率可以不同。互换交易浮动利率方的名义面值为1.2亿美元，而固定利率方的名义面值为1亿美元。浮动利率付款频率为1个月1次，而固定利率付款频率为每6个月1次。这种利率标准互换的变形并不影响定价方式，我们仍然可以运用“假设远期利率将会实现”的方法定价。

浮动利率方的参考利率并不一定总是LIBOR。在有些情形下，参考利率可以是商业票据利率或OIS利率。在基差互换中，以基于一种浮动利率的现金流与基于另一种浮动利率的现金流交换。例如，在基差互换中，3个月期的OIS利率加上10个基点与3个月期的LIBOR交换，双方的面值均为1亿美元。当资产和负债与不同的浮动利率有关时，金融机构可以采用基差互换来对资产负债进行风险管理。

三、LIBOR后置互换

标准利率互换的特点是将前一个付息日期所观察的浮动利率在下一个付息日期付出。市场上有时也交易一种叫作LIBOR后置互换的产品，其特点是在一个支付日所付的浮动利率由在这个支付日所观察到的利率来确定。

在LIBOR后置互换中，当对支付额定价时，有必要对远期利率做一个曲率调整。例如，在LIBOR后置互换中,本金为1亿美元。按年收取5%的固定利率并支付LIBOR,在第一年、第二年、第三年、第四年和第五年的年底交换支付。用于贴现的收益率曲线呈水平状,利率为每年5%,按年复利。所有的上限单元波动率均为每年22%。

每个浮动利率方支付的远期利率均为5%。假如这是个标准互换不是后置互换,它的价值(忽略计天约定)正好为零。由于这是个后置互换,我们必须进行曲率调整。曲率调整将在所有时间的利率由0.05变成为在第一年、第二年、第三年、第四年和第五年年底支付的浮动利率应当分别被假设成5.011 5%、5.023 0%、5.034 5%、5.046 0%和5.057 5%。第一个交换日期的净交换值等价于1亿美元的0.011 5%或11 500美元的现金外流。我们可以类似地计算其他交换的等价净现金流。

四、CMS与CMT

固定期限互换(Constant Maturity Swap,CMS)是一种浮动利率等于某一个固定期限互换利率的利率互换。例如,某CMS互换的浮动利率方可能是每6个月支付一次,并等于5年的互换利率。

例如,在一个6年期CMS互换中,收取的是5年互换利率,而支付的是5%的固定利率。名义本金为1亿美元。每半年支付一次(5年互换与CMS互换本身都是这样)。支付日期的交换数量由上一个支付日期的互换利率确定。期限结构呈水平状,利率为每年5%,按半年复利。所有5年互换期权均有15%的隐含波动率,而所有6个月期限的上限单元隐含波动率均为20%。在这种情况下每年1.197个基点,直到互换利率被观察到为止。为了对CMS互换定价,在4年后的5年互换利率应当被假设成5.047 9%,而不是5%,在4.5年的时间点上所收入的净现金流应当被假设成23 940美元(0.5×0.000 479×100 000 000)。可以类似地计算其他的净现金流。取现值后,可以得到互换的价值为159 811美元。

固定期限国债互换与CMS类似,只是这里的浮动利率为具有特定期限的政府债券收益。

五、股权互换

股权互换(Equity Swap)中的一方同意付出一定名义本金数量上的股指收益,另一方同意付出一定名义本金数量上的固定或浮动利率收益。通过采用股权互换,基金经理可以在不买入或卖出股票的情况下,增大或缩小对于某股指的风险敞口。股权互换是一种将一系列股指远期合约进行打包以便满足市场需求的交易形式。

这里的股指通常为总收益指数。总收益指数是指所有股息都被再投资到股指所包括的股票里。通常在股权互换中,6个月的S&P 500股指收益率与LIBOR交换。互换双方的本金均为1亿美元,每6个月支付一次。这样的股权对浮息互换,在刚开始时合约的价值列为零(假设按LIBOR贴现)。这是因为金融机构可以不付任何费用而复制出一方的现金流:在每个支付日期以LIBOR利率借取本金,而将其投资于股指,并将所得股息再投资于股指中,直到下个支付日。类似地,可以证明在每个支付日后,互换的价值也是零。在两个支付日之间,需要对下一个支付日的股权现金流和LIBOR现金流进行定价。

六、其他互换

本章讨论的互换仅是所交易的不同类型互换中的少数几种。在实际中,不同交易产品的范围仅仅受金融工程师的想象力以及公司资金部主管对创新风险管理工具的约束。

目前较为流行的互换为指数递减比率互换，有时也被称为指数本金互换。在此互换中，本金减少的数量与利率水平有关。利率越低，本金的减少程度越大。对投资者而言，指数递减比率互换可将投资者对住房贷款支持债券的投资收益转化为浮动利息收益。

第六节　我国的金融互换

从 2006 年起我国银行间市场相继推出利率互换、债券远期及远期利率协议等几种利率衍生产品，推出后各类利率衍生品交易量持续快速增长。其中利率互换的发展最为迅速，名义本金成交额快速上升，利率互换交易量近年来占利率衍生品市场总规模的 90%以上，已经成为国内银行间市场最主要的衍生品产品。人民币利率互换交易额从 2006 年二季度的 25 亿元增长到 2018 年二季度的 57 729 亿元，年均复合增长率超过 90%。

从交易主体看，参与机构涵盖银行、证券公司、保险公司以及非法人单位等，截至目前共有 380 家机构成为人民币利率互换备案机构，交易主体以商业银行为主。

从参考利率看，浮动端参考指标从 1Y 定存拓展到 O/N Shibor、3M Shibor、FR007、FDR007、央行存贷款基准利率，其中 FR007 交易最为活跃。

本章小结

1. 金融互换是指交易双方按照预先约定的汇率、利率等条件，在一定期限内，相互交换一组资金的合约，达到规避风险的目的。它与掉期业务的区别在于期限不同、市场不同、性质不同和目的不同。

2. 金融互换主要分为货币互换、利率互换和货币利率交叉互换。

3. 货币互换是指交易双方互相交换不同币种、相同期限、等值资金债务或资产的货币及利率的一种预约业务。其具体操作过程包括三个步骤：本金的初期互换、利息的互换、本金的再次互换。

4. 利率互换是指交易双方在两笔货币与金额相同、期限一样，但付息方式不同的资金进行相互交换利率的业务活动。利率互换有三种主要形式：息票互换、基本利率互换、交叉货币利率互换。

5. 在利率互换交易中，双方一般需要明确的内容是：本金、交易期限、浮动利率的付息期限、利率互换的期限、费用、交易方向、市场报价。

复习思考题

1. 什么是金融互换、货币互换和利率互换？

2. 金融互换与掉期业务有何区别？

3. 简述货币互换的操作过程。

4. 利率互换有何作用？

第八章 基础市场

学习目标

通过本章学习，了解国际金融市场的含义、构成；欧洲货币市场及离岸金融中心的类型，中国外汇市场的结构；理解外汇市场的含义、外汇交易的运行系统；掌握外汇市场的种类、功能。

国际金融市场是指资金在国家间流动或金融产品在国家间买卖和交换的场所，它是开放经济运行的重要外部环境。国际金融市场是随着国际贸易的发展，私人对外直接投资的发展，以及纸币国际作用的扩大等因素而发展起来的。它的发展反过来又使各国的货币市场和资本市场更紧密地联系在一起。外汇市场是国际金融市场的重要组成部分，它是一个非常敏感的市场，任何国际经济和政治上的风吹草动都会引起汇价的波动，甚至是剧烈动荡。外汇市场又是一个全球统一的无形市场，广泛而迅速传递信息是外汇交易完成的基础，更是交易者赢得先机的关键。“工欲善其事，必先利其器。”在此无形的外汇市场上，买卖双方的交易员分布于不同的国家和地区，需要熟悉和使用外汇交易工具，以便交易顺利完成。目前，全世界运用最广泛的外汇交易工具有以下 5 种系统：路透社终端、美联社终端、德励财经终端、彭博终端、万得终端。

第一节 国际金融市场

一、国际金融市场的含义和构成

（一）国际金融市场的含义

国际金融市场（International Financial Market）是指资金在国家间流动或金融产品在国家间买卖和交换的场所。一方面，国际金融市场可以是有形的市场，它作为国际性金融资产交易的场所，往往是国际性金融机构聚集的城市或地区，也称为国际金融中心，它们已经遍布于北美、欧洲、亚太、中东和拉美及加勒比海地区，其中既有传统意义上的国际金融中心，也有新型的离岸金融中心。在这些金融中心，有相当数量的具体市场，如各国的证券交易所，交易非常活跃。另一方面，国际金融市场也可以是无形的，这个无形的市场由各国经营国际金融业务的机构，如银行、非银行金融机构或跨国公司构成，它们在国际范围内进行资金融通、有价证券买卖及其有关的国际金融业务活动，是通过电话、电传、计算机等现代化的通信设施相联系的网络体系来完成的。

（二）国际金融市场的构成

国际金融市场一般是按市场功能的不同来划分的。在广义上包括国际货币市场、国际资本市场、国际外汇市场、国际黄金市场以及金融衍生工具市场。

1. 国际货币市场和国际资本市场

从狭义的角度讲，国际金融市场就是国际资金借贷和融通的市场。根据融资期限长短划分，国际金融市场由国际货币市场和国际资本市场构成。

（1）国际货币市场（International Money Market）是资金融通业务和借贷期限在一年以下的短期资金市场。国际货币市场的主要功能是为政府、中央银行、工商企业及个人等参与货币市场交易的各方调节短期资金余缺，解决临时性资金周转困难。货币市场具有期限短、资金周转速度快、数额巨大、金融工具流动性强、价格波动小、投资风险较低等特征。

（2）国际资本市场（International Capital Market）是指经营一年期以上的国际性中长期资金借贷和证券业务的国际金融市场。其主要功能，一是提供一种使资本从剩余部门转移到短缺部门的机制，使资本在国家间优化配置；二是为已发行的证券提供具有充分流动性的二级市场，以保证市场的活力。国际资本市场与国际货币市场相比，其特征是期限较长，资产价格波动和投资风险较大。

2. 国际外汇市场

国际外汇市场（International Foreign Exchange Market）是进行国际性货币兑换和外汇买卖的场所或交易网络，是国际金融市场的核心。外汇市场作为国际经济联系的纽带，集中反映了国际经济、世界金融及各国货币汇率变化的趋势，为促进国际贸易、信贷、投资及各种国际资金活动的实现提供了便利条件。随着现代通信技术和国际金融业的迅猛发展，外汇交易日益脱离实物经济。电子技术的广泛应用，现代化通信设施使世界各外汇市场都可以通过电传、电报、计算机网络交易，从而形成全球统一市场。由于外汇市场的国际化和全球化，外汇市场动荡在各市场间迅速传递和扩张的可能性增强。

3. 国际黄金市场

国际黄金市场（International Gold Market）是世界各国集中进行黄金交易的场所，是国际金融市场的特殊组成部分。虽然随着国际金本位制的消亡以及信用货币制度的建立，黄金已退出货币流通领域，黄金市场逐渐在名义上成为一种贵金属商品市场，但由于黄金市场既是国家调节国际储备资产的重要手段，也是居民调整个人财富储藏形式的一种方式，黄金的保值、清偿功能的现实延续，使黄金在实质上仍然保留货币的作用，黄金市场仍然属于国际金融市场。

目前世界上有五大国际性黄金市场：伦敦、苏黎世、纽约、芝加哥和中国香港，它们都可以进行现货和期货交易，但各有侧重。如伦敦是历史最悠久也是最重要的现货市场；苏黎世黄金市场的交易也以现货交易为主，而且也是世界最重要的金币市场；纽约和芝加哥的黄金市场期货交易量巨大，是世界黄金期货交易的中心；中国香港黄金市场既有现货交易也有期货市场，但以期货交易为主。由于黄金交易方式和类型的不同，这五大黄金市场形成了两大黄金集团：伦敦—苏黎世集团，纽约、芝加哥—中国香港集团，其市场价格的形成及交易量的变化对世界上其他市场有很大影响。20 世纪 70 年代以来，国际黄金市场发展很快，黄金期货市场发展迅猛，交易手段日益先进，市场规模进一步扩大，数量不断增加，全世界已经有 40 多个国际黄金市场，时差因素把分布在世界各地的黄金市场连为一体，基本上形成了一个 24 小时交易的全球性黄金市场。

4. 金融衍生工具市场

金融衍生工具市场(Derivatives Market)也称派生市场，是相对于商品市场、资本市场、证券市场等基础市场而言的。该市场交易的工具是金融衍生工具，它是当代金融创新最重要的成果之一。金融衍生工具是一种交易者为转嫁风险的双边合约，其价值取决于基础市场工具或资产的价格及其变化。金融衍生工具市场既包括标准化的交易所，也包括场外交易(柜台交易)，即OTC交易。金融衍生工具市场主要有金融期货市场、期权市场、互换市场、远期合约市场等。金融衍生工具市场的出现导致了整个金融体系结构性的变革。

资料卡8—1　金融危机中衍生产品的“双刃剑”功效

金融衍生产品带来的损失往往金额巨大且具有突发性，有人将衍生产品导致的金融风波和空难事件相比。1995年尼克·里森股指期货违规操作导致巴林银行倒闭，2005年中航油石油期货投机亏损5.5亿美元，2007年法国兴业银行交易员科维尔利用银行内部漏洞擅自投资欧洲股指期货造成49亿欧元损失，2008年香港中信泰富公司不当投机澳元/美元汇率结构产品导致亏损186亿港元。众多案例揭示了衍生产品高风险的一面，但这不是衍生产品的全部。

从本质上讲，衍生产品是中性的，类似于核能，运用得当能带来福祉，运用不当则引致灾难。从理论上看，衍生产品在风险上等同于一个基础金融资产，其风险和等量基础资产相当。问题的关键在于衍生交易不需要全额投资，具有杠杆作用。杠杆作用就是一把“双刃剑”，一方面，利用衍生产品的杠杆作用，可以非常方便地对冲风险；但另一方面，如果该交易被用来投机，则损失的风险也被放大。

在由次贷危机引发的2008年金融危机中，衍生产品扮演着一个传播风险和放大风险的角色。据估计，截至2007年年底，美国住房抵押贷款存量约8万亿～9万亿美元，其中次级贷款约1.2万亿美元，次优级贷款约1万亿美元。为何2.2万亿美元低信用质量的抵押贷款会引致如此猛烈的全球金融危机呢？其中的机制就在于衍生产品的风险传播和杠杆放大作用，它使得原本保留在放款人资产负债表上的风险转移到了资本市场，从而扩散到所有的市场参与者。具体来说，首先是“贷转债”，即贷款机构将自身的次级贷款证券化成为按揭支持债券(MBS)，这些债券的绝大部分都可以获得评级公司AAA的最高评级，然后卖给全世界的投资者，此时次级贷款风险就从贷款机构转移给债券投资者。一旦利率上调、房价下跌，部分次级贷款出现坏账，次级抵押债券的现金流就会出现问题，导致评级大幅下调，价格暴跌。其次是“债转券”(抵押债务证券，即CDO)。抵押债务证券就是把上百只按揭支持债券再次打包、分层处理，结果是低评级的按揭支持债券摇身一变，以AAA级抵押债务证券的全新面目销售给投资者。市场上甚至还出现基于抵押债务证券的抵押债务证券等深度衍生产品，其中的风险已经复杂到大部分投资者难以分析和评估的程度。

此外，在此次危机当中，信用衍生产品也起了巨大的破坏作用。信用衍生产品的主要形式是信用违约互换(CDS)，该类衍生产品1997年被华尔街开发出来，此后获得了爆炸式的发展，截至2008年6月，全球信用违约互换的名义金额达到57万亿美元。在信用违约互换合约中，信用违约互换买方定期向信用违约互换的卖方支付一定的保险费。如果出现信用主体的违约事件，卖方要给买方补偿债券面值与违约事件发生后债券价值的差额。例如，市场上曾存在数以十亿美元计的以雷曼公司为信用主体的信用违约互换，在雷曼公司破产后，雷曼公司发行的面值100美元的债券的市场价值约为10美元，因而所有卖方均需要向买方支付90美元的差价，总支付金额至少10亿美元。这样，单一公司的破产事件均会在众多的市场参与者之间形成范围极大的连锁反应，成倍地放大了风险，加剧了危机的深度和广度。

资料来源：https://www.cngold.org/gzqh/rumen/26224.html，2021年8月6日。

5. 大宗商品市场

大宗商品主要是指可进入市场流通领域，不介入零售环节，但是具有商品属性，主要用于工业制造和农业生产与消费使用的大批量买卖的物质商品。在特定的金融投资市场中，大宗商品特指可以用来交易的同质化、被广泛作为工业基础原材料的商品，一般来说包含三个方面的商品：基础原材料、能源商品和农副产品，如钢铁、有色金属、农产品、铁矿石等。

国外成熟大宗商品交易市场，大多经历了"现货市场—中远期市场—期货市场"的发展历程。一般从非标准化的现货交易起步，逐渐形成产业规模之后，逐步形成标准化的产品交易，出现基于中远期合约的交易形态，而期货期权交易进一步使大宗商品交易金融化，是大宗商品交易的高级阶段。现货市场、中远期交易市场和期货市场三者并不是相互替代的关系，而是相互补充、相互促进、相互衔接的关系，三者共同构成完整的商品市场体系。只有立足现货市场，中远期合约交易和期货交易才有行业基础；只有期货交易的功能介入，现货贸易的套期保值和价格发现才能真正实现。

资料卡 8—2　境外大宗商品交易市场

以芝加哥商业交易所（Chicago Mercantile Exchange，CME）、伦敦金属交易所（London Metal Exchange，LME）、洲际交易所（Intercontinental Exchange，ICE）为代表的国外成熟大宗商品交易市场，都实现了期货市场与现货市场、场内市场与场外市场、境内市场与境外市场的互联互通。LME拥有全球布局的仓储体系，在欧洲、北美洲、亚洲近20个国家，拥有700余家期货交割仓库，由其核心会员通过仓单交易平台LMEsword系统，仓单交易市场设立的电子登记及传输系统，实现仓单的交易、串换和流转，这是保证LME期货市场与现货市场紧密联系的关键环节。ICE是近年来国际期货市场的后起之秀，通过不断兼并收购期货、现货衍生品交易所，并引入中央对手清算机制，承担对场外衍生品的清算业务。CME通过兼并美国纽约商品交易所（Commodity Exchange of New York，COMEX）、美国纽约商业交易所（New York Mercantile Exchange，NYMEX），成为全球最大的金融期货和商品期货与衍生品交易所集团，并通过ClearPort系统对场内业务和场外衍生品业务进行集中清算，形成了统一高效的期货与场外衍生品交易平台。

6. 金融要素市场

金融要素市场主要指：资金供应者和资金需求者双方通过金融工具进行交易而融通资金的市场，或者广义来说，是实现货币借贷和资金融通，办理各种票据或有价证券交易的场所。其核心要素包括：证券、期货、黄金、产权等完备的金融要素的市场。主要分为货币市场和资本市场两大类。

资料卡 8—3 上海金融要素市场

目前，上海集聚了包括股票、债券、货币、外汇、票据、期货、黄金、保险等各类全国性金融要素市场，成为国际上金融市场体系最为完备、最为集中的城市之一。

中国外汇交易中心暨全国银行间同业拆借中心于 1994 年 4 月 18 日在上海成立，是中国人民银行直属事业单位。中心以建设“全球人民币及相关产品交易主平台和定价中心”为目标，为人民币利率、汇率和相关产品现货及衍生品提供发行、交易、交易后处理、信息、基准、培训等服务，同时为中央银行货币政策操作与传导提供支持。

上海证券交易所(简称上交所)成立于 1990 年 11 月 26 日，是实施自律管理的法人，归属中国证监会直接管理。上交所已发展成为拥有股票、债券、基金、衍生品四大类证券交易品种、市场结构较为完整的证券交易所。

上海期货交易所(简称上期所)是受中国证监会集中统一监管的期货交易所，宗旨是服务实体经济。上海国际能源交易中心是上期所的下属子公司，正在致力建设原油期货市场。上期所目前挂牌铜、铝、锌、铅、镍、锡、黄金、白银、螺纹钢、线材、热轧卷板、燃料油、石油沥青、天然橡胶 14 种期货合约。

中国金融期货交易所是经国务院同意、中国证监会批准设立的，我国境内第一家也是唯一一家专门从事金融期货、期权等金融衍生品交易与结算的公司制交易所，于 2006 年 9 月 8 日在上海正式挂牌成立。

上海黄金交易所(简称上金所)是经国务院批准，由中国人民银行组建，专门从事黄金交易的国家级金融要素市场，于 2002 年 10 月正式运行。它的成立实现了中国黄金生产、消费、流通体制的市场化，是中国黄金市场开放的重要标志。上金所目前已逐步成为中国黄金市场的枢纽以及全球重要的黄金、白银、铂金交易中心。

上海清算所全称银行间市场清算所股份有限公司，于 2009 年 11 月 28 日成立，是中国人民银行认可的合格中央对手方机构，也是我国金融市场中央证券存管机构之一。作为危机后重点发展并取得突出成果的中央对手清算机构代表，成为全球中央对手方协会(CCP12)执委机构，成功推动 CCP12 注册落户上海。

上海保险交易所于 2016 年 6 月 6 日注册成立，6 月 12 日正式开业，由中国银行保险监督管理委员会直接管理。上海保险交易所目前已初步搭建保险、再保险、保险资管三大交易体系，推出保险交易、信息披露、资产登记、资金清算等功能服务。

跨境银行间支付清算(上海)有限责任公司(China International Payment Service Corp.)是人民币跨境支付系统(CIPS)的运营机构。CIPS 运营机构接受中国人民银行的监督和指导，为境内外金融机构提供人民币跨境支付清算服务、数据处理服务等业务及服务。

上海票据交易所于 2016 年 12 月 8 日正式成立，是按照国务院决策部署，由中国人民银行批准设立的全国统一的票据交易平台。

中国信托登记有限责任公司是经国务院同意、由中国银监会批准设立并实施监督管理、提供信托业基础服务的非银行金融机构。公司 2016 年 12 月 26 日对外宣告成立，2017 年 9 月 1 日，信托登记系统于《信托登记管理办法》生效当日顺利上线运行。

中央国债登记结算有限责任公司成立于 1996 年，是经国务院批准并出资设立的国有独资中央金融企业，注册资本 50 亿元。公司编制的国债收益率曲线被国际货币基金组织纳入 SDR 利率篮子。

中国证券登记结算有限责任公司总部设在北京，是中国资本市场重要的金融基础设施，主管部门是中国证监会。中国结算上海分公司专门为上海证券市场提供集中的登记、存管与结算服务。

上海股权托管交易中心(简称上股交)于2012年2月15日正式开盘，是由上海市人民政府批准设立的场外交易场所。上股交重点服务于暂不具备主板、创业板上市条件的中小企业。上股交目前有三个板块，包括科技创新企业股份转让系统(N板)、非上市股份有限公司股份转让系统(E板)、中小企业股权报价系统(Q板)。

资料来源：https://baijiahao.baidu.com/s?id=1604384849075723747&wfr=spider&for=pc，2022年8月10日。

二、国际金融市场的类型

国际金融市场可以分为传统的国际金融市场和新型的国际金融市场。

(一)传统的国际金融市场

传统的国际金融市场又称在岸金融市场(Onshore Market)，是从事市场所在国货币的国际借贷，并受市场所在国政府政策与法令管辖的金融市场。传统的国际金融市场是国际金融市场的起点，一般都是以本国雄厚的综合经济实力为后盾，依靠国内优良的金融服务和较完善的银行制度发展起来的。传统的国际金融市场与国内金融市场存在密切的内在联系，是在国内金融市场的基础上自然形成的，世界上一些主要的国际金融市场如早期英国的伦敦，两次世界大战前后美国的纽约及第二次世界大战后日本的东京等都是如此。国内金融市场是本国居民之间发生金融资产交易的场所，交易的对象一般是本国货币，空间范围也仅限于本国境内。当金融资产交易的主体扩大到非居民，交易范围超越国境后，国际金融市场就逐步形成了。传统的国际金融市场之所以被冠以“在岸”名称，这个“岸”不是地理意义的概念，其主要特点是：(1)该市场要受到市场所在国法律和金融条例的管理和制约，各种限制较多，借贷成本较高。(2)交易活动是在市场所在国居民和非居民之间进行。(3)通常只经营所在国货币的信贷业务，本质上是一种资本输出的形式。因此，传统的国际金融市场还称不上真正意义上的国际金融市场。

(二)新型的国际金融市场

新型的国际金融市场又称离岸金融市场(Offshore Market)或境外市场(External Market)，是指非居民的境外货币存贷市场。“离岸”不是地理意义上的概念，而是指不受任何国家国内金融法规的制约和管制。因此，离岸金融市场有如下特征：(1)市场参与者是市场所在国的非居民，即交易关系是外国贷款人和外国借款人之间的关系。(2)交易的货币是市场所在国之外的货币，包括世界主要可自由兑换货币。(3)资金融通业务基本不受市场所在国及其他国家的政策法规约束。离岸金融市场的产生主要是制度和政策推动的产物，它突破了国际金融市场首先必须是国内金融市场的限制，使国际金融市场不再限于少数发达国家的金融市场，而是向亚太地区、中东、拉美和全世界范围扩展。以上特征表明离岸金融市场是国际化的金融市场，是真正意义上的国际金融市场。欧洲货币市场(Eurocurrency Market)作为离岸金融市场的总体，它的出现标志着这一新型的国际金融市场的诞生。

三、欧洲货币市场

(一)欧洲货币和欧洲货币市场的含义

欧洲货币(Eurocurrency)又称境外货币(Offshore Currency),是在货币发行国境外被存储和借贷的各种货币的总称。它并非指欧洲国家的货币,“欧洲”一词也不是地理意义上的概念,而被赋予了经济上的含义,是“境外”“离岸”和“在货币所在国管辖之外”的意思。最早出现的欧洲货币是欧洲美元,即境外美元,后来扩展到欧洲英镑、欧洲日元、欧洲瑞士法郎等。货币名称之前被冠以“欧洲”,是因为欧洲美元最初是在欧洲地区的银行交易的。

根据欧洲货币的含义,欧洲货币市场是指在一国境外进行该国货币存储与借贷的市场,它是离岸金融市场的核心组成部分。欧洲货币市场起源于20世纪50年代末的英国伦敦,其交易的货币是欧洲美元,因而也称欧洲美元市场。后来逐渐发展到有欧洲其他国家的货币参加,如德国马克、法国法郎、瑞士法郎等,这些货币和美元一起形成范围广泛的欧洲货币市场。60年代末其地理范围又进一步扩展,出现了以新加坡为中心的欧洲美元市场。由于新加坡地处亚洲,又称亚洲美元市场。实际上,欧洲美元或亚洲美元,指的就是境外美元,即美国国境以外的美元。

由于国际金融市场实务的发展和多样化以及各国管理实践的差异,欧洲货币市场的内涵有所扩大。除严格意义的欧洲货币市场外,凡是境外货币的交易有时都被笼统地称为欧洲货币市场。显然,这是一种关于欧洲货币市场的广义定义。因此,欧洲货币市场是指在一国境外进行该国货币存储与借贷的市场。

(二)欧洲货币市场的产生和发展

欧洲货币市场是因欧洲美元的出现而产生的。欧洲美元是指存放在美国境外银行的美元存款。第二次世界大战后,美国对西欧提供的大量经济援助和军事援助,使大量的美元流入西欧。当时英国政府出于振兴战后经济和恢复英镑地位的考虑,准许伦敦的商业银行接受美元存款和办理美元信贷业务。另外,早在20世纪50年代初期,由于冷战期间东西方关系恶化,当时的苏联和一些东欧国家鉴于美国冻结了我国在美国的存款这一情况,便把它们持有的美元转存到美国境外的银行,多数存在伦敦,这就是最早的欧洲美元。于是首先在伦敦开始了以欧洲美元为主的外币交易,但数量不大。促成欧洲货币市场形成和发展的原因有:

1. 英镑危机。1957年发生英镑危机,英国政府为保卫英镑加强了外汇管制,禁止英国商业银行用英镑对英镑区以外的国家和地区进行贸易融资,致使英国商业银行纷纷转向经营美元,开始大量地吸收美元存款,利用美元存款贷给国际贸易商,这就使欧洲美元的数量大大增加。这样,一个在美国境外经营美元存贷款业务的新兴欧洲美元市场,即后来的欧洲货币市场便形成了。

2. 美国国际收支逆差逐渐扩大。1958年以后,美国国际收支逆差逐渐扩大,对外负债逐年增加,获得国际收支盈余的国家将大量美元存放在西欧各国的银行,为欧洲美元市场提供了大量资金。同时,50年代末,西欧一些国家取消了外汇管制,恢复了货币的自由兑换和资本的自由流动,于是不但美元在欧洲可以自由买卖,而且欧洲的境外货币种类也大为增加。这就为欧洲货币市场的顺利发展铺平了道路。

3. 第二次世界大战后生产和资本的国际化发展。第二次世界大战后生产的国际化和资本的国际化发展,也是推动欧洲货币市场形成的重要原因。第二次世界大战后,国际贸易和国际直接投资迅猛发展,跨国公司和跨国银行的活动范围日益扩大,资本的国际化迅速发展。在跨国公司的经营活动中,一方面有大量的暂时闲置资金要获得收益,另一方面又要大量地筹集资金以满足国际经营和投资的需要。这就要求货币的国际化和金融市场的国际化,使资金可以在国家间灵活地运用和相互调拨,而不受一国政府的管制。这是欧洲货币市场产生和发展最深厚的经济根源。

4. 美国的跨国银行和跨国公司逃避金融管制。进入 20 世纪 60 年代,美国的国际收支逆差越来越大,美国为了平衡国际收支,采取了一系列限制资本外流的措施,如 1963 年 7 月实行的利息平衡税,规定美国购买国外有价证券所获得的高于本国证券利息的差额,必须作为税款上缴。1965 年 1 月的"自动限制贷款计划"限制美国银行对外国人的贷款数额。1968 年 1 月美国政府又对对外投资实行强制性控制。这些都使美元通过跨国公司和外国公司转向欧洲货币市场,以逃避管制。此外,美国联邦储备银行的"Q 条例"对银行定期存款利率规定了上限,但此项措施不适用于境外银行,境外银行的利率水平完全随市场的供求而浮动,不受任何法规的管制。在 60 年代中期,市场利率上升后,大量存款便从美国银行提出,转存于欧洲货币市场。美国联邦储备银行的"M 条例"规定,美国商业银行对国外银行的负债必须缴纳存款准备金,而美国国外分行不受此项条例的约束,国外的欧洲美元不必缴纳任何存款准备金,这又使大量的国内存款变成欧洲美元存款,而美国的海外企业也不愿意将海外经营利润汇回国内,而投向欧洲货币市场。

5. 西欧一些国家实行倒收利息政策。20 世纪 60 年代末 70 年代初,由于投机性短期资本的冲击,联邦德国、瑞士等国曾采取对非居民存款不付利息,甚至倒收利息的限制性措施,导致大量资金涌向欧洲美元市场。有的国家为遏制通货膨胀,采取鼓励持有外币的措施,以减少本国货币的流通和供应,从而造成境外居民的本币户改成境外居民的外币户,助长了欧洲美元市场的扩大。

此外,20 世纪 70 年代以后,一些新的因素推动欧洲货币市场继续扩张。第一,美国持续巨额的国际收支逆差,使国际市场美元供给增多。1971 年美国宣布停止黄金与美元兑换,使各国中央银行及商业银行的美元大部分流入欧洲货币市场。第二,1973 年后,国际市场石油大幅提价,石油输出国获得巨额盈余资金,即石油美元,石油美元大量投入欧洲货币市场生息获利,使欧洲货币市场存款总额急剧增加和市场规模迅速扩大。第三,跨国公司巨额资金的借贷活动继续成为欧洲货币市场发展的推动力。第四,发展中国家和社会主义国家为发展民族经济,也到欧洲货币市场筹措资金。进入 20 世纪 80 年代,欧洲货币市场的资产总额继续成倍增长。但从 20 世纪 80 年代中期到 90 年代初,欧洲货币市场的增长速度因金融自由化的影响稍有回落,但 90 年代中期以后,其增长规模又有所扩大。欧洲货币市场经过几十年的发展,已从开始的欧洲地区扩展到世界各地。分布在西欧、中美洲、中东、亚洲和美国等主要区域的离岸市场已有 40 多个,经营的币种已扩展到 20 多个可自由兑换货币。

资料卡 8—4 欧盟及欧元的产生、发展现状及英国脱欧后的影响

欧盟即原"欧洲经济共同体"(European Economic Community,EEC),是当今世界经济货币一体化程度最高的经济与货币一体化组织。1958 年 1 月 1 日,法国、联邦德国、意大利、荷兰、比利时、卢森堡西欧六国成立了"欧洲经济共同体",后来几经扩大,1973 年英国、爱尔兰、丹麦加入;1981 年希腊加入;1986 年西班牙、葡萄牙加入;1995 年奥地利、瑞典和芬兰加入。2004 年 5 月 1 日,马耳他、塞浦路斯、波兰、匈牙利、捷克、斯洛伐克、斯洛

文尼亚、爱沙尼亚、拉脱维亚和立陶宛10个国家正式成为欧盟成员国。扩大后，欧盟成员国的总面积达到397.3万平方公里，人口约4.53亿，经济实力与美国不相上下。欧盟扩大进程依然继续。2005年4月25日，保加利亚和罗马尼亚在卢森堡签署了加入欧盟的条约。两国在2007年1月1日正式成为欧盟成员国。目前，欧盟共有27个成员国，英国已经于2020年2月1日宣布正式脱欧。

1969年，欧共体提出建立欧洲货币同盟。1971年2月9日，欧共体宣布成立“欧洲经济与货币同盟”(European Economic and Money Union，EEMU)。该同盟规划了旨在加强货币合作，实现货币同盟的目标和具体步骤。

1979年3月13日，欧共体9国首脑会议正式宣布“欧洲货币体系”(European Money System，EMS)生效。最初参加EMS的有法国、联邦德国、意大利、荷兰、比利时、卢森堡、爱尔兰和丹麦8个国家。EMS的建立，奠定了欧共体货币一体化的基础，欧洲货币一体化进入了稳定发展的阶段。

1991年12月，欧共体12国领导人共同签署《马斯特里赫特条约》(简称《马约》)，对实现欧洲单一货币的措施和步骤做了安排。1993年11月，《马约》生效，欧洲经济与货币联盟(简称欧盟)正式取代了欧共体。《马约》规定了欧洲经济与货币联盟实施的三个渐进的阶段和各国必须在1999年1月1日前达到的趋同标准。

欧元(EUR)已经在1999年1月4日启动。2002年1月1日，欧元纸币、硬币取代各国货币上市流通，2002年6月1日，各成员国货币逐步退出流通，欧元成为欧盟内唯一的法定货币。欧洲经济与货币联盟将要通过实现单一货币和独立的欧洲中央银行，形成统一的货币政策、财政政策、金融政策以协调共同的对外经济政策，从而最终加强经济、政治甚至军事联盟，在整个世界经济舞台上用同一个声音说话。

从欧盟角度看，英国的退出将深刻改变欧盟。这种改变已经在欧盟保护主义、政府干预经济、防务一体化、战略自主建设等方面有所体现。英国退出欧盟后，法国和德国影响力上升，但二者政策分歧可能更难解决。欧元区19国对欧盟的主导性将更大，与非欧元区国家的矛盾将更为突出。此外，英国是欧盟预算的第二大净贡献国，其退出给欧盟预算留下一个大窟窿，欧盟内净出资国与净收入国之间的矛盾势必加大。未来欧盟在外交、防务等领域可能取得新的进展，但新的矛盾将增加相关国家之间的猜忌，掣肘欧洲一体化发展。

随着市场规模的缩小，欧盟在经济领域的规则和标准制定能力会下降。英国和法国是欧盟内少有的具有全球视野和全球利益的成员国，随着英国的退出，欧盟对全球事务的关注度、参与度和影响力将逐渐下降。如果英国脱欧后发展良好，则将创造一种不同于欧盟成员国身份的发展模式，进而成为欧盟内其他“三心二意”成员国的榜样，导致欧盟内部不稳甚至崩溃解体、退化为一个自由贸易区。与此同时，现在欧盟仍面临着诸多问题，特别是叠加2020年疫情，凸显了欧盟的团结问题。

资料来源：部分节选自《光明日报》，2020年2月17日。

(三)欧洲货币市场的经营特点

欧洲货币市场是一种完全国际化的金融市场。由于它经营的是境外货币，因此具有许多与国内金融市场和对外金融市场不同的经营特点。这些特点可归纳为以下几点：

1. 市场范围广阔，不受地理限制，是由现代化网络联系形成的全球性的统一市场，但也存在一些地理中心。

2. 交易规模巨大，品种、币种繁多，有银行短期贷款，也有中长期贷款；有固定利率贷款，也有浮动利率贷款；有短期证券交易，也有长期证券交易等。

3. 同外汇市场交易紧密地联系在一起。

4. 由于是从事非居民的境外货币借贷，所受管制较少。

5. 金融创新极其活跃。

6. 有自己独特的利率结构。

7. 手续简便，借款条件灵活。

四、离岸金融中心

欧洲货币市场与离岸金融中心（Offshore Center）同为经营境外货币市场，前者是境外货币市场的总称或概括，后者则是具体经营境外货币业务的一定地理区域，吸收并接受境外货币的储存，然后再向需求者贷放。根据业务对象、营运特点、境外货币的来源和贷放重点的不同，离岸金融中心分为以下四种类型：

（一）功能中心

功能中心（Functional Center）主要指集中诸多外资银行和金融机构，从事具体存储、贷放、投资和融资业务的区域或城市，其中又分为两种：

1. 集中性中心（Integrate Center）。是内外融资业务混在一起的一种形式，金融市场对居民和非居民开放。伦敦和中国香港金融中心属于此类。

2. 分离性中心（Segregate Center）。是限制外资银行和金融机构与居民往来的一种内外分离的形式，即只准非居民参与离岸金融业务，典型代表是新加坡和纽约的“国际银行设施”（International Banking Facilities）。

（二）名义中心

名义中心（Paper Center）多集中在中美洲各地，如开曼、巴哈马和百慕大等，是国际银行和金融机构理想的逃税乐土。这些中心不经营具体融资业务，只从事借贷投资等业务的转账或注册等事务手续，所以国际上也把这种中心称为簿记中心（Booking Center）。

（三）基金中心

基金中心（Funding Center）主要吸收国际游资，然后贷放给本地区的资金需求者，以新加坡为中心的亚洲美元市场属于此种中心。它的资金来自世界各地，而贷放对象主要是东盟成员或临近的亚太地区国家。

（四）收放中心

与基金中心的功能相反，收放中心（Collection Center）主要筹集本地区多余的境外货币，然后贷放给世界各地的资金需求者。

亚洲新兴的离岸金融中心巴林，主要吸收中东石油出口国的巨额石油美元，然后贷放给世界各地的资金需求者，同时它也通过设立在当地的外资银行与金融机构积极参与国际市场的各项金融业务。

第二节 外汇市场

一、外汇市场的含义

外汇市场(Foreign Exchange Market),是指买卖外汇的场所或网络。在外汇市场上,外汇买卖有两种类型:一类是本币与外币之间的买卖,即需要外汇者用本币购买外汇,或持有外汇者卖出外汇换取本币;另一类是不同币种的外汇之间的买卖。例如,在纽约外汇市场上,美元与各种外汇之间的交易属于前一类型,欧元与日元的兑换属于后一类型。

二、外汇市场的种类

(一)根据有无固定场所,分为有形市场与无形市场

1. 有形市场

有形市场(Visible Market)是指有具体交易场所的市场。外汇市场的出现与证券市场相关。外汇市场产生之初,多在证券市场交易所交易大厅的一角设立外汇交易所。外汇买卖各方在每个营业日的约定时间集中在此从事外汇交易。早期的外汇市场以有形市场为主,因该类市场最早出现在欧洲大陆,故又称"大陆式市场"。

2. 无形市场

无形市场(Invisible Market)指没有固定交易场所,所有外汇均通过联结于市场参与者之间的电话、电传、电报及其他通信工具组成的抽象交易网络买卖。目前,无形市场是外汇市场的主要组织形式,因其最早产生于英国、美国,故又称"英美式市场"。

与有形市场相比,无形市场具有以下优势:(1)市场运作成本低。有形市场的建立与运作,依赖于相应的投入与费用支出,如交易场地的购置费(租金)、设备的购置费、员工的薪金等;无形市场则无须此类投入。(2)市场交易效率高。无形市场中的交易双方不必直接见面,仅凭交易网络便可达成交易,从而使外汇买卖的时效性大大增强。(3)有利于市场一体化。在无形市场,外汇交易不受空间限制,通过网络将各区域的外汇买卖连成一体,有助于市场的统一。

(二)根据外汇交易主体的不同,分为银行间市场和客户市场

1. 银行间市场

银行间市场(Inter-bank Market)亦称"同业市场",是由外汇银行之间相互买卖外汇而形成的市场。银行同业市场是现今外汇市场的主体,其交易量占整个外汇市场交易量的90%以上,又称"外汇批发市场"。

2. 客户市场

客户市场(Customer Market)指外汇银行与一般顾客(进出口商、个人等)交易的市场。客户市场的交易量占外汇市场交易总量的比重不足10%,又称"外汇零售市场"。

此外,外汇市场还有广义与狭义之分。广义外汇市场包括银行间市场与客户市场,狭义外汇市场则仅指银行间市场。

三、主要国际外汇市场

现代国际外汇市场一般分布于世界各国的主要中心城市,如伦敦、纽约、巴黎、法兰克福、苏黎世、米兰、惠灵顿、多伦多、巴林、东京、中国香港、新加坡等都是全球著名的金融中心和外

汇中心，这些中心的相互联系和影响形成覆盖全球的外汇市场网络。其中伦敦、纽约、东京、中国香港等外汇中心最具有代表性。

(一)伦敦外汇市场

伦敦是历史悠久的国际金融中心，伦敦外汇市场是世界上最大的外汇市场，其外汇交易额占全球的1/3左右。尽管英国在世界经济中的地位已失去了第二次世界大战前的辉煌，英镑作为国际计价货币和储备货币的地位也不断下降，但伦敦作为全球最大的外汇交易中心的地位并没有因之而削弱。其主要原因在于：

1. 伦敦是欧洲货币市场的中心。20世纪50年代初，由于国际政治环境的变化，英国实施了外汇管制，伦敦各大商业银行成为最早开办境外美元存贷业务的机构，欧洲美元市场在伦敦形成。此后，基于多方面因素共同作用的结果，欧洲美元市场不断发展壮大并最终演变为欧洲货币市场。欧洲货币以其快节奏的自由流动引起外汇市场交易的日益繁荣，伦敦外汇市场的交易规模不断扩大而居全球外汇市场的首位。

2. 伦敦地处世界时区的中心。伦敦外汇市场在其营业时间内和世界其他一些重要的外汇市场相衔接。由于伦敦外汇市场的营业时间目前采用欧洲大陆标准时间，它与欧洲各大市场共同形成了一个同步的大市场。在东京、中国香港、新加坡下午闭市时，伦敦市场开盘，午后，纽约市场开盘，与伦敦市场同时交易半天。因而，从时区上考虑，伦敦市场成为外汇交易商安排外汇交易的最佳选择。

3. 伦敦外汇市场具有全世界最先进的交易设施，并拥有一大批高素质的金融专业人员。

(二)纽约外汇市场

第二次世界大战以后，美国超过英国成为世界头号经济强国。战后美国经济的迅速发展以及布雷顿森林体系的建立，使得美元成为世界最主要的储备货币、干预货币和计价货币。尽管20世纪70年代以来德国马克、日元的地位迅速上升，90年代后新启动的欧元走势看好，但美元仍然是目前使用最多的国际储备货币和结算货币。美国强大的综合国力和美元的强势地位使纽约成为世界第二大外汇市场，原因在于：

1. 在国际贸易和国际投资中，美国企业通常以美元报价，并用美元支付款项。

2. 国际贸易在美国的国民生产总值中占15%左右，份额较小。

3. 美国所处的地理位置和交易时区也影响了其交易量。

美国约有8 500家银行，只有2%活跃于外汇市场，纽约外汇市场的参与者主要包括29家联邦储备系统的成员银行，23家非成员银行，约200家外国银行的分支机构和代表处。

在经营方面，美国没有外汇管制，并不指定经营外汇业务的专业银行，任何一家美国的商业银行均可自由地经营外汇业务。但是，由于各银行外汇业务量差别较大，大部分中小型银行出于成本的考虑均委托纽约的几家有业务往来的银行集中办理外汇业务。虽然银行的外汇活动不受管制，但仍受美联储及州银行管理部门的监督。外汇市场的官方干预由纽约联储银行处理，一般情况下，联储通过商业银行代理人间接进入经纪人市场，也可以直接同商业银行交易实现干预。此外，美联储还为外国中央银行和国际机构服务，如买卖外汇。这样的操作往往与外国中央银行在其国内市场的操作同时进行，以实现联合干预。

(三)东京外汇市场

东京外汇市场的结构与伦敦、纽约市场相似，也是由银行间市场和银行与顾客之间的零售市场组成的，其中银行间市场是外汇市场的中心。

在东京，银行间市场由外汇银行、日本银行(中央银行)、经纪行构成。外汇银行包括日本国内商业银行和外国商业银行约250家，外汇经纪行共10家，其中5家是专业外汇经纪行。

在交易方式上，东京市场与伦敦、纽约市场相似，利用电话、电报等电讯方式完成，属于无形市场。在外汇价格制定上，东京市场类似于德国、法国等大陆式市场，采用“定价”方式，即由主要外汇银行经过讨价还价，确定当日外汇价格，日本银行对外汇价格的形成也有重要影响。

日本外汇市场的快速发展归因于1964年日元的自由兑换，日本于1964年宣布接受“IMF第八条款”，原则上取消外汇管制，使日本外汇市场交易量与日俱增，现在已成为第三大国际外汇市场。

日本外汇市场的监管由日本银行和大藏省共同执行。日本设立“外汇基金特别账户”，由中央银行以大藏大臣代理人的身份管理其资金。当汇率大幅度波动并对进出口以及国内经济造成不良影响时，日本银行会择时介入市场进行干预。其干预活动分为国内市场干预和海外市场干预，国内市场干预一般委托外汇经纪行进行；海外市场干预则一般委托当地货币当局进行。

三大国际外汇市场中，东京比伦敦、纽约起步晚，20世纪60年代以前发展较慢。随着日本金融自由化、国际化进程的加快，其外汇市场也得到相应发展。目前，日元不仅是重要的国际储备货币，也是国际外汇市场交易量最大的货币之一。

（四）中国香港特别行政区外汇市场

香港地处我国的南端，交通便利，它历来是东南亚华侨资金的避风港，后来又成为石油美元的流入地。优越的地理时区条件使香港外汇市场成为在和伦敦、纽约连续24小时接力营业中承上启下的重要环节。

中国香港外汇市场的结构比较特殊，包括两部分：

1. 传统的外汇市场为港元与外币的兑换。外币包括美元、日元、英镑、加元及部分东南亚国家的货币。其中交易额最大的为港元兑美元。香港当局为稳定币值，对港币汇率采取有限度、有弹性的干预政策，当汇率波动超过了出口商和消费者所能承受的界限时，就在传统外汇市场上干预。

2. 20世纪80年代后发展起来的美元兑换其他货币的外汇市场，称为“海外美元外汇市场”，其主要目的是为了满足境外机构和在港外资金融机构对美元的需求。

与伦敦、纽约市场类似，香港外汇市场也是无形市场，没有固定的交易场所或正式的组织，是一个由电话、电传等通信工具联结起来的网络。香港外汇市场的主要参与者包括持牌商业银行、持牌财务公司和注册财务公司。在外汇交易中，美资银行最为活跃，欧资银行次之。

香港实行联系汇率制，在这一制度下，发钞银行（汇丰、渣打、中国银行）若增发港钞须以1美元兑7.8港元的汇价向外汇基金交纳等值美元，换取港元负债证明书；若将部分港钞从流通领域退出，发钞银行交回负债证明书，外汇基金付给等值美元。这种制度能自动调节港币供应量，使汇率在很小的幅度内波动，从而维持港元币值的相对稳定。

四、外汇市场的功能

（一）调剂资金余缺的功能

外汇市场具有调剂外汇资金的余缺，实现外汇资金国际收付的功能，包括：(1)平衡外汇头寸，例如外汇出现多头的银行在外汇市场上卖出，外汇出现空头的银行在外汇市场上买进，以轧平外汇头寸。(2)提供外汇和货币兑换服务。需要外汇或货币兑换的企业或个人可以向经营外汇的银行购买外汇或兑换货币，例如一个企业的外汇收入主要是加元，但按合同该企业向外支付的货币可能是美元或欧元，该企业可以在外汇市场上卖出加元，买进美元或欧元。

（二）价格发现功能

外汇市场能够反映外汇的供求变化，是汇率形成的基础。外汇市场是外汇银行向客户报价的基础，如果多头不能平仓，即想卖的没人买，外汇供大于求，外汇价格就会下降；空头不能补仓，即想买的没人卖，外汇供不应求，外汇价格就会上升。若外汇供求均衡，则报价不变。

（三）保值避险和投机获利功能

利用外汇市场进行保值和投机交易，避免汇率风险。由于汇率不停变动，从而使某种外汇的净资产或净负债承担着汇率变动的风险，即可能蒙受损失或可能丧失所期待的利益。面对这一风险，外汇市场上的净资产或净负债的持有者就要通过外汇交易使净资产或净负债保持原有价值。如利用外汇远期、掉期、期货、期权和货币互换等各种外汇业务，及时转移汇率风险或"锁定"外汇价格，达到避免汇率风险的目的。

外汇投机就是指在预测外汇汇率将要下降时先卖出后买进，或者在预测外汇汇率上升时，先买进后卖出某种外汇的行为。其特点为投机者并非是对外汇有实际需求，而是想通过汇率涨落赚取差价利润；投机者主动置于汇率变动的风险当中，从汇率的变动中获利；投机收益大小取决于投机者预测汇率的正确程度。

（四）宏观调控功能

中央银行根据宏观调控的目标，对外汇市场进行必要的干预，以调节市场供求，保持汇率的稳定。中央银行参与外汇市场有多种动机，如为了避免汇率过度波动，抑制国内通货膨胀，国内外贸政策的需要，保持适度外汇储备的目标等。例如，当一国本币在外汇市场上出现供不应求，本币汇率受到上升压力，中央银行为了避免本币汇率上浮而削弱本国商品的国际竞争力，以致国际收支出现不利状况，就可能在外汇市场抛出本币，买进外币。

第三节　外汇交易的运行系统

一、外汇交易系统

目前，全世界运用最广泛的外汇交易工具有以下五种系统：路透社终端、美联社终端、德励财经终端、彭博终端和万得资讯金融终端。这是英国的路透新闻通讯社、美国的联合新闻社、德国的德励财经资讯有限公司、彭博社和万得资讯，广泛采集有关政治、经济、金融、贸易、商品、证券等各种信息，并通过电话、电传等先进的通信工具，为广大的外汇交易者提供的最快捷、最有效的服务。

（一）路透社终端

路透交易系统（Reuter Dealing System）是一高速电脑系统，主要包括控制器、键盘、荧光屏和打印机等，其操作十分简便。用户通过邮电部门将自己的终端机与路透交易机连接上后，交易员只需启动机器，通过键盘输入自己的终端密码，即可用键盘与对方银行联系。全世界参加路透交易系统的银行达数千家，每家银行都有一个指定的英文代号，例如中国银行总行的代号为 BCDD。交易员若想与某个银行交易，在键盘上输入乙方银行的代号，叫通后即可询问交易价格，并可与其还价。双方的交易过程全部显示在终端机的荧屏上，交易完毕后即可通过打印机打印出来。这种由路透终端输出的打印文件，是双方交易的唯一文字记录，因而也是最重要的交易合同和依据。

路透终端提供的服务主要包括：

1. 即时信息

遍布全球的路透社记者将即时的政治、财经、商品等各种信息汇集到路透社编辑中心，然后再输送到各地的路透终端上。用户只需在自己的键盘上敲出预定的代号，即可在屏幕上阅读信息。路透终端的信息内容十分丰富，共有 7 000 多个版面，如外汇交易常用的“各国国内利率版面”“国际利率版面”“外汇市场汇率版面”“各国经济版面”“商业动态和商品行情版面”“国际政治新闻版面”“国际金融版面”等。

2. 即时汇率行情

路透终端的即时汇率版面，为交易员即时显示世界各大银行外汇买卖的参考价。该价格由参加路透社报价系统的银行通过终端输入，随后由电脑自动选择有价值的报价显示在荧幕上。用户只需按下 ASAP(As Soon As Possible)代号，荧幕上即可显示这些最新的汇价。值得注意的是，这些汇价只能作为参考价，不是市场交易的实际汇价。

3. 市场趋势分析

路透系统中有许多资深的经济学家、银行家、金融专家和分析专家，他们负责每天撰写汇市评论和走势分析，然后输入路透电脑中心。用户可以利用键盘调出所需的内容，以做参考。

4. 技术图表分析

路透社为客户提供图表终端机，利用图表终端机可以绘制出各种技术图表，以帮助用户进行技术分析。

5. 进行外汇买卖

通过路透交易机，交易员就可以和系统内的任何一家银行交易外汇。路透交易机以电话线连接，交易员交易时先输入自己终端的密码，再呼叫对方银行；接通后向对方询价，一旦合适即按动键盘达成交易；在此之后，再在打印机上自动打出交易“合约”。

(二)美联社终端

美联社金融信息上的服务系统结合了美联社在财经市场上的经验和在提供即时金融数据上的专长。通过个人电脑终端机或地区网络，该系统可以提供有关外汇买卖价、投资组合、外汇数据、经济指标和公司活动等信息。美联社与路透社只是在提供项目上略有区别。

1. 汇率服务。客户可以了解到超过 100 种外币即时汇率报价(包括交叉汇率的报价)。根据各主要金融中心的报价，还可以提供金融期货、欧洲美元、境内金融工具、美国政府债券及黄金市场行情。

2. 外汇市场消息。客户可以通过终端机的屏幕随意选阅所有主要的即时经济新闻，还可以自行取阅每条消息的详细内容。终端机里一般设有警报系统，用以提醒客户注意突发事件的简报。

3. 期货服务。世界期货市场的即时价格，由市场专家撰写的推荐和评论都可以在信息终端机的屏幕上显示出来。提供的范围包括金属、谷物、油料、咖啡、可可豆、糖和橡胶等商品。用户可以全套收看，也可以选择个别项目。

4. 资本市场服务。这项服务提供全球各资本市场全面性的资信服务。64 个国家超过 3 500 名从事资本市场业务的人员，为该项服务系统提供信息。报价的范围包括欧洲债券、政府和境内发行的票据、认股凭证、商业票据和其他资本市场工具。

5. 股票服务。与亚洲、欧洲、北美洲等主要证券和期货交易所直接连接，为客户带来源源不断的市场信息。美联社在世界各地的记者和通讯员网络不断报道有关股票的新闻和价格动向。专家、经纪人和其他专业人士也直接将报价和市场资料输入信息系统。

（三）德励财经终端

德励财经资讯系统（Telerate System）隶属于美国道琼斯公司，于1969年创设电子化金融信息市场，并开始以即时同步方式，提供全球最新的经济和金融信息。德励财经终端资讯来自全世界各大交易中心、数千家外汇银行、经纪商、证券公司、研究机构等。

德励财经资讯系统的服务主要包括：

1. 货币汇价和经济新闻：提供汇率、利率、黄金、证券和期货等的即时同步报价；提供美联社的全球性新闻服务。

2. 市场评论和图表走势：提供1 900家银行及其他专门金融研究机构的市场分析。

（四）彭博终端

彭博社成立于1981年，在短短的20多年时间里就超过有着150年历史的路透集团，成为当时全球最大的金融信息服务提供商之一，靠的就是一种叫彭博终端的机器。彭博社在全球约有30万台终端机，其带来的销售收入占其总营收的85%左右。

彭博终端是一套让专业人士访问"彭博专业服务"（Bloomberg Professional Service）的计算机系统。用户通过"彭博专业服务"可以查阅和分析实时的金融市场数据以及进行金融交易。彭博终端还通过彭博社的专有安全网络提供新闻。大多数大型金融机构使用彭博社提供的服务，每台彭博终端每个月的租金是2 000～2 500美元。此外，用户通过彭博终端访问来自交易所的实时报价时需要缴纳额外的费用，这笔费用是支付给提供报价的交易所的。一些新闻机构也通过彭博终端为客户提供付费新闻。

彭博终端基于C/S(客户机/服务器)架构建立，服务器是一个多处理器的Unix平台，其专用客户端则是一个硬件终端，注重操作效率。客户也可以使用额外服务Bloomberg Anywhere，这项服务允许客户利用通用硬件/系统，通过网页、手机App各种方式接入Bloomberg Professional Service服务，以便客户可以随时随地访问客户端。

（五）万得资讯金融终端

万得资讯金融终端提供最齐全的中国金融市场数据与信息，内容覆盖股票、债券、基金、指数、权证、商品期货、外汇、宏观行业等多项品种，7×24×365不间断地为证券分析师、基金经理等专业金融人士提供最准确、最及时、最完整的金融资讯，是驰骋中国金融市场的必备工具。

万得资讯金融终端将行情报价、数据提取、分析工具、组合管理、财经信息等多种功能应用融为一体，为专业投资研究人员提供了综合性的解决方案，高度融合的功能组合使客户避免购买多家公司的不同产品，既节约了客户的资讯成本，又方便最终用户的使用。

万得资讯金融终端人性化的界面设计，统一的操作风格，完全兼容传统行情分析软件的操作习惯，灵活的用户自定义板块，在线请求万得资讯的专业服务，强大的命令管理和不同功能之间任意切换，信息之间的相互关联，导航式的功能设计，与Excel的完美结合等特点，极大地方便最终用户使用本系统。

万得资讯金融终端开放式的体系架构和用户接口，允许券商、基金管理公司等不同机构在其之上构造个性化的研发支持、电子商务、投资决策、信息管理等专业应用，最大限度节约用户投资。

强大的Excel数据链接功能，方便用户建立各种灵活的分析模板。用户通过万得函数在Excel中动态获取实时行情、投资品种的资料、财务数据、宏观行业数据等内容，也可以通过VBA调用万得函数进行模型编制，动态生成精美的Word报告。

万得 Evaluator 是应用 Excel 插件开发的衍生产品，主要功能是基于上市公司已披露的历史财务数据和用户对公司“经营效率”和“财务政策”的预期，自动完成目标公司未来若干年资产负债表(BS)、利润表(IS)和现金流量表(CS)的计算，并对预测报表做财务分析和合理性检验，根据预测报表分别采用 FCFF、FCFE、DDM、EVA、超额利润等估值方法计算企业价值。

超过 20 万个宏观和行业时间序列指标，整体把握中国宏观经济、行业经济、全球宏观经济的走向与变化。所有数据除即时生成图表之外，还可进行各种灵活的数据转换(如变频、计算均值等)，可通过 Excel 数据链接与用户的工作自动集成。

涵盖国内沪深交易所、三大期货交易所以及中金所等 Level 1 以及 Level 2 日内高频数据，可供下载日内分钟数据，盘口 10 档行情数据，逐笔成交数据，真实且准确展现交易所提供的原始行情以及交易数据，数据提取字段自由选择，可支持 TXT、CSV、DBF 等格式的转换，支持断点续传，可布置多任务同时下载高频数据。

二、外汇交易的参与者

在外汇市场上，外汇交易的参与者主要有四类：中央银行、外汇银行、外汇经纪人和顾客。

1. 中央银行在外汇市场上除了担任传统市场监督者的角色外，还必须干预市场，以实现其控制货币供应、平稳利率和汇率的政策目的。因此中央银行既是外汇市场的管理者，又是实际参与交易者。

2. 外汇银行(Foreign Exchange Bank)一般包括经中央银行指定或授权的专营或兼营外汇业务的本国商业银行和开设在本国的外国商业银行分支机构，他们是外汇市场的主体。

3. 外汇经纪人(Foreign Exchange Broker)，即介于外汇银行之间或外汇银行与顾客之间，为买卖双方接洽交易而收取佣金的汇兑商，其主要功能是起联络作用。严格意义上的外汇经纪人并不以自有资金在外汇市场上买卖外汇，而只是代客买卖。电讯网络技术的发展使得外汇经纪人之间的竞争日益激烈，现在越来越多的外汇经纪人也纷纷开始自营业务，同时还通过替顾客与银行间联络安排创新的外汇业务而收取佣金。

4. 顾客，一般是指外汇银行的顾客，包括交易性外汇买卖者，如进出口商、国际投资者、旅游者等；保值性外汇买卖者，如套期保值者；投资性外汇买卖者，如外汇投机商。

外汇市场的交易可分为两个层面：银行间的批发业务和银行与顾客之间的零售业务。上述四类市场参与者之间的相互交易，形成了整个外汇市场的交易。外汇市场的交易范围，包括外汇银行与顾客或外汇经纪人之间，同一市场的外汇银行之间，不同市场的外汇银行之间，中央银行与外汇银行之间，各中央银行之间。

三、外汇交易时间

世界上有 30 多个主要的外汇市场。其中，亚洲的外汇市场主要有东京、中国香港、新加坡；欧洲的外汇市场主要有伦敦、法兰克福、巴黎、苏黎世、米兰和阿姆斯特丹；美洲的外汇市场主要有纽约、多伦多；另外还有澳大利亚的悉尼、惠灵顿。

世界各地的外汇市场各有其固定的交易时间，但由于时差的关系，世界各主要外汇市场交易或顺承相接或相互交错，从全球范围看，外汇市场是一个全天 24 小时运行的市场。每天的交易，澳大利亚的惠灵顿、悉尼最先开盘，接着是亚洲的东京、中国香港、新加坡，然后是欧洲的法兰克福、苏黎世、巴黎和伦敦，到欧洲时间的下午 2:00，美洲的纽约开盘，当纽约收市时，惠灵顿又开始了新一天的交易。世界主要外汇市场的营业时间如图 8—1 所示。

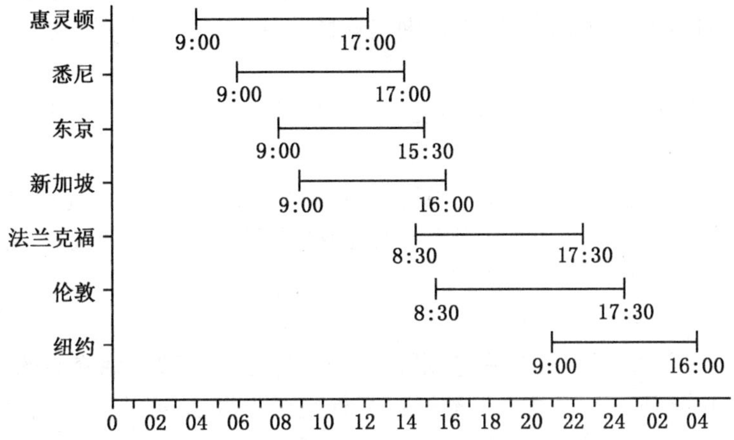

图 8—1 世界主要外汇市场的营业时间

四、外汇交易的方式和形式

(一)交易方式

外汇市场发展非常迅速。如今外汇市场规模已远远超过股票、期货等其他金融商品市场。外汇交易包括即期外汇交易、远期外汇交易、套汇、套利、掉期、金融期货交易、金融期权和金融互换等业务。主要根据国际贸易结算、国际投资、国际信贷以及外汇保值和投机的需要从事外汇交易。

交易方式有交易所的公开竞价拍卖方式和柜台交易的双向报价方式。

1. 交易所的公开竞价拍卖方式

在交易所中的外汇、期货等交易就是采用这种公开竞价确定成交价格的。在这种方式下,买方希望以较低的价格买入,而卖方力求以较高的价格卖出,针对双方出价要价之间的差距,在买卖双方群体中各自展开竞争。

2. 柜台交易的双向报价方式

在银行和非银行金融机构之间的外汇即期、远期、资金借贷等交易就是采用这种方式确定成交价格的。在这种方式下,金融工具的买卖价格不是通过交易双方的直接竞争来确定,而是金融机构根据市场行情、供求关系、自身头寸状况及对将来行情预测等自行确定,同时报出买入价和卖出价。这种报价方式就叫双向报价制。在竞争激烈的金融市场中,金融工具的合理报价对金融交易者来说非常重要。如果金融机构报出买价总比别人低、卖价总比别人高、价差总比别人的大,客户将会转向其他金融机构寻求服务。

外汇市场不像股票交易有集中统一的地点,绝大部分外汇交易都通过没有统一操作市场的网络即无形市场进行,有形外汇市场仅做部分当地的现货交易。

外汇交易的网络是全球性的,并且形成了没有组织的组织,市场由大家认同的方式和先进的信息系统所联系,交易商也不具有任何组织的会员资格,但必须获得同行业的信任和认可。全球外汇市场每天平均交易上万亿美元。如此庞大的巨额资金,就是在这种既无集中的场所又无中央清算系统的管制,也没有政府监督的情况下完成清算和转移的。因此,无数从事外汇业务的机构，通常是通过计算机网络来进行外汇报价、询价、买进、卖出、交割、清算的。国际各外汇市场以其所在的城市为中心，辐射周边的其他国家和地区。它们相互影响又各自独立。各外汇市场通过先进的通信设备和计算机网络连成一体。

(二)交易形式

银行外汇交易形式有柜台交易、电话交易、自助交易、网上交易等形式。

1. 柜台交易

柜台交易是指外汇交易者直接通过银行柜台对计算机屏幕显示器所报价格予以确认，从而完成外汇买卖的交易。柜台交易有固定的交易场所，可感受到人气氛围，特别适合初涉外汇交易的投资者。

2. 电话交易

电话交易是指外汇交易者在交易前，事先在选定的银行办理电话交易的手续，在银行规定的交易时间内，使用任何一部音频电话通过银行外汇买卖电话交易系统，由客户自行按规定的操作方式按键，按电话语音提示，进行实时交易、委托交易、汇率查询及传真相关凭证等操作的一种交易方式。电话交易成交迅捷，并可异地操作，特别适合工作繁忙的外汇交易者。

3. 自助交易

自助交易是指外汇交易者在银行的营业时间内，通过设置在银行营业厅的外汇交易者终端设备，按照操作界面提示操作，完成外汇买卖交易、查询和凭证打印。银行为自动交易提供各种技术分析图表，信息丰富，适合对外汇交易有一定经验的外汇交易者使用。

4. 网上交易

凡已经在银行网站上办妥注册手续的客户，可直接上网，按银行网站的提示进行信息查询、汇率查询、交易等操作。

第四节　我国的外汇市场

一、中国外汇市场发展历程

在建立社会主义市场经济过程中，中国的经济改革从微观环节的放权让利入手，旨在改进微观激励机制，进而放松资源配置制度，形成价格和资源配置制度的双轨制。在此基础上，再推进宏观经济政策环境的改革。中国的外汇管理体制改革也是按照这一模式进行的。人民币汇率改革采取了“在计划内调整，让计划外生长”的双轨过渡方式。当官方汇率不断被调整到接近于外汇调剂汇率水平，市场价格的比重越来越大时，人民币汇率的市场化改革(双价并轨)就不再具有很大的风险。与人民币汇率改革相适应的外汇市场改革，也是在这样的渐进性改革中不断得到发展的。1979 年中国实行外汇留成制度，企业拥有一定数量的留成外汇。但企业的外汇供需不平衡，从而客观上需要进行外汇留成余缺的调剂，由此产生了外汇调剂业务。1980 年在北京、上海和广州等 12 个城市开办了外汇调剂业务；1986 年外商投资企业之间也可以进行外汇调剂业务；1988 年为了配合外贸体制改革，上海率先开办外汇调剂公开市场，随后全国主要城市相继建立外汇调剂公开市场，外汇调剂范围进一步扩大，企业之间通过外汇调剂中心可以调剂外汇，从此外汇调剂市场得到迅速发展。到 1993 年底，80%的外汇资源是通过外汇市场实现资源配置的。

尽管调剂市场的迅速发展较好地促进了中国外向型经济的发展，调剂汇率在较大程度上反映了人民币兑外汇的真实比价，但由于受体制和地方利益的制约，全国众多的外汇调剂市场不能实现资金的横向流动，调剂汇价参差不齐，外汇资源难以有效配置，与市场经济的发展要求还有较大的差距。因此，从1994年1月1日起，中国外汇管理体制进行了重大改革，其中建立银行间外汇市场是重要内容之一。从此，中国外汇市场由带有计划色彩的外汇调剂市场发展到符合市场经济要求的银行间外汇市场的新阶段：全国外汇供求纳入统一的外汇市场，市场供求决定统一的人民币汇率，金融机构作为外汇市场的主体使外汇市场运行更加规范，更有利于中央银行的宏观调控。

在原有的外汇调剂市场的基础上建立起来的银行间外汇市场是以现代电子技术为基础、以银行和非银行金融机构为交易主体的外汇交易系统。其中介机构为总部设立于上海的中国外汇交易中心，中心通过计算机网络与全国各地的分中心实行联网交易。1994年4月4日，中国银行间外汇市场正式启动运行。外汇市场的统一符合市场经济发展的必然要求。计划经济向市场经济的渐进性转轨和发展，要求银行间外汇市场的渐进性发展，主要表现在市场目标和交易方式的选择与交易品种的开发上。鉴于在外汇短缺的国家里进行外汇体制改革具有较大的风险，统一后的银行间外汇市场的发展必须做到松紧有度，可控自如。我国银行间外汇市场的可控性主要表现在：交易主体市场进入的可控性、外汇资金来源和流向的可控性以及中央银行的宏观调控。银行间外汇市场的有效性主要表现在：保障银行结售汇制的正常运行和中央银行宏观调控的有效实施，形成全国统一的市场汇率和保证外汇市场信息及时和准确传导。

与以前外汇调剂市场明显不同的是中国外汇市场在外汇体制改革后向着规范化的方向迈出了重大的一步。目前中国外汇市场分为两个层次：第一个层次是银行和客户之间的零售市场（银行与客户之间的结售汇）。外汇指定银行每天根据中央银行公布的人民币兑美元等货币的中间价，在一定的浮动范围内制定对客户的挂牌价，与客户进行外汇买卖。第二个层次是银行之间的外汇交易市场（银行间外汇市场），其交易载体是中国外汇交易中心的计算机联网交易系统。目前中国外汇交易系统已连通全国37个中心城市。外汇市场交易主体必须指派外汇交易中心认可的交易员进入交易中心指定的交易场所买卖外汇（随着市场的进一步发展，目前有相当一部分银行已实行远程交易）。从类似股票交易所的固定交易场所来看，外汇交易系统具有有形的特征。但是外汇交易中心是通过计算机网络交易的系统，这一点与国际上成熟的外汇市场相似。因此，外汇交易系统又具有无形市场的特征。

凡经中国人民银行批准设立、国家外汇管理局准许经营外汇业务的金融机构及其分支机构，均可向中国外汇交易中心提出会员资格申请，经外汇交易中心审核批准后，可成为外汇交易中心的会员，参与国内外汇市场交易。目前外汇交易系统有330多家会员，包括国有专业银行、商业银行、外资银行、城市商业银行、农村商业银行以及非银行金融机构。

外汇交易系统实行分别报价、撮合成交的竞价交易方式。交易员报价后，由计算机系统按照价格优先、时间优先的原则对外汇买入报价和卖出报价的顺序组合，然后按照最低卖出价和最高买入价的顺序撮合成交。与撮合成交方式相联系的外汇交易系统实行本外币资金集中清算。人民币实行两级清算，即各分中心负责当地会员间的清算，总中心负责各分中心的差额清算。人民币资金清算通过在中国人民银行开立的人民币账户办理。外汇资金实行一级清算，即总中心负责各会员之间的清算，资金清算速度均为“$T+1$”。外汇资金清算通过中国外汇交易中心在境外开立的外汇账户办理。

二、我国外汇市场的特点

1994年1月1日我国对外汇管理体制进行了改革，外汇交易市场无论从结构、组织形式、交易方式和交易内容都与国际上规范的外汇市场更加接近。我国外汇交易市场有以下几个特点：

1. 运用现代化的通信网络和电子计算机联网为各金融机构提供外汇交易与清算服务。在交易方式和内容上，实行联网交易。外汇市场只进行人民币与美元、人民币与日元、人民币与港元之间的现汇交易。

2. 在市场结构上，可分为两个层次：一是客户与外汇指定银行之间的交易；二是银行间的外汇交易，包括外汇指定银行之间的交易和外汇指定银行与中央银行之间的交易。

3. 决定市场汇率的基础是外汇市场的供求情况。中国人民银行每日公布基准汇率，各外汇指定银行在规定的浮动范围内自行决定挂牌汇率，汇率浮动范围在0.25%以内。

4. 中国人民银行对外汇市场进行宏观调控和管理。它主要运用货币政策干预。在我国，同样值得注意的是，我国外汇市场上存在着两大板块，即人民币兑外汇市场和外币兑外币市场。

三、中国外汇市场结构

目前中国外汇市场分为两个层次：第一个层次是外汇指定银行与客户的外汇买卖，又称为零售市场。其业务主要有结售汇业务，还有与进出口贸易有关的国际结算业务和贸易融资及国际投资、信贷等业务。第二个层次是银行间的外汇交易，又称为批发市场，包括经营外汇业务银行之间的交易和经营外汇业务银行与中央银行之间的交易。下面主要介绍银行间的外汇市场结构。

凡是在中国境内营业的金融机构之间的外汇交易，均应通过银行间外汇市场进行。中国人民银行按照“三权分立”的组织原则来构建银行间外汇市场。其具体分工是：中国外汇交易中心负责市场运行，国家外汇管理局负责市场监管，中央银行操作室负责对外汇市场的宏观调控。“三权分立”的组织原则使各个职能部门各负其责，各司其职，能有效地维护市场的正常运行。以下主要介绍中国外汇交易中心的组织形式及其交易方式。

中国外汇交易中心是我国银行间外汇市场的组织者和服务者，是中国人民银行领导下的独立核算、非营利性的事业法人，主要职能是提供外汇交易系统、组织全国银行间外汇交易、办理外汇交易的资金清算、交割及信息服务等。

中国外汇交易中心的参与者是各家中资银行、非银行金融机构以及获得批准加入外汇交易中心的境内外资金融机构。目前工商企业只能到银行按规定办理结售汇，一般不能直接进入市场。

(一)中国外汇交易中心组织形式

交易中心实行会员制，只有会员才能参与外汇市场的交易。会员指经该中心核定，准许其在交易系统内从事外汇交易的金融机构。经中国人民银行批准设立、国家外汇管理局准许经营外汇业务的金融机构及其分支机构，均可向中国外汇交易中心提出会员资格申请，经中心审核批准后，可成为中心会员。中央银行作为中国外汇交易中心会员参加市场交易。

会员分为自营会员和代理会员两类。自营会员可从事自营业务，也可兼营代理业务，代理会员只能从事代理业务，不得从事自营业务。自营业务指会员为其自身外汇业务的正常进行而从事的外汇交易，代理业务指会员为企业提供经纪服务而从事的外汇交易。

（二）中国外汇交易中心交易方式

交易中心有现场交易和远程交易两种交易方式。现场交易是会员指派外汇交易中心认可的交易员进入交易中心指定的交易场所，通过交易中心为其设立的专用交易台交易；远程交易是会员通过与交易中心的计算机系统联网，在自己选定的交易台交易。因此交易中心既有无形市场的特征，也有有形市场的特征。

1. 成交方式

交易市场坚持公开、公平、公正的交易原则，按照价格优先、时间优先的成交方式采取分别报价、撮合成交、集中清算的运行方法。(1)价格优先是指在交易过程中，在规定的时间内较高的外汇买入价优先于较低的外汇买入价；较低的外汇卖出价优先于较高的外汇卖出价。(2)时间优先是指在交易过程中，当不同交易员报出相同的买入价或相同的卖出价时，在规定的时间内较早提出的报价优先于较晚提出的报价。同时，实行公开价格制度，在每场开市前报出前场交易的开盘价、收盘价和加权平均价。前场成交的加权平均价为当日交易市场的中心汇率。在每场交易中报出当日交易的最高、最低和最新成交价。

交易员在规定的交易时间和价格浮动范围内报价。交易员报价后由计算机系统按照价格优先、时间优先的原则对外汇买入报价和卖出报价的顺序进行组合，然后按照最低卖出价和最高买入价的顺序撮合成交。当买卖双方报价数额相等时，买卖双方所报数额全部成交；当买卖双方报价数额不等时，成交数额为所报数额较少者，未成交部分可保留、变更或撤销。当买入报价高于卖出报价时，成交价为买入报价与卖出报价的算术平均数。报价尚未成交前，交易员有权变更或撤销其原报价。交易员变更报价后，其原报价的时间顺序自动撤销，依变更后报价时间排列。

2. 标价方法

交易市场的外汇价格采用直接标价法，即每一单位外币等于若干元人民币，人民币以后保留四位小数。

3. 资金清算方式

交易市场实行本外币资金集中清算。会员在交易市场的外汇交易都通过中国外汇交易中心统一清算。其中，人民币实行两级清算，即各分中心负责当地会员间的清算，总中心负责各分中心的差额清算。人民币资金清算通过在中国人民银行开立的人民币账户办理。外汇资金实行一级清算，即总中心负责各会员之间的清算。

目前交易市场每周一至周五开市，国内法定节假日不开市。银行间外汇市场交易时间为上午 9:30 到下午 3:30，午间不休市。随着国内外汇市场的完善，交易时间还要延长。

四、中国外汇市场的两大板块

我国目前的外汇市场上的交易内容实际上是由人民币兑外币和外币兑外币两大板块构成。

（一）人民币兑外币

人民币兑外币的交易在批发市场和零售市场都可进行。但因人民币兑外币交易涉及人民币业务，对国内经济的冲击较大，因此存在着许多交易限制。如批发市场与零售市场交易的币种和交易的品种不同。目前，批发市场，如银行间外汇市场，目前仅开设人民币兑美元、欧元、港元和日元的即期交易。零售市场交易的币种有美元、日元、欧元、英镑、瑞士法郎、加拿大元、澳大利亚元、新西兰元、港元、新加坡元等自由兑换货币，交易的品种有即期交易和远期结售汇业务。

各类企业到银行办理结汇、售汇后，银行每天将买入卖出的外汇汇总轧差后有一个余额。分支机构将余额与上一级行对冲，层层对冲后汇总到总行。总行也会有一个余额。总行可以保持多大的余额必须经国家外汇管理局批准。超出规定余额的那部分外汇必须通过中国外汇交易中心卖出，不足部分也可以在中国外汇交易中心买入。如果总行当天的余额没有变化或者未超过规定的限额则不参与中国外汇交易中心交易。

（二）外币兑外币

外币兑外币的交易因不涉及人民币业务，对国内经济的直接冲击较小，所以国家外汇管理部门对外币兑外币之间的交易限制较小。目前凡是持有国家外汇管理局颁发的外汇业务经营许可证的银行和非银行金融机构，几乎都可办理代客进行外币兑外币的买卖业务。该市场的参与者不仅包括公司、企业，还包括持有外汇的居民个人，他们也可委托银行或有权经营外汇业务的金融机构参与市场交易。

外币兑外币可交易的货币币种几乎包括所有可自由兑换的货币，如美元、日元、欧元、英镑、瑞士法郎、加拿大元、澳大利亚元、新西兰元、港元、新加坡元等，外汇交易的品种有即期、远期、掉期、互换、期权等。

随着开放型经济的发展，我国国内外汇市场融入国际外汇市场是必然的趋势，两大板块合二为一是必然的趋势。

案例分析 8—1　中行原油宝案例

事件过程：

当 WTI 原油期货 5 月合约 21 日暴跌为负，多头客户基本爆仓的时候，中行原油宝若为合约最后交易日，则交易时间为 8:00—22:00，超过 22:00 银行不会进行强平操作，而保证金是在昨晚 10:00 点后跌至 20%以下的。当市场价格不为负值，多头头寸不会强制平仓。而已确定进入移仓或到期轧差处理的，将按结算价由银行完成到期处理，也不再盯市、强平。

银行角度：

2021 年 4 月 6 日起，中行曾通过短信、电话、公众号、官方微博等多种渠道，向“原油宝”客户多次进行针对性风险提示，特别是 4 月 15 日以后，每日向客户进行风险提示。约 46%的中行客户收到风险提示，主动选择了平仓；也有 54%中行客户移仓或到期轧差处理。

按照签订的《交易协议》，银行方面会每日不定时对客户交易专户的保证金充足率进行估值。客户保证金充足率不足 50%时，银行将通过核心系统中客户预留信息的手机号码通知客户。当客户交易专户中保证金充足率下降至 50%以下、20%（含）以上时，交易系统将发出提示短信，提醒客户追加保证金。当客户交易专户中保证金充足率随着市场变化下降至银行规定的最低比例 20%（含）以下时，系统将按照“单笔亏损比率从大到小顺序”的原则对客户未平仓合约进行逐笔强制平仓，直至保证金充足率上升至 20%以上为止。

投资者角度：

从此次原油宝巨亏事件前因后果以及该期货产品的本身来看，银行机构不应该将产品本身存在的缺陷完全掩盖，更不能将自身操作失误及监管失职之责推脱得一干二净。

首先，原油宝的进入门槛过低，对投资者没有设定适当的投资者条款，无论风险承担能力高低都可加入原油宝投资行列，使得原油期货成了投资者的重要抄底渠道。

其次，原油宝到底是理财、定投、期货还是 ETF 界定不清楚。从本质上看，它不是一个标准化期货合约，甚至还带有些股票的特征。银行在介绍产品时，也没有尽到适当性原则，使得投资者承担了意想不到的巨亏和倒贴的风险。

再次，从目前信息来看，中行在原油宝业务中的角色界定模糊。中行定位自己是“代客交易”，通过发行产品的方式，挂钩国际原油的价格，让客户自己做交易。这种方式类似经纪商的角色；但是中行又在官方资料中定义自己为“做市商”。虽然扮演了经纪商的角色，但原油宝实际上又是中行售出的一个产品，将产品卖给投资者。实质上是银行为投资者提供的挂钩价格服务，类似为客户提供一个对手盘。是经纪商还是市商？在权责上，没有明确的界定，这埋下了这次暴雷的重大隐患。

需要特别指出的是，中行并没有在期货市场按－37.63 美元这个价格平仓。期货交易市场瞬息万变，事实上第二天 WTI 原油 5 月合约就反弹到正价格了，当天报收于 2.5 美元/桶。WTI 原油 5 月合约的到期交割结算价是 10.01 美元/桶。

案例总结：

1. 中行原油宝产品设计的交易规则本身就有漏洞。最大的漏洞就是移仓结算时间太晚。据了解，为了防范期货合约最后一个交易日发生非理性波动的风险，国内其他银行平台的现货原油交易最后交易日期基本都设置在国际期货合约到期前一周或 10 天左右。而中行是在期货合约最后交易日的前一日的北京时间 22:00 停止交易，投资客户还没来得及反应，市场就发生了剧烈的变化。

2. 专业的人做专业的事，对于这种商品类的衍生品，最专业的应该是期货市场的专家，银行对这方面的认识不够深刻。从产品设计到产品结束，产品提供者应该对整个链条的风险点都有充分认知，尤其是交割环节的规则。

3. 我国部分投资者群体不够成熟、专业性弱，投资者的教育不足。实际上很多专家一直都在劝阻自己的客户，不要去抄底原油，但仍然有部分银行积极推介，引入了很多本身并不适合参与原油产品的客户。

资料来源：部分节选自《中行原油宝事件的分析与思考》。

本章小结

1. 国际金融市场是指资金在国家间流动或金融产品在国家间买卖和交换的场所。它包括国际货币市场、国际资本市场、国际外汇市场、国际黄金市场以及金融衍生工具市场。

2. 欧洲货币又称境外货币，是在货币发行国境外被存储和借贷的各种货币的总称。

3. 离岸金融中心是具体经营境外货币业务的一定地理区域，吸收并接受境外货币的储存，然后再向需求者贷放。它分为功能中心、名义中心、基金中心和收放中心四种类型。

4. 外汇市场是指进行外汇买卖的场所或网络。主要国际外汇市场有伦敦外汇市场、纽约外汇市场、东京外汇市场和中国香港特别行政区外汇市场。

5. 外汇市场有调剂资金余缺、价格发现、保值避险、投机获利功能和宏观调控功能。

6. 外汇交易的参与者主要有四类：中央银行、外汇银行、外汇经纪人和顾客。

7. 外汇交易包括即期外汇交易、远期外汇交易、套汇、套利、掉期、金融期货交易、金融期权和金融互换等业务。

8. 银行外汇交易形式有柜台交易、电话交易、自助交易、电子网络交易等形式。

复习思考题

1. 什么是国际金融市场？按市场功能不同，国际金融市场可分为哪些市场？
2. 什么是欧洲货币市场？什么是离岸金融中心？
3. 什么是外汇市场？它具有哪些功能？
4. 银行外汇交易的形式有哪些？

第九章　金融风险管理与控制

学习目标

通过本章学习，了解金融风险的种类及特征；理解外汇风险及利率风险的含义和类型；掌握规避和防范外汇风险及利率风险的方法；了解全面风险管理；了解金融科技风险。

在全球经济金融一体化的背景下，各国都在致力于研究和预测金融风险，尤其是外汇风险和利率风险，并设法找出规避和防范风险的方法，以减少损失和最大限度地获得收益，同时由于新兴金融衍生品的不断涌现，也将传统金融风险的外延不断拓展，加之金融科技的融入给金融风险管理带来了前所未有的机遇和挑战。

第一节　金融风险管理概述

一、金融风险概念

改革开放40多年来，我国经济迅速增长。金融作为市场经济的核心命脉，在我国经济的发展和改革中起到了不可或缺的枢纽和推动作用。然而，在我国经济、金融快速发展的同时，由于金融、经济、社会、历史等多方面的因素，潜伏着较大的金融风险，主要表现为经济转轨时期的金融风险。

世界上发生的金融危机表明，金融风险如果得不到有效的控制，很容易引起连锁反应，从而引发全局性、系统性的金融危机，会殃及整个经济生活，甚至导致经济秩序混乱与政治危机。因而，对金融风险的研究已不仅是金融业务的得失问题，也不单纯是经济研究领域前沿课题的探讨问题，而是关系到经济安全与国家安全的重大现实问题。因此，正确识别金融风险(包括其表现、特点、产生原因)，及时、准确监测金融风险，采取措施防范和化解金融风险已经成为全球关注的焦点，对金融风险的监测，是识别金融风险的进一步量化，是采取措施防范和化解金融风险的依据。

风险是指某种不确定事件发生的可能性。一般来说，任何盈利事业都存在风险。金融风险指的是经济主体在从事资金融通过程中遭受损失的可能性。有人把金融比喻成硬币的两面，一面是金融的收益性；另一面是不稳定性、损失性。金融活动就像投掷硬币的过程一样，获利与损失的机会都有，只是概率不同，结果不同。

在现代市场经济中，随着经济货币化、证券化和金融化程度的不断提高，金融已成为现代经济的核心，金融风险不仅客观存在，而且在相当大的程度上反映了国民经济的运行风险；再加上金融活动特有的信用性和虚拟性(金融活动是一种“符号经济”,是通过货币、价格等符号和名义变量表现的经济现象,它与通过产量、就业等实际因素和实际变量表现的实体经济相对应),使金融风险加大。金融风险积累到一定程度并爆发,就成为金融危机,其后果危害之大,波及之广,是远远超过其他风险的。它不仅能破坏金融秩序,还会危及经济运行,甚至影响社会稳定。

二、国际金融风险的含义

国际金融风险,是指在国际贸易和国际投融资过程中,由于各种事先无法预料的不确定因素带来的影响,使参与主体的实际收益与预期收益发生一定的偏差,从而有蒙受损失和获得额外收益的机会或可能性。可见,国际金融风险与一般意义上的金融风险有所不同。从内涵来说,国际金融风险的内容要比一般金融风险丰富得多;从外延来看,国际金融风险要比一般金融风险的范围小,前者仅限于发生或存在于国际资金借贷和经营过程中的风险,而后者则包括发生与存在的金融领域的一切风险。

鉴于国际金融风险与一般金融风险概念存在一定的差别,我们有必要对国际金融风险概念做以下几点说明。

第一,国际金融风险研究的主要是在国际贸易和国际投融资过程中存在或发生的风险,并分析此类风险对贸易行为、投资行为和资金运用的影响。可见,国际金融风险的承担者主要是从事国际贸易、跨国资金筹集和经营活动的经济实体,包括居民个人、企业、银行、非银行金融机构甚至政府等。

第二,国际金融风险的研究将国际金融风险作为在开放经济条件下,社会经济运行的一种宏观经济机制来看待。也就是说,国际金融风险由开放经济过程中的许多复杂因素交互作用而产生,国际金融风险管理的目的是使一国(地区)宏观、微观经济在开放经济系统中形成一套自我调节和自我平衡的机制。

第三,国际金融风险的研究把国际金融对资金筹集者和资金经营者的影响看成是双重的,既有蒙受经济损失的可能,又有获得超额利润的可能。当然,对金融风险的研究,在指出其积极因素的同时,更要注意采取相应措施,防范其消极影响的破坏作用。

通过上述分析,可以知道,国际金融风险仅限于存在和发生于国际贸易和资金的跨国借贷与经营过程中的风险。因此,只要一进入这些领域,风险就随之形成并有可能成为实际的风险。一旦成为现实,其损失和恶劣影响就难以弥补和克服。对金融业来说,它会使涉及的金融机构的资本金被侵蚀、发生亏损、金融资产难以收回、金融秩序出现混乱等,进而引起一国乃至某一地区或整个世界政治、经济的动荡,亚洲金融危机和 2008 年全球金融危机即是明证。

三、金融风险的特征

(一)破坏性

金融风险一旦发生,其波及范围就会覆盖一国甚至多国社会再生产的所有环节,从而影响整个地区抑或全球社会再生产的顺利进行和经济的持续增长,造成局部的或全局性的剧烈震荡和破坏。且这种破坏的穿透力是难以估量的,与之相关的任何领域,无论是经济领域、政治领域还是社会领域,都不可能幸免于难,其带来的损失金额往往十分巨大。

(二)扩张性

金融风险在时间和空间上具有强大的扩展能力。从时间上看,金融风险一旦出现,短者可以持续数个月,长者数年才能恢复。从区域上看,经济一体化和金融全球化的发展,使得世界各国金融机构紧密相连、互为依存，一国金融机构发生问题，小则会使该国所在地区金融体系运行不畅乃至诱发信用危机，形成连续震荡；大则可能导致国与国之间、洲与洲之间甚至全球范围的持续动荡。这种“多米诺骨牌效应”，在亚洲金融危机和2008年全球金融危机中表现得淋漓尽致。

（三）敏感性

这是指凡是能影响多国甚至一国金融市场变动的因素都可能产生国际金融风险。这些因素既包括各国的宏观经济状况、经济政策与法律法规的出台及资金使用者的经营状况、政权的交替、首脑人物的变动、国际争端与战争的爆发、资金经营者的心理预期等；也包括因自然灾害或宏观经济政策失误而导致的整个国民经济状况恶化等。其中，心理预期在国际金融风险形成过程中有着非常重要的影响。

（四）可控性

应该说，只要有跨国金融业务活动的存在，就有国际金融风险。但是，国际金融风险也是可控的，市场各参与主体可依一定方法、制度对风险实施事前预测、识别，事中防范和事后化解。金融机构可以采取增加资本金调整风险性资产来增强抵御风险的能力，并及时以转移、补偿等方式将风险控制在一定的范围和区间内。此外，各国有关监管机构可加强监管协调、合作，减少风险损失。

四、金融风险的类型

为了有效地预测、控制国际金融风险，有必要对国际金融风险进行一定的归类，以便对不同的金融风险采取不同的防范措施，以达到风险管理的目的。国际金融风险的种类很多，按照不同的划分标准，大致可以分为以下几类：

1. 按照金融风险的对象划分，可分为外汇风险、国际融资利率风险、国际投融资中的国家风险和政治风险以及国际金融衍生产品风险等。

2. 按照风险涉及的范围划分，可分为微观国际金融风险与宏观国际金融风险。前者指一国某一经济实体在其跨国资金筹措和资金经营过程中存在与发生的风险；后者指国与国之间的所有微观金融风险的总和。

3. 按照风险的承担者划分，可分为国家金融风险和经济实体国际金融风险两种。政府以国家代表的身份从事国际金融业务承担金融风险时，这种金融风险被称为国家金融风险；后者则指居民个人、企业、金融机构等经济实体从事国际金融业务时所承担的金融风险。

4. 按照金融风险产生的根源划分，可以分为客观国际金融风险与主观国际金融风险两种。前者指由自然灾害、经济政策、政治因素、技术的变革等一系列客观因素所带来的国际金融风险。后者则指跨国资金借贷与经营者因其自身经营管理不善或受投机因素的干扰，或因其自身心理预期的失误等因素所引致的金融风险。

5. 按金融风险的形态划分，金融风险可以分为以下几种。

（1）信用风险（Credit Risk）

信用风险又称违约风险，指债务人不能或不愿履行义务而给债权人造成损失的可能性，或是交易一方不履行义务而给交易对方带来损失的可能性。信用风险存在于一切信用活动中，也存在于一切交易活动中。

（2）流动性风险（Liquidity Risk）

流动性风险指由于流动性不足给经济主体造成损失的可能性。保持良好的流动性，对企业、家庭乃至国家而言都是至关重要的。但并不是流动性越高越好，因为流动性与营利性是有矛盾的，流动性越高，往往营利性就越低。

(3)利率风险(Interest Risk)

利率风险是指利率变动的不确定性给商业银行造成损失的可能性。巴塞尔委员会在1997年发布的《利率风险管理原则》中将利率风险定义为：利率变化使商业银行的实际收益与预期收益或实际成本与预期成本发生背离，使其实际收益低于预期收益，或实际成本高于预期成本，从而使商业银行遭受损失的可能性增加。

(4)汇率风险(Foreign Exchange Risk)

汇率风险又称外汇风险，是指汇率的变化可能给当事人带来的不利影响。汇率风险主要分为三种。一是交易汇率风险：用外币计价收付的交易中，经济主体因外汇汇率的变动而蒙受损失的可能性。交易汇率风险主要发生在以下几种场合：商品、劳务进口和出口交易中的风险，资本输入和输出的风险，外汇银行所持有的外汇头寸的风险。二是折算汇率风险：又称会计风险，指经济主体对资产负债表的会计处理中，将功能货币转换成记账货币时，因汇率变动而导致账面损失的可能性。功能货币指经济主体与经营活动中流转使用的各种货币。记账货币指在编制合并财务报表时使用的报告货币，通常是本国货币。三是经济汇率风险：又称经营风险，指意料之外的汇率变动通过影响企业的生产销售数量、价格、成本，引起企业未来一定期间收益或现金流量减少的一种潜在损失。

(5)操作风险(Operation Risk)

操作风险又称运作风险，是遭受潜在损失的可能，是指由于客户、设计不当的控制体系、控制系统失灵以及不可控事件导致的各类风险。损失可能来自内部或外部事件、宏观趋势以及不能为公司决策机构和内部控制体系、信息系统、行政机构组织、道德准则或其他主要控制手段所不能控制的操作风险变动。它不包括已经存在的其他风险种类，如市场风险、信用风险及决策风险。

巴塞尔银行监管委员会认为，操作风险是指由于不完善或有问题的内部操作过程、人员、系统或外部事件而导致的直接或间接损失的风险，这一定义包含了法律风险，但是不包含策略性风险和声誉风险。根据《巴塞尔新资本协议》，操作风险可以分为由人员、系统、流程和外部事件所引发的四类风险，并由此分为七种表现形式：内部欺诈，外部欺诈，聘用员工和工作场所安全性，客户、产品及业务做法，实物资产损坏，业务中断和系统失灵，交割及流程管理。

资料卡 9—1 《巴塞尔协议Ⅲ》

《巴塞尔协议Ⅲ》是受到2008年全球金融危机而直接催生的，该协议的草案于2009年提出，2010年9月12日，巴塞尔银行监管委员会管理层会议在瑞士巴塞尔举行，会议通过了加强银行体系资本要求的改革方案，即《巴塞尔协议Ⅲ》，并于11月在韩国首尔举行的二十国集团首尔(G20)峰会上获得正式批准。根据这项协议，商业银行必须上调资本金比率，以加强抵御金融风险的能力。

该协议内容有：一是普通股权收益/风险加权资产从2%提高到4.5%，核心资本充足率最低要求从4%提高到6%，这一规定代表的时间是2015年，在最低要求之上还可以增加2.5%的普通股权收益的反周期缓冲。二是核心资本充足率达到6%的标准，但低于7%的银行，应执行较为谨慎的利润留存政策。对于有系统性影响的重要银行，应该有更强的损失吸收能力，会有更高的充足率标准。三是过渡时间：2013年1月1日到达阶段性目标，普通股权益/风险加权资产提高 3.5%，核心资本充足率达到 4.5%，充足率达到 8%。此后，每年普通股权益/风险加权资产和核心资本充足率在 2013 年的基础上提高 0.5 个百分点。反周期缓冲的充足率要求则是从 2016 年开始，每年提高 0.625%，四年后达到 2.5%。

相比于原有的巴塞尔协议，《巴塞尔协议Ⅲ》有了许多突破。一方面，资本充足率要求明显提高，其中银行一级资本率比原来提高了 2%，核心一级资本率比原来高出三倍多，虽然在巴塞尔新规定下银行可以将核心资本比率降低到 7%以下，但可能会面临分红、派息以及股权回购等方面的限制，特别是一旦银行的资本金比率低至 4.5%以下，将面临严厉的监管制裁，可能是由国家监管机构出面干预。另一方面，《巴塞尔协议Ⅲ》第一次提出了资本缓冲资金的规定，该规定将从 2016 年 1 月开始启用，并于 2019 年完全生效。同时《巴塞尔协议Ⅲ》也存在着一定的忧虑，如加强银行对高风险业务的控制可能会迫使银行减少贷款，而这些贷款正是经济增长的“助推剂”；新规在是否能够防止危机再次发生方面仍然存在不确定性，同时由于措施分阶段实施的时间很长，未来各国或许还将放宽限制等。《巴塞尔协议Ⅲ》是近几十年来针对银行监管领域的最大规模改革。各国央行和监管部门希望这些改革能使银行减少高风险业务，同时确保银行持有足够的储备金，可以不依靠政府救助独自应对今后可能发生的金融危机。

资料来源：彭子婷、赵冰茹、姜隽鹏：《〈巴塞尔协议Ⅲ〉的主要内容及对中国银行业的影响》，《管理学家》2011 年第 12 期，第 484—485 页。

(6)法律风险(Legal Risk)或合规风险

从狭义上讲，法律风险主要关注商业银行所签署的各类合同、承诺等法律文件的有效性和可执行能力。从广义上讲，与法律风险相类似或密切相关的风险有外部合规风险和监管风险。

(7)通货膨胀风险(Inflation Risk)

通货膨胀风险又称购买力风险，指通货膨胀可能使经济主体的实际收益率下降，或使其筹资成本提高。通货膨胀造成单位货币购买力下降。因为实际利率近似于名义利率与通货膨胀率之差，名义利率一定时，通货膨胀率越高，实际利率就越低，因此，通货膨胀会导致实际利率下降。

(8)环境风险(Circumstance Risk)

环境风险指金融活动的参与者面临的自然、政治和社会的变化而带来的风险。如自然灾害、意外事故可能给借款人造成的财产损失和人身伤害，致使借款人无法按期归还贷款，进而间接地给发放贷款的银行造成损失。

(9)国家风险(Country Risk)

国家风险指在国际经济活动中，由于国家的主权行为所引起的造成损失的可能性。在主权风险的范围内，国家作为交易的一方，通过其违约行为(如停付外债本金或利息)直接构成风险，通过政策和法规的变动(如调整汇率和税率等)间接构成风险，在转移风险范围内，国家不一定是交易的直接参与者，但国家的政策、法规却影响着该国内的企业或个人的交易行为。

6. 按金融风险的性质划分，金融风险可以划分为系统性金融风险和非系统性金融风险。

(1)系统性金融风险，是指发生波及地区性和系统性的金融动荡或严重损失的金融风险，它通常涉及整个金融体系。系统性金融风险又可以分为周期性金融风险和结构性金融风险。

系统性金融风险不能通过资产多样化分散和回避，因此又可以称为不可分散风险。

(2)非系统性金融风险，是指由于内部和外部的一些因素的影响，使个别经济主体(或金融机构)遭受损失甚至破产倒闭的情形。非系统性金融风险属于个别经济主体的单个事件，对其他经济主体没有产生影响或影响不大，没有引起连锁反应，可以通过分散投资策略规避，因此又可以称为可分散风险。

资料卡 9—2 宏观审慎评估体系(MPA)

从 2016 年起，中国人民银行把差别准备金率和合意规模管理制度“升级”为宏观审慎评估体系(MPA)。MPA 共包含资本和杠杆情况、资产负债情况、流动性、定价行为、资产质量、跨境融资风险、信贷政策执行情况七大类指标。而这七大类指标各自下设不等数量的细分类指标，这些指标大多是定量指标，少数为定性指标，具体指标参数参见表 9—1。

表 9—1 MPA 指标体系

七大类	总 分	指 标	分数权重
资本和杠杆情况	100	资本充足率	80
		杠杆率	20
		总损失吸收率	—
资产负债情况	100	广义信贷增速	60
		委托贷款增速	15
		同业负债	25
流动性	100	流动性覆盖率(LCR)	40
		净稳定资金比例	40
		遵守准备金制度情况	20
定价行为	100	利率定价	100
资产质量	100	不良贷款率	50
		拨备覆盖率	50
跨境融资风险	100	外债风险加权余额	100
信贷政策执行情况	100	信贷政策执行情况	70
		央行资金运用情况	30

中国人民银行根据商业银行的经营状况，对每家商业银行这七大类指标进行评分，每大类指标满分为 100 分。根据七大类指标的综合评分结果，把银行分为 A 档(综合评分 90 分以上)、B 档(达标，60 分至 90 分)、C 档(不达标，60 分以下)。其中，资本和杠杆情况、定价行为这两大类指标实行一票否决，也就是这两大类指标中，其中任意一项未达到 60 分，该银行的 MPA 考核直接定为 C 档。如果一家银行这七大类指标都为优秀(90 分以上)，该银行就定为 A 档。在资本和杠杆情况、定价行为这两大类指标达标外，如其他五大类指标中不超过两个指标不达标，这家银行就被定为 B 档。除上面以外的其他情

况，银行将被定为C档。针对MPA的考核结果，中国人民银行将会实行奖励或惩罚性措施，如降低或提高法定存款准备金利率和常备借贷便利利率、货币政策工具操作资格，以及金融市场准入和金融产品发行资格等。

资料来源：https://zhuanlan.zhihu.com/p/397065177，2021年8月6日。

五、金融风险管理的意义与目标

(一)金融风险管理的意义

金融风险管理是指各经济实体在跨国筹集和经营资产（主要指货币资金）的过程中，对金融风险进行识别、衡量和分析，并在此基础上有效地控制与处置金融风险，用最低成本即最经济合理的方法，实现最大安全保障的科学管理方法。金融风险管理的意义主要表现在以下两个方面：

1. 金融风险管理对具体经济实体的意义

(1)金融风险管理能为各经济主体提供一个安全稳定的资金筹集与资金经营的环境，减少或消除各跨国经济实体的紧张不安和恐惧心理，提高其工作效率和经营效益。

(2)金融风险管理能保障经济实体经营目标的顺利实现。实施金融风险管理则能把经济实体面临的金融风险降到最低限度，并能在金融风险损失发生后及时提供预先准备的补偿基金，从而直接或间接地降低费用开支。

(3)金融风险管理能促进经济实体实行跨国资金筹集和资金经营决策的合理化和科学化，减少决策的风险性。通过实施金融风险管理，有关经济主体必然要着眼于提高资金使用效益，促使资金筹集和经营的合理化和科学化，使资金运营进入良性循环，减少决策风险。

2. 金融风险管理的整体意义

(1)金融风险管理有利于世界各国资源的优化配置。作为价值直接表现形式的货币资金的跨国流动，必然引起其他资源的相应跨国流动。而实施金融风险管理则能减少资金跨国流动时的金融风险损失，并促使货币资金向所需国家和地区流动，从而引起其他社会资源合理地流向该国和地区，最终避免或减少社会资源的浪费，提高其利用率。

(2)金融风险管理有助于经济的稳定发展。国际金融风险一旦发生，它带来的损失金额往往比一般金融风险造成的损失大几倍甚至十几倍。所以，国际金融风险的存在与发生，无疑是对地区乃至全球经济稳定发展的威胁。而风险管理的实施，不但能在一定程度上减少国际金融风险发生的可能性，而且能在金融风险发生后减少其带来的经济损失，从而减少金融风险损失带来的不良影响，最终促进经济的稳定发展和经济效益的提高。

(二)金融风险管理的目标

金融风险管理的最主要目标是，在识别与衡量金融风险的基础上，控制可能发生的金融风险和准备处置方案，以防止和减少损失，保障货币资金跨国筹集与经营活动的顺利进行。金融风险管理的目标一般包括两部分，即损失发生前的管理目标与损失发生后的管理目标，两者结合在一起，形成风险管理的完整目标。

1. 损失发生前的管理目标

(1)管理成本最少的目标，又称经济目标，是指风险管理者用最经济节约的方法为可能发生的风险做好准备，它要求风险管理人员用最合适的、最佳的技术手段降低管理成本。同时，严格核算成本和费用支出,注意成本与效益的分析,保证经济目标的实现。

(2)减少忧虑心理和恐惧心理,提高安全保障。风险给参与者带来精神上、心理上的紧张不安,而这种心理上的忧虑和恐惧会严重影响劳动生产率的提高,造成工作效率低下甚至无效率。损失前的管理目标之一就是要减少人们这种焦虑和不安情绪,提供一种心理上的安全感和有利生产生活的宽松环境。

(3)履行有关义务。与其他各种管理一样,实施风险管理也必须履行有关责任和义务。这包括必须遵守政府法令和规则及各种公共准则,履行必要的社会责任,全面实施防范计划,尽可能消除风险损失的隐患。

2. 损失发生后的管理目标

(1)维持生存的目标。这是损失发生后风险管理的首要目标。为了使跨国经济主体乃至整个社会不致因金融风险的发生而倒闭、破产和发生大的震动,维持生存成为风险损失发生后管理的最基本、最重要的目标。一项成功的风险管理,有助于涉外经济主体在损失发生后承受住打击并渡过难关,继续生存下去。

(2)尽快恢复正常的资金筹集和经营活动秩序。很显然,风险事件具有很大的危害性,给涉外经济主体以至整个社会带来不同程度的损失和危害,而实施风险管理则能提供经济补偿,并为恢复资金的筹集和经营活动秩序提供条件,从而使涉外经济主体在损失发生后能够迅速恢复正常的借贷和投资活动。

(3)尽快实现稳定的收入。在成本费用不增加的情况下,尽快实现稳定的收入有两种方式,即维持经营活动和提供资金以补偿因经营活动的中断而造成的收入损失。

(4)实现资金筹集与经营业务的规模和范围持续增长。实施风险管理,不但使经济组织在遭到损失后能够求得生存,恢复原有水平,而且应促使其在受损后采取有效措施,继续坚持并尽快实现持续增长的计划,以求得经济组织的连续发展。

(5)履行对社会的职责。国际金融风险常常会对一国乃至世界经济产生不同程度的影响。但是,道德责任观念和社会意识要求把上述风险事件对其他人员或地区产生的影响降到最低限度。因此,实施风险管理时,应尽可能减轻损失给其他经济主体和整个国际社会带来的不利影响,以保持经济组织在公众中的良好声誉。

第二节　金融风险管理系统

金融风险管理是一项复杂的系统工程,主要包括金融风险管理的衡量系统、金融风险管理的决策系统、金融风险管理的预警系统、金融风险管理的监控系统、金融风险管理的补救系统、金融风险管理的评估系统、金融风险管理的辅助系统七个子系统。各子系统密切相关,但又分别具有不同的特点,执行不同的职能。

一、金融风险管理的衡量系统

金融风险管理的衡量系统是指用来估量每项交易中金融风险的大小和影响,为金融风险管理的决策提供依据的系统。

金融风险的衡量一般都采用定量的方法,所以,在金融风险管理中,为了准确衡量金融风险的大小和影响,人们通常建立一定的模型。

（一）常见的风险测量的模型

1. 市场风险测量模型：VaR、ES等模型。例如，为了衡量证券价格风险，人们常采用概率分布的方法。

2. 信用风险测量模型：主要有J. P. 摩根的Creditmetrics模型、KMV模型，瑞士信贷银行的CreditRisk＋模型，麦肯锡公司的CreditPortfolioView模型。例如，为了衡量信用风险，人们往往采用信用评级的方法。

3. 利率风险测量模型：主要有缺口模型和持续期模型，以衡量利率风险。

运用这些模型衡量风险的主要优点就是易于理解，运用简单，从而也便于汇报，便于制定政策。

（二）建立风险汇总机制，以便衡量其整体的金融风险

就每项业务或每个局部而言，其面临的金融风险都很小，但是，如果将各项业务或各个局部综合起来，则整体而言，其面临的风险就很大了。目前，在衡量整体金融风险的时候，各种金融机构普遍认同的方法是“资本充足率”的衡量方法。

二、金融风险管理的决策系统

（一）金融风险管理的决策系统的含义

金融风险管理的决策系统是指为整个金融风险管理系统提供决策支持的系统。它既要负责设计和运用整个金融风险管理系统，制定防范金融风险的各种规则和指导方针来规范业务运作，指导业务人员开展金融风险防范活动，又要根据具体的风险特征和状况，研究制定金融风险管理的最佳策略，制定防范或化解金融风险的各项具体措施和安排，并发出指令，责令各个部门实施。例如，银行的决策部门可根据其测定的金融风险的大小，要求计划部门调整资产负债结构，以缩小利率敏感缺口，或要求信贷人员提前收回某笔贷款，以缩小乃至避免由该笔贷款引起的信用风险。

（二）金融风险管理的决策系统的职能

决策系统是整个金融风险管理系统的核心，它在风险管理系统中发挥统筹调控的作用。具体来说，包括以下内容。

（1）统筹规划职责。决策系统不仅要负责设计和运用整个金融风险管理系统，制定防范金融风险的各种规则指导方针，而且要根据具体的风险特征和状况研究制定金融风险管理的最佳策略。

（2）制定授权制度。决策系统职能之一就是建立对各层管理人员、业务人员或下级单位的授权制度，如规定各级管理人员对客户授信的最高审批限额，业务人员、管理人员在市场交易中的最大成效限额，以及下级单位经营管理权限等。

（3）制定支持制度。即决策系统要为决策提供支持，使管理人员能够通过该系统选择最佳的风险管理工具、最佳的资产组合或其他最佳的决策等。

三、金融风险管理的预警系统

（一）金融风险管理的预警系统的含义

经济实体在经营活动中，通过内部的研究部门或外部的咨询机构，对经营活动中出现的金融风险进行监测和预警，以引起有关人员的注意，并供他们在决策时参考，这就是金融风险管理的预警系统。例如，在一项投资中，投资者可预先确定营运资本与总资产之比的警戒线，从

而在投资决策中自觉地约束投资的规模;又例如,银行可通过预警机制对某个行业的前景提出警告,以供信贷人员在贷款取向中参考。

(二)金融风险管理的预警系统的建立

金融风险管理的预警系统可以从以下三个方面加以建立。

(1)根据本机构的历史经验建立相应的预警信号。例如,银行可以根据以往经验推测市场资金的需求、供给趋势,建立"头寸"变化的警戒线。

(2)根据同一行业一些机构的状况进行行业分析来建立相应的预警信号。例如,企业财务报表中各种比率应保持在什么范围。

(3)分析未来的各种趋势,包括经济走势、行业形势、个体经营状况等,即进行宏观分析,确定未来的各种趋势。例如,根据汇率变化趋势、股票走势、企业经营前景等,通过反复筛选整理成一定的预报材料,以供以后参考。

经济实体通过建立预警机制,既可以掌握金融风险的整体状况,从而采取相应的策略,又会引起企业内部各部门对金融风险的高度重视,有效增强防范和抑制金融风险的意识和自觉性,还可以对交易对手提出忠告或警告,从而促使交易对手也高度重视金融风险,防止交易对手的行为导致金融风险。总而言之,整个市场都会处于预警状态,最终减少了金融风险的发生。

四、金融风险管理的监控系统

金融风险管理的监控系统是指随时监督公司承受的风险动态情况,督促各部门严格执行有关规章制度和风险管理政策,严格执行相关的风险管理程序,将风险管理工作落到实处。

金融风险管理的监控系统具有以下职能:

(1)监控系统首先需要设置一系列监控指标,如资本充足率、流动性比率、单向贷款的占比等,并通过计算机联网,监控各业务部门和分支机构的经营状况,包括信贷、资金头寸、债券和外汇交易的进展情况等,随时掌握公司内部资金的流向和业务状况。一旦发现异常,就采取相应的防范应急措施。特别地,监控系统设置有限额权限提示、自动障碍和警讯等程序来确保授权制度的执行。超出限额权限时,监控系统就会及时提醒操作人员,若操作人员不及时纠正或继续违规,监控系统将会自动设置障碍,拒绝执行其发出的指令,并向上级管理部门发出警讯。

(2)监控系统还要定期或不定期地对各业务部门进行全面或某些方面的稽核,检查各种风险管理措施的实施情况,寻找各种隐患,如贷款的贷后检查、质押品的管理、重要凭证的保存等,发现问题及时向上级领导或上级部门汇报,并督促有关部门迅速改正或者采取补救措施。

(3)监控系统还要检查董事会制定经营方针和重大决策、规定和制度及其执行的情况,一旦发现问题,就可以直接向有关部门提出限期改进的要求。比如,如果公司的一项大规模投资出现问题,该监控系统会直接向相关部门或领导提出改进的要求,并规定一定的期限,以免发生不必要的损失或减少损失。

五、金融风险管理的补救系统

金融风险管理的补救系统是指对已经显露出来的金融风险,及时采取补救措施,防止金融风险的恶化和蔓延。例如,当银行面临"头寸"严重不足的流动性风险时,其补救系统要协助计划部门尽快采取措施(如低价出卖资产),以防止对各项业务和银行的声誉造成重大损失。尤其要防止因为金融风险的扩散而引起的挤兑现象;又如,当经济实体面临利率风险或汇率风险时,其补救系统可以通过出卖资产(或外汇)、购买金融衍生产品等方案转嫁风险,进行保值等。

特别值得注意的是，对银行经常面临的呆账、逾期贷款等问题，补救系统一定要研究出切实可行的措施，力求加以解决。例如，当某项贷款到期不能收回时，可要求该项贷款的主管信贷员和有关部门协作，上门催收或到法院起诉，以便尽力追回贷款。

金融风险管理的补救系统具有以下职能：

（一）制定日常业务操作的补救措施，建立应急基金

例如，商业银行可以建立应急基金，当银行发生突发事件时就可以利用该基金解决燃眉之急，从而减少乃至避免不必要的损失。

（二）建立准备金制度，对已产生的资金损失要及时加以弥补

例如，商业银行都建立了呆账准备金制度，按照一定的程序核销已确定无法收回的贷款，并及时用呆账准备金弥补损失，以保证银行资金的正常运转。

（三）建立基础设施发生故障的防范和及时处理的系统，减少操作风险

例如，对一些由计算机处理的资料和数据，要适时做出备份和存档，并设立恢复程序，以备在软件发生故障时仍能保持信息的完整性，并能及时恢复或继续交易。

六、金融风险管理的评估系统

金融风险管理的评估系统是指评估金融风险管理各项业务和业绩的系统。它具有以下职能：

（一）内控系统的评估

它主要是确定内控系统的可靠性，以保证对风险的有效控制。它可以对整个内控过程加以评价，也可以针对某个环节加以评估。对整个业务过程的评估，往往是选择若干个典型业务，沿着它们的处理程序，检查业务运行过程中的各个环节是否得到有效控制；针对某个环节的评估，可稽核该环节在各时期的处理手续，从而检查内控制度是否有效。

（二）金融风险管理模型的评估

它主要是检验模型的科学性、实用性，并根据检验的结果做出相应的调整或修订。一些机构常常运用回归测试（将较长时间段中每天的实际变化的回归检验值与模型得出的结论相比较）等办法，来检验模型的准确性，或对模型进行调整或修订。

（三）金融风险管理业绩评估

它主要是为了评估金融风险管理的成就，以促进金融风险管理工作的高效运行。业绩评估体系包括业绩的考评制度和奖励方法。业绩的考评常采用定量（如资本充足率）和定性（如部门的战略重要性和风险偏好）相结合的方法。至于奖励方法，则各公司有所不同。如有的公司采取分期领取佣金的方式；有的公司要求业务人员将部分红利注入其所操作的部位，以构成风险共同体等。其目标都是既要激励业务人员的进取精神，又要限制或防止其过度冒险行为。

七、金融风险管理的辅助系统

除了以上所述的各个系统之外，金融风险管理还有赖于其他有关部门的辅助和合作，这些有关部门就是金融风险管理的辅助系统。

金融风险管理的辅助系统是指为上述各个核心系统提供帮助和合作的系统。它具有以下职能：

（一）建立信息库，为金融风险评估提供数据支持

如在公司过去的金融风险管理过程中，各金融风险产生的原因、损失情况、影响大小等都

应记录保存，以为将来的金融风险管理工作提供经验。例如，银行在信用风险管理中，应建立客户的信息档案系统，将客户的信用记录、注册资本、生产经营计划、资产负债状况、人才结构等详细资料输入系统，供有关业务人员参考，并据此建立授信额度控制制度。各业务部门对客户的跟踪信息，要及时汇总至风险管理部门的信息系统。风险管理部门根据客户的经营、资产情况等的变化，可随时修订授信额度，提示有关部门采取相应措施。

（二）对交易过程中的各种资料和数据妥善储存

这些资料和数据包括交易对手、交易时间、产品类型、票面金额、现金流明细、汇率、利率、清算明细和合同文本等，从交易开始酝酿到交易最终结束的所有有关信息都必须完整地保存。这不仅有利于内部管理，明确责任，防止工作人员疏忽或内部人员行为不轨造成损失，而且在与交易对手发生纠纷时，也能提出有效的证据。

（三）加强职能部门间的协作

金融风险管理要得到相关部门，尤其是科技部门和人事部门的协助。科技部门要开发金融风险管理技术网络，并适时维护。开发的系统和模型要具有安全性，能保证信息系统和模型的完整性和保密性。如系统进入权限按员工级别限制，用户有独特的识别标志（密码），某一级别只能进入系统的某一个部分，严格防止第三者通过非法途径获取重要信息。人事部门要负责培训、配备精通金融风险管理技术的专业人士，为金融风险管理提供人力资源的保障。总之，各个部门为公司的唯一总目标协作。

资料卡 9—3　商业银行全面风险管理(ERM)

全美虚假财务报告委员会下属的发起人委员会(Committee of Sponsoring Organisations of the Treadway Commission，COSO)是美国政府机构所组织的特别委员会，其主要职责是对美国经济管理部门，如财务监督、审计等部门进行建议性指导。2001 年秋，COSO 开始全面风险管理框架(ERM 框架)的研究，于 2003 年 7 月完成了 ERM 框架草案，并公开向业界征求意见。

ERM 框架对全面风险管理框架的定义、目标类别、组成部分、基本原则以及其他要素进行了全方位的深入描述，是全面风险管理最佳实践的高度总结，为银行及其他组织决定如何完善其风险管理构架指出了方向，同时提供了在现实环境下全面风险管理框架的应用模式及背景。根据 COSO 报告对银行风险管理的定义，结合《巴塞尔新资本协议》的有关要求，全面风险管理是个过程，这个过程由银行董事会、高级管理层以及各级员工，在战略制定、管理活动和各项业务中运行。

全面风险管理要求对各类风险进行识别、评估和管理，并支持银行资产价值的保值和增值；要求银行将风险和收益、风险偏好和风险策略紧密结合起来，增强风险应对能力，尽量减少操作失误和因此造成的损失，准确判断和管理交叉风险，提高对多种风险的整体反应能力。全面风险管理能提高银行根据风险科学分配经济资本，从而合理把握商业机会的能力，促进银行业稳健经营、健康发展。

全面风险管理包括八个相互联系的模块（要素），这些模块完善了全面风险管理的方式，并且作为衡量全面风险管理有效性的标准，与其他的管理过程一起构成了一个完整统一的整体，其中：

风险管理环境（尤其是风险管理文化和风险管理组织结构）是风险管理的基础和保障；风险管理目标与政策设定是风险管理的出发点，是对风险管理手段的设计和总要求；

风险识别、风险评估、风险应对是风险管理的具体实施流程；

内部控制是确保风险管理流程规范运行的有效手段；

风险信息处理和报告是保证银行全面实施风险管理的媒介；

后评价和持续改进有助于对风险管理体系的再控制和再完善。

资料来源：甄怡悦：《基于 COSO-ERM 的企业全面风险管理优化研究》，《中国商论》2021 年第 21 期，第 134—135 页。

第三节　外汇风险管理与控制

一、外汇风险的概念

外汇风险(Foreign Exchange Exposure)又称汇率风险(Exchange Rate Exposure)，是指一个组织、经济实体或个人以外币计价的资产(债权、权益)与负债(债务、义务)因外汇汇率变动而引起的价值上涨或下降的可能性。其实质是不确定性(Uncertainty)。

外汇风险的构成要素，一是两种或两种以上货币(本币和外币的币种风险)；二是时间间隔(时间风险和价值风险)。如果只使用一种货币(如本币)计价，则不会承受外汇风险。即使使用两种货币，如果一经成交就立即兑换，也无汇率风险。从成交到办理货币兑换(或折算)的时间间隔越长，汇率发生变动的可能性就越大，外汇风险也就越大。

二、外汇风险的主要类型

外汇风险可以概括为三种主要类型：交易风险、折算风险和经营风险。

(一)交易风险

交易风险(Transaction Exposure)是指在运用外币计价收付的交易中，经济主体因外汇汇率变动而蒙受损失或意外获利的可能性。它是一种流量风险。交易风险又可分为外汇买卖风险和交易结算风险。

1. 外汇买卖风险。又称金融性风险，产生于本币和外币之间的反复兑换。这种风险产生的前提条件是交易者一度买进或卖出外汇，后来又反过来卖出或买进外汇。外汇银行所承担的外汇风险主要就是这种外汇买卖风险；工商企业所承担的外汇买卖风险主要存于以外币借贷或伴随外币借贷而进行的外贸交易之中。

案例分析 9—1　外汇交易的买卖风险

美国 A 公司在国际金融市场上以 5%的年利率借入 1 亿日元，期限 1 年。借到款项后，该公司立即按当时的汇率 USD 1=JPY 100，将 1 亿日元兑换成 100 万美元。1 年后，该公司为归还贷款的本息，必须在外汇市场买入 1.05 亿日元，而此时如果美元兑日元的汇率发生变动，该公司将面临外汇买卖风险。假设此时的日元已升值为 USD 1=JPY 90，则该公司购买 1.05 亿日元需支付 116.67 万美元，虽然该公司以日元借款的名义利率为 5%，但实际利率却高达 16.67%[(116.67—100)÷100×100%]。

2. 交易结算风险。又称商业性风险,当进出口商以外币计价进行贸易或非贸易的进出口业务时,即面临交易结算风险。

进出口商从签订进出口合同到债权债务的最终清偿,通常要经历一段时间,而这段时间内汇率可能会发生变化,于是,以外币表示的未结算的金额就成为承担风险的受险部分。因此,交易结算风险是由进出口商承担的,基于进出口合同而在未来通过外汇交易将本币与外币或外币与本币进行兑换,由于未来进行外汇交易时汇率的不确定性所带来的风险。

同样,进口商从签订合同到结清货款之间也有一段时间,也要承担交易结算风险,原理与出口商相同,只是汇率变动的方向与出口商刚好相反。

案例分析 9—2 外汇交易的结算风险

中国A公司签订了价值10万美元的出口合同,3个月后交货、收汇。假设A公司的出口成本、费用为60万元人民币,目标利润为10万元人民币,则3个月后当A公司收到10万美元的货款时,由于美元兑人民币的汇率不确定,A公司将面临交易结算风险。我们分别从以下几种情况来分析A公司的损益。(1)若3个月后美元与人民币的汇率高于7,为USD 1=CNY 7.2,则A公司不仅可收回成本,获得10万元人民币的利润,还可获得超额利润2万元人民币;(2)若汇率刚好等于7,为USD 1=CNY 7,则A公司收回成本后,刚好获得10万元人民币的利润;(3)若汇率高于6而低于7,为USD 1=CNY 6.8,则A公司收回成本后所得的利润只有8万元,少于10万元人民币;(4)若汇率刚好等于6,为USD 1=CNY 6,则A公司刚好只能收回成本,没有任何利润;(5)若汇率低于6,则A公司不仅没有获得利润,而且会亏本。

(二)折算风险

折算风险(Translation Exposure)又称会计风险(Accounting Exposure),是指经济主体对资产负债表进行会计处理时在将功能货币转换成记账货币时,因汇率变动而呈现账面损失或溢价的可能。它是一种存量风险。折算风险主要存在于跨国公司内部。

跨国公司的子公司和母公司分别在不同国家,各自使用所在国货币经营和核算。一般我们将子公司使用的货币称为功能货币,将母公司在编制合并财务报表时使用的货币称为报告货币。子公司要定期地在每期末将它以功能货币度量的各种资产和负债,按一定汇率折算成报告货币,以便母公司汇总和编制合并财务报表。如果从期初到期末这一间隔内,功能货币和报告货币的汇率发生变动,资产负债表中某些项目的价值也会发生变动。

功能货币和报告货币间的汇率有两种,一是原始汇率(Historic Rate),即资产负债发生时的汇率;二是现行汇率(Current Rate),即编制资产负债表时的汇率。如用原始汇率折算,则不面临风险;而用现行汇率折算,则会面临风险。如何对资产负债表的众多项目进行分类?哪些使用原始汇率折算?哪些使用现行汇率折算?西方各国曾先后出现过四种折算方法。

1. 流动/非流动折算法

这是最早普及的方法。根据这种方法,流动资产和流动负债按现行汇率折算,而非流动资产和非流动负债则按原始汇率折算。流动资产是指可以迅速变现的资产,包括库存现金、应收账款、有价证券持有额和存货;流动负债指期限为一年以下的短期负债,主要包括应付账款、应付税金、应付利息红利和短期票据等。非流动资产是指不能迅速变现、持有期为一年以上的资产，如土地、建筑、设备和长期证券投资等；非流动性负债是指不要求在一年内偿还的长期负债，如长期票据、长期债券和抵押负债等。

2. 货币/非货币折算法

这种方法是将子公司的资产负债划分为货币性资产负债和非货币性资产负债。其中，所有金融资产和一切负债均为货币性资产负债，按现行汇率折算，从而面临折算风险。只有真实资产列为非货币资产负债，按照原始汇率折算。

3. 时态法

这种方法为货币/非货币折算法的变形。它们的唯一不同之处在于对真实资产的处理。如果真实资产以现行市场价格表示，将按现行汇率折算；如果真实资产以原始成本表示，则按原始汇率折算。如果全部真实资产均按原始成本表示，那么，时态法与货币非货币折算法将完全一致。

4. 现行汇率法

即子公司的全部资产和负债均按现行汇率折算。在这种方法下，子公司的全部资产负债项目都承受折算风险。现行汇率法已成为美国公认的会计习惯做法，并逐渐为其他西方国家所采纳。

（三）经营风险

经营风险（Operating Exposure），是指意料之外的汇率变动通过影响企业生产和销售数量、价格、成本，引起企业未来一定期间收益或现金流量变动的一种潜在风险。例如，在一个原料需要进口而产品主要依赖出口的企业，在本币汇率突然下跌后，将引起原料进口成本增加和出口销售收入的增加，该企业未来的利润因而也会面临风险。

对企业来说，经营风险比由交易风险或会计风险所引起的变化更为重要。但是，由于经营风险取决于在一定时间内预测未来现金流量的能力，其中必然带有主观成分，因此，经营风险不是出自会计程序，而是来源于经济分析。

三、外汇风险的表现形式

外汇风险实际上具有不确定性。它主要表现为以下三类情形：

（一）在以外币计算货款，并延期收付的进出口业务中

1. 出口商将来才能收取外币货款，如果外币将来升值，则出口商将来兑换成的本币收入大于预计收入，意外获利；如果外币将来贬值，则出口商将蒙受损失。

2. 进口商将来才支付外币货款，如果外币将来升值，则进口商将来进口成本支出大于预计支出，蒙受损失；如果外币将来贬值，则进口商获利。外币汇率将来的升跌是难以预测的，因此进出口商要承担外汇风险。

案例分析 9—3　进出口业务中的外汇风险

德国出口商向美国商人出口一批货物，定价为 20 000 美元，约定 2 个月后支付。签约时汇率为 USD 1＝EUR 0.8，也就是说德国出口商预计能收取 16 000 欧元货款。如果 2 个月后德国出口商收到货款时，美元汇率上升为 USD 1＝EUR 0.9，德国出口商就能换取 18 000 欧元，比预计多收 2 000 欧元；如果 2 个月后美元汇率下跌为 USD 1＝EUR 0.6，德国出口商只能换取 12 000 欧元，比预计少收 4 000 欧元。

(二)在以外币计价的国际投资和借贷活动中

1. 债权人将来收回外币资产卖出外汇时,如果该外币汇率将来上升,则债权人将来能获利;如果该外币汇率将来下跌,则债权人将蒙受损失。

2. 债务人将来买外汇偿还外币负债时,如果该外币汇率将来上升,则债务人将蒙受损失;如果该外币汇率将来下跌,则债务人将会获利。

案例分析 9—4 国际投资和借贷中的外汇风险

我国某金融机构在东京发行一笔总额为 100 亿日元,期限为 5 年的武士债券,用所筹得的资金来发放 5 年期美元贷款,支持国内某大型投资项目。按照当时日元兑美元的汇率 USD 1=JPY 180.93,该金融机构将 100 亿日元在国际外汇市场上兑换成 5 527 万美元。但 5 年期满后,日元对美元的汇率变为 USD 1=JPY 140,如果不考虑利息部分,该金融机构要偿还 100 亿日元,就需要 7 142.86 万美元。这比金融机构收回的 5 527 万美元贷款本金多 1 615.86 万美元。这些额外支付的美元,就是该金融机构因所借外币的汇率上浮而蒙受的损失。

(三)外汇银行在和客户的外汇买卖中

外汇银行在和客户的外汇买卖中,某外币的买入额和卖出额往往不等。如果买入某外币额大于卖出额,则称该外币为“多头”(in Long Position)或“超买”(Overbought);反之称该外币为“空头”(in Short Position)或“超卖”(Oversold);买卖额相等称为“轧平”(Square)。多头和空头统称为“敞口头寸”(Open Position),都要承受汇率变动的风险,又称为“风险头寸”(Currency Exposure)。

1. 当银行某外币为多头时,将来必然要卖出多头,如果将来该外币汇率上升(或下跌),银行将获利(或损失)。

2. 当银行某外币为空头时,将来必然还要买进,如果将来该外币汇率上升(或下跌),银行将损失(或获利)。

案例分析 9—5 外汇银行面临的风险

某年 3 月 2 日,苏黎世外汇市场上英镑兑瑞士法郎的收盘汇率为 GBP 1=CHF 3.086 5~3.087 5。某家瑞士银行按照 GBP 1=CHF 3.086 5 的英镑买入价从某一客户买入 100 万英镑,同时又按照 GBP 1=CHF 3.087 5 的英镑卖出价,向另一客户卖出 80 万英镑,从而出现 20 万英镑多头。按照当日收盘时英镑的卖出价,该瑞士银行若卖出 20 万英镑,应当收回 61.75 万瑞士法郎。然而,翌日外汇市场开市时,英镑兑瑞士法郎的开盘汇率跌至 GBP 1=CHF 3.012 3~3.013 3,该瑞士银行按 GBP 1=CHF 3.013 3 的英镑卖出价将多头 20 万英镑卖出,只能收回 60.266 万瑞士法郎,显然要比前日收盘时少收回 1.484 万瑞士法郎。

外汇交易风险的三种情形可以归纳为表 9—1。

表 9—1　头寸、汇率和损益

汇率情形	外币升值	外币贬值
出口、债权、多头	获利	损失
进口、债务、空头	损失	获利

四、外汇风险的经济影响

（一）对国际贸易的影响

一国的货币汇率下跌（本币贬值），有利于出口，不利于进口，这是因为其他条件不变时，等值本币的出口商品在国际市场上会折合比贬值前更少的外币，使国外销售价格下降，竞争力增强，出口扩大；若出口商品在国际市场上的外币价格保持不变，则本币贬值会使等值的外币兑换成比贬值前更多的本币，国内出口商品的出口利润增加，从而提高国内出口商积极性，增加出口数量。而以外币计价的进口商品在国内销售时折合的本币价格比贬值前提高，进口商成本增加，利润减少，进口数量相应减少；如果维持原有的国内销售价，则需要压低进口品的外币价格，这又会招致外国商人的反对，因此，本币贬值会自动地抑制外国商品的进口。与上述情况相反，一国的货币汇率上浮（本币升值），不利于出口，但可以增加进口。

（二）对非贸易收支的影响

一般来讲，一国货币汇率下浮，会增加该国的非贸易收入；汇率上浮，会减少非贸易收入。在其他条件不变的情况下，一国货币汇率下跌，以本币所表示的外币价格上涨，而国内物价水平不变，外国货币购买力相对增强，贬值国的商品、劳务、交通、旅游和住宿等费用就变得相对便宜，这对外国游客便增加了吸引力，促进本国旅游和其他非贸易收入的增加。相反，本币贬值后，国外的旅游和其他劳务开支对本国居民来说相对提高，进而抑制了本国的对外劳务支出。当一国货币汇率上浮，以本币表示的外币价格下降，而国内物价水平不变，外国货币购买力减弱，从而减少本国旅游等其他非贸易项目的收入。相反，本币升值则促进本国的对外劳务支出。

（三）对国际资本流动的影响

外汇市场汇率变动对国际资本流动，特别是短期资本流动有很大的影响。当一国货币汇率下跌时，国内资金持有者为了规避因汇率变动而蒙受损失，就要把本国货币在外汇市场上兑换成外币，导致资本外流。同时，将使外国在本国的投资者调走在该国的资金，这不仅使该国国内投资规模缩减，影响其国民经济的发展，而且由于对外支出增加，将恶化本国的国际收支。反之，若本国货币汇率上升，则对资本流动的影响，与上述情况相反。

（四）对国内物价的影响

汇率变动对国内经济的直接影响，集中表现在对物价的影响上。如果一国货币汇率下跌，一方面引起进口商品以本币表示的价格上涨，其中进口消费品的价格上升引起国内消费品价格某种程度的上升，进口原材料、中间品和机器设备等的价格上升还会造成国内生产使用这些进口投入品的非贸易品生产成本上升，也推动了非贸易品的价格上升；另一方面汇率下跌引起出口扩大，进口缩减，加剧国内供需矛盾，使国内整个物价水平提高，加剧通货膨胀，导致经济恶化。相反，如果一国货币汇率上升，则会降低国内物价水平，减缓本国的通货膨胀。

（五）对涉外企业的影响

涉外经济部门及涉外企业由于在日常经营活动中涉及两种或两种以上的货币，因此不可避免地面临各种外汇风险。这里我们仅讨论外汇风险对涉外企业经济活动的影响。

1. 对涉外企业经营效益的影响

在汇率频繁波动的今天,企业预期的本币现金流量和以外币计价的各种资产、负债的价值常因汇率变动而发生变化,可能使企业遭受损失,也可能给企业带来收益。事实上,收益与损失是并存的一对互为消长的矛盾,避免了损失便意味着收益,放弃或丧失了可能获取的收益,便是一种损失。涉外企业只有了解和预测外汇风险,提高对外汇风险的管理水平,才有可能承受巨大的外汇风险所带来的收益或损失。

2. 对涉外企业长远经营战略的影响

企业经营战略是指企业人力、物力和财力的合理配置及产供销活动的总体安排。如果汇率变动有利于涉外企业的资金营运,企业就会采取大胆的、开拓性的、冒险的经营战略,如扩张海外投资,扩大生产规模,开发新产品,开辟新市场。相反,如果汇率变动不利于涉外企业的资金营运,企业就会采取保守的、稳妥的、谨慎的经营策略,尽量避免使用多种外汇,把海外市场、海外融资缩小在一定范围。因此,这一影响在某种程度上关系到企业的兴衰成败。

3. 对涉外企业税收的影响

一般来说,对涉外企业已经发生的外汇损失可享受所得税减免,已经实现的外汇盈利才能构成应纳税收入。因交易风险造成的外汇亏损,往往会降低当年的应纳税收入。会计风险由于不是实际的亏损,因此不能减免税收。涉外企业应设法将外汇风险所造成的税后结果降到最低,使税后收益达到最大。由于税收政策是由企业所在国决定的,跨国经营企业应从全局着眼制定其外汇风险管理战略。

五、外汇风险的管理方法

(一)签约时,选择有利的计价结算货币

1. 要选择重要的可自由兑换货币(如美元、欧元、英镑、日元等)作为计价结算货币。因为这些货币在各类金融业务(如期货、期权、互换等)中被广泛运用,选择这些货币计价时,一旦出现外汇风险就可以立即进行操作而转嫁。

2. 选择有利的外币计价结算。一般应坚持“收硬付软”的原则。即出口和持有外币资产时,应选择硬通货;进口和借入外债时,应选择软通货。这样可以避免汇率变动的损失而获得汇率变动的好处。

3. 用多种货币计价结算。其原理是“分散化”,即“不要把所有的鸡蛋都放到同一个篮子里”。因为货币的“软”和“硬”是暂时的,而且很难准确预测。这种方法适于期限较长的大型设备进出口。这一原则还可以沿用到企业的财务多样化上,它包含筹资多样化和投资多样化。

4. 使用“一篮子”货币(欧元)和特别提款权(SDR)计价结算。其币值稳定,因而能避免外汇风险。

5. 用本币计价结算。这样可以避免本币和外币兑换,因而也就避免了外汇风险的产生。

6. 使收入货币和支出货币的币种相同、期限相同,这样也能避免货币兑换和外汇风险。

(二)签约时在合同中加列货币保值条款

这是指在国际贸易中,交易双方一致同意在进出口合同中写入采用某种方式分摊未来的汇价风险的条款。它最早为黄金保值条款,即在贸易合同中,规定黄金为保值货币,签订合同时,按当时计价结算货币的含金量,将货款折算成一定数量的黄金,到货款结算时,再按此时的含金量,将黄金折回成计价结算货币结算。目前可采用以下两种方法:

1. 硬货币保值。这种办法是在以软币计价结算时采用的。保值条款中将以该软币计价的货款按签约时汇率折算成以某一硬币(称为保值货币)表示的货款,并规定了该软币同保值货币的汇价波动幅度。在结算时,如汇价超过了这一幅度,就相应按届时汇率调整软币货款;如在规定幅度内波动,则仍按原软币货款结算。

2."一篮子"货币保值,即在合同中规定一种计价结算货币,并用选定的"一篮子"货币,如SDRs作为保值货币。首先要确定"一篮子"货币的构成(即币种和比例),再定好计价结算货币和各种保值货币的汇价,将货价折算成各种不同比例的保值货币。等到结算时,再按届时汇价折成以计价结算货币表示的货价结算支付。由于"篮子"中各种货币软硬搭配,它们和计价货币之间的汇价有升有降,因此能控制风险。

(三)调整价格法

调整价格法是指当出口用软币计价结算、进口用硬币计价结算时,企业通过调整商品的价格来防范外汇风险的方法。它可分为以下两种情况:

1. 加价保值。为出口商所用,实际上是出口商将用软币计价结算所带来的汇价损失摊入出口商品价格中,以转嫁外汇风险。加价的幅度相当于软币的预期贬值幅度。

加价后的单价=原单价×(1+货币的预期贬值率)

2. 压价保值。为进口商所用,实际上是进口商将用硬币计价结算所带来的汇价损失从进口商品价格中剔除,以转嫁外汇风险。压价的幅度相当于硬币的预期升值幅度。

压价后的单价=原单价×(1−货币的预期升值率)

(四)在金融市场上操作,转嫁外汇风险

1. 运用远期外汇交易、掉期交易、外币期货交易、外币期权交易转嫁外汇风险。

案例分析 9—6　利用远期外汇交易规避风险

英国A公司出口商品到美国,以软货币美元计价,如果按签订合同时汇率GBP 1=USD 1.760 0美元汇率来计算,其价值100万英镑的货物的美元报价应为176万美元。考虑到6个月后美元对英镑要贬值,英国A公司要做一笔卖出美元的远期外汇交易予以防范。当时6个月的远期汇率报价中美元对英镑的贴水为0.005 0,贴水率为0.284 1%(即0.005 0/1.760 0)。到期收汇时,按远期汇率交割,其176万美元仅能兑换到99.72万英镑,亏损0.28万英镑。有鉴于此,英国A公司应将美元贴水率计入美元报价,则美元报价应为176.5万美元[176×(1+0.284 1%)]。按照这个报价,到期英国A公司就可兑换到100万英镑而不至于亏损。

2. 运用现汇交易。这里主要是指外汇银行利用即期外汇市场来进行平衡性外汇买卖。外汇银行如果想消除多头或空头,就可以在银行同业市场上抛出多头、补进空头的现汇买卖。

3. 运用货币互换、利率互换保值。这些保值方法适用于中长期借贷、融资和筹资业务的外汇风险转嫁。

4. 在货币市场运用借款法和投资法。

(1)借款法(Borrowing)是指将来有外汇收入的出口商等,在签订合同后,立即向银行借入一笔与其外汇收入币种相同、金额相同、期限相同的款项,并将这笔款项在现汇市场卖出,换成本国货币,当借款到期时,再用自己的外汇收入偿还。

(2)投资法(Investing)是指将来有外汇支出的进口商等,在签订合同后,立即在现汇市场买入一笔与其外汇支出币种相同、金额相同的外汇,并将这笔外汇投资于期限相同的金融资产(如国库券、定期存单等),以备将来付款。借款法和投资法实际上是把将来在现汇市场卖出外汇和买入外汇的行为提前到了现在,从而避免了外汇风险。

5. 外汇交易法与国际信贷法的结合。

(1)BSI法(Borrow Spot Invest)。BSI法即借款(Borrow)—即期外汇交易(Spot)—投资(Invest)法,指有关的企业通过借款、即期外汇交易和投资的程序,争取消除外汇风险的风险管理办法。

BSI法有两种具体运用方法:①在应收外汇账款中的应用。在企业有应收外汇账款的情况下,为了防止外汇风险,先借入与应收账款货币相同、金额相等的外汇,将外汇风险的时间结构转移至现在办汇日(Spot Date)。②在应付外汇账款中的应用。如果企业有应付外汇账款,为了防止外汇风险,首先借入本币,再向银行购买外汇,接着将买入的现汇投放于国际货币市场,期限与应付外汇账款到期日相等。最后到期收回外汇支付货款。

案例分析 9—7 利用 BSI 法规避外汇风险

英国某出口商有1 000万日元的应收账款,该敞口头寸使其可能承受外汇风险。在外汇风险管理中,它可借入1 000万日元,通过即期外汇交易将其换成英镑,并用该英镑投资。在收回投资时,它用英镑投资利息偿付日元借款利息;如果前者不足以偿付后者,则它为避免外汇风险付出了一定代价。

(2)LSI法(Lead Spot Invest)。LSI法是一种将提早收款(Lead)—现汇交易(Spot)—投资(Invest)综合运用的方法,主要用于防范将来外汇收入的风险。具体操作是:出口商在签订合同后,征得债务方(即对方进口商等)的同意,请其打一折扣(相当于利息)提前支付货款,并将这笔货款在现汇市场卖出,取得本币收入,从而消除了外汇风险;然后,再将这笔本币收入投资,用所赚利息抵消因折扣产生的损失。在现实中LSI法往往简称为LS法。

(五)运用票据贴现、福费廷、保理业务防范风险

运用外币票据贴现时,出口商将远期汇票办理贴现业务,提前收取外汇资金,并立即将其在现汇市场卖出,取得本币现款,从而能防范外汇风险。福费廷(Forfaiting)和保理(Factoring)有一定区别,但它们都是出口商卖出全套出口单据、提前收回外汇资金的形式,因而和票据贴现一样能尽早地卖出外汇,取得本币资金,防范外汇风险。这三种方法不仅能防范外汇风险,而且能加速出口商的资金周转。

(六)提前或推后收付外汇

提前或推后收付外汇(Leads & Lags)是指涉外经济主体根据对计价货币汇率走势的预测,将收付外汇的结算日提前或推后,以达到防范外汇风险的损失或获取汇率变动收益的目的。对于出口商(债权人)来说,如果预测计价货币的汇率将下浮,则应设法提前收入外汇,以避免损失;反之,如果预测计价货币的汇率将上升,则可以推后收进外汇,以获得额外收益的好处。对于进口商(债务人)来说,如果预测计价货币的汇率将下浮,则应设法延期支付外汇;反之,如果预测计价货币的汇率将上升,则应争取提前支付外汇(见表9—2)。当然,在运用提前或推后收付外汇防范风险时,要权衡所得汇率方面的好处和占用资金之间的利弊。

表 9—2　提前或推后收付外汇

	预测外币下跌	预测外币上升
出口商(收进外币)	提前收汇	推后收汇
进口商(支付外汇)	推后付汇	提前付汇

(七)配对、保险等

配对(Matching)是指涉外经济主体在一笔交易发生时或发生后，再进行一笔与该笔交易在币种、金额、收付日上完全相同，但资金流向正好相反的交易，使两笔交易因汇率变动而造成的影响正好相反、完全抵消的一种做法。例如进口业务发生后，再做一笔出口业务。配对在防范外汇风险时，有其自身的优点，因为它成本低，不需交银行手续费、佣金、保险费等。

但是，对一个业务量小的企业来说，配对几乎是不可能的。而对一个大企业来说，其经营多样化本身就是一种自然的配对，它不仅能防范交易风险，而且能防范经济风险。

另外，汇率波动保险也是防范外汇风险的有效方法。涉外主体向有关保险公司投保汇率变动险，一旦因汇率变动而蒙受损失，便由保险公司给予合理的赔偿。汇率风险的保险一般由为数不多的几个国家承担。在日本，保险标的仅限于部分长期外币债权，币种仅限于美元、英镑、欧元和瑞士法郎。在美国，由国际开发署承担保险责任，保险标的为美国居民的对外投资。

第四节　利率风险管理

一、利率风险的含义

利率风险(Interest Rate Risk)是指在一定时期内因外币利率的相对变化，导致涉外经济主体的实际收益与预期收益或实际成本与预期成本发生背离，从而导致损失的可能性。利率风险的存在是由于涉外经济主体的外汇资产与负债的期限结构不一致，存在期限缺口，当利率发生变化时，其成本和收益就会发生变化。

根据利率平价理论，在开放经济体中，利率与汇率是互动的，虽然两者之间的相互影响存在一定的时差，但汇率变动一定会引起利率的变动，反之亦然。因此出现汇率风险时常常伴随利率风险，而利率风险中往往也包含汇率风险。

二、利率风险与汇率风险的比较

资金经理在货币市场或外汇市场中操作时，除了要了解各个市场所存在的风险外，还必须重视不同的风险对不同市场的影响程度。

(一)价格变动风险的比较

一般而言，资金经理可以从货币市场的直接借贷行为或外汇市场的掉期交易中取得所需币别的资金。在货币或外汇市场的操作中，只要注意单一货币利率的变动情况。在外汇市场的换汇交易中，必须注意两种货币的相对变动情况，亦即两种货币利率差的变动情况。就价格变动的风险而言，外汇市场操作所考虑的因素比货币市场操作所考虑的因素要复杂，因此就价格变动风险程度而言，外汇市场比货币市场略高。

(二)信用风险的比较

在货币市场的拆放中，若到期时，借款人无法偿还其债务，则放款人的损失是 100%的本金加上利息，在整个借贷期间的风险程度是100%。然而在外汇市场操作时，只有在到期日当天，才可能发生100%损失的风险。因为在甲方支付款项给对方交割后，而交易对手却因某种原因未能履行交割义务，甲方才会有100%的合约金额的损失。另外，虽然买卖双方已完成交易，但在履行交割义务之前的这段时期，若交易对手宣告破产，无法进行交割事宜，则另一方需在市场上做一笔平仓交易轧平其头寸，新的交易汇率与原有旧交易汇率间会有差异，从而可能导致另一方损失。就信用风险而言，外汇市场操作比货币市场操作的风险小。

（三）流动性风险的比较

在货币市场，资金经理根据对利率变动的预测，使用期差操作（Gapping）的方式赚取利润。若预期利率会上涨，则资金经理会采用"贷短借长"的方式操作。举例来说，资金经理借入6个月期、固定利率的资金，然后贷出1个月期的短期资金。若1个月后，利率如预期般地上涨，在借入利率固定情况下，贷出资金的利率越高，其操作的利润会越多。如果到期时要延长借款期限，若借款人信用风险程度颇高，就可能无法延长借款期限，从而可能发生现金流量无法轧平的情况，这就是所谓的流动性风险。在外汇市场的操作中，虽然价格有可能不是中意的，但总是有人愿意出售货币给予需要的人。因此在外汇市场的操作中，发生流动性风险的机会比较小。此外，货币市场中的借贷行为，有可能导致资产负债表上某些财务比率超过一般水准，这对借款人的流动性风险的评估有不良的影响。外汇市场的操作，因为并非资产负债的项目，不会影响到资产负债的内容。因此从流动性风险的角度看，外汇市场的操作比较有利。

三、利率风险的管理

国际金融活动中的利率风险既表现在信贷交易时，各种货币的资金来源利率和贷放利率不匹配时，也表现在由于市场利率的变化而导致融资企业筹资成本发生变化时。

（一）对外融资企业利率风险管理的一般方法

融资企业在借贷活动中充当的是借款人的角色。因此，当市场利率上升时，企业的借款成本就增加。当市场利率下降时，企业的借贷成本就减少。利率风险的防范措施各种各样，一般有以下几方面：

融资企业首先应对融资项目的盈利和利息偿还能力进行科学的分析、测算，并保留足够的余地，以避免由于利率的变动带来的融资成本提高的风险。其次企业应尽力争取各种优惠利率贷款，如政府"出口信贷"，世界银行、区域性银行的低息、无息贷款。

合理安排固定利率和浮动利率在融资项目中的比例结构。在一个融资项目中，如果规定的固定利率水平很高，则融资企业承担的利率风险较大。所以，应适当、尽可能多地利用浮动利率贷款。浮动利率的优越性在于不论市场利率波动幅度有多大，贷款利率都要按市场利率水平定期调整，使市场利率的波动风险较合理地由借贷双方共同承担，减轻融资双方的利率风险。

运用金融交易法。主要是通过利率互换、远期利率协定、利率期权和利率期货等金融工具管理利率风险。实务中究竟会选择哪一种工具防范利率风险，取决于经济主体所面临的实际情况、对未来市场走势的判断和所确立的保值目标，以及其对某种工具的偏好程度。例如，如果借款者需要完全的保值，认为最重要的是得到一个安全而确定的结果，那么，要防止短期利率风险，可以采用远期协定或者利率期货；如果借款者既希望防止市场利率走势对自己不利的风险，又想利用市场走势对自己有利的机会获利，就应该选择以期权为基础的金融工具。

（二）银行利率风险管理

利率风险是商业银行风险管理工作中面临的最难对付的风险之一。市场利率水平发生变动，不仅影响商业银行的负债成本，也影响其在贷款和其他证券上的收入；同时，利率变化还将改变商业银行的资产和负债的市场价格，从而改变其净资产，也就是银行股东的投资价值。利率风险管理不当，往往会给银行带来沉重的打击甚至是灭顶之灾。

利率风险管理的主要目标之一是将商业银行的预期获利水平与市场利率变动带来的破坏性影响进行有效的分隔，即不管利率水平如何变化，商业银行都能够将应得利润保持在稳定的水平。为达到这一利率风险管理目标，商业银行必须认真考察那些对利率变化具有敏感性的资产和负债，也就是作为资产方的贷款和投资，作为负债方的存款和货币市场借款。

第五节 衍生金融工具的风险管理

一、金融衍生工具的风险类型

金融衍生工具面临的风险可概括为市场风险、流动性风险、信用风险、营运风险和法律风险五大类。

（一）市场风险

市场风险是指因为衍生金融产品（如股票指数）价格发生变化，从而为金融衍生品交易商带来损失的一种风险。在金融衍生工具的各种风险中，市场风险是金融衍生工具最为普遍、最为经常的风险，存在于每一种金融衍生工具之中。因为该风险是由基础资产的价格波动引起的，绝对价格变动风险是金融衍生工具市场风险的主要表现形式，而且在该市场的交易大多是保证金交易，其作为高度杠杆性操作的投机工具极易加剧此类风险。

（二）流动性风险

流动性风险主要包括两类，市场流动性风险和资金流动性风险。前者是指由于缺乏合约对手而无法变现或平仓的风险；后者是指交易方因为流动资金的不足造成合约到期时无法履行支付义务，被迫申请破产或者无法按合约要求追加保证金，从而被迫平仓，造成巨额亏损的风险。整体而言，流动性风险的大小取决于合约标准化程度、市场交易规模和市场环境的变化。

（三）信用风险

信用风险是指金融衍生工具交易中合约的对方出现违约所引起的风险。在金融衍生工具市场上，信用风险的大小与合约的期限长短有着密切关系。一般来说，合约的期限越长，此风险就越大，同时，对同一期限的合约来说，其信用风险随着时间的推移还会不断发生变化。由于不同的产品可以在不同的交易所交易，相对而言，在没有制度保障的场外交易中交易双方存在更大的信用风险。

（四）营运风险

营运风险又称为操作风险，是指由于公司或企业内部管理不善、人为错误等原因而带来的损失，其风险来源包括两种情况：一种是在日常经营过程中由于各种自然灾害或意外事故；另一种是由于经营管理上的漏洞，使交易员在交易决策时出现故意的错误或者非故意的失误，从而给整个机构带来损失的风险。前者还能通过保险等方式转嫁，带来的损失通常有限；而后者往往会带来巨大风险，并且无法避免、无法转嫁更无法承担。

（五）法律风险

法律风险是指因为法规不明确或交易不受法律保障，从而使合约无法履行而给交易商带来损失的风险。此风险在相当大的程度上是由于金融衍生工具市场的过快发展造成的，其形成原因主要有两方面：一是合约确认文件不充分，交易对手不具有法律授权或超越权限，或合约不符合某些法律规定，法院依据有关规定宣布金融衍生品合约无效；二是交易对方因破产等原因不具清偿能力，对破产方的未清偿合约不能依法平仓，导致损失。

二、金融衍生工具风险的管理

一般的风险管理从最广泛的意义上说，就是为了减少不确定事件的影响，计划、安排、控制各种业务活动和资源。而对于金融衍生工具风险管理，则是指各类经济主体通过对各种金融衍生工具风险的认识、衡量和分析，以最少的成本达到最大安全保障、获取最大收益的一种金融管理方法。要解决金融衍生工具交易产生的风险不仅要从宏观上因势利导，通过建立健全有关法规加以约束，在微观上更应加强管理，趋利避害，把风险控制在一定范围内。针对以上提及的常见的五种风险特征，可以分别采取以下几方面的防范措施。

对于金融衍生工具市场风险，由于其来自实际市场价格的波动，故为了避免市场大幅逆转给企业造成较大的损失，企业应针对交易品种的不同设定不同的停损点，当市场价格达到或超过停损点所对应的价位时，企业应对此类商品的交易进行平仓，从而将企业的亏损限定在一定的幅度之内。而该限额的决定可根据企业规模的大小、经营此项业务的经验、对商品了解的程度、价格波动性等因素来制定。然而，就避险交易者而言，主要风险在于其避险头寸及被避险头寸的市场价变动未能完全配合，从而导致两者的损益不能完全抵消。在避险者的实务操作中，很难达到完全避免风险的境界，况且通常企业避险的成本也较高，因此也没有必要追求完美的避险。企业在避险交易中应该注意的是，当避险决策及避险头寸建立之后，企业应经常监控其避险效果，如果避险的有效性不如预期，企业即应随时变更避险头寸。

对于金融衍生工具流动性风险，可分为两种情况管理。一种情况是市场流动风险源于企业无法迅速以合理的市价交易金融商品以满足企业一时之需所带来的风险，企业针对这种风险可以定期编制流动性计划，对进出替代市场的能力进行规划，按投资种类对金融商品的持有头寸设立限额。另一种情况是资金流动风险，因为企业缺乏立即可动用的速动资产，从而因无法到期偿还债务造成风险，针对这种情况，企业可对每日现金流出量设立限额，维持适当的速动资产储备，建立并维持良好的资金调度渠道。

对于金融衍生工具信用风险，其与一般的企业信用风险管理类似，比如，为防止交易对方不履约不交割，则在交易发生前，企业应该充分调查交易对方的财务状况、信用等级等条件，对于信用等级较低的企业则减少与其交易行为或不与其交易。

对于金融衍生工具操作风险，一种是因为自然灾害或意外事故造成的操作风险，这种操作风险不可控程度很强；另外一种操作风险是由于人为因素造成的，在整个交易过程中，执行交易、记录交易是两大最容易出错的环节，一般有以下三种情况：(1)发生未经授权交易的风险时，应当进行恰当的权责区分，使交易员无法凭借未经授权的交易获得不当收益，并建立起足够的交易监控程序，迅速记录并函证交易；(2)对于发生交易却未记录的风险，企业可以采用预先编号的多联式交易单在交易发生的那一刻立即记录，同时迅速检查与企业自身记录不符的外来函证；(3)当产生交易记录错误的风险时，建议企业应统一使用标准用语及表达方式，交易明细情况应于各阶段收到时立即注明，实际成交资料应与下单资料核对，并立即函证客户，及时追查函证差异。

对于金融衍生工具法律风险，除了企业自觉守法交易外，政府也应该正确分析金融衍生品的风险特征及风险管理现状，完善现有的法律。

三、我国金融衍生产品的风险管理

(一)我国金融衍生品市场的现状

1990 年，我国第一个商品期货市场——郑州粮食批发市场——成立，首次引入期货交易机制，随后国内各类交易所迅速成立，一度达到 50 多家，期货经纪机构达到 1 000 多家。但是，当时的市场环境极不成熟，衍生品市场没有明确的行政主管部门，期货市场的配套法律法规严重滞后，市场参与者的金融知识缺乏，违规投机事件屡屡发生，引发了一系列经济纠纷和社会问题，衍生品市场一度停滞。

2006 年，中国金融期货交易所在上海落户，随着经济的发展和市场环境的变化，2010 年推出了股指期货，2013 年以来金融衍生品市场发展迅速，各种金融衍生产品业务都有了大幅度的增长，在政府的主导推动下确立了以"服务实体经济"为宗旨，包括"穿透式"监管模式在内的"五位一体"监管体系，相应的法律法规和监管制度不断完善，形成了独特的监管理念和制度方式。

2020 年，新冠肺炎疫情影响下的全球金融市场剧烈波动导致避险需求上升，据中国期货业协会数据，当年中国期货市场成交量为 61.53 亿手，创历史新高，成交额为 437.53 万亿元，同比分别增长 55.29%和 50.56%。但是，对比国际金融衍生品市场，我国的衍生品市场还存在着诸多观念认识、制度建设等方面的约束，难以完全适应经济高质量发展的要求，中国金融衍生产品市场无论是在时间上还是发展程度、发展速度上都还远远落后于发达国家。虽然近些年中国金融期货交易所陆续推出了各类金融衍生产品，如权益类的沪深 300 股指期货、上证 50 股指期货、中证 500 股指期货、沪深 300 股指期权，利率类的 2 年期、5 年期、10 年期国债期货等，但我国金融衍生品市场整体规模还明显偏小，结构失衡问题仍比较突出，品种结构较为单一，品种创新还很不够，投资者结构有待进一步完善，中介机构实力仍有待提高。

(二)我国金融衍生产品风险防范的措施

1. 建立、健全高度协同的市场监管体系

由于金融衍生产品交易具有跨市场、跨行业的特点，需要有关监管部门的通力合作、协调配合，建立一个较完善的监管体系。首先，为保证投资者利益，有必要在人民银行、银保监会和证监会之间建立监管协调机制，通过信息共享，协调监管职责，提高政府监管的效率和水平。其次，加强交易所和行业自律组织之间的联合监管，针对不同种类的金融衍生产品制定相应的管理办法，使交易者的市场行为受到有效的约束和规范。再次，还应加强金融衍生产品市场的国际监管与合作统一，提高应对突发事件的能力。最后，通过政府统一监管，确保在市场管理、交易法规、风险管理等方面的一致性，保证金融衍生产品市场的健康有序发展。

2. 加强相关法律、法规制度的建设

为了创造良好的制度环境，我国有必要加强金融衍生产品法律、法规的建设。

(1)在立法方面，针对金融衍生产品的风险性和复杂性，应尽快制定和完善相关法律、法规，对金融衍生产品设立专门性法律，出台统一的《金融衍生产品交易法》，以保证金融衍生产品交易规范、稳定发展。

(2)制定和完善有关金融衍生产品创新的法律。创新赋予了金融衍生产品旺盛的生命力，也带来了风险。因此,对于创新应该在方案上充分论证,有法律依据,并具有严密的监控措施。

(3)制定有关衍生金融产品风险管理的法律,使风险管理主体的职责分工、管理程序、规则的制定都受到相应的法律约束和指引,为金融衍生产品的发展创造良好的法律政策环境。

3. 加强内部控制与风险管理

为防范金融衍生产品的风险,避免出现重大风险和过失,交易主体应建立科学、有效的风险控制机制,提高风险管理水平。

(1)积极完善内部控制分为两方面。一方面,建立激励与约束机制,明确奖惩制度,将企业的发展与员工的切身利益联系起来;另一方面,通过严格的规章制度,形成合理高效的内部风险控制机制。对交易程序严格控制,实行前台交易与后台管理相分离,明确限定交易员的权限,建立高效独立的信息通道。

(2)加强对金融衍生产品的风险管理。首先,应设立独立的风险监控部门。由于金融衍生产品交易具有很高的风险性与投机性,参与交易机构应成立专门的风险管理部门,有效地管理和控制风险。其次,建立完善的风险管理流程。全面准确度量与评估风险,限定风险承担水平,并适时监控,对风险管理流程定期检查,以便有效地管理风险。例如,可用风险价值方法度量市场风险,利用分散化方式降低信用风险,借助完善的内部管理并健全交易程序减少操作风险;通过深入研究和分析相关法律、法规,有效管理和降低法律风险。此外,估计可能出现的极端情况下的风险状况,建立预警机制,采取有效的应急处理流程。

第六节 金融科技在风险管理中的应用

近年来,从互联网金融到区块链,金融科技发展得如火如荼,各种概念层出不穷;但在实践层面,金融科技的应用内涵并不清晰。党的十九大报告和中央经济工作会议强调,打好防范化解重大风险攻坚战,重点是防控金融风险,加强互联网金融监管,引导金融科技发展回归本源,把服务经济社会发展作为金融科技的宗旨。正本清源,培元固本,金融科技在金融领域实践中的应用亟待澄清。

一、金融科技相关概念

"金融科技"(FinTech)是金融(Finance)和技术(Technology)的合成。按照金融稳定理事会(FSB)的定义,金融科技是指技术带来的金融创新,具体来说就是运用"A"(人工智能)"B"(区块链)"C"(云计算)"D"(大数据)等技术手段重塑传统金融产品、模式、流程及组织等。从技术创新在金融领域应用场景的角度看,主要包括业务发展和风险管理两大场景。

"金融+科技"是金融行业实现创新的必要选择,同时也是新时代中金融行业谋求进一步发展的必然趋势。近年来,金融科技得到了越来越高的关注,金融科技一般指的是人工智能、大数据、区块链等新兴科技在金融行业中的运用,金融与科技的融合发展形成的以科技为基础的新型金融服务模式。金融科技的创新运用,推动了对金融产品、金融服务的创新,对传统金融行业及其金融产品、金融服务乃至金融机构都产生了意义重大的影响。同时,随着金融科技的不断发展与运用,金融生态也会因此而发生变化,进而引发金融行业整体的改革,对于提升金融服务效率、改善金融服务水平、强化风险管理等多方面具有重要意义。

二、金融科技在风险管理中的应用

金融科技的四大代表性技术在风险管理场景下的应用深度有所差异，侧重领域也各有不同，且存在一些交叉。云计算技术为海量数据的运算能力和速度提升带来了突破；大数据风控技术主要应用于互联网金融的信用风险管理领域，解决的是信息不对称问题；人工智能风控技术是在大数据技术的基础上，主要解决风控模型优化的问题；区块链技术主要应用于支付清算等操作风险管理中的技术安全领域。

（一）大数据技术在金融风险管理中的应用

大数据风控技术目前较多应用于网络小额贷款等互联网金融领域，针对的主要风险类型是以违约风险为主的信用风险。优点在于与传统风控手段相比数据来源更为广泛，识别速度更快且成本更低，从而有助于更好地解决信息不对称问题。缺点在于受制我国当前信用数据分散且质量不高的现状，一些风控模型过度依赖互联网和手机抓取数据分析，而对借款人财务状况和偿债能力等关键变量分析不足，这可能是“现金贷新规”中有针对性地指出要“谨慎使用数据风控模型”的主要原因。

1. 运用大数据技术进行欺诈识别

欺诈申请的客户由于编造了全部或部分信息，很可能在自行申报的相关信息中存在不符合常理的情况，这些信息项可以成为欺诈识别模型的重要变量。

(1)基于地理位置信息的欺诈识别：将客户填写的地址信息定位为地址位置坐标，并与客户常用物流地址位置坐标比对，如果发现客户提供了一个距离过大的地址，则该地址信息存在虚假的可能性。针对移动端渠道，可以定位互联网客户的具体申请位置，与申请信息中填写的地址信息或职业信息对比验证。

(2)基于申请信息填报行为的欺诈识别：通过收集分析客户填写申请过程的行为信息，如填写了多长时间、修改了几次、修改了哪些内容等识别。

(3)基于客户填报信息与公司存量信息交叉比对的欺诈识别：多个申请件填报的单位电话相同，而对应的单位名称及地址不同，则批量伪冒申请件的可能性就很高。

(4)基于外部信息的交叉对比的欺诈识别：恶意申请会隐瞒对其不利的事实，如负债、运营存在问题、法院执行信息等，而抓取互联网上申请人的企业经营信息、法院执行信息可以核实申请人的真实资质。

2. 运用大数据技术进行授信评分

被排除欺诈可能并进入评分规则引擎的客户，会按类型被分发到不同的细分模块，以适应不同的细分模型，包括不同的产品、不同的行业、不同的客户群，如车贷、消费贷、抵押贷、个人经营贷等。不同类型的借款申请调用不同的信用评分规则引擎，该引擎将根据用户授权许可自动抓取的数据，通过特定模型转化为个人授信评分数据与商户授信评分数据。

(1)基于个人信息抓取的授信评分：抓取用户在互联网上的购买数据、搜索引擎数据、社交数据、账单邮箱信息等多个维度的数据，得到用户性格、消费偏好、意愿、学历等个人信息。

(2)基于商户信息抓取的授信评分：抓取商户的交易数据(物流、现金流、信息流数据)和电商的经营数据(如访客量、交易量、用户评价、物流信息等)来对商户进行授信评分。

3. 运用大数据技术进行贷后管理

针对“还款意愿差”和“还款能力不足”两大客户逾期的主要原因，大数据技术通过违约信息排查和监测预警及时跟踪违约风险。

(1)违约信息排查:通过实时监测存量客户早期逾期、连续多期不还欠款、联系方式失效等情况,并将存量客户与新增的黑名单、灰名单数据匹配,及时发现潜在违约客户。

(2)小微商户流水监测预警:利用从数据合作方获取的商户交易流水信息,对其交易流水进行监测预警。突然出现的资金流入、流出,不符合经营规则的交易流水下滑情况,正常营业的大额交易等均可以触发预警。

(3)负面信息监测预警:通过大数据实时监测,一旦发现客户的负面信息、公安违法信息、法院执行信息、税务缴税信息、行业重要新闻、借款人社交关系网中的负面情况、借款人的网络浏览行为、资金支付结算情况等,就会及时触发预警。

(二)人工智能在金融风险管理中的应用

与互联网领域相比,金融场景上数据具有两大独特性:一方面可用数据比互联网要少,另一方面又比传统评分卡体系多了很多不可解释、高维稀疏的大数据。机器学习要解决的问题主要是模型构建和训练、性能监控与自迭代的机制,包括深度学习、半监督学习、在线学习等技术,核心都是为了将互联网级别的机器学习技术"降维"应用到金融领域。目前人工智能和大数据技术的紧密结合已成为风险管理的核心技术,其基本逻辑是通过在深度学习和数据挖掘中自我更新、自我调整和自我迭代,进而从更多维度的大数据中把握风险规律。

1. 提取数据深层特征

在数据繁杂的大型风控场景中,运用基于深度学习的人工智能特征生成框架,对时序、文本、影像等互联网行为、非结构化数据深层特征加工提取,大大提升了模型效果。比如消费信贷风险管理通过知识图谱、自然语言处理、机器学习等人工智能技术,发现借款人、企业、行业等不同主体间的有效信息维度关联,深度挖掘企业集团、上下游合作商、竞争对手、管理人员信息等关键信息。

2. 提高风控模型与数据的匹配度

不同数据需用合适的模型才能挖掘出最大价值。机器学习方法在互联网广告、搜索、推荐等应用是对不同类型的数据用不同的机器学习模型处理,金融场景中,采用复杂集成模型也可以处理上千维度的弱变量,精准地估计违约风险。

3. 加快风控模型迭代速度

互联网每天都生成海量用户数据,搜索、推荐模型需要持续频繁地优化,自迭代频次比金融领域更快、更准确,通过机器学习可以解决模型人工迭代慢的问题。在金融风险管理中,通过对模型特征性能、借贷群体和业务反馈等多方面的监控,机器学习模型能有效地快速自迭代。

4. 无监督机器学习反欺诈

欺诈风险量化也使用智能模型,比如无监督机器学习模型,基于可观察到的交易特征变量和案件数据,学习什么是好的和坏的样本,进行风险预测;在没有标签数据的情况下,交易、账户登录等场景应用无监督机器学习模型,通过分析欺诈和正常用户行为模式的异同,识别欺诈风险。

(三)区块链技术在金融风险管理中的应用

目前区块链技术主要应用于操作风险管理中的身份验证、支付安全等领域,重点针对的是人工操作中验证困难带来的风险。

1. 身份验证

当身份证件需要取消或者重新签发时,在跨国操作的情境下,金融机构需很长时间才知道该身份撤销了,区块链技术使此类敏感信息的传递过程更加便捷和高效。身份验证系统利用区块链特有的智能合约，可有选择地显示身份信息，实现信息在相关者范围内局部共享，防止身份被盗和加强用户隐私保护。

2. 票据业务风险管理

票据业务具备低频大额交易及存在人工操作风险的特点，基于区块链技术的数字票据具有独特的风险防控优势：一是能够有效防范票据市场风险，避免了纸票“一票多卖”、电票打款背书不同步等问题；二是可以大大降低监管的调阅成本，完全透明的数据管理体系提供了可信任的追溯途径。

3. 保险公司道德风险防范

在保险受理阶段，区块链技术可以将不同公司之间的数据打通，相互参考，从而及时发现重复投保、历史理赔等信息，及时发现高风险用户。在理赔阶段，基于在区块链上记录了的客户所有投保信息，很快可以发现骗保行为并及时采取措施。

三、金融科技在金融风险管理中的应对策略

金融科技的创新运用，一方面为促进我国金融行业的创新发展提供了有效帮助，但另一方面也为我国金融行业的发展带来了一些新的挑战，扩大了部分金融乱象问题的影响力。如何在发挥金融科技优势的同时运用金融科技维护金融领域的稳定性、如何更高效地防范系统性金融风险、如何确保经济的稳定发展，是现阶段金融科技在金融风险管理中需要重点考虑的问题。金融科技的发展与运用，虽然对传统金融服务模式、产品进行了创新与变革，但这并不意味着传统金融风险的消失，同时传统风险存在的隐蔽性好、破坏性强等特征也依然存在，且金融科技的运用反而可能造成传统风险影响力提升、覆盖面扩大、传播速度加快等问题的出现。因此，在金融风险的管理与防范过程中应加强对科学技术运用的重视，分析利用大数据、云技术、人工智能等新兴技术在金融风险管理中的优势作用，为金融风险管理提供更先进的管理技术。

（一）加强大数据技术覆盖率

信息数据是金融风险管理工作中最关键的部分，大数据技术是金融科技中常用的技术之一，它为金融风险管理提供了至关重要且必不可少的信息数据基础，更大限度地保障了信息数据的全面性，为提高金融风险管理决策制定效率提供了可靠帮助。为了保障大数据技术在信息数据分析和提取方面的高效率及有效性，银行、证券公司等相关金融机构需要及时准确地收集客户的交易信息、合同信息等重要信息，同时做好对市场行情信息、金融产品信息、财务信息、抵质押品信息等信息数据的收集整理，并提高对所收集信息数据的管理的精细度。传统金融风险管理局限于对低频数据的收集整理，但在金融活动日益频繁、参与人数日益增多的新时期中，高频数据的收集与提取成为金融风险管理的重要依据，传统的金融风险管理模式已经无法满足实际需求。大数据技术在现代金融风险管理中的运用，能够实现对证券、期货等金融产品交易数据的跟踪获取，同时通过数据异常分析，能够有效获知异常行为产生的具体时间点、具体事件，为交易系统、监督系统的预警与风险防范提供参考依据。另外，大数据技术在金融风险管理中还可以被用于舆情分析等方面，可通过与爬虫技术的结合，提取各大媒体各大网站社区的数据信息，同时结合语言算法分析这些数据信息的特征、语义等内容，从而做到对金融市场负面舆论信息的监控与跟踪，能够为相关工作者产生预警作用。最后，大数据技术可以为金融风险管理提供更全面的数据信息，通过对数理统计方法的结合运用，分析金融系统内的风险因素、宏观经济因素及国际经济因素等系统性金融风险因素之间互相影响、互相作用可能产生的结果，为金融行业做好对系统性金融风险的防范提供了科学合理的决策建议。

（二）加强人工智能技术的精准度提升

人工智能作为现代新兴科技的重要组成部分，将它运用于金融风险管理中，能够有效提高金融风险的预警与监管效果。不论是金融风险还是金融危机，他们的发生可能性虽然不低，但是都具有一定的标志特征，具有一定的发展规律。因此，做好金融风险甚至金融危机的防范管理，从分析其发展规律及标志特征方面入手，无疑是提高风险管理与防范效果的有效切入点。要实现对金融风险发展特征及发展规律的掌握，首先，应加强对人工智能技术的运用，通过人工智能技术从表象特征中深入发掘出本质特征，为提高金融风险管理的精确性提供保障；其次，在金融风险管理与防范过程中，通过结合人工智能技术与贝叶斯逻辑回归等机器方法，实现对金融风险更精确的管理与预警，以此达到提高对存在风险性的交易行为和不合规行为的职能监督效果，进而实现提升金融风险识别与管理能力的最终目的；另外，在金融风险的管理与防范过程中，还应加大对人工智能技术在生物识别、图像处理、视频跟踪等多方面的优势作用，将其技术优势运用于对金融风险的判断、监管与预警，进一步提高人工智能技术在金融风险管理中的精确度，保证金融风险管理效果；最后，人工智能技术在金融风险管理中的全面应用，还需要发挥出人工智能技术在深度学习、大数据融合等方面的优势作用，利用人工智能技术的这一技术优势实现对金融市场海量信息的精准抓取，实现对风险因素的精准捕捉，为金融风险管理决策制定奠定更科学、更精确、更全面的决策基础。

（三）加强对云计算的运用

首先，云计算能够运用虚拟化数据实现对物理 IT 设备的虚拟化，进而满足金融机构对算力与储存量的要求，在统一平台的情况下，实现金融机构的整合，有利于避免信息独立问题的出现，不仅满足了金融机构对信息安全、合理监管的需求，还能够为金融机构处理突发事件提供保证，实现了金融机构在服务上的创新以及风险管理模式的创新。云计算具有更稳定、更安全等优势，能够满足金融风险管理对数据稳定、合规、使用价值等多方面的高要求。金融机构在利用云计算进行风险管理的过程中，可以将价值更高、影响更大、更敏感的数据储存到云计算服务器中，对于保障数据安全性、共享性、实用价值等方面具有重要意义。其次，在云计算与大数据结合的过程中，可以通过利用云计算的计算优势分析计算大量的数据信息，从而为金融风险管理提供更有效的决策建议。最后，还可以充分利用云计算实现对金融风险的云管理，能够避免因技术问题导致的金融风险的出现。

本章小结

1. 国际金融风险是指在国际贸易和国际投融资过程中，由于各种事先无法预料的不确定因素带来的影响，使参与主体的实际收益与预期收益发生一定的偏差，从而有蒙受损失和获得额外收益的机会或可能性。其特征为破坏性、扩张性、敏感性和可控性。

2. 外汇风险的主要类型有三种：交易风险、折算风险和经营风险。

3. 外汇风险主要表现为三类情形：在以外币计算货款，并延期收付的进出口业务中；在以外币计价的国际投资和借贷活动中；外汇银行和客户进行外汇买卖时出现的“多头”和“空头”中。

4. 外汇风险的管理方法有：签约时选择有利的计价结算货币；签约时在合同中加列货币保值条款；调整价格法；在金融市场上操作，转嫁外汇风险；提前或推后收付外汇等。

5. 利率风险是指在一定时期内因外币利率的相对变化，导致涉外经济主体的实际收益与预期收益或实际成本与预期成本发生背离，从而导致损失的可能性。

复习思考题

1. 国际金融风险的类型有哪些?
2. 外汇风险主要表现在哪些情形中?
3. 外汇风险管理的方法主要有哪些?
4. 如何选择计价结算货币来规避外汇风险?
5. BSI 法、LSI 法各是什么含义?请分别举例说明它们是如何操作的。

第十章　货币自由兑换与外汇管制

学习目标

通过本章学习，了解货币自由兑换的溯源、发展及含义；理解人民币自由兑换、汇率制度和外汇管制的产生与发展、汇率制度的类型；掌握外汇管制的主要内容及我国外汇管理体制改革的内容及发展方向。

实现人民币的自由兑换(Convertibility)，既是中国加入WTO后的大势所趋，也是中国分享经济全球化的利益，成为世界经济强国的必要条件。实现货币的自由兑换不只是一个货币问题，更是一个制度问题。

外汇管制就是一国政府对外汇的收支、结算买卖与使用等各个环节所采取的一系列限制性措施。外汇管制的主体是由政府机构授权的货币金融当局或其他政府机构，在我国是国家外汇管理局。外汇管制体现的都是政府的意图，并且具有浓厚的时代背景和历史成因，其整体趋势是趋于放松的，我国也不例外。

第一节　货币自由兑换概述

一、货币自由兑换的起源

货币自由兑换是指在一个统一的或健全的国际货币体系下，一国货币与他国货币可以通过某种兑换机制自由地交换。

货币自由兑换是一个历史性的概念，在不同的社会经济条件下，货币自由兑换具有不同的含义和不同的表现方式。它反映的是一国对内与对外结合的货币经济关系，以及一定时期里国际货币流通与国际货币关系。

货币的可兑换性，可追溯到早期的各种金属货币之间的兑换关系，但货币的自由兑换，传统上认为源于金本位时代。进入19世纪，西方各主要国家先后实行了金本位制，在这一制度下，货币可在国家间不受限制地自由兑付、流通，这就是所谓的货币自由兑换。这种货币自由兑换是金本位制度的一个重要内容或典型特点。

二、货币自由兑换的进一步发展

第一次世界大战期间，当时的各参战国为了筹集战争经费，都放弃了金本位制，限制黄金的输出、输入，开始对纸币实行强制性的兑换率，中央银行不再负有兑换黄金的义务，停止金币自由流通和外汇自由买卖。

第一次世界大战以后，一些国家先后恢复了金本位制，但大多数国家的货币已不能再兑换成金币，只能兑换成别的国家的纸币。1929—1933 年世界经济大危机后，黄金退出了流通领域。货币的可兑换及可兑换程度基本上以一国实行的外汇管制程度高低来衡量，一国实行严格的外汇管制，就意味着该国货币不可自由兑换；相反，如果一国实行宽松的外汇管制或取消外汇管制，就意味着该国货币可兑换或自由兑换。

第二次世界大战后，在布雷顿森林体系下，各国货币与黄金直接或间接保持着一种可兑换关系。但由于黄金的生产与储备量的增加，无法满足日益扩大的国际经济贸易的需要，同时在正常的条件下，外汇交易与外汇市场的扩大与现代化，也不需要黄金的流通与兑换，使得政府交易中纸币与黄金的兑换关系彻底割断了。黄金在金融市场的地位削弱，纸币的作用越来越大。在这一时期，货币自由兑换的定义有了发展。

三、国际货币基金组织对货币自由兑换的定义

（一）经常项目可兑换

国际货币基金组织（IMF）认为，经常项目可兑换是取消对经常性国际交易支付与转移的各种限制。一国的货币如果实现了在经常项目下可兑换，其货币在很大程度上就成为可自由兑换的货币了。

（二）资本项目可兑换

资本项目可兑换是指取消对资本流入流出的汇兑限制。相对于经常项目可兑换而言，IMF 对此类可兑换的定义以及在管辖范围内的处理方式并未做严格定义。IMF 指出，成员国可以对国际资本流动采取必要的控制，只是任何成员国对此类管制的实施不得限制经常性交易的支付或过分延迟资金的转移以及各项承诺的交割。

四、完全的货币自由兑换

（一）完全的货币自由兑换定义

完全的货币自由兑换，可以简单地概括为，一国货币持有者可以为任何目的而将所持有的货币按市场汇率兑换成他国货币的过程。

（二）完全的货币自由兑换特点

无论在经常项目下还是在资本项目下，无论是何种货币持有者，只要有需要，就可把手持货币换成另一种货币，并实现在国家间转移。这种货币自由兑换，只有在两种条件或环境下存在：一是已经消亡的金币本位制，在该制度下，银行券可自由兑换金币，金币可以自由输出、输入；二是在纸币流通制度下取消一切外汇管制，当一切外汇管制取消以后，资金往来和资本流动就没有了限制，一国货币也就实现了彻底的可兑换。

（三）现行货币经济条件下的实现步骤

首先，一国政府取消对经常项目支付和资金转移的限制，取消歧视性货币政策和多重汇率制度，随时兑付外国持有的本国货币，即实现货币在经常项目下的可兑换，而后进一步放松直至取消外汇管制，扩大兑换的对象范围，以及兑换的币种、数量和区域，使货币兑换进一步向高层次发展直至实现完全的货币自由兑换。

五、人民币自由兑换

长期以来，我国人民币都被国际社会归入不可自由兑换的货币。但随着我国改革开放的

不断深入，国际收支与外汇储备的迅速增加，我国与世界各国的经济关系越来越密切，实现人民币自由兑换提到了议事日程。1994 年 1 月 1 日，我国推出了新的外汇管理体制改革，明确指出改革的最终目标是实现人民币的完全可自由兑换，从而拉开了我国人民币自由兑换的序幕。这次改革，我国实现了汇率并轨，实行了以市场供求为基础的、单一的、有管理的浮动汇率制，取消了对中资企业贸易及与贸易有关的非贸易经营性用汇的计划审批，实行以外汇指定银行为中心的结售汇制，实现了人民币在经常项目下有条件的可兑换。

1996 年 7 月 1 日，我国又将外商投资企业的外汇买卖纳入了银行结售汇体系，取消了经常项目下尚存的主要汇兑限制。

1996 年 11 月 27 日，时任中国人民银行行长戴相龙正式致函 IMF，宣布中国不再适用 IMF 协定第 14 条第 2 款的过渡性安排，自 1996 年 12 月 1 日起接受 IMF 协定第 8 条第 2、第 3、第 4 等条款的义务，实现人民币在经常项目下的可自由兑换。

资料卡 10—1 央行：支持上海在人民币可自由使用方面先行先试

近日，全球货币格局将迎来滔天巨变，中国迎来了对外开放的关键一步——人民币国际化。本月 20 日，央行宣布允许人民币可自由使用在上海先行先试，这意味着中国数字人民币正在尝试着大范围的使用。人民币在上海的可自由使用有利于企业投资便利，并且上海贸易具有代表性，能为中国数字人民币的推行提供宝贵经验。

那为什么中国突然敢勇敢迈出这一步呢？说到底还得从中国自身硬实力的提升说起，目前在全球 200 多个国家中，中国的全球贸易体量已经超过美国。据 2000 年至 2020 年世界贸易 20 年的数据统计显示，2020 年前，在全球贸易中，美国是 80%国家的头号贸易伙伴，但现在中国的贸易伙伴已经超过 70%，而反观美国却仅剩下 25%，换言之，中国已然成为全球最大的“收账人”。加之，中国背靠全球 14 亿人口的最大市场，已经有能力将人民币国际化，进行自由兑换。

那么人民币实现自由兑换会给普通民众带来哪些好处呢？

1. 有效提升购买力

人民币计价功能的扩大，在国际商品结算时可以规避汇率波动对国内通货膨胀的影响；还能降低贸易企业因结汇、购汇等带来的成本，最终进一步降低老百姓消费的生活成本，提升购买力。

2. 出境消费更便捷

随着人民币结算区域不断扩大，国内老百姓出境旅游、探亲、留学等不用像以前那样换外汇，节省了货币汇兑产生的手续费，结算通道一路绿灯。

3. 资金流动更方便

随着人民币国际化程度的开放，在国际清算市场、跨境资金流动和消费方式方面更加方便与安全。

4. 海外投资渠道更广泛

中国国内老百姓投资海外证券或者其他金融产品的审批制度正在进行有序改革。到时，国内投资者可以更方便地配置海外资产，对资产的安全以及保值、增值都将提供新的渠道。

更值得一提的是，当前中国经济基本面良好，货币政策处于正常空间，人民币对主要可兑换货币保持较高利差，对国际投资者保持较高的吸引力。同时，随着人民币国际化加速推进，国际贸易和海外投资中使用人民币还可以减少投资者外币借贷产生的“货币错配”风险，一定程度上有利于降低投资成本。

资料来源：搜狐网，2021 年 7 月 29 日。

第二节　汇率制度

一、汇率制度的概念

汇率制度(Exchange Rate Regime)，是指一国货币当局对本国汇率水平的确定、汇率变动方式等问题所做的一系列安排或规定。由于汇率的特定水平及其调整对经济有着重大影响，并且不同的汇率制度本身也意味着政府在实现内外均衡目标的过程中需要遵循不同的规则，因此，选择合理的汇率制度是一国乃至国际货币制度面临的非常重要的问题。

二、汇率制度的分类

传统上，按照汇率变动的幅度，汇率制度被分为两大类型：固定汇率制(Fixed Exchange Rate System)和浮动汇率制(Floating Exchange Rate System)。前者是指现实汇率受平价的制约，只能围绕平价在小范围内上下波动的汇率制度。具体而言，就是在这种汇率制度下，各国货币间保持固定比价，允许市场汇率围绕中心汇率(固定比价)上下自由波动，波动被限制在一定的幅度之内，而且政府有义务采取措施来维持所规定的波幅。后者则是指现实汇率不受平价的限制，随外汇市场供求状况变动而波动的汇率制度。在这种汇率制度下，各国货币间不再规定固定比价，汇率决定于外汇市场的供求，同样也不再规定市场汇率的波动幅度，因此，也就没有政府维持汇率波幅的义务。

从历史发展上看，自 19 世纪末金本位制在西方主要各国确定以来，一直到 1973 年，世界各国的汇率制度基本上属于固定汇率制，而 1973 年以后，世界主要工业国实行的是浮动汇率制，多数发展中国家则采取盯住汇率制。自 20 世纪 80 年代以来，选择具有更多灵活性的汇率制度的国家(地区)不断增加，国际汇率制度呈现弹性化趋势。国际汇率制度打破了以往固定、浮动汇率制的两分法，出现了多样化的国际汇率制度的局面。由此，国际货币基金组织(IMF)对汇率制度进行了重新分类(见表 10—1)。

表 10—1　　国际货币基金组织新的汇率制度分类(2000 年年底)

汇率制度	国家数
1. 无独立法定货币的汇率安排	38
2. 货币局制度	8
3. 其他传统的固定盯住制(包括管理浮动下的实际盯住制)	44
4. 水平(上下 1%)调整的盯住(平行盯住)	7
5. 爬行盯住	5
6. 爬行带内浮动(爬行区间浮动)	6

续表

汇率制度	国家数
7. 不事先公布干预方式的管理浮动(无区间的管理浮动)	32
8. 单独浮动(自由浮动)	46

按照目前国际上比较流行的观点,我们可将上述汇率制度进一步归类,得到三种类型:第一种为固定汇率制度。它包括新分类法中的无独立法定货币的汇率安排和货币局制度两种。前者主要是指美元化制度,即国家完全放弃了自己的货币,直接使用美元,如拉美的巴拿马。后者是指在法律中明确规定本国货币与某一外国可兑换货币保持固定的交换率,并且对本国货币的发行做特殊限制以保证履行这一法定义务的汇率制度。实行这种制度的国家和地区,主要包括中国香港地区、阿根廷以及一些东欧国家。这两种汇率制度的共同特点是:汇率相对固定,但在无独立法定货币的汇率安排中,汇率对内绝对固定,对外浮动。在货币局制度下,汇率是完全固定的。第二种为自由浮动汇率制。它是指新分类法中的单独浮动。在这种汇率制度下,货币当局对汇率只是偶尔进行干预,但不加以控制,汇率完全浮动。第三种是中间汇率制(Intermediate Exchange Rate Regimes)。这些汇率制度介于完全固定汇率和完全浮动汇率之间,因此,它们被统称为"中间汇率制"。它们包括新分类法中的其他传统的固定盯住制、水平调整的盯住、爬行盯住、爬行区间浮动和不事先公布干预方式的管理浮动等。这些汇率制度的共性是:在政府控制下,汇率在一个或大或小的范围之内变化,它们并没有质的区别。目前,国际社会把第一、二种汇率制度习惯地称为两极汇率制(Bipolar Exchange Rate Regimes)或角点汇率制。

根据国际货币基金组织对汇率制度的最新分类,我们研究一下现行的各种汇率制度。

(一)管理浮动

管理浮动(Managed Floating)意味着对外汇市场进行一定的干预以减少汇率的波动。在理想的情况下,凭借经验和智慧,汇率管理者可以知道理想的汇率是什么,从而可以让汇率对经济中的基础因素的变动做出调整,同时又能避免噪声或非自愿的波动。管理浮动制的特征是对汇率波动进行某种干预,但如何干预由货币当局自由决定。换句话说,货币当局不宣布干预的指导方针或干预的标准,也没有平价汇率或宣布目标水平,也不公布汇率波动的界限。

管理浮动制很普遍,但一个严重的事实是:管理浮动制的国家越来越多地进行干预以维持汇率。更糟的是,政府往往将汇率变化的幅度近似公式化,今年5%,明年4%。这种公式化可能会导致汇率永远达不到均衡水平,因为汇率从错误水平出发,又沿错误的速度调整,经济可能会走向储备的耗尽以及最终的经济危机。因此,管理浮动制可能在某些时候起作用,但不是一个持久稳定的制度。

支持管理浮动的一个论点就是,一国不会被禁锢在那些被正式的准则和某些宣言所预先安排好的行为模式中。这种较大的自由度可使政府能依据现有的经济情况来量体裁衣地制定政策,与那种政策决策只能遵循一套在过去的、再也不会重复出现的某段时期中制定出来的行为准则相比,管理浮动制可以被认为是优越得多了。另外,与固定汇率制相比,在管理浮动下允许汇率具有一定程度的调节对外部门的功能,而且国内经济政策也不会受到固定汇率制的约束。

反对管理浮动制的人认为,没有了针对各国的行为准则和指导方针,不同国家的经济行为就可能相互矛盾,相互冲突。而且在管理浮动制下汇率可以大幅度波动,就依然存在这样的可能——考虑到汇率波动的风险,贸易双方都会有所节制地参与国际贸易。

（二）爬行盯住制

爬行盯住制(Crawling Peg)是指汇率可以做经常的、小幅度调整的固定汇率制。这一汇率制有两大特征:其一,该国负有维持某种平价的义务;其二,这一平价可以经常地、小幅度地调整(例如调整 2%～3%)。提倡爬行盯住制的学者认为,货币当局在调整汇率时,可以规定汇率调整的上下限值。有了上限值和下限值的存在,至少在理论上可以给货币当局提供某些纪律性要求。另外,他们还认为,在爬行盯住制下,汇率定期地调整这一事实也意味着汇率还是具有调整国际收支的作用。而且,由于每一次调整的幅度都很小,因此,对货币大规模投机的危险性就较弱。

但是,爬行盯住制的缺点也很明显。由于内部或外部的经济冲击所引起的一国国际收支状况的严重变化可能需要汇率有较大幅度的改变才能恢复国际收支的平衡。如果拘泥于严格的爬行盯住的调整,由于汇率不可能大幅度改变,因而就可能需要一国政府放弃一些内部目标。进一步说,如果汇价的小额变化频繁发生(且是不可预测的),那对于国际贸易和投资就依然存在某些附加的风险。最后,如果经验是一切的指导,那么,在一个内部经济条件不稳定的经济中(如通货膨胀水平极其快速地增长)实行爬行盯住制,可能本质上就等同于浮动汇率制。

爬行盯住制在 20 世纪 60 年代以后引起了国际社会的广泛重视,自那时起,一些国家相继采用了这一制度,例如,智利(1965—1970 年,1973—1979 年)和韩国(1968—1972 年)等。

（三）货币局制度

货币局制度(Currency Board Arrangements)是指某个国家或地区首先确定本币与某种外汇的法定汇率,然后按照这个法定汇率以 100%的外汇储备作为保证来发行本币,并且保持本币与该外汇的法定汇率不变。货币局制度的运行机制如下:发钞银行按照法定汇率以 100%的外汇储备作为保证发行本币,当外汇汇率高于法定汇率时,发钞银行卖出外汇买进本币;当外汇汇率低于法定汇率时,货币发行银行买进外汇卖出本币,以保持法定汇率的稳定。最早的货币局是 1849 年在毛里求斯设立的,后来有 70 多个国家采取了类似的制度,其中多数是受英国殖民统治的国家或地区。从 20 世纪 90 年代开始,在一些国家出现了货币局制度的复兴,部分发展中国家转向货币局制度。例如,阿根廷于 1991 年、爱沙尼亚于 1992 年、立陶宛于 1994 年、波斯尼亚和保加利亚于 1997 年都相继采用了货币局制度。

在货币局制度下,如果本币盯住的外币是美元,实际上就是程度较低的美元化。这种货币制度把美元作为发行本币的保证,并保持本币与美元之间汇率的稳定。虽然在本国或本地区还保留本币,但本币与非货币局制度下的本币相比已有本质的区别,该国或该地区的货币当局已经没有独立的货币政策。美元化则是一种彻底的货币局制度。在美元化的制度下,美元不仅仅是发行本币的保证,而且全部或部分取代了本币的职能。因此,货币局制度与美元化的差别主要是美元发挥作用程度的差别以及存在单一货币还是两种货币的差别。

1. 实行货币局制度的利益

由于货币局制度要求政府必须以外汇储备为保证来发行本币,因此客观上使一国政府无法利用发行本币的方式弥补财政赤字。在这种强有力的货币约束下,通货膨胀的根源得到了较好的抑制。例如,阿根廷的通货膨胀率从实行货币局制度的第二年开始下降,该国从 1992 到 1999 年的通货膨胀率分别为 24.9%、10.6%、4.2%、3.4%、0.2%、0.8%、0.9%、−1.2%;爱沙尼亚的通货膨胀率也从实行货币局制度的第二年开始下降,从 1993 到 1999 年的通货膨胀率分别为 89.0%、47.7%、29.0%、23.1%、11.2%、8.2%、3.3%(IMF,2000)。

在货币局制度下，本币与某种外汇(通常为国际储备货币)保持固定汇率，从而基本上消除了汇率风险，也免除了因防范汇率风险而付出的成本，这样将推动该国与世界各国的贸易和投资的发展。例如，阿根廷在1991年实行货币局制度以后，其进出口总额的增长速度基本上与世界进出口总额的平均增长速度相同，在1993年和2000年，阿根廷的进出口总额占世界进出口总额的比例均为0.4%。但是，它吸收外国直接投资的增长速度则快于世界吸收外国直接投资的平均增长速度。在20世纪90年代以前，阿根廷每年吸收的外国直接投资额从来没有超过20亿美元。但是，从1992年到1998年，阿根廷吸收外国直接投资额分别为41.79、27.63、34.32、52.79、65.13、80.94、56.97亿美元(United Nations，1999)。当然，阿根廷对外经济活动的发展是多种因素造成的，稳定的汇率是其中的一个因素。

在货币局制度下，当该国出现国际收支逆差时，外汇储备减少，基础货币收缩，价格水平下降，这样将会增加出口而减少进口。当该国出现国际收支顺差时，国际储备货币增加，基础货币扩张，价格水平上升，这样将减少出口而增加进口。因此，实行货币局制度是在价格具有充分弹性和国际经济活动具有充分自由的条件下形成国际收支自动调节机制的。

2. 实行货币局制度的风险

货币局制度存在一个内在的缺陷，即本币的发行是以某一种外汇作保证，如果本国或本地区经济、贸易或投资的发展与所选外汇的发行国不一致，本币高估或低估的情况将不断发生。在国际资本流动自由化程度不高的条件下，这个问题还可以通过货币局制度的机制来调节。但在国际资本流动自由化程度较高的条件下，则很容易导致国际资本的投机性冲击。机构投资者1992年对英国，1994年对墨西哥、阿根廷，1997年对泰国、马来西亚、中国香港，1998年再度对中国香港的投机性冲击，都是从攻击盯住汇率制度开始的，结果给这些国家和地区造成严重的损害。

实行货币局制度以后，政府或者以某种外汇作为保证发行本币，或者直接用美元取代本币，两者都会造成铸币税收益(Seigniorage Revenue)的损失。因为在实行货币局制度的条件下，货币当局不能通过购买政府债券或向商业银行发放贷款的方式增加基础货币的数量，只能以100%的某种外汇作为保证来发行货币，而外汇是依靠经常项目或资本项目的顺差取得的，即依靠提供本国商品或投资收益取得的，这意味着发生了铸币税收益的损失。但是，作为货币发行保证的外汇通常是以商业银行存款和政府债券的形式保存的，而存款和债券是可以取得收益的，所以货币局制度造成的铸币税收益的损失相对较少。

在货币局制度下，由于盯住汇率固定不变，本币与被盯住货币汇率不能出现差异，因此当被盯住货币发行国与本国经济出现相反的变化趋势时，本币将不得不随着被盯住货币调整利率，丧失了货币政策的自主性，从而加剧本国经济的衰退或通货膨胀。同理，当被盯住货币发行国与本国国际收支出现相反的变化趋势时，本币将不得不随着被盯住货币对其他货币升值或贬值，从而扩大本国国际收支的逆差或顺差。

在独立的货币制度下，如果商业银行出现暂时困难，如面临挤提的风潮，中央银行可以利用增发货币的形式对商业银行提供紧急援助，通过稳定银行体系来稳定经济。但是，在货币局和美元化制度下，中央银行只能通过持有超额外汇储备或向外国争取紧急贷款的方式对商业银行进行救助，其效率和强度都不高，从而难以对商业银行提供有效的救助。

资料卡 10—2　中国香港的联系汇率制度

联系汇率是与港元的发行机制高度一致的。中国香港地区没有中央银行，是世界上由商业银行发行钞票的少数地区之一。而港元则是以外汇基金为发行机制的。发钞银行在发行钞票时，必须以100%的外汇资产向外汇基金缴纳保证，换取无息的"负债证明书"，以作为发行钞票的依据。换取负债证明书的资产，先后是白银、银圆、英镑、美元和港元，实行联系汇率制度后，则再次规定必须以美元换取。在香港历史上，无论以何种资产换取"负债证明书"，都必须是十足的，这是港元发行机制的一大特点，实行联系汇率制则依然沿袭。

联系汇率制度规定，汇丰、渣打和中银三家发钞银行增发港元时，须按7.8港元等于1美元的汇价以100%的美元向外汇基金换取发钞"负债证明书"，而回笼港元时，发钞银行可将港元的"负债证明书"交回外汇基金换取等值的美元。这一机制又被引入了同业现钞市场，即当其他持牌银行向发钞银行取得港元现钞时，也要以100%的美元向发钞银行兑换，而其他持牌银行把港元现钞存入发钞银行时，发钞银行也要以等值的美元付给它们。这两个联系方式对港元的币值和汇率起到了重要的稳定作用，这是联系汇率制的另一特点。

但是，在香港的公开外汇市场上，港元的汇率却是自由浮动的，即无论在银行同业之间的港元存款交易（批发市场），还是在银行与公众间的现钞或存款往来（零售市场），港元汇率都是由市场的供求状况来决定的，实行市场汇率。联系汇率与市场汇率、固定汇率与浮动汇率并存，是香港联系汇率制度最重要的机理。一方面，政府通过对发钞银行的汇率控制，维持着整个港元体系对美元汇率的稳定联系；另一方面，通过银行与公众的市场行为和套利活动，使市场汇率一定程度地反映现实资金供求状况。联系汇率令市场汇率在1：7.8的水平上做上下窄幅波动，不需要人为直接干预；市场汇率则充分利用市场套利活动，通过短期利率的波动，反映同业市场情况，为港元供应量的收缩与放大提供真实依据。

联系汇率真正成为香港金融管理制度的基础，是在经历了一些金融危机和1987年股灾之后的事情。主要是香港金融管理当局为完善这一汇率机制，采取了一系列措施来创造有效的管理环境，如与汇丰银行的新会计安排，发展香港式的贴现窗，建立流动资金调节机制，开辟政府债券市场，推出即时结算措施等。此外，还通过货币政策工具的创新，使短期利率受控于美国利率的变动范围，以保障港元兑美元的稳定。而对于联系汇率制最有力的一种调节机制，还在于由历史形成的、约束范围广泛的和具有垄断性质的"利率协议"，其中还包括了举世罕见的"负利率"规则，它通过调整银行的存贷利率，达到收紧或放松银根，控制货币供应量的目的，因此至今仍然是维护联系汇率制度的一项政策手段。

资料来源：http://tc.wangchao.net.cn/baike/detail_755850.html，2020年5月10日。

（四）货币联盟

货币联盟（Monetary Union）比货币局制度更进一步。在货币联盟内的国家放弃了自己的货币，并创造了新的货币联盟内通用的货币，这样，在联盟内，再无汇率的问题，但对外仍有汇率。同时，他们还限制了利率的差异。这种制度的优点在于减少了交易成本，促进了联盟内的资本流动。缺点是在有冲击或周期变化时，限制了国家采取有益的利率和汇率调整政策。因此，只有当放弃独立的利率和汇率的代价不高时，货币联盟才是有利的。这个条件的满足要求有灵活可变的工作，有移民自由，有可扩展的财政平衡，但事实上这些条件美国比欧洲联盟反而要好。

(五)美元化制度

国家货币基金组织认为:美元化(Dollarization)是指一国居民在其资产中持有相当大一部分外币资产(主要是美元)。具体表现是在美国以外的其他国家,美元大量进入流通领域,具备货币的全部或部分职能,并具有逐步取代本国货币,成为该国经济活动的主要媒介的趋势,因而美元化实质上是一种广义的货币替代。美元化包括非官方美元化和官方美元化,前者是指私人机构用美元来完成货币的职能,但还没有形成一种货币制度;后者是指货币当局明确宣布用美元取代本币,美元化作为一项货币制度被确定下来。美元化是一项新的货币制度。厄瓜多尔和萨尔瓦多于2001年实行了美元化,危地马拉也于2001年把美元作为法定货币,但它仍保留本币,也不确定本币与美元的平价。

美元化在许多国家,特别是在发展中国家和转型国家中较为普遍。美元化使一国和国际市场的联系更加密切,使国内投资者有更多的投资选择。对那些因恶性通货膨胀已经导致对本币失去信心的国家来说,美元化有助于恢复本国金融机构的功能和扭转资本外逃的局面。但美元化也使一国失去货币上的保护屏障,增加了本国银行体系的脆弱性。这种脆弱性会限制货币当局的政策选择余地,也会增加中央银行作为最后贷款人的负担。

1. 美元化的产生

通常美元化是经济不稳定、高通货膨胀和国内居民希望资产多样化的反映。美元化是外国货币(主要是美元)以通货和银行存款的形式流入一国境内,因此美元化的程度可以用一国境内流通的美元现金和在银行中的存款来表示。

据国际货币基金组织的统计,自20世纪90年代以来,在许多发展中国家和转型经济国家中,外币存款构成广义货币的很大一部分。例如,1995年阿塞拜疆、玻利维亚、柬埔寨、克罗地亚、秘鲁和乌拉圭的外币存款都超过了广义货币的50%。在个别小国或经济体,如巴拿马、波多黎各和利比里亚,已不再有本国的货币,美元就是其法定货币。

在20世纪90年代初期一些转型国家的市场化改革中,随着对外币存款限制的取消,外币存款占广义货币的比率急剧上升,究其原因就是国内的高通货膨胀率、负利率和本国货币的大幅贬值,导致本国居民对本币的信心严重不足。当这些国家国内的物价水平逐步稳定、汇率稳中有升时,外币占本币存款的比例又出现下降,在亚美尼亚、波兰和罗马尼亚等国都出现过这种现象。但也有的国家在通货膨胀率下降后,外币占本币存款的比例仍然稳步上升。例如,20世纪七八十年代拉美一些国家发生了恶性通货膨胀,外币占本币存款的比例明显上升。到90年代,这些国家的通货膨胀率已经大为降低,但外币占本币存款的比例仍然继续提高。例如,1995—1996年,玻利维亚和乌拉圭达到了80%,秘鲁达到了60%,阿根廷将近50%,也就是在通货膨胀缓和的情形下,拉美的美元化却还在继续发展,类似的情况在波兰和巴基斯坦也出现过。究竟是什么原因导致了这种情况,目前尚无定论,有一种解释是由于美元化过程本身的不可逆性造成的;另一种解释是由于金融创新和金融自由化使持有美元资产的成本降低了,人们更愿意持有美元。

美元化国家的经验表明流通中美元的增加是一个普遍现象,增加的原因首先是由于随着限制的取消,外币存款的比率会上升;其次是宏观经济的失衡和高通货膨胀率会导致货币替换;再次是即使成功地降低了通货膨胀率,货币替换也会继续存在;最后,即使没有货币替换,美元化也会以资产替代的方式长期存在,特别是随着金融的深化和全球化的发展。

2. 美元化的风险和好处

对一个国家而言，美元化的好处主要在于：由于美元化势必要允许或放松对国内金融系统办理外币存款的限制，这样做显然能够促进在经历了高通货膨胀后，或是在不稳定的经济条件下一国的重新货币化。因为，在危机期间，人们普遍不愿意将资金存入银行系统，随着稳定的恢复，信心也会逐渐恢复，而外币存款的增加可以加快这一进程。外币存款的增加还能促进银行业的发展，因为国内银行可以通过竞争居民的跨国界账户中的外币存款来迅速扩展业务，银行中的美元账户可以促进国内市场与世界市场的一体化和降低国际金融交易的成本。此外，允许居民持有外币存款能够提高政府的信誉，使政府坚持更有利的金融政策。

美元化的风险在于银行系统中以美元计值业务的迅速发展会增加金融和外汇市场上发生危机的风险。以银行为媒介的资本流入可能导致外汇储备增加，同时以准备金的形式增加中央银行的短期负债。除非中央银行将所有增加的准备金以外汇储备的形式持有，否则中央银行外币资产负债的净头寸就会出现问题。另外，美元存款和贷款的迅速增加可能是由于国内早先流失国外资金的返回，而这可能增加国内银行贷款组合的风险程度。在准备金率较低的银行体系中，外币贷款和存款的扩张意味着整个国家以美元计值的资产和负债总额会大大超过该国美元资产净值，这会削弱中央银行有效地履行最后贷款人的职能和增加银行在面临资本外逃时的脆弱性。例如 1995 年年初，当短期资金抽离银行时，墨西哥当局被迫向银行系统提供大量美元。而且与本币不同的是外币贷款的负担不会因通货膨胀而降低。在发生贬值的情况下，贷款的违约率会上升，银行的财务状况会恶化，除非银行是将资金贷给了那些会因汇率贬值而改善财务状况的借款人（如出口商）。

美元化还意味着货币当局丧失了铸币税收益。假定其他条件不变，使用外币会降低对本币的需求和减少政府铸币税收益。虽然中央银行可以通过外币准备金来获得某些收入，但不能弥补因流通中现金减少而失去的收入。假如一国美元货币占其 GDP 的比重为 10%，货币总量每年增加 10%，则铸币税收益的损失每年将占 GDP 的 1.5%。如果美元完全取代本币，一国将完全丧失铸币税收益。

3. 限制美元化的措施

一国要限制或降低美元化的程度，首先要有稳健的宏观经济政策。此外，国内对物价水平的稳定要有充分的信心，并出台有效的方法增强对本币的信心。具体措施有：

(1)发展替代性金融工具

为了限制美元化，一些国家推动其他金融的发展，如股票、互助基金、公司债券、资产抵押证券等，也使用特殊的指数化工具或简单的衍生工具。但是由于这些工具的交易成本高，而且在市场不发达的条件下也很难发展，因此只能部分地替代美元化。在一些国家，美元指数的金融工具提供了一种外币存款的替代品。例如，在玻利维亚和尼加拉瓜，就同时具有美元化指数存款和美元存款。由于美元化指数存款是本国货币按照变化后的汇率兑换成美元的，因此中央银行可以有效地控制这种存款的供给，从而达到限制美元化的目的。

(2)制定造成本外币利率差异的政策

资产的选择对相对价格十分敏感，所以可以通过有利于本币利率的政策降低美元的存款量，达到限制美元化程度的目的。但是这种“非美元化”的措施无法适用于流通中的美元现金，而且如果是采取对外币收入征税的方式，还会造成外币存款的流失。

金融自由化会持久地改变利率的水平，大幅减少外币存款的比例。例如，埃及在 1991 年实行利率自由化后，美元化出现大幅度的改变，外币存款占总存款的比例由 1991 年的 60%下降到 1996 年的 30%，美元化程度大为降低。亚美尼亚、爱沙尼亚、立陶宛和波兰也发生了类似的变化。

货币政策也会造成利率差异，但由此产生的利差只会是暂时的。例如，在1994—1995年，匈牙利的本外币利差大幅度增加，造成了大量资本流入而又无法全部被中和，最终无法持续下去。因此，由此产生的利差对美元化的影响只能是很小的、暂时的。

此外，调整国内居民债务的货币构成或实行有差别的准备金政策能够形成持久的利率差异；对外币存款实行不同的准备金制度也会形成一种利率差异，并进而影响美元化的程度，例如，以色列在20世纪80年代就使用这种方法成功地降低了美元化的程度。但要注意的是，如果美元资产与本币资产不是接近的替代品时，准备金比例的改变只会对美元化程度产生很小的影响。萨尔瓦多为了刺激美元化于1995年降低了外币存款的准备金比例，但只出现了少量的资产替换。值得注意的是，当存款可以通过其他方式替换时，这种方法也可能无效。在秘鲁，当中央银行对外币存款实行45%的准备金率时，商业银行就将国内外币业务转移到离岸市场。

(3)直接限制外币存款

取消对外币存款的管制后一般会出现外币—本币之间资产替换的迅速发展，如果货币当局采取强制措施改变美元化的情况时，就可能导致严重的后果。例如，玻利维亚、墨西哥和秘鲁在20世纪80年代实行了强制结汇政策，初期外币存款被本币存款所替代，美元化程度迅速降低，但以后取消限制后，外币存款重新增长，而且发展更快，也就是美元化的程度更高了。有些国家对外币存款是实行限制而不是禁止，如在墨西哥规定只有企业可以持有外币存款，但这种方法只能在短期内有效，居民可以找到其他方法逃避管制。而且这种管制增加了行政管理的成本。

(4)制定鼓励使用本币的措施

各国还可以使用法律和制度性措施来鼓励使用本币现钞而不是外币现钞。除了规定本币是唯一合法货币外，还可以要求所有公共部门的交易(如支付税款等)只能使用本币办理。为了配合这些规定，本币现钞需要有多种面值，例如在老挝，由于缺乏大面值的现钞，促进了美元和泰铢的使用。1995年3月老挝发行了大面值现钞后，对本币的需求量大增，外币现钞的交易则有所减少。

总之，美元化一定程度上是由于全球资本市场不断一体化的结果，美元化通常是与更开放的资本市场相联系的。所以，一些适用于资本市场一体化的措施(如需要有恰当的改革顺序、要有稳健的金融市场环境等)，也适用于应对美元化问题。

(六)汇率目标区制

汇率目标区制(Exchange Rate Target Zone)可以分为广义和狭义两种。广义的汇率目标区是泛指将汇率浮动限制在一定区域内(例如，中心汇率的上下各10%)的汇率制度；狭义的汇率目标区是特指美国学者约翰·威廉姆森(John Williamson)于20世纪80年代初提出的以限制汇率波动范围为核心的，包括中心汇率及变动幅度的确定方法，维系目标区的国内经济政策搭配，实施目标区的国际政策协调一整套内容的国际政策协调方案。

三、固定汇率制与浮动汇率制的优劣比较

固定汇率制与浮动汇率制孰优孰劣是国际金融领域中一个长期争论不休的问题，有人赞成浮动汇率制度，有人支持固定汇率制度。

（一）赞成浮动汇率制度的理由

1. 国际收支平衡能够自动实现，无须以牺牲国内经济为代价。在固定汇率制度下，汇率不能发挥调节国际收支的经济杠杆作用。因此，当一国国际收支失衡时，需要采取紧缩性或扩张性的财政和货币政策，从而使国内经济运行出现失业的增加或物价水平的上涨，国内经济发展目标与国际收支平衡目标之间容易产生矛盾和冲突。而在浮动汇率制度下，汇率是调节一国国际收支失衡的经济杠杆，国际收支失衡可以通过汇率的自由浮动消除，财政和货币政策就可以专注于国内经济目标的实现。

2. 提高一国货币政策的自主性。在固定汇率制度下，主要贸易伙伴国采取扩张性的货币政策引起该国国际收支逆差时，也就意味着本国的国际收支顺差，则本国外汇储备增加，从而货币供给增加。有些学者提出，在布雷顿森林体系下，世界各国的货币政策都是由美国来制定的，当美国实行扩张性或紧缩性的货币政策时，美国的国际收支就会出现逆差或顺差，则世界其他国家货币对美元的汇率就会上升或下降。而为了维持固定汇率，世界各国就必须买进或卖出美元，由此导致货币供给的增加或减少。而在浮动汇率制度下，一国可以听任外汇汇率由外汇市场的供求关系决定，而不必通过外汇储备的增减来适应主要贸易伙伴的货币政策。

3. 避免国际性的通货膨胀传播。在固定汇率制度下，国外的通货膨胀通过两个渠道传递到国内：一是通过“一价定律”促使本国商品和服务价格直接上涨；二是通过外汇储备的增加使国内货币供给增加，间接引起国内物价上涨。而在浮动汇率制度下，国外通货膨胀只能促使本国货币的汇率上升，从而抵消国外通货膨胀对国内物价的直接影响，将外国的通货膨胀隔绝在外。

4. 无须太多的外汇储备，使更多的外汇资金用于经济发展。在浮动汇率制度下，一国没有义务维持汇率的稳定，不需要像在固定汇率制度下那么多的外汇储备，则节约的外汇资金可以用于进口更多的资本品，增加投资，促进经济增长。

5. 可以促进自由贸易，提高资源配置的效率。由于浮动汇率制度下汇率的上下浮动能使国际收支自动恢复平衡，因此一国就可以避免在固定汇率制度下为维持国际收支平衡而采取的直接管制措施，从而避免了资源配置的扭曲，提高经济效率。

（二）反对浮动汇率制度的理由

1. 助长投机，加剧金融动荡，给国际贸易和国际投资带来不确定性。在浮动汇率制度下，汇率频繁和剧烈的波动为国际游资创造了投机的机会，加剧了国际金融市场的风险；也使从事国际贸易、国际信贷和国际投资等的涉外经济主体难以核算其成本和收益，使他们遭受汇率风险。从这个意义上说，浮动汇率制度妨碍国际贸易和国际投资的顺利进行，对世界经济产生不利影响。

2. 使一国具有通货膨胀偏向。在浮动汇率制度下，当本币贬值时，进口成本上升，物价上涨，并有可能陷入“物价上涨—本币汇率下降”的恶性循环；当本币升值时，进口成本因价格刚性而不容易下降或下降不足，则物价上涨。因此，浮动汇率制度更容易招致通货膨胀。

3. 国际协调困难，对发展中国家不利。浮动汇率制度助长世界各国在汇率制度上的利己主义和各自为政，削弱金融领域的国际合作，加剧国际货币体系的矛盾。而且，汇率的频繁波动对经常有巨额外债的发展中国家来说，制造了汇率风险，加重外债负担，加大外债管理难度。

综上所述，固定汇率制度和浮动汇率制度各有特点，都不是十全十美的。汇率制度的选择应该结合各国的不同经济情况具体分析。

资料卡 10—3 布雷顿森林体系形成及崩溃

1944 年 7 月，在美国新罕布什尔州的布雷顿森林召开有 44 个国家参加的联合国与联盟国家国际货币金融会议，通过了以"怀特计划"为基础的"联合国家货币金融会议的最后决议书"以及"国际货币基金组织协定"和"国际复兴开发银行协定"两个附件，总称为"布雷顿森林协定"。

布雷顿森林体系主要体现在两个方面：第一，美元与黄金直接挂钩。第二，其他会员国货币与美元挂钩，即同美元保持固定汇率关系。布雷顿森林体系实际上是一种国际金汇兑本位制，又称美元—黄金本位制。它使美元在战后国际货币体系中处于中心地位，美元成了黄金的"等价物"，各国货币只有通过美元才能同黄金发生关系。从此，美元就成了国际清算的支付手段和各国的主要储备货币。

以美元为中心的布雷顿森林体系的建立，使国际货币金融关系又有了统一的标准和基础，结束了战前货币金融领域里的混乱局面，并在相对稳定的情况下扩大了世界贸易。美国通过赠与、信贷、购买外国商品和劳务等形式，向世界散发了大量美元，客观上起到扩大世界购买力的作用。同时，固定汇率制在很大程度上消除了由于汇率波动而引起的动荡，在一定程度上稳定了主要国家的货币汇率，这有利于国际贸易的发展。据统计，世界出口贸易总额年平均增长率 1948—1960 年为 6.8%，1960—1965 年为 7.9%，1965—1970 年为 11%；世界出口贸易年平均增长率，1948—1976 年为 7.7%，而战前的 1913—1938 年，平均每年只增长 0.7%。基金组织要求成员国取消外汇管制，也有利于国际贸易和国际金融的发展，因为它可以使国际贸易和国际金融在实务中减少许多干扰或障碍。

布雷顿森林体系是以美元和黄金为基础的金汇兑本位制。它必须具备两个基本前提：一是美国国际收支能保持平衡；二是美国拥有绝对的黄金储备优势。但是进入 20 世纪 60 年代后，随着资本主义体系危机的加深和政治经济发展不平衡的加剧，各国经济实力对比发生了变化，美国经济实力相对减弱。1950 年以后，美国除个别年度略有顺差外，其余各年度都是逆差，并且有逐年增加的趋势。至 1971 年，仅上半年逆差就高达 83 亿美元。随着国际收支逆差的逐步增加，美国的黄金储备也日益减少。1949 年，美国的黄金储备为 246 亿美元，占当时整个资本主义世界黄金储备总额的 73.4%，这是战后的最高数字。此后，逐年减少，至 1971 年 8 月，尼克松宣布"新经济政策"时，美国的黄金储备只剩下 102 亿美元，而短期外债为 520 亿美元，黄金储备只相当于积欠外债的 1/5。美元大量流出美国，导致"美元过剩"。1973 年年底，游荡在各国金融市场上的"欧洲美元"就达 1 000 多亿。由于布雷顿森林体系前提的消失，也就暴露了其致命弱点，即"特里芬难题"。体系本身发生了动摇，美元国际信用严重下降，各国争先向美国挤兑黄金，而美国的黄金储备已难以应付，这就导致了从 1960 年起，美元危机迭起，货币金融领域陷入日益混乱的局面。为此，美国于 1971 年宣布实行"新经济政策"，停止各国政府用美元向美国兑换黄金，这就使西方货币市场更加混乱。1973 年美元危机中，美国再次宣布美元贬值，导致各国相继实行浮动汇率制代替固定汇率制。美元停止兑换黄金和固定汇率制的垮台，标志着战后以美元为中心的货币体系瓦解。

资料来源：http://www.360doc.com/content/13/1028/09/1241083_324712577.shtml，2020 年 8 月 1 日。

四、汇率制度的选择因素

汇率制度的选择是一个非常复杂的问题，是一国政府的政策行为。它首先建立在一国所具有的特殊的经济特征的基础之上；并且在不同的时期，由于政府所追求的政策目的不同，政府所选择的汇率制度也不同；在世界经济一体化的趋势下，一国汇率制度的选择还受其对外经济贸易关系的影响，受国际经济和金融大环境的制约。

1. 一国经济的结构性特征是汇率制度选择的基础。小国比较适宜于实行固定汇率制度，因为它一般与少数几个国家的贸易依存度较高，汇率的浮动会给它的对外贸易带来不利影响。此外，小国经济内部的结构调整成本较低。相反，大国由于对外贸易的商品构成多样化及贸易的地区分布的多元化，就很难选择一种货币作为参照货币实行固定汇率，加之大国经济内部的结构调整的成本较高，并且往往倾向于追求独立的经济政策。因此，大国一般比较适宜于实行浮动汇率制度。

2. 特定的政策意图是汇率制度选择的政策目的。在一国政府面临较高的国内通货膨胀率时，政府的政策意图是控制国内的通货膨胀，固定汇率制度就比较受青睐。这时候若采取浮动汇率制度，则本国的高通货膨胀使本国货币贬值，本国货币贬值又通过成本、工资收入机制等进一步加剧国内的通货膨胀。若一国政府的政策意图是为了防止从国外输入通货膨胀，则应该选择浮动汇率制度。因为在浮动汇率制度下，一国货币政策的自主性较强。

3. 一国与其他国家的经济合作情况对汇率制度的选择有着重要的影响。当两国之间存在非常密切的经济贸易往来时，两国货币保持固定比价较有利于各自的经济发展。区域经济合作关系比较密切的国家之间，也适宜实行固定汇率制度，如欧洲货币体系的汇率机制。

4. 国际经济和环境制约着一国的汇率制度选择。在国际资本流动日益频繁并且资本流动规模日益庞大的背景下，一国国内金融市场与国际金融市场联系越密切，本国政府对外汇市场的干预能力越有限，则该国实行固定汇率制度的难度越大。

在汇率制度的选择上，美国经济学家罗伯特·赫勒提出了“经济论”。这一理论认为，一国汇率制度的选择主要是由经济方面的因素决定的。这些因素有：经济开放程度、经济规模、进出口贸易的商品结构和地区分布、国内金融市场的发达程度及其与国际金融市场的联系程度、相对的通货膨胀率等。如果一国的对外开放程度高，经济规模小，进出口的商品结构单一（集中在某几种商品）或进出口的地区相对集中，则该国倾向于实行固定汇率制度或盯住汇率制度。相反，对外开放程度低，进出口商品多样化或进出口的地区分布多元化，国内通货膨胀率较高的国家，则倾向于实行浮动汇率制度。

发展中国家的经济学家也集中讨论了发展中国家的汇率制度选择问题，提出了汇率选择的“依附论”。这一理论认为，发展中国家的汇率制度的选择，主要取决于他们在经济、政治、军事等方面的对外联系特征。发展中国家在实行盯住汇率制度时，采用哪一种货币作为“参考货币”（被盯住的货币），主要取决于他们在经济、政治、军事等方面的对外依附关系。从美国的进口在其进口总额中占很大比重的国家，或者从美国得到大量军事赠予或从美国大量购买军需物资的国家，同美国有复杂的条约关系的国家，往往将本国货币盯住美元；同美国等主要工业国家的政治经济关系较为“温和”的国家，则选择盯住其他货币。

第三节 外汇管制

外汇管制(Exchange Control or Exchange Restriction),又称外汇管理(Exchange Management),是指一国政府通过法律、法令以及行政措施对外汇的收支、买卖、借贷、转移以及国际结算、外汇汇率、外汇市场和外汇资金来源与应用的干预和控制。外汇管制的目的是为了平衡国际收支、维持汇率以及集中外汇资金,根据政策需要加以分配。简单地说,外汇管制就是一国政府对外汇的收支、结算买卖与使用等各个环节所采取的一系列限制性措施。外汇管制的主体是由政府机构授权的货币金融当局或其他政府机构,在我国是国家外汇管理局。外汇管制体现的都是政府的意图,并且具有浓厚的时代背景和历史成因,其整体趋势是趋于放松的,我国也不例外。

一、外汇管制的产生和演变

外汇管制是资本主义经济发展到一定阶段的产物。第一次世界大战以前,资本主义国家实行金本位制,汇率的波动受黄金输送点限制,汇率基本稳定,国际收支是自动调节的,因此资本主义国家在当时不必实行外汇管制。

第一次世界大战爆发后,金本位制存在的外部环境不存在了。英、法、德、意等参战国因战争的巨额消耗,发生了严重的国际收支逆差,本国货币对外汇价猛跌,大量资本外逃。为了稳定本国经济,筹措支付战争所需的大量资金,防止资本外逃,参战各国纷纷取消了金本位制度,实行纸币流通制度,取消了外汇自由买卖,禁止黄金输出,外汇管制由此而产生。

第一次世界大战结束后,西方各国经济逐步恢复和发展,国际经济各项指标,如国际贸易规模、国际资本流量等很快超过了战前水平,汇率也基本稳定。在这种世界政治、经济出现相对稳定的外部环境下,西方国家先后建立起金块本位制和金汇兑本位制,并取消了在第一次世界大战期间所实行的外汇管制,外汇买卖的自由与国际多边结算制度基本恢复。但是,1929—1933年,资本主义世界爆发了规模空前的经济危机,美、英、德等主要资本主义国家经济陷入严重萧条,国际收支恶化、信用紧缩,国际支付无法正常维持,这导致金本位制度全面崩溃,纸币流通普遍实行,通货膨胀率居高不下。许多国家为了争夺国际市场采取了侵略性保护贸易政策,实行了很多新的、严格的奖出限入的对外贸易政策手段。在这种情况下,经济不发达国家以及债务国又不得不先后重新恢复了外汇管制,采取包括全面集中分配外汇、严格控制用汇等一系列限制外汇自由出入国境的措施。经济实力强、外汇资金充裕的国家则采用设立外汇平准基金等手段,控制汇率,争取扩大出口,争夺国际市场,以平衡国际收支。

第二次世界大战期间,除了远离战场未受破坏的美国外,资本主义各国普遍实行了严格的外汇管制,取消了外汇市场。其目的主要在于限制资本外流,集中本国的外汇资产。据统计,到1940年资本主义世界实行外汇管制的国家达到100多个。

战争结束后,各国经济发展极度不平衡,英、法、德、日、意等国由于受到战争的严重破坏,经济困难,通货膨胀严重,国际收支存在大量逆差,黄金外汇储备枯竭。为了恢复经济,把有限的外汇资金集中用于建设,解决国际收支困难,这些国家都进一步加强了外汇管制。另外,由于美国特殊的经济地位,没有实行外汇管制,建立了布雷顿森林货币制度。1944年7月,国际货币基金组织成立,它的一个重要宗旨就是消除阻碍国际贸易和资金流动的外汇管制。

20世纪50年代后,西欧、日本等资本主义国家经济迅速恢复,国际收支也有了很大改善,再加上美国利用美元的特殊地位，抬高美元汇率，大量输出资本，掠夺廉价原料和劳动力，并一再对西欧、日本各国施加放松外汇管制的压力，这些国家在1958年实行了有限度的货币自由兑换，对国外的贸易收支解除了外汇管制，但对其余的外汇收支仍维持管制。进入六七十年代后，西方主要工业化国家进一步解除了外汇管制措施，实行全面的货币自由兑换。与此同时，亚太地区的一些新兴工业化国家及地区和中东一些富裕的产油国家，也逐步放宽以至取消了大部分外汇管制。到了20世纪80年代后，随着全球经济、金融一体化趋势的加强，取消外汇管制成为一种明显的发展趋势。但时至今日，绝大多数国家尤其是发展中国家还实行外汇管制，即使名义上取消了外汇管制的国家，在对非居民的资本项目或对居民的非贸易收支还时时采取间接的限制措施。

二、外汇管制的原因和目的

（一）外汇管制的原因

从外汇管制的历史演进中可以发现：每当战争爆发，参战国为了适应战争的需要，都要积极筹集资金，同时防止资金外逃，挖掘外汇资源，弥补国际收支逆差，必定实行严格的外汇管制。在经济危机期间，由于生产猛降，失业人数增加，国内经济困难，国际收支严重失衡，一国也会实行严格的外汇管制。而当战争结束或经济危机缓和的时候，为了促进国内经济的发展，推动对外贸易的发展，一国往往会采取逐渐放松外汇管制的政策。

综观世界上实行外汇管制的国家和地区，不难发现：对贸易收支、非贸易收支和资本项目收支都实行严格外汇管制的，往往是经济不发达、国民生产总值低、出口创汇有限、外汇资金匮乏的国家和地区，共有90多个。另有30多个经济比较发达、国民生产总值较高、贸易和非贸易状况良好、有一定的外汇储备的国家和地区，原则上对贸易和非贸易收支不实行外汇管制，只是对资本项目的收支加以程度不等的管制。放松外汇管制的国家和地区有20多个，其共同的特点是经济发达，国民生产总值高，贸易和非贸易出口在国际市场上占的份额较大，有丰富的外汇储备，对贸易、非贸易和资本项目的收支基本不加以限制。

由此可见，实行外汇管制的原因主要是经济上落后，以及贸易和金融的不发达，外汇储备不足和国际收支状况不理想，具体有：

（1）外汇短缺。外汇短缺是指外汇供给小于外汇需求的趋势。战争、经济危机、经济落后都可能导致外汇短缺。

（2）金融秩序混乱或失控。金融秩序混乱或失控可以是由多种原因引起的，既可以是由战争、暴乱引起，也可以是因投机行为诱发，如1997年的亚洲金融危机爆发后，受到危机袭击的国家大多实行了较危机前严格的外汇管制。

（3）国内经济体制和价格体系的差异。如果一国国内经济体制和价格体系与国外相差较大，为避免国际市场特别是国际金融市场对国内经济造成冲击，一国通常会实行较严格的外汇管制。

（二）外汇管制的目的

从外汇管制演变的历史过程中可以看出，国际收支危机的货币信用危机是实行外汇管制的根本原因，因而减缓国际收支危机，稳定本国货币汇率显然是各国实行外汇管制的最主要目的，具体包括以下几个方面：

1. 限制进口，扩大出口，鼓励生产

通过实行外汇管制，一方面可以严格控制一切外汇交易活动和外汇资金的来源和运用，限制不利于本国经济发展的商品进口，支持有利于本国经济发展的商品进口，使本国商品有良好的国内市场环境，促进本国经济的发展；另一方面，通过一些政策措施，鼓励加工产品、工业产品出口，多创外汇，限制原材料、能源及初级产品的出口，提高国内资源的利用率。

2. 限制资本外逃，维持收支平衡

资本的国际流动，尤其是短期资本的国际流动对一国国际收支会产生很大的影响。实行外汇管制，就可以通过一些管制的政策性措施，限制资本向不利于本国国际收支的方向流动。当国际收支出现逆差时，对流出本国的国内资本不予兑换，防止资本外流；而当国际收支出现顺差时，则可通过各种措施限制外国资本流入，如存款不付息或倒收利息，以此改善国际收支顺差状况。

3. 稳定货币汇率，抑制通货膨胀

通货膨胀与外汇汇率变动有着密切的联系。汇率贬值，会导致外汇收入剧增，而扩大对本币的需求规模，导致流通中货币量增多，引发通货膨胀。实行外汇管制，可以对一切外汇交易加以限制，在汇率波动时由政府进行干预，以保持汇率的稳定，抑制通货膨胀的发生。

4. 集中外汇财力，节约外汇支出，增加外汇储备，从而增强本币信誉

对于一些经济实力相对薄弱、外汇资金短缺的发展中国家来说，外汇缺口一直是制约其经济发展的主要障碍，通过实行严格的外汇管制，规定出口产品所创外汇必须出售给国家经营外汇的专业银行；进口使用外汇由国家有关部门统一审批，使有限的外汇用到急需项目上，在一定程度上缓解外汇供求矛盾，同时也有利该国增加外汇储备，增强货币信誉。

5. 以外汇管制为手段，要求对方国家改善贸易关税政策

当前世界各国之间经济贸易关系十分密切，一些国家为了保护本国经济的发展和谋求国际收支状况的改善，往往以邻为壑，实行歧视性的贸易关税政策。实行外汇管制，可以以相类似的手段对上述国家的进口实行种种限制，以便增强贸易谈判地位、迫使对方放宽贸易限制，取消歧视性关税。

总之，外汇管制已成为许多国家稳定汇率、平衡国际收支和保护本国经济发展的重要手段，也是发展中国家同发达国家在经济金融领域斗争的重要工具。

三、外汇管制的主要内容

（一）外汇管制的主体

外汇管制的主体就是由一国政府授权进行外汇管制的机构，有四类：(1)中央银行。这是最常见的一类，如英国的外汇管制就是由英国的中央银行英格兰银行实行的。(2)财政部。如美国已经基本上取消了外汇管制，但对与某些国家的商贸金融往来仍实行一些限制，这种限制就是由财政部来完成的。(3)专门机构。如法国、意大利等国的外汇管理局就是按照政府的指令，在中央银行的领导下专门实行外汇管理的机构。(4)几个机构共同管理。由政府的几个部门共同行使外汇管制的权力，如挪威由商业运输部和挪威银行共同进行外汇管制；日本由大藏省、通产省和日本银行共同行使外汇管理权力。这些外汇管理机构，负责制定和监督执行外汇管制政策、法令和规章条例，并随时根据情况变化和政策需要，采取各种措施，控制外汇收支和汇率变化趋势。

（二）外汇管制的客体

外汇管制的客体就是外汇管制作用的对象，分为对人、对物和对地区三种对象进行外汇管制。

1. 对人的外汇管制

对人的外汇管制是指什么人要受外汇管制法律的约束。这里的人包括自然人和法人，实行外汇管制的国家根据自然人和法人居住地点和期限的不同，将其分为居民和非居民。由于居民的外汇收支对本国的国际收支影响较大，因此大多数国家对居民的外汇管制较严，对非居民的外汇管制则较松。

2. 对物的外汇管制

对物的外汇管制是指对国际收支中的各种支付手段、结算工具和外汇资产的管制。主要包括外国货币、外币支付凭证、外币有价证券和贵金属(如黄金、白银等)，被携带出入境的本国货币也是外汇管制的对象。

3. 对地区的外汇管制

对地区的外汇管制是指外汇管理的法令、法规、条例所能生效的地区。生效的区域通常与一国的国界是一致的，即以本国为限，但也有小于国界和超出国界的情形，如为了吸引外资，有的国家设立出口加工区、自由贸易区、自由港等，在这些地方基本不实行外汇管制，因而外汇管制的区域就小于国界。又如，历史上英法等国将其外汇管制的区域扩大到所属的殖民地或货币区。

4. 对行业的外汇管制

这是拉美地区一些新兴工业化国家通常采用的一种方法，我国也是这样。对传统出口行业采取比较严的管制，对高新技术和生活必需品的进口采取优惠的政策，对奢侈品的进口则采取更严的管制措施。我国曾使用过的外汇留成制度，就是一种典型的行业差别政策。

5. 对国别的外汇管制

对国别的外汇管制是指一国针对不同的国家、不同地区的情况采取不同的外汇管制政策。

(三)外汇管制的方式

外汇管制的方式是多种多样的，但都可以划分成两类，一类是直接外汇管制，即政府以行政手段对外汇买卖和汇率实行直接的干预或控制；另一类是间接外汇管制，即政府通过对进出口贸易及资本输出和输入进行管制，从而间接影响外汇收支和汇率。具体措施不外乎价格管制和数量管制两类。

1. 价格管制

价格管制就是对汇率水平的管制，具体方法有：本币高定值和复汇率制。

本币高定值的方法常见于外汇短缺的国家。由于外汇短缺，为了鼓励先进机器设备的进口，促进经济的发展，或者为了维持本国的物价稳定，控制通货膨胀，或者为了减轻政府的外债负担，就会有意识地实行本币高定值，尤其是发展中国家。本币定值过高，外汇需求被人为压制，这样，无法从官方渠道获得的外汇需求就会经外汇黑市获得，并由此形成较官方汇率高的外汇黑市汇率。官方汇率和黑市汇率的并存，实际上就是一种客观上的复汇率制，但由于不是人为规定的多种汇率，因此不划入复汇率制这一外汇管制方法。

复汇率制是指一国实行两种或两种以上的汇率，最常见的是双重汇率。复汇率按其表现形式有公开的和隐蔽的两种，公开的复汇率有多种表现形式，如法定的差别汇率、官方汇率与市场汇率混合使用等。隐蔽的复汇率主要有三种表现形式：

(1)对出口商品按不同类别给予不同的财政补贴(或税收减免)，由此导致不同的实际汇率。

(2)采用影子汇率，影子汇率实际上是附在不同种类商品之后的一个不同折算系数。如某类商品的国内平均单位生产成本是8元人民币，国外售价1美元，官方汇率为5.8，通过官方汇率只能弥补该单位产品的5.8元人民币生产成本。为鼓励出口，就在该类商品的官方汇率之后附加上一个1.5的折算系数（1.5×5.8＝8.7），这样该商品出口后，1美元便可换到8.7元人民币，由此达到鼓励出口的目的。不同种类的进出口商品成本不同，往往有不同的影子汇率，影子汇率就形成实际上的复汇率。

（3）在一国已存在官方汇率和市场汇率两种汇率的前提下，对不同的企业或不同的出口商品实行不同的收汇留成比例，并允许企业将留成的外汇在市场上按市场汇率换成本国货币，由于市场汇率往往高于官方汇率，因此这种做法的结果，实际上是政府机构给企业一种变相的补贴。另外，对某些进口商品和非贸易业务的一部分或全部的外汇支出，不能按官方汇率向指定银行购买，企业只得按较高的汇率（市场汇率）在外汇市场上购买，从而增大了企业的进口成本，客观上是对进口商实行另一种汇率，达到政府奖出限入的目的。

在复汇率的使用中，由于汇率种类多，需要大量的人力资源从事外汇管理，使外汇管理的成本增高，而且复汇率的制定和实施中易诱发寻租行为，影响经济运行的效益。汇率是货币的价格表现，复汇率导致多种价格，使价格关系变得复杂和扭曲。复汇率实际上又是一种变相的财政补贴，客观上使企业处于不同的竞争地位，不利于公平竞争关系的建立和市场透明度的提高，而且复汇率容易引起贸易伙伴国的非议和报复，不利于对外经贸的发展。因此，复汇率经常是作为一种权宜之计或过渡措施。

2. 数量管制

数量管制是指对外汇数量统筹统配，具体方法有：外汇配给控制和外汇结汇控制。

在进出口贸易方面，一般采取颁发进出口许可证的办法。具体对出口外汇收入的管制，通常是规定出口商必须将外汇收入的一部分或全部结售给指定银行。对进口外汇支付的管制，通常最常用的就是在考虑进口总量、进口商品结构、进口商品的生产国别、进口支付条件的基础上，由国家有关当局签发进口许可证，进口商只有获得进口许可证后才能购买进口所需的外汇。基于保护本国经济的考虑，一般都限制与国内生产相竞争的商品进口，并且严格控制某些奢侈品和非必需品的进口。控制进口的方法除了颁发进口许可证以外，常用的还有：实行限量进口；征收进口税和进口附加税；对进口规定预存保证金；规定进口支付条件；对某些进口产品实行专营等措施。

在非贸易方面，基本按进出口贸易外汇管理办法处理。发展中国家一般对非贸易外汇支付都严加控制，但为了更好地引进国外的先进技术，吸引外国投资，促进本国经济的发展，对外国的投资收入和引进技术的费用支出在一定程度上予以放宽。

在资本项目方面，由于资本的输出和输入直接影响一国的国际收支，因此无论是发展中国家还是发达国家，都很重视资本的输出和输入，只是根据不同的需要，实行不同程度的管制。发展中国家由于外汇资金紧缺，一般对资本的输出限制较严；对有利于发展本国经济的外国资本的流入，则实行各种优惠措施，积极引进。例如，对外商投资企业给予减免税优惠，允许外商投资企业的利润用外汇汇出等。此外，有些国家根据本国外汇收支的具体情况，对外国资本的输出和输入采取一些措施，例如，规定资本输出和输入的额度、期限与投资部门；从国外借款的一定比例在一定期限要存在管汇银行；银行从国外借款不得超过其资本与准备金的一定比例；规定借款部门的利率和附加利率的水平；规定接受外国投资的最低额度等。发达国家通常对资本项目的管制较松，其特点是：自第二次世界大战后，从一般的限制资本输出以减缓和防止本国货币汇率的下跌，发展到一些发达国家限制资本流入，以防止本国货币过度上浮。

总之,对资本输入的管制,主要集中在两个方面:一是对长期资本输入实施期限结构、投入方向等输入条件的管理;另一方面是对短期资本输入的管理,这方面各国大多采取比较严厉的管制措施。在资本输出的管制方面,发展中国家大多实施严格的管制,一般不允许个人和企业自由输出(或汇出)外汇资金。

四、外汇管制的利弊

外汇管制作为一种经济政策,在实施过程中既有一定的积极作用,同时又有一定的消极作用。

从总体上看,外汇管制可以使一国经济少受或不受外来因素的影响,如前所述的一些目的,如稳定经济、改善国际收支状况、保护和促进本国工业发展等一般也可实现,但是与此同时,外汇管制的实施对本国经济和世界经济也会带来许多不利影响。

(一)阻碍国际贸易的正常发展,增加国家之间的摩擦

实行外汇管制,限制了外汇的自由买卖与支付,外汇管制国家之间以及外汇管制与不实行外汇管制国家之间必然要实行限制性程度不同的双边结算制度。这无疑会阻碍国际贸易规模的扩大。另外,由于实行外汇管制,贸易往来和资本流动往往带有政府的意图,而不仅是商人之间的自由交易,因而必然会加深国家间猜忌、摩擦和矛盾,引起对方的报复,贸易战、货币战也会随之加剧。

(二)外汇市场机制的作用不能得到充分发挥

自由外汇市场和管制下的外汇市场有所不同。在自由外汇市场上,由于市场机制的作用,在外汇供求之间,远期汇率和利息率之间,在一定程序下能够取得均衡。而在外汇管制下,汇率由政府决定,外汇的供求也受到严格的控制,因此在外汇市场上不能进行多边交易,资本也不能自由流动,这就造成国际金融市场的分裂和解体。

(三)降低资源的有效分配与应用

外汇管制的结果,隔离了本国市场与国际市场的联系,国内的生产者和商人无法正常地生产、销售、选购市场所需的价廉物美的商品,使生产与贸易脱节,破坏了国际贸易比较优势的原理,使资源有效分配的机制无法发挥作用。

(四)不利于引进外资

外汇管制的松紧一直被国外投资者认为是该国投资环境最主要的一个方面,因为外汇管制给他们在该国投资的还本付息、红利分配及债务偿还带来困难,从而降低了投资者投资的兴趣,使本国难以扩大吸收利用外资加快本国经济的建设。

(五)某些商品的成本提高,导致国内物价上涨

外汇管制虽有抑制国内物价上涨的作用,但是对于某些进口商品,或因征税过高、或因歧视汇率的实行,也会提高其价格,从而导致该类商品价格的上涨,造成国内通货膨胀压力。

资料卡 10—4 疫情加上外汇管制收紧,阿根廷上百家外汇兑换所倒闭

据阿根廷华人在线报道,“点滴式消失”(Goteo)这个词似乎是阿根廷人谈论外汇时最恰当的用词:比索以这种方式渐渐贬值,央行外汇储备也以上述方式被民众蚂蚁搬家式地购买而渐渐失血。阿根廷外汇兑换行业在疫情隔离前雇用了将近 5 000 名员工,并有 230 名操盘人员。由于新冠肺炎疫情影响,换汇业务急剧萎缩,而且从业者对政府外汇管制政策感到担忧,该行业的从业人员已经纷纷开始撤离。

如今,阿根廷实施隔离政策已经超过了150天,并且没有一个明确的解封日期。在此期间,外汇兑换所的数量几乎减少了一半。有些经营了数十年的著名外汇兑换所,例如Maxinta、Mazza、Valuar、Cardiff和Transcambio相继关门,这是在隔离期间停止运营的五家大公司。据估计,如果该行业重新开放,将有大约100家已经从外汇市场消失。

事实上,尽管大布宜诺以外的其他地区恢复了正常流通,但外汇兑换所仍然无法正常运作。几乎没有人能够建立一个通过数字签名系统以进行网络外汇买卖,并且受到隔离的限制:换汇外汇兑换所的客户(银行价格便宜10%)必须关联一个银行账户,这样他们购买的美元货币才可以存入银行,然后才能够实际提现。随着网络购买收紧管控,一些金融实体决定甚至不接受此类转账操作。

该行业正处于生死攸关的转折点。除了关门自保之外(部分原因是为了遏制更多的美元渐渐"流失",或是等到柜台开放活动时),该部门也没有像受隔离影响的其他行业部门那样得到国家的帮助。阿根廷外汇交易商会(Cadecac)主席马里奥·莫切蒂(Mario Mochetti)解释说:"外汇兑换行业被排除在任何形式的国家福利之外,从工资援助计划到贷款,因为它与其他金融机构一样,这使我们陷入了非常艰难的境地。"

莫切蒂解释说,在这几个月中,马克里政府之前就存在的一些法规也已生效了,这些法规都是要求,例如用最低的资本运作。外汇兑换所有可能开展一些补充性商业活动,例如帮助收取税收的服务,如果可行的话,可以帮助那些还苟延残喘的外汇兑换所撑下去。

外汇兑换所(Casa de Cambio)与外汇代理(Agencia de Cambio)之间的区别在于,前者(仅占该行业的20%)可以进行国际转账和外贸业务,而后者只能买卖外汇。还有一个事实是,据计算,这两种类型的商业实体仅占外汇交易市场的6%(只占市场的少数部分)。其余的换汇业务来自银行,而现在的银行几乎控制了阿根廷所有的货币交易。

莫切蒂澄清说,还有一个问题是,现行的政府外汇限制措施和团结税(Impuesto PAIS)使得购买美元的官方市场完全消失了。这个问题的答案很明显:谁会以买方汇率(低于卖方汇率)的价格卖出美元,然后损失他们购买美元时支付的30%税款呢?当然,这一切操作都是在黑市或股票交易市场中进行的。

资料来源:https://baijiahao.baidu.com/s?id=1677253292390084685&wfr=spider&for=pc,2020年9月8日。

第四节 我国的外汇管理

新中国成立以来,我国一直实行严格的外汇管理,改革开放以后,我国的外汇管理体制进行了一系列改革。汇率管理是我国外汇管理的前提和基础性内容,外汇制度改革的目标是逐步实现人民币的完全可兑换。

一、我国外汇管理体制改革的历史沿革

1979年以前我国实行的是高度集中的外汇管理体制,其方针是"集中管理、统一经营",外汇收支全部由原国家计划委员会实行全面性计划管理。1979年以后,随着我国对外开放和经济体制改革的推进,我国的外汇管理体制改革取得了如下进展:

1. 外汇管制步入正轨

这体现在外汇管理机构的设立和外汇管理条例、实施细则的公布这两个方面。1979 年 3 月，国务院批准设立国家外汇管理总局，作为国务院的直属机构，行使全面管理外汇的职能；1982 年 8 月，改称国家外汇管理局，划归中国人民银行，由中国人民银行行使国家的外汇管理职能；1990 年 3 月又决定国家外汇管理局改为国务院直属机构，加强了外汇管理工作。1980 年 12 月 18 日，国务院颁布了《中华人民共和国外汇管理暂行条例》，以后又陆续公布了 30 多个实施细则，使我国的外汇管理的立法和制度日趋完善。

2. 在外汇分配制度上实行外汇额度留成办法

实行外汇额度留成制，对鼓励出口和调动各方面创汇积极性起到了重大作用。但它也引发了以下不良因素和问题：第一，在地区之间、部门之间和企业之间实行的种类繁多的外汇留成比例，使企业失去了公平竞争的环境，尤其是在外汇调剂市场和调剂价格产生后，进一步导致了不公平效应和价格扭曲。第二，在外汇额度留成制下，企业和地方留成的是额度（即用汇权），而不是外汇资金本身。历年来在留成额度名义下卖给国家的外汇，已被国家用汇计划安排使用掉了，而企业和地方的留成额度总额在不断上升，具有超过国家外汇储备的趋势，这些外汇留成额度一旦转化为用汇需求，对当时国家外汇储备的冲击是很大的。为解决这一问题，有人曾提出用现汇留成制取代额度留成制，国家也曾于 1993 年在上海、深圳、海南进行了试行。在现汇留成制下，企业出口创汇后所得的是外汇资金本身而不是额度。现汇留成的好处，除可避免以上所述外汇使用权和所有权相脱节的弊端外，还可以减少人民币资金的投放（因为现汇留成部分不必结售给中国银行），并且存放在银行的现汇留成，构成了银行的外汇资金来源，银行可转贷给急需用汇单位，加速了外汇资金的周转使用。

1987 年下半年和 1988 年上半年，深圳和上海建立了外汇调剂中心，实行了竞价买卖，允许价格自由浮动，中国的外汇调剂业务和外汇调剂市场迅速发展起来，建立了 100 个外汇调剂中心。外汇调剂市场改外汇的计划分配为市场分配，加速了外汇资金的周转，贡献是巨大的。到 1993 年年底，全国各类用汇中一半以上是通过外汇调剂市场实现的，外汇调剂价格也被许多企业用作核算的依据。但是，调剂市场和调剂价格也为我国的外汇管理带来了许多问题。首先，官方汇价和调剂价并存，形成了双重汇率。其次，外汇调剂价的波动较大，对外贸的正常发展和宏观金融稳定带来了一定程度的负面影响。在 1989 年年中，调剂价与牌价的差距为 2 元，1990 年缩小到 0.8 元，1991 年又缩小到 0.5 元，1992 年扩大到 2 元，1993 年 6 月高达 5 元，1993 年底为 3 元。再次，全国约 100 个外汇调剂中心曾长期处在分离状态，全国统一的外汇调剂市场在 1994 年以前一直没有形成，这不利于外汇资金在地区间的横向流动，也不利于外汇市场的发育。

需要注意的是，一些较为流行的参考书将外汇兑换券和外汇人民币、人民币特种存款混为一谈，造成了误解。三者的共同点是都由自由外汇兑换而来，且都与人民币等值。但三者的产生背景、使用范围和会计处理都不同。外汇人民币是在 1968 年我国对外贸易开始试行人民币计价后，外国银行和企业为了方便与中国贸易，用自由外汇折算，并存入中国银行的人民币资金，其用途以后又扩大到非贸易收支，它无任何形式的纸币或硬币，只能进行账面收付。人民币特种存款是中国银行自 1991 年开办的业务，存款对象为外国驻华机构、港澳地区团体和个人、海外华侨、中国境内的三资企业，这些单位用自由外汇兑换成人民币开户，账户分为存折户和支票户两种，人民币特种存款的支票上印有“&quot”“特 &quot”“字(Special)”。其主要目的是方便境外居民在我国国内的各种支付，其使用比外汇兑换券方便得多。

1979年以前我国实行的是单纯按指令性计划分配外汇的制度。1979年8月国务院决定实行贸易外汇和非贸易外汇额度留成办法。所谓外汇额度留成，即境内机构将收入的外汇全部卖给银行，取得人民币，同时按留成外汇分配比例，分得留成外汇额度，在地方外汇管理局开立留成外汇额度账户。留成外汇额度一律以美元为单位。今后境内机构需要对外支付，凭留成外汇额度和人民币，按支付日人民币兑美元汇率，再购买现汇。

3. 建立外汇调剂市场，形成外汇调剂价格

在外汇额度留成制下，存在着一些企业有额度不用并缺乏人民币资金，而另一些企业想用汇却既无额度又无国家计划批准外汇的现象。1980年，国家建立了外汇留成额度调剂市场，允许企业间相互买卖外汇留成额度，外汇调剂价也就由此而形成。例如，甲企业将其1美元的外汇额度卖给乙企业得人民币2元；乙企业就可以用买来的外汇额度向中国银行以1美元折合5.3元的牌价买1美元现汇办理支付，这样乙企业买美元的价格实际为1美元＝7.3元，这就是外汇调剂价。

4. 建立对资本输出输入的管理制度

我国对资本输出输入的管理制度主要有：(1)对外商投资企业的外汇管理。为了鼓励外商来华投资，对外商投资企业外汇收支采取比较宽松的政策，允许其保留外汇收入，自行支配使用；允许其向境内外银行借款，自借自还，事后办理登记；允许其通过外汇市场调剂外汇余缺；投资者所得利润、依法停业清算后所分得的资金、外籍职工的工资收入，均可申请汇出；投资者的人民币利润进行再投资享受外资待遇等。(2)对外债的管理。1986年4月开始，国家外汇管理局统一管理全国外债，掌握全国外汇、外债的信息和数额，监督和管理对外借债和境外发行债券。对外债实行计划管理和审批制度，借用外债必须纳入国家计划，对中长期外债实行年度指标控制，对短期外债实行余额管理。对外借款和在境外发行债券必须逐笔报国家外汇管理局审批，国家外汇管理局监督其还本付息。实行外债登记制度，建立全国外债统计监测系统，定期对外公布外债数字。(3)对境外投资的外汇管理。对境外投资实行事前审查和事后监督相结合的管理制度。国内企业向境外投资必须凭计划部门批准的项目计划，向原外经贸部申请批准。在申请前，须经外汇管理局审查外汇资金来源和外汇风险，并由外汇管理局监督其投资回收和利润调回。

5. 外汇券的发行和流通

外汇券是"外汇兑换券"(Foreign Exchange Certificate，FEC)的简称，它是中国银行于1980年4月起发行的以外币为兑换对象，在国内指定范围内流通的一种票券。它与人民币等值，但不是另一种货币。面额有100元、50元、10元、5元、1元、5角、1角7种。按照规定，入境的外国人员、华侨及港澳同胞随身携带的外币或旅行支票，不能在我国境内自由流通，入境后须在中国银行兑换成外汇券，用于购买商品或支付劳务费用等零星开支，离境时仍可凭外汇券换成等值外币出境。外汇兑换券的目的是禁止外币在国内市场流通，防止套汇或套取紧缺物资。但它却一度较严重地扰乱了我国的货币流通秩序和人民币汇率，一些地区出现了只收外汇券拒收人民币——我国法定货币——的现象，外汇兑换券在流通中的价值超过其人民币面值，变相地形成复汇率，使人民币汇率管理复杂化。另外，我国还建立了多种金融并存的外汇金融体系，利用外资规模在逐渐增大，对国内居民个人的外汇管制也在逐步放松。

二、我国外汇管理体制的现状

为了促进我国市场经济体制的建立和进一步对外开放，克服双重汇率带来的不利影响，从

1994年1月1日起，我国的外汇管理体制进行了重大改革。这一时期外汇管理体制改革围绕人民币经常项目可兑换的改革目标，相继推出了一系列改革措施，具体而言主要有：

（一）实现汇率并轨，实行以市场供求关系为基础的、单一的、有管理的浮动汇率制度

1. 汇率并轨，实行单一汇率

从1994年1月1日起，国家把调剂外汇市场的汇价与官方牌价合二为一，只保留一个汇价。1993年12月底官方牌价为1美元＝5.800 0元左右人民币，根据18个外汇调剂中心交易价加权平均后的调剂汇率为1美元＝8.700 0元左右人民币。由于调剂外汇汇率是由市场供求关系决定的，人民币与外币的比价较真实地反映了人民币对美元的实际价值；而官方牌价对人民币有高估，因此，1994年1月1日并轨后的牌价为1美元＝8.70元左右人民币。

2. 实行以市场供求为基础的、有管理的浮动汇率制度

依据国际上通用的分类方式，按政府是否进行干预，浮动汇率制可分为自由浮动和管理浮动两种类型。我国即属于管理浮动这一类型，人民币对美元及其他外币的比价不是固定不变的，而是中国人民银行根据外汇市场的供求情况，采用经济手段、法律手段，必要时进行宏观调控，对市场进行干预，避免短期的投机性波动，以保证汇率在宏观经济目标范围内平滑运行，促进国际收支的中长期平衡。这种干预是顺势干预，并不改变外汇供求方向和影响外汇市场的正常运行。中国人民银行通过规定银行挂牌汇率浮动幅度、进入银行间外汇市场吞吐外汇等办法，对汇率波动进行调控，以维护相对稳定的金融环境，支持国民经济的健康发展。

（二）实行银行结售汇制度和进出口收付汇核销制度

1994年1月1日起，取消了统收统支的外汇管理制度，逐步发挥市场机制对外汇资源的配置作用，对经常项目下的外汇收支实行银行结汇和售汇制度，境内企业和居民个人只要能出示证明交易真实性的商业单据和有效凭证，即可到外汇指定银行办理购付汇手续。具体来说：

在贸易外汇管理方面，规定：出口收汇应及时调回国内，或在银行结汇，或按规定保留在外汇结算账户内。同时，规定境内机构的出口收汇和进口付汇应办理收付汇核销手续。

在非贸易外汇管理方面，主要坚持以下管理原则：一是非贸易项下的外汇收入（除了规定以外）必须及时调回境内办理结汇，或存入其外汇账户。对非贸易项下的汇兑行为进行真实性审核，交易主体只要能够提供有关商业单据和凭证，经过银行或外汇局真实性审核后，即可办理购付汇手续。二是禁止境内外币计价结算和外汇划转。除了法规明确规定外，境内非贸易项下的交易活动只能以人民币计价结算，不得以外币计价结算，同时规定，在境内不得以外汇形式划转（除明确规定外）。三是借助行业主管部门对非贸易外汇收支进行管理。具体到非贸易购付汇真实性审核，除了要审核客户所提供的有效商业单据和凭证外，还必须审核有关行业主管部门的批准文件和税务凭证。

（三）建立银行间外汇市场

1994年4月1日，在上海成立中国外汇交易中心，形成统一的外汇市场——银行间外汇市场。同年4月4日正式运行。它无论从结构、组织形式，还是交易内容和交易方式，以及管理和调控等方面都较外汇调剂市场大大向前迈进了一步，具体地说：（1）运用现代化的通信网络和电子计算机联网，为各金融机构包括中资、外资以及中外合资金融机构提供外汇交易与清算服务。（2）市场结构上，银行间外汇市场分为以下两个层次：一是外汇指定银行和企业之间进行外汇买卖的市场；二是银行间外汇市场，包括外汇指定银行相互之间以及外汇指定银行与中央银行之间的外汇交易。外汇指定银行在办理结售汇业务的过程中出现超买或超卖现象，就可以通过银行间外汇市场进行外汇交易，平衡其外汇头寸。（3）市场组织形式上，银行间外

汇市场通过中国外汇交易中心的市场网络交易。交易中心以上海为中心，采取会员制的形式，通过交易网络，实行同步即时交易，形成全国统一的市场汇率，消除了原来的供求分割和地区差价，使得外汇资源在全国得到更为有效的配置。(4)在交易方式和内容上，采取由会员随时报价，公开竞价，按照价格优先和时间优先的原则撮合交易。

(四)取消外汇券，放宽境内居民个人外汇管理

1994年决定停止发行外汇券，已发行的外汇券仍可继续流通，逐步兑回。1995年1月1日起，停止外汇券流通，并限期于1995年6月30日前兑回。1994年1月1日，重申禁止外币境内流通和私自买卖外汇，取消境内外币计价结算。

提高个人因私用汇的供汇标准，扩大供汇范围，并对超标准和超范围的用汇经外汇局审核其真实性后，可以给予供汇。

(五)建立国际收支统计申报体系

1996年年初，国家外汇管理局推出了新的《国际收支申报统计办法》。引入了新的数据采集方法，采用交易主体申报制度，将直接申报与间接申报、逐笔申报与定期申报有机结合起来。对应于整个国际收支体系中的不同子系统，交易主体分别采用逐笔或定期(如月报或季报)的申报形式。这种国际收支统计方法改变了以往行业统计的弊端，保证了国际收支统计数据的完整性、准确性和及时性，为宏观经济决策提供了重要参考依据。而且，新的国际收支统计申报办法基本上依据的是国际货币基金组织《国际收支手册》(第五版)的原则，使得我国国际收支统计体系逐步向国际接轨。

(六)加强对资本项目的管理

人民币经常项目可兑换后，为了防止违规资金流入冲击我国经济和资本外逃，我国对资本项目加强了管理：

1. 长期外债管理。实行全口径计划管理，根据不同的借款方式和偿还责任，分别列入指令性计划和指导性计划管理，把项目融资纳入国家借用商业贷款的计划。国家外汇管理局负责审批中长期国际商业贷款的借款条件，即贷款协议的核心条款内容，并负责根据各金融机构的资产负债状况提出分配意见，确定下达金融机构的借款控制指标。

2. 短期外债管理。对短期国际商业贷款(1年以下，含1年)实行余额管理。国家外汇管理局于每年计划年度开始时，给各金融机构和企业下达短期外债余额控制指标，由各外汇局分局负责具体核转。境内经批准有权对外借款的金融机构在核定的余额控制指标内负责筹措短期对外借款，其对外签约，或在指标内提款不必逐笔审批。

3. 发行境外债券管理。在国外发行债券(包括项目融资)必须列入国家利用外资计划内，由中国人民银行批准发行债券的金融机构办理。发行主体仅限于借用国际商业贷款的窗口机构、财政部及国家政策性银行。

4. 对外担保管理。境内机构对外提供的融资担保、融资租赁担保、补偿贸易项下的履约担保以及境外工程承包中的债务担保等，均需国家外汇管理局及其分局审批、管理和登记。目前，允许提供外汇担保的机构和单位(担保人)仅限于：一是经批准有权经营外汇担保业务的金融机构(不含外资金融机构)；二是具有代位清偿债务能力的非金融企业法人，包括中资企业和外商投资企业。

5. 境外投资管理。境内机构向境外投资，在向审批主管部门申请前，由外汇管理局审查其投资外汇风险和外汇资产来源；经批准后，境内机构应持有关材料向外汇管理局办理登记和投资外汇资金汇出手续。

（七）建立外汇储备经营管理制度

1994年起，外汇储备完全集中到中国人民银行管理，逐步建立起比较规范的外汇储备管理制度。按照"安全性、流动性和收益性"储备管理目标，国家外汇管理局代表中央银行在国际市场上直接经营其掌握的绝大部分国家外汇储备，根据国民经济发展的实际需要和对外经济发展的具体情况，统一安排外汇储备资产结构，调整外汇储备的货币结构。

在集中管理国家外汇储备的同时，还委托个别条件较好的商业银行代理国家经营部分外汇储备资金，以合同方式确定委托与被委托之间的责任和义务，明确了国家外汇储备资金所有权和经营权的关系。在外汇储备经营过程中，根据国际金融市场的行情，综合考虑了利率、汇率以及其他各经济金融指标，及时调整了外汇储备货币结构和资产结构，有效地控制了外汇储备风险，保证国家外汇储备收益的增加。

三、我国外汇管理体制的特点

首先，外汇管理法规有较强的可操作性。这主要表现在：(1)我国外汇管理体制协调，管理权力集中有效。外汇管理局是我国唯一的外汇管理部门。它克服了其他国家在外汇管理中存在的由中央银行、财政部、外汇管理局多头管汇、多头批汇、职责不清的局面。(2)我国外汇管理法规不同程度地订有定义条款，它们对相应法律关系的主体和客体的内涵和外延都做出明确规定，使有关规定的使用不易发生偏差。而且法律条文规定逐步具体，语义相对明确，可操作性不断加强，外汇业务是否违规容易界定。(3)相关法规的罚则十分明确。1996年的新条例增加到13条，并且出现了大量援引性条文(刑事责任部分)。起初，新刑法颁布后，因为没有规定相关的刑事责任，造成了刑事处罚的真空，1998年12月29日全国人大常委会通过了《关于惩治骗购外汇、逃汇和非法买卖外汇犯罪的决定》这一法律性文件后，问题得到了彻底的解决。

其次，我国外汇管理法规从一开始就以国家行政管理机关(包括国务院、中国人民银行、国家外汇管理局)制定的行政法规和部门规章的形式出现，而不像日本、韩国等国家那样以国家立法机关通过法律的形式出现。这是由于我国的外汇管理体制改革必然随着经济体制改革而不断深化。过早地由人大制定法律，法律就会被频频突破，最终会破坏其自身的权威性。在此之前，我们要极力维护《中华人民共和国外汇管理条例》的权威，一切外汇管理活动都以它为准则。

再次，外汇管理法规与国际惯例逐渐接轨。多年来我国一直致力于"入世"的谈判活动，其中汇率"双轨制"经常受到世贸组织、国际货币基金组织的质疑。1994年，我国实行了统一的汇率，这表明我国外汇管理正在向国际惯例靠拢。但是与国际惯例相比还有差距，主要表现在：(1)我国现行外汇管理法规中，若干概念与国际通行概念不统一，若干交易类别划分也与国际标准不一致；(2)在管理范围上，我国目前资本项目管理范围主要集中于对资本流入的管理，对资本流出的管理尚不足；(3)在管理手段上，国家以事前审批为主，事中监控能力较弱，事后处罚制度也不完善。

四、人民币汇率制度及其改革

（一）人民币汇率的演变

1973年到1980年，我国人民币汇率确定的原则发生了根本性变化，由过去按国内外物价对比，改为实行一篮子货币计价原则，确定了盯住一篮子货币的盯住汇率制。篮子货币的种类及其权数由国家统一掌握，并根据不同时期的情况加以变动，其中美元、日元、英镑、联邦德国马克、瑞士法郎等始终占重要地位。这一阶段人民币汇率的另一突出特征是经常调整，仅在1978年，人民币兑美元汇价就调整了61次之多。

就汇率水平而言，出口换汇成本高于人民币汇率(1美元折合人民币数额)，人民币汇率定值过高，这不利于鼓励出口。例如，1979年我国外汇牌价为1美元约合1.555 0元人民币，而全国平均出口换汇成本为1美元折2.53元人民币。

为解决人民币定值过高问题，我国从1981年1月1日起实行贸易外汇的内部结算价格，并持续到1984年12月31日。在这一阶段，人民币的公开牌价仍然维持在1美元等于1.5元人民币左右，它主要用于非贸易外汇收支；而内部结算价为1美元等于2.80元人民币(由平均换汇成本1美元折合2.53元人民币加上10%的利润计算得出)，用于贸易外汇的收支。内部结算价与官方汇率相比，实际上是对人民币实行了贬值，这有力地改善了我国贸易收支，使我国外汇储备显著增加。例如，1984年我国外汇储备余额达到170.42亿特别提款权单位，是80年代的最高水平。但实行内部结算价造成了双重汇率制，并引起了一些不良后果。

从1985年1月1日起，我国取消了内部结算价，实行统一官方汇率，即1美元兑换2.8元人民币。但由于我国外汇调剂市场的发展，又形成了官方汇率和外汇调剂价并存的新的双重汇率制，并维持到1993年年底。这期间，人民币汇率改为盯住美元的汇率制度，人民币官方汇率也经历了几次较大幅度的贬值。一是1985年10月30日，从1美元合2.80元人民币调低到3.20元人民币，贬幅12.5%；二是1986年7月5日，调低到3.703 6元，贬幅13.6%；三是1989年12月16日，调低到4.722 1元，贬幅21.2%；四是1990年11月17日，调低到5.222 1元，贬幅9.6%。从1991年4月起实行盯住美元的爬行盯住制，官方汇率逐步向下进行小幅调整，到1993年12月，1美元约合人民币8.7元人民币。

(二)人民币汇率制度的基本内容

人民币汇率采用直接标价法。在人民币汇率的牌价表中，外币一般是以100为单位，只有比利时法郎、意大利里拉是以10 000为单位，日元以10万为单位。在使用电汇、信汇和票汇卖出外汇时，采用同一人民币汇率。目前人民币对22种外币订有汇率。

人民币汇率的决定因素主要是外汇市场的供求关系。中国人民银行根据前一日全国银行间外汇交易市场形成的外汇收盘价，参照国际金融市场上西方主要货币汇率的变动情况，每日公布人民币兑美元及其他主要货币的汇率。各外汇指定银行和经营外汇业务的其他金融机构以此为依据，在中国人民银行规定的浮动范围内自行确定挂牌汇率，对客户买卖外汇。为保持各银行挂牌汇率的基本一致和相对稳定，中国人民银行通过在银行间外汇交易市场买卖外汇来实施公开市场业务操作。

外汇指定银行对外挂牌的汇价实行双向报价，即标出银行的买入价和卖出价。此外还挂有外币现钞买卖价，外汇银行买入外币现钞价比买入外汇价一般低0.2%～0.3%，外币现钞卖出价与外汇卖出价相同。中国银行于1997年开办了远期人民币业务，规定企业可用15种外币向中国银行办理远期人民币买卖业务，远期人民币的交割期限有1、2、3、4、5、6个月6种。

(三)人民币汇率的制定依据

人民币汇率是根据我国经济制度改革和经济发展的需要制定的，受国际货币制度变动的影响。新中国成立后，我国政府宣布：人民币是独立自主的货币，不参与任何外币集团，不规定含金量，不实行贵金属准备制。在20世纪50～70年代，我国的外汇来源主要是出口收入和侨汇收入，因此这段时期人民币汇率是以人民币对内对外购买力状况为基础，参照出口商品理论比价、进口商品理论比价、侨汇购买力比价三个指标计算出来的，又称为“物价对比法”，并长期盯住英镑实行固定汇率制。

1. 出口商品理论比价。其计算方法是以我国当时大宗出口物资中的每一种商品的国内人民币成本与出口价格（均以FOB价格为准）相比，即为每一种大宗商品的人民币比价。用公式表示为：

出口商品理论比价＝出口商品国内总成本/出口商品的国外价格(FOB)

由于这个比价是以出口商品的成本计算的，为鼓励出口，当时曾经对不同的出口商品规定了5%～15%的出口利润率。加上利润因素后：

出口商品理论比价＝出口商品国内总成本×(1＋利润率)/出口商品的国外价格(FOB)

有了各种商品的理论比价后，可以用简单算术平均数的方法，也可以用加权算术求平均数的方法求出人民币对美元的比价。

2. 进口商品理论比价。类似于出口商品理论比价计算方法，不同的是进口商品是以CIF价格为计算标准，其公式是：

进口商品理论比价＝进口商品国内市场价格/进口商品的国外市场价格(CIF)

3. 侨汇购买力比价。是用于测定进出口商品理论比价是否有利于侨汇的比价，计算方法分为两个步骤：

首先是生活费指数的计算。以一个华侨眷属5口之家中等生活水平为准，定出1个月在国内日常所必需的消费品种类和数量，然后再按香港和广州两地的零售物价编出国内外加权的生活费指数。生活费指数计算公式：

生活费指数＝计算期价格×消费量/基期价格×消费量

则国内外侨眷生活费指数之比为：

国内侨眷生活费指数/国外侨眷生活费指数

其次是侨汇购买力比价的计算：

侨汇购买力比价＝外汇牌价×国内侨眷生活费指数/国外侨眷生活费指数

计算后所得到的比价，如果低于外汇牌价，汇价就有利于侨汇；反之就不利于侨汇。

从以上三个方面可以看出，人民币对外汇率的确定是以贸易和非贸易的国内外商品与劳务价格对比为基础，经过综合加权平均计算出来的，它能比较真实地反映人民币对外的价值。

1973年开始，发达国家普遍实行浮动汇率，汇率变动频繁，为了稳定人民币币值，人民币汇率盯住一篮子货币以与国际浮动汇率制度相适应。篮子中所选用的货币是我国对外经济贸易往来中经常使用的货币，按其重要程度和政策上的需要确定权重，再根据这些货币在前一营业日外汇市场上的汇率，加权计算出人民币汇率。

1979年8月，为大力发展对外贸易，鼓励出口，限制进口，加强外贸的经济核算，国务院决定改革我国汇率制度，除继续保留人民币的公开牌价之外，另外制定内部贸易结算价，从1981年1月1日起实行，对外公布的人民币牌价为USD 1＝RMB 1.5，主要用于非贸易外汇的兑换和结算。而进出口贸易则使用内部贸易结算价USD 1＝RMB 2.80，此为贸易汇率。它是按1978年全国出口平均换汇成本1美元＝2.53元人民币加上10%的利润计算出来的（出口换汇成本＝以人民币计算的出口成本/以外币计算的销售价格）。这种双重汇率制不符合国际货币基金组织实行单一汇价的要求，于是我国从1984年起随着国际市场美元的上升逐步下调汇率，将对外公开的汇率向内部贸易结算价靠拢，于1985年1月1日起，重新实行单一的汇率，即人民币的官方牌价变为USD 1＝RMB 2.80。这意味着人民币对外贬值46%，1985年1月至10月人民币汇率又逐步调整，由1美元＝2.80元调为1美元＝3.20元人民币，人民币对外贬值12.5%。此后，由于国内通货膨胀，物价上涨，出口换汇成本增加，人民币汇率进行了三次大幅度调整。1986年7月5日调为1美元＝3.70元人民币；1989年12月16日调为4.72元人民币；1990年11月17日调为5.22元人民币。

1988年3月以后各地普遍设立外汇调剂中心，扩大外汇留成比例，放开外汇调剂市场汇率，调剂外汇数量逐步增加。人民币官方汇率与市场汇率并存：一方面是官方对外公布并调整的外汇牌价；另一方面是以外汇市场供求形成的外汇调剂汇率。企业出口收汇中上缴国家的外汇按官方汇率折算，企业所得到的留成外汇可按调剂市场汇率折算，国家计划项下关系国计民生的重要物资和必需品的进口由国家批准按官方汇率折算，一般商品的进口按市场汇率折算，在利用外资方面，外商来华投资注册资本按官方汇率折算，汇出利润通常按市场调剂价计算。

1991年4月9日起，官方汇率改为小步缓慢调整，至1993年底调至8.7元人民币，下调9.57%。调剂市场汇率放开后，1988年至1993年由于经济过热，物价上涨，进口需求激增，曾由1988年3月的1美元兑5.70元人民币下降至1993年2月的8.2元人民币。1993年5月贬值至11.20元人民币。1993年7月后在中国人民银行入市干预下，到1993年年底市场汇率回升到8.72元人民币。

1994年1月1日实现了人民币官方汇率和外汇调剂市场汇率的并轨。人民币开始实行以市场供求为基础的、单一的、有管理的浮动汇率制。

（四）我国现行汇率制度及其特点

1994年1月1日人民币官方汇率和市场调剂汇率在后者的价位上实现了并轨，为100美元兑换870.00元人民币。同年4月1日以位于上海的中国外汇交易中心正式挂牌为标志的银行间统一外汇市场开始运作，为人民币市场汇率的形成创造了客观上的条件。改制后的人民币汇率制度既借鉴了发达国家的成功经验，又与社会主义市场经济体制基本相适应，同时也符合国际货币基金组织对成员国汇率的基本要求。其主要特点为：

1. 人民币汇率的决定基础是外汇市场的供求状况

外汇指定银行根据每个营业日企业在银行结售汇情况和中国人民银行对其核定的结售周转外汇头寸限额，在银行间外汇市场买卖外汇，平补头寸，形成外汇供求，通过市场交易形成人民币兑外币（美元、日元）的市场价格。中央银行对汇率的调控由以往的行政手段转向市场调节，通过外汇公开市场操作吞吐外汇，平抑供求。因此外汇市场的供求关系成为决定人民币汇率的基础。外汇供大于求，则人民币汇率趋升；反之，则趋跌。

2. 人民币实行的是单一汇率

外汇市场改革以来经过了由调剂业务到调剂市场再到公开调剂市场几个阶段的发展历程，外汇市场打破了地区分割，走向全国范围的统一，这意味着人民币向单一汇率迈出了第一步。人民币汇率有现汇价和现钞价两种，每天早晨由中国人民银行根据前一日外汇市场形成的加权平均汇率并考虑国际外汇市场变化情况公布交易中心当日所交易货币（美元、港元和日元）的市场交易中间价。2002年4月1日，增加了欧元的市场交易中间价。这一汇价是当日各外汇指定银行之间以及外汇指定银行与客户之间进行外汇与人民币买卖的交易基准汇价，各外汇指定银行可在此基础上在规定的幅度内自行确定对客户的外汇买卖价，对美元、日元、港元以外的各种可自由兑换货币，以美元交易基准汇价为依据，根据国际外汇市场自行套算。其中银行与客户之间的外汇买入价和外汇卖出价，美元、日元、港元可在公布交易基准汇价上下浮动 0.25%，现钞买入价与交易基准汇价不得超过 2.5%，其他挂牌货币的外汇买入价与外汇卖出价的价差不得超过 0.5%，上述货币的现钞买入价与外汇买卖中间价的价差不得超过 0.25%；银行与客户之间的现钞卖出价与外汇卖出价相同(见表 10—2)。

表 10—2　　人民币汇率浮动范围

币　种	类　型	浮动范围
美元、日元、港元、欧元	外汇买入价(买出价)	基准汇价±0.25%
	现钞买入价—基准汇价	≤2.5%
其他币种	外汇卖出价—外汇买入价	≤0.5%
所有币种	现钞买入价—(外汇卖出价—外汇买入价)	≤0.25%

注：对于除美元、日元、港元、欧元外的其他挂牌货币：现钞卖出价＝外汇卖出价。

自 1996 年 6 月 28 日起，银行在制定美元挂牌价时，其现汇买卖价不得超过中国人民银行公布的美元交易中间价上下 0.15%；港元、日元现汇买卖挂牌价在中国人民银行公布的交易中间价上下 1%的幅度内制定，若遇特殊情况突破 1%时，必须及时报国家外汇管理局及同级分局备案；其他挂牌货币的现汇买入价与现汇卖出价之间的价差不得超过 0.5%，所有挂牌货币的现钞卖出价与现汇卖出价相等，现钞买入价不得超过其现汇买卖中间价的 2.5%。

3. 人民币实行的是有管理的浮动汇率

对人民币汇率的管理主要表现为作为中央银行的中国人民银行对汇率的适时干预。当人民币汇率出现较大幅度波动时，中国人民银行通过实施货币政策影响外汇市场和通过设在中国外汇交易中心的中央银行操作室直接入市干预，以保持人民币汇率在合理水平上的基本稳定。由于交易的基准汇价是由中央银行每日公布的，因此人民币汇率自身每天都处于变动中，加之允许各外汇指定银行在规定浮动范围内自行挂牌，使人民币对外币的交易的每笔汇率同样处于变动中。

4. 央行操作行为是人民币汇率形成的决定性因素

通常央行只在汇率出现突发性的大幅度波动时才对外汇市场进行干预。但在我国，中国人民银行对外汇市场的干预却是一种经常性的被动行为，并成为决定人民币汇率的主要因素。自 1994 年汇率并轨以来我国国际收支持续顺差，使外汇市场中的外汇供给远大于需求，而外汇指定银行受持汇周转额度的限制，对缓解外汇供求矛盾不能发挥有效作用，为维护人民币汇率的稳定和市场的流动性，央行必须被动大量收购外汇，成为市场最大的买主，对市场上汇率的形成起着举足轻重的作用。

资料卡 10—5　DCEP 的含义与特点

DCEP(DC，Digital Currency，是数字货币；EP，Electronic Payment，是电子支付)，它就是国内央行的数字货币。它是一种数字的人民币，也就是央行的负债，因而未来它的发行由运营机构(如商业银行)向央行按 100%全额缴纳准备金，然后通过商业银行再与公众兑换。公众所持有的央行数字货币依然是中央银行负债，由中央银行信用担保，具有无限法偿性。

当前的 DCEP 具备以下几个特点：

1. 安全性，由于数字货币是央行推出的，因而安全性几乎是顶级的。人民币虽然是央行发行的，但是我们的钱是存在银行的，万一银行倒闭了，那么钱就是只能享用最高50万元的赔款，多出来的部分就是完全损失了。

2. 交易便利，由于央行数字货币是由外币进行背书的，因而它就具备了货币全球化的特点。对此，央行数字货币保持了现钞的属性和主要特征，满足了便携和匿名的需求，它将是替代现钞的最好工具。

3. 支付方便，只要手机有电，安装了数字钱包，根本不需要联网或者绑定银行卡，只要两部手机就可以转移价值；从而在偏远山区或者没有网络的地方照样可以支付。

4. 法定地位，它保持着无限法偿性的法律地位，同时也承担着货币应有的四个职能：价值尺度、流通手段、支付手段和价值贮藏。

5. 符合当前机制，我们要注意到数字货币是由央行直接发放的，因而它就不会改变现有二元账户体系，保持现有货币政策传导方式。也就是替代M0，而不是替代M1、M2。

资料来源：探其财经，2019年10月29日。

本章小结

1. IMF认为，经常项目可兑换是取消对经常性国际交易支付与转移的各种限制。一国的货币如果实现了在经常项目下可兑换，其货币在很大程度上就成为可自由兑换的货币。资本项目可兑换是指取消对资本流入流出的汇兑限制。

2. 汇率制度是指一国货币当局对本国汇率水平的确定、汇率变动方式等问题所做的一系列安排或规定。传统上，按照汇率变动的幅度，汇率制度被分为两大类型：固定汇率制和浮动汇率制。根据国际货币基金组织对汇率制度的最新分类，汇率制度被分为管理浮动、爬行盯住制、货币局制度、货币联盟、美元化制度及汇率目标区制。

3. 外汇管制，又称外汇管理，是指一国政府通过法律、法令以及行政措施对外汇的收支、买卖、借贷、转移以及国际结算、外汇汇率、外汇市场和外汇资金来源与应用所进行的干预和控制。外汇管制的目的是为了平衡国际收支、维持汇率以及集中外汇资金，根据政策需要加以分配。简单地说，外汇管制就是一国政府对外汇的收支、结算买卖与使用等各个环节所采取的一系列限制性措施。

4. 我国现行汇率制度及其特点：人民币汇率的决定基础是外汇市场的供求状况；人民币实行的是单一汇率；人民币实行的是有管理的浮动汇率；央行操作行为是人民币汇率形成的决定性因素。

复习思考题

1. 什么是货币自由兑换？它有什么特点？
2. 简述汇率制度的分类，并比较固定汇率制与浮动汇率制的优劣。
3. 什么是外汇管制？外汇管制的内容有哪些？

第十一章　国际贸易融资

学习目标

通过本章学习，了解国际贸易融资的主要形式；理解保付代理业务、福费廷业务的概念和特点；掌握出口信贷、保护代理业务、福费廷业务的操作程序。

当前，国际上巨额国际贸易合同的签订，大型成套设备以及各种商品的进出口贸易，几乎没有不与国际贸易融资结合在一起的。如果没有国际贸易融资，当前世界贸易的规模必会大大缩减，给世界各国的经济与生产带来严重的后果。

第一节　国际贸易融资的主要形式

现阶段国际贸易融资的主要形式有短期国际贸易融资和中长期国际贸易融资。

一、短期国际贸易融资

在进出口贸易过程中，贸易双方都需要得到资金融通，例如出口商在签订出口合同到货物出口这段时间需要资金，货物出口后到收齐全部货款阶段也需要资金；进口商向出口商预付货款或开立信用证需要资金，收到出口商的货物到出售货物实现利润之前也需要资金。国际贸易过程中进出口商得到资金融通叫作国际贸易融资。从融资的时间来看，融资期限在 1 年以下的称为短期贸易融资；融资期限在 1 年以上的称为中长期贸易融资。国际贸易融资有多种实现形式，在进出口商之间互相提供资金融通称为商业信用；由银行及其他金融机构提供的资金融通称为银行信用。银行信用是商业信用的基础，也是国际贸易融资的主体。

二、中长期国际贸易融资

由于短期国际贸易融资期限短，一般用于满足周转快、成交金额相对不大的商品贸易资金需要，对于一些周转期限长、成交金额大的商品，如大型机电设备等，进出口商需要更长时间的融资支持，因此出现了中长期国际贸易融资。国际贸易中长期融资，不仅是一种融资手段，也是争夺产品出口市场的一种竞争手段。中长期国际贸易融资主要包括出口信贷、福费廷、出口信用保险等。

资料卡 11－1　新兴市场如何从国际贸易融资中获益？

在过去的几十年中，新兴市场大大增强了其在国际贸易中的地位。在过去，大多数贸易发生在发达经济体之间。现今,大多数国际贸易发生在新兴市场和发达市场之间。新兴国家的人口受教育程度越来越高,其不断增长的中产阶级正在推动消费。

目前,有24个国家/地区被视为新兴市场。它们包括:阿联酋、土耳其、泰国、中国大陆、中国台湾、南非、俄罗斯、卡塔尔、波兰、菲律宾、秘鲁、巴基斯坦、墨西哥、马来西亚、韩国、印度尼西亚、印度、匈牙利、希腊、埃及、捷克共和国、哥伦比亚、智利和巴西。

新兴市场通过增加其在全球贸易中的布局,以期发展成为更先进的经济体。新兴市场国家的人均收入通常低于发达国家。但是,积极进行工业化改革的新兴市场往往具有更高的年增长率。新兴市场通常会面临自然灾害或社会政治因素造成的动荡和不稳定。此外,发展中经济体容易受到汇率和大宗商品价格变化的影响。

国际贸易融资(也称供应链金融)可以帮助新兴市场公司改善现金流量。当前,阻碍业务在新兴市场增长的最主要障碍之一是缺乏获得贸易融资的渠道。贸易融资方案可以通过以下方式使新兴市场业务受益:(1)增加运营资金能力;(2)提高库存周转率和收入;(3)增加就业。

在供应链融资公司的帮助下,新兴市场的中小企业可以获得其进行国际和国内贸易所需的运营资金。此外,发票的自动跟踪和处理、可扩展融资额度以及风险控制是贸易融资帮助新兴市场公司改善现金流的辅助方式。

除了增加公司的运营资金之外,国际贸易融资还可以通过以下方式帮企业降低风险:(1)确保及时支付已售商品;(2)已发货产品尽早收取现金;(3)补充分销商流动资金的缺口;(4)供应商更早收到付款。

利用国际贸易融资,企业可以大大降低或消除其支付风险。在供应链金融的加持下,公司能够为供应商提供付款担保,这有助于建立可靠的贸易周期并增加谈判筹码。供应商结算会以当地货币支付,从而消除企业主的汇率风险并增加获得供应商折扣的机会。

国际贸易融资为发展中市场提供了利用技术改善运营功能的机会。有效的供应链金融技术可以实现自动化并简化流程,同时为提高交易量创造空间。新兴市场可以通过以下方式从创新的贸易融资工具中受益:(1)实时交易报告—提高生产力;(2)供应链数据收集和概述—实现多方可见性;(3)集成银行系统—提高发票交付的及时性;(4)核心系统之间的灵活连接—使双方都可以访问工作流;(5)直观的界面—不需要过多的员工培训。

贸易融资系统是由技术驱动的,该技术使中小企业能够可持续地扩展其投资组合,并最大限度地降低风险。此外,企业主可从定制化的融资中受益,满足其所在行业的特定挑战。

贸易融资为新兴市场的企业提供了最佳机会,以最大限度地从国际贸易中获利。即使公司不符合传统银行融资条件,它也可以利用整个供应链的信用获得贸易融资额度。国际贸易融资可以通过以下方式帮助公司实现业务增长:(1)提供对计划项目盈利能力和运营风险的评估;(2)通过资方与进口商/出口商之间的直接信贷额度,灵活地获得信贷;(3)协助与供应商谈判,以获得更优惠的条件。

利用贸易融资,新兴市场可以在国际贸易扩张中争取更多的机会。传统融资通常会限制新兴市场中的公司实施计划,以增长业务。

在过去的20年中,新兴市场的出现导致了国际贸易惯例的转变。现在,新兴经济体在国际贸易中的作用比以往任何时候都重要。通过与国际贸易融资公司合作,企业可以获得所需的运营资金,以实现潜在的收入机会。

资料来源:财讯网,2021年8月24日,有删改。

第二节　保付代理业务

一、保付代理业务概述

(一)保付代理业务的概念与发展

保付代理(简称保理)业务肇始于英国工业革命时期,19 世纪在欧洲大陆发展起来,20 世纪在美国的业务量也逐渐增大,第二次世界大战后,在各发达国家获得进一步扩展。国际保理(International Factoring)是当今国际贸易中的一种结算方式,它是指出口商利用商业信用(如托收方式)出卖商品,在货物装船后,将发票、汇票、提单等有关单据无追索权地卖断给保理商,立即或远期收进全部或部分货款,从而取得资金融通的一种方式。

保理业务的开展主要有以下几个步骤:出口商和保理商签订有关协议;出口商将进口商的情况通知保理商;出口保理商和进口保理商交换信息后,向出口商确认;出口商交货后,将单据交给保理商;保理商在扣除了利息和相关的费用后,将货款支付给出口商。

保理这种结算方式适应了目前国际贸易中流行的非信用证结算的实际情况。世界上有 40 多个国家和地区开展了这项业务。国际保理商联合会(FCI)是世界上最大的保理商组织,现有 247 家成员,机构遍布世界各地,大多数是世界著名大银行或其他金融机构的附属保理公司。

(二)保理业务的基本分类

在现实运作之中,保理业务有不同的操作方式,因而有多种类型。按照风险和责任的原则,保理可以分为如下几种:

1. 有追索权保理和无追索权保理

如果按照保理商是否有追索权来划分,保理可以分为有追索权保理和无追索权保理。有追索权保理指保理商凭债权转让向供应商融通资金后,如果买方拒绝付款或无力付款,保理商有权向供应商要求偿还资金,即无论出自何种原因,如买方破产或无力支付,只要有关款项到期未能收回,保理商都有权向供应商追索,因而保理商具有全部"追索权"。无追索权保理指保理商凭债权转让向供应商融通资金后,即放弃对供应商追索的权利,保理商独自承担买方拒绝付款或无力付款的风险。

2. 明保理和暗保理

按供货商是否将保理业务通知给买方来划分,保理业务可以分为明保理和暗保理。明保理是指债权一经转让,供货商立即将保理商参与保理的情况通知给买方,并指示买方将货款直接付给保理商;而暗保理则是供货商为了避免让他人知道自己因流动资金不足而转让应收账款,并不将保理商参与保理的情况通知买方,货款到期时仍由供货商出面催款,收回之后再偿还保理商的预付融资款。我国的《民法典》规定了供应商在对自有应收账款转让时,须在购销合同中约定,且必须通知买方,所以我国的保理业务必须为明保理。

3. 折扣保理和到期保理

折扣保理又称为融资保理,即保理商能够为供货商提供预付款融资。在折扣保理形式中,只要供货商将发票交给保理商,并且应收账款在信用销售额度内的已被核准,保理商就应立即支付不超过发票金额 80%的现款,余额待收妥后结清。到期保理则是保理商在赊销业务发生时不需提供预付账款融资,而是在赊销款到期时才支付。例如一些小商人,他们越来越需要保理商提供应收账款管理及坏账担保的服务,采用到期保理这种形式,届时(买方约定付款期或预期付款期)不管货款是否能够收到,保理商都必须支付货款。

二、保付代理业务的内容、特点和基本程序

(一)保付代理业务的内容和特点

保理业务又称承购应收账款业务,是指出口商以商业信用形式出卖商品,在货物装船后立即将发票、汇票、提单等有关单据,卖断给承购应收账款的财务公司或专门组织,收进全部或一部分货款,从而取得资金融通的业务。其内容和特点是:

1. 保理组织(或称承购应收账款组织)承担了信贷风险(Coverage of Credit Risks)。出口商将票据卖断给承购应收账款组织,这就是说如果海外进口商拒付货款或不按期付款等,承购应收账款组织不能向出口商行使追索权,全部风险由其承担。

2. 承购应收账款组织承担资信调查、托收、催收甚至代办会计处理手续。承购应收账款业务是一种广泛的、综合的服务。

3. 预支货款(Advance Funds)。典型的承购应收账款业务是出口商在出卖单据后,立即收到现款,得到资金融通。

(二)保付代理业务的基本程序

签订协议后,承购应收账款业务通过下列具体程序进行:

1. 出口商以商业信用出卖商品的交易磋商过程中,首先将进口商的名称及有关交易情况报告本国承购应收账款组织。

2. 出口方的承购应收账款组织将上述资料整理后,通知进口方的承购应收账款组织。

3. 进口方的承购应收账款组织调查进口商资信,并将调查结果及可以向进口商提供赊销金额的具体建议通知出口方的承购应收账款组织。

4. 如进口商资信可靠,向其提供赊销金额建议的数字也可信,出口方的承购应收账款组织即将调查结果告知出口商,并对出口商与进口商的交易加以确认。

5. 出口商装运后,把有关单据售予出口方承购应收账款组织,并在单据上注明应收账款转让给出口方的承购应收账款组织(即背书),要求后者支付货款。后者将有关单据寄送进口方承购应收账款组织。

6. 出口商将有关单据售予出口方承购应收账款组织时,后者按汇票金额扣除利息和费用后,立即在双方商定的日期将货款支付给出口商。

7. 进口方的承购组织向进口商催收货款,并向出口方承购组织划付。

总之,出口商以赊销方式出卖商品,目的是将其应收款项售予保理商,取得资金融通的便利。

资料卡 11—2 保理业务与一般贴现业务的区别

1. 考察资信的重点不同:贴现业务,商业银行主要是考察出口商的资信,以保证贷款的收回,而保理业务注重考察进口商的资信情况。

2. 业务内容不同:一般贴现业务的内容是单纯的贷款融资,而保理业务的内容则多样化,除融资外,尚有信贷保险、资信调查、托收等业务。

三、保付代理组织与商业银行的关系

保付代理业务不同于商业银行经营的议付、贴现业务。从事保付代理业务的保付代理商行或商业财务公司是独立组织，具有独立法人资格，他们中的大多数是由大商业银行出资或在商业银行资助下建立。保付代理业务简单说就是收购债权，买进票据。与商业银行经营的贴现、议付业务存在区别：

1. 向出口商提供资金的基础不同。商业银行经营的贴现、议付等业务，是建立在没有购买债权的基础上，所以商业银行可以行使追索权向出口商提供资金。而保付代理业务是购买债权，这意味着是在无追索权的基础上购进出口商有关票据。

2. 考察资信的侧重点不同。商业银行主要考察出口商的资信，以保证对出口商贷出款项的安全收回。保付代理业务主要考察进口商的资信情况，以保证进口商如期支付货款。

3. 业务内容不同。商业银行经营票据业务的内容是贷款融资。保付代理业务除了融资外，还经营多种业务。

四、保付代理业务的作用

保付代理业务是指出口商以商业信用形式出卖商品，在货物装船后立即把发票、汇票、提单等有关单据，卖断给承购应收账款财务公司或专门组织，收进全部或部分货款，从而取得资金融通的业务。

我们可从出口商、进口商两个角度看保付代理业务的积极作用。

保付代理业务对出口商的好处表现在：其一，保付代理组织要调查进口商资信，对出口商最终决定是否向进口商提供商业信用以扩大商品销售起一定帮助作用。由于保付代理组织熟知海外市场情况，他们还经常向中小出口商提出建议，协助其打进国际市场，加强竞争能力。其二，出口商将货物装运完毕，可立即获得资金，满足营运需要，加速资本周转，促进利润增加。其三，只要出口商商品品质和交货条件符合合同规定，在保付代理组织无追索权地购买票据后，出口商即可将信贷风险和汇价风险转嫁给保付代理组织。其四，出口商如从银行取得资金融通，会增加其负债数字，反映到资产负债表上对企业资信不利，也影响其有价证券的上市。如出口商利用保付代理业务，货物装船，出卖票据，即可获得现金，反映到资产负债表中不仅负债不会增加，反而资产部分会增加，有利于企业资信，也有利于企业有价证券的上市。

保付代理业务对进口商的好处表现在：其一，保付代理业务适用于以商业信用购买商品，进口商通过保付代理组织结算。这样，进口商就不需向银行申请开立信用证，免去交付押金，减少资金占压，降低了进口成本。其二，经常往来的买卖客户，可根据交易合同规定，定期发货寄单；通过保付代理业务，买方可迅速得到进口物资，按约定条件支付货款，从而节省了开证、催证等时间，简化进口手续。其三，出口商使用保付代理业务，将办理该业务的费用转移到出口货价中，从而增加进口商的成本负担，但货款提高的金额一般低于交付开证押金的利息损失，所以对进口商来说，保付代理业务不会对其造成更大的成本负担。

五、保付代理业务与信用保险业务

保付代理业务的主要特征之一是出口商将赊销后应收账款的信贷风险转移给保理组织，但保付代理业务并不同于出口信用保险业务，保付代理业务比出口信用保险对出口商更有利。

1. 保付代理业务对出口商贷款最高保障金额为100%，而出口信用保险的最高保障为出口货款的70%～90%，存在赔偿金额不同的区别。

2. 如进口商拒不付款或出现倒闭，保付代理业务赔偿期限为90天之内，而出口信用保险赔偿期限在120～150天。保付代理业务存在赔偿天数的优势。

3. 保付代理业务提供的内容多种多样（如调查、评估进口商资信，财务信用风险的担保，财务管理和账款追收，账目记录管理，融资等），存在比出口信用保险提供业务多的优势。

六、保理业务在我国开展的情况

（一）国内保理的发展前景

1. 丰富企业融资手段

市场经济中，赊销是企业间贸易往来中一种重要的信用销售方式，这种方式对于作为销售商的企业来说可以扩大产品销路，加快企业发展，但会面临较大的资金周转压力，如果应收账款数额巨大，会严重影响正常的生产经营，给企业的生存和发展带来较大困难。解决这一矛盾最好的办法就是企业通过叙做保理业务将应收账款转让给商业银行，及早获得较为充足的现金流。这样不仅可以扩大企业再生产能力，而且有助于企业改善财务结构，分散企业信用风险。同时，国内保理业务除了融资功能以外，还可以提供商业资信调查、应收账款管理等服务，可有效降低企业营运成本，增强企业竞争能力。目前，我国中小企业普遍存在"融资难"问题，主要是因为中小企业自身素质不高且又缺乏有效的抵押担保，而国内保理侧重企业未来现金流量的考察，手续较为简便，对于采用赊销这种销售方式，如果购货商是资信良好，综合实力强，销售商产品质量好，销售稳定，应收账款能够按时收回，则国内保理业务是中小企业一种理想的融资方式。

2. 增强我国商业银行综合竞争能力

目前商业银行较为传统的资产和负债业务在竞争加剧的情况下，盈利空间逐渐缩小，商业银行开始各种金融创新，将发展重点投向贸易融资和各种类型中间业务，国内保理业务就属于商业银行的贸易融资业务范畴。对企业或销售商来说，赊销是一种促销的好办法，但往往资金回收慢，导致应收账款增加，给企业带来资金周转上的压力。银行迎合企业的需求开展国内保理业务，既可以解决销售商的燃眉之急，缓解企业资金压力，又为自身开辟了业务领域，增加了业务品种和经营效益。因此，近几年国内保理业务在各个商业银行开始较大规模发展起来，由于其风险防范的着眼点不再局限于抵（质）押物是否有效、足值，而注重企业现金流质量的分析和考察，因此市场需求潜力巨大。商业银行通过为企业提供保理业务，可以丰富商业银行服务种类，满足不同风险偏好和融资需求企业客户，增强我国商业银行综合竞争能力。

案例分析11－1 海南自贸港首笔"线上保理＋风参"业务成功落地

日前，平安银行海口分行通过企业和银行同业双向营销，成功开展了海南自贸港首笔"线上保理＋风参"业务，实现了企业和银行共赢的局面。

该保理业务为平安银行针对医药流通行业推出的无追索权线上保理产品，可帮助医药流通企业提高资金周转率、优化应收账款出表，帮助医药流通企业解决应收账款融资人工操作烦琐、工作量大的难题。

所谓风参即风险参与，是一种通过金融同业间合作实现对非标准资产进行风险共担的新型风险管理工具。通过"线上保理＋风参"业务模式，一方面，融资企业能够以较低廉的价格获取融资资金，且不受银行规模紧张时放款管控的影响；另一方面，平安银行作为出让行可以降低风险敞口和表内规模占用，同时风参行可以实现短期内规模增长，银行同业间实现优势互补，共同助力实体经济。

平安银行海口分行将通过运用众多创新产品为海南当地政府和企业提供更多样化的金融服务，进一步解决政企需求，助力海南自由贸易港建设。下一步，该行将继续沿医药流通企业向下游延伸，探索医院票据贴现、SPD数据贷等创新模式，为海南的医药等流通企业提供更高效优质的金融服务。

资料来源：《海南日报》，2021年8月29日。

(二)国内保理发展的优势与风险

1. 商业银行开展国内保理业务的优势

(1)国内客户资源丰富，客户对商业银行提供国内保理业务需求大

在我国，企业无论是资金结算，还是融资需求都主要由商业银行提供和满足，这就决定了商业银行具有最丰富的客户资源这一先天优势。国际保理商联合会有关数据显示，在市场经济较为成熟的发达国家中，国内保理业务量至少占该国GDP的3%以上，我国商业银行发展国内保理业务空间较大。

(2)商业银行积累了开展国内保理业务的经验

1987年，中国银行与德国贴现和贷款公司签署了国际保理总协议，标志着保理业务正式进入我国。经过多年的实践和努力，商业银行在国内保理业务方面已经积累了一定的经验，在国内保理业务的开展过程中，培训并锻炼了一批开展国内保理业务的人才，形成了专门的操作规程和管理办法。

据中国银行业协会保理专业委员会统计，2020年保理专业委员会成员单位保理业务量折合人民币2.49万亿元，较上一年2.12万亿元增长17.40%。其中国际保理业务量363.55亿美元，较上一年314.96亿美元增长15.43%；国内保理业务量2.25万亿元人民币，较上一年1.90万亿元增长18.45%。国内保理占我国银行业保理市场九成以上份额，其中卖方保理在国内保理业务中依旧占据主导地位，而买方保理份额则呈现持续上升态势。由此可见，国内卖方端融资产品及配套服务仍是我国商业银行国内保理业务的主流业务，而围绕买方核心企业的供应链保理业务已开始稳步扩张。

(3)商业银行具有开展国内保理业务的机构优势

我国遍布各地的商业银行分支机构是商业银行开展国内保理业务的优势，这不仅可以有效降低商业银行为国内保理业务进行资信调查、账务管理和催收的成本，而且可以在较短的时间内为企业提供第一手资料，以便企业做出正确判断。

2. 商业银行开展国内保理业务的风险

保理业务在国外有悠久的历史，国际上也形成了一整套国际惯例用于规范保理业务中的操作规程和各当事人的权利与义务，例如1988年国际统一私法协会制定的《国际保理公约》，国际保理商联合会制定并多次修改的《国际保理惯例通则》和《仲裁通则》，2001年联合国制定的《联合国国际贸易中应收账款转让公约》等。目前，国内尚无专门针对保理业务的法律层级的规定，保理业务具体规定散见于一些部门规章、规范性文件及部分保理试点城市的地方规范性文件。2013年7月31日，中国银行业监督管理委员会发布了《关于加强银行保理融资业务管理的通知》(银监发〔2013〕35号)，明确了保理业务及银行保理融资的定义。2014年4月3

日，中国银行业监督管理委员会发布了《商业银行保理业务管理暂行办法》(银监令〔2014〕第5号)，以部门规章的形式从保理业务定义、保理业务分类、保理融资业务管理、保理业务风险管理等方面对银行保理业务开展做了系统性的规定，也是目前为止商业银行国内保理业务开展最主要的法律规范依据。

2020年5月28日，十三届全国人大三次会议表决通过了《中华人民共和国民法典》，于2021年1月1日起施行。保理合同在《民法典》合同编中予以单列，是唯一新增的典型合同(有名合同)，与合同编第六章债权转让部分条款共同构成了开展保理业务的基本法律框架。其第761～769条从保理定义、合同内容和形式、合同履行、有追索权和无追索权分类、受偿顺序、债权转让规则等方面对保理业务进行了法律规范。主要从以下七个方面有效解决了保理业务发展中存在的痛点：一是保理合同成为有名合同，作为独立的合同纠纷案由，使保理诉讼案件的处理有法可依，不再单纯地采用借贷关系或债权转让关系的一般法律规定；二是将未来应收账款纳入保理业务范围；三是债权人与债务人虚构应收账款不得对抗保理人；四是保理人可单方通知债务人；五是无正当理由变更和终止基础交易，对保理人产生不利影响的，对保理人不生效；六是设定有追索权保理的追索方式；七是规范了多重保理的清偿顺序。保理合同"入典"为金融机构开展保理业务打下了坚实的法律基础，将极大地促进保理业务有序、健康发展。

案例分析 11－2　中资银行保理业务需迈风险控制和人才两道槛

目前，国内银行存贷款业务竞争进入白热化。相比之下，保理作为中间业务，不仅能够带动银行利润的增长，也能在信贷规模有限的情况下，减少贷款规模和资本金的占用，优化存贷比。

同时，开展保理业务也有利于了解客户的经营动态和风险状况。银行发放流动贷款，只注重贷款的用途，至于是否形成了应收账款、贸易频率如何都需要再进行调查。"有了保理业务，客户每张发票都提供给银行，发票背后的贸易额、贸易频率、账款到账周期、真实贸易背景都更容易掌握，再给企业做信贷融资，银行资金的安全性便大大提高。"银行业内人士如是说。

但保理是一项技术含量较高的业务，要在这一市场抢得更大份额，国内银行还需迈过风险控制和人才两道门槛。

保理是对商品供货商购买应收账款，而须从买方收取货款，前提是精确评估买方的信用风险。企业一旦缺乏信用记录，银行便无法给予授信额度，也无法准确评估信用风险。如何控制和处理保理业务风险，如法律风险、破产风险、违约风险等，成为中资银行的心病。目前，贸易保护主义抬头以及贸易摩擦频发，容易诱发贸易纠纷，导致商业账款安全性降低。有专家认为，风险或者贸易关系的恶化现象并非突然来袭，银行应及时关注贸易形势的变化，并严格审查企业的交易国及交易对手、合作伙伴的资信情况，同时进行调整、更替，通过系统平台的升级与优化，提升保理业务过程中监控风险的能力。

而与技术相比，拓展保理业务更关键的是人才。国际保理业务是一项对从业人员素质要求很高的新业务。从业人员既要具备丰富的金融知识，较高的英语、电脑水平，还要精通商法，懂得国际贸易中的交易规则、贸易国的贸易习惯和相关政策，同时具有一定的从业经验。如果从业人员业务不熟练、素质差，导致工作效率低，会直接影响保理业务的开展。

从银行的角度来看，由于目前国内保理业务量小，并且和其他银行业务相比，投入的人力、物力成本却较高，很多银行并没有将国际保理作为重点业务来发展，因此，对保理人才的培育不太重视。

据悉，目前，在国内开展国际保理业务的商业银行和非金融机构中，从事国际保理业务的工作人员，大多未进行过专业的国际保理业务培训。在实践中，从业人员也缺乏实务方面的锻炼，从而影响国际保理业务在内地推广速度的提高和应用范围的扩展。

资料来源：https：//m. yicai. com/news/335048. html，2010 年 4 月 9 日。

第三节 出口信贷与福费廷

一、出口信贷

出口信贷是国际贸易中借贷资本运动的一种形式。它是一个国家为支持和扩大本国大型设备的出口，由该国的出口信贷机构通过直接向本国出口商或外国进口商（或其银行）提供利率较低的贷款，或者是通过担保、保险或给予利率补贴鼓励本国商业银行对本国的出口商或国外进口商（或其银行）提供中长期贷款，以解决本国出口商资金周转的困难，或满足国外进口商对本国出口商品的延期支付货款需要的一种融资方式。

在第三次科技革命浪潮的推动下，国际贸易急剧增长，贸易产品结构也发生了巨大变化：新型通信设备、大型数控机床、大型成套设备等高科技产品获得了迅速发展。这些项目技术复杂、成本高昂、金额巨大，同时它们的建造投产绝非一年半载即能完成，所以，从项目设备本身特点和进口商的付款能力来看，客观上要求出口国提供出口信贷。

从发展中国家方面来看，由于科技相对比较落后，制约了其经济发展。这就需要从发达国家引进先进技术，购买必要的先进设备，建设一些大的工程项目。然而，发展中国家本身缺乏资金，他们除了申请一些官方援助之外，只有依赖出口信贷。

（一）出口信贷的特点

1. 利率低

信贷利率和市场利率之间的利差由出口国政府补贴，以弥补银行在出口信贷业务中的利息损失。低利率正是出口信贷的吸引力所在，由此扩大了资本货物的世界市场份额，而银行并不承担利息损失，是出口国政府提供资金帮助出口商销售资本或货物。

2. 政府承担风险

出口信贷由于偿还期限长，金额大，发放贷款的银行存在着较大的风险，因此，国家一般设有国家信贷保险机构，对银行发放的出口信贷给予担保。一旦发生不能收回贷款的情况，信贷保险机构就给予补偿。

3. 贷款限定用途

出口信贷同购买贷款国的出口商品相联系。提供出口信贷国家的贷款原则都规定贷款购买的资本货物限于该国制造的，如果是由多国产品组装，则该国部件所占部分应在 50%以上，甚至高达 85%，或者只对设备中属于该国制造的部分提供贷款。

4. 设立专门机构管理出口信贷资金

国家专门设立的信贷机构一般是在出口信贷金额巨大，商业银行信贷资金不足或无力提供全部资金的情况下,发放出口信贷来支持出口。例如,美国的习惯做法是出口信贷由商业银行和进出口银行共同承担。

(二)卖方信贷

卖方信贷(Supplier's Credit)是指出口国金融机构向本国出口商提供的一种中长期贷款,以使出口商能够在大型资本货物交易合同中向进口商提供延期付款融资,所以又常被称为延期付款方式。

1. 货物出口:进出口商签订贸易合同,出口商以延期支付方式向进口商出售货物,一般为大型设备,出口商在签订使用延期收汇方式的贸易合同之前要取得银行贷款的承诺。

2. 延期付款:合同成立后,进口商先支付10%~15%的现汇定金,在分批交货、验收和保证期满时再支付10%~15%的货款;其余货款在全部交货后若干年内分期偿还(一般每半年还款1次),并偿还延期付款期间的利息。

3. 优惠贷款:出口商及时向所在地银行提交卖方信贷申请书,出具延期支付出口贸易合同、进口商担保银行付款保函或远期信用证,以及国内生产或收购合同,签订贷款协议,以获得优惠贷款融通资金。

4. 还本付息:进口商偿还出口商贷款,并支付利息,出口商再归还银行贷款本息;也可由出口商所在地银行代表出口商按期向国外进口商收取贷款本息。

(三)买方信贷

买方信贷(Buyer's Credit)是指出口国金融机构向进口国银行、政府或进口商提供的一种中长期贸易融资,旨在鼓励进口国购买本国资本货物,同时可确保出口商在贸易合同中能够即期收汇。买方信贷有时也称为设备采购贷款。买方信贷可由出口国银行直接贷给进口商,也可贷给进口商所在地银行,但后一种方式使用较多。具体程序如下。

1. 出口国银行直接贷给进口商,具体程序见图11—1。

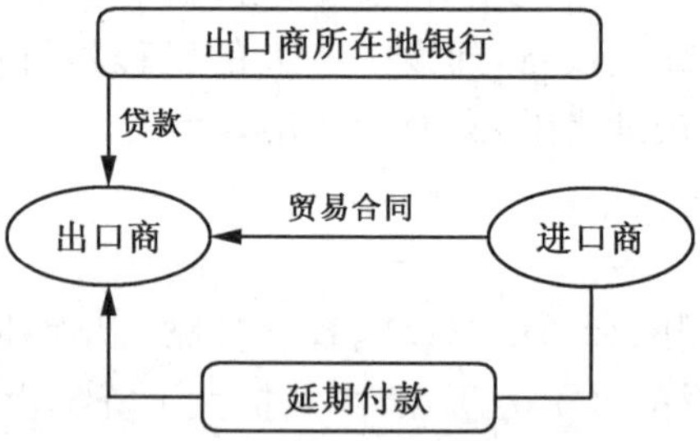

图11—1 出口国银行直接贷给进口商的买方信贷具体程序

(1)进出口商签订贸易合同,合同生效后进口商向出口商预付相当于货款15%~20%的现汇定金。

(2)进口商以贸易合同为基础,与出口商所在地银行签订协议取得贷款,贷款金额不超过贸易合同的80%。

(3)进口商用所得信贷资金,以现汇支付方式向出口商支付货款。

(4)进口商按贷款协议向出口商所在地银行分期偿还贷款本息,一般是每半年还本付息一次。

2. 出口国银行贷给进口商所在地银行,具体程序见图11—2。

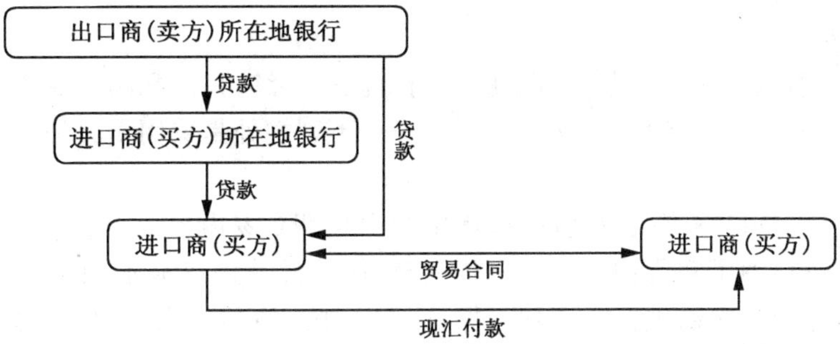

图 11－2　出口国银行贷给进口商所在地银行的买方信贷具体程序

(1)进出口商签订贸易合同,合同生效后进口商向出口商预付相当于货款 15%～20%的现汇定金。

(2)进口商所在地银行与出口商所在地银行签订信贷协议。

(3)进口商所在地银行根据协议贷款给进口商。

(4)进口商以现汇方式向出口商支付货款。

(5)进口商所在地银行按信贷协议向出口商所在地银行分期偿还货款。

(6)进口商与进口商所在地银行间的债务按双方商定的协议在国内清偿结算。

(四)卖方信贷和买方信贷的比较

卖方信贷与买方信贷是出口信贷的两种形式,它们各有特点,将两者进行比较,有利于选择最佳的融资方式。

1. 借贷关系的差异

卖方信贷存在两层借贷关系:一是由银行对本国的出口商提供信贷,即出口商所在地银行与出口商之间的借贷关系,这是银行对出口商提供的银行信用;二是再由出口商向外国进口商提供延期付款信用,即出口商与进口商之间因延期付款产生的实际货款借贷关系,这是出口商对进口商提供的商业信用。按照卖方信贷的安排,从信贷风险的实际承担责任来看,卖方信贷还是属于商业信用。因为即使是银行代替出口商按期向国外进口商收取货款,如果因种种原因银行未能从国外进口商处收到货款,它仍保留对出口商的追索权。

买方信贷却不同。多数情况下,买方信贷是由出口商所在地银行通过签订贷款协议的方式直接贷款给进口商所在地银行,之后再由它转贷给进口商。进口商所在地银行代替进口商向出口商支付货款,并根据贷款协议的规定,按期向出口商所在地银行归还贷款与利息,从这一点来看,买方信贷属于银行信用。

2. 卖方信贷和买方信贷的利弊分析

(1)对出口商而言

使用卖方信贷,出口商可以获得发货前的融资,满足采购、生产等的资金需求;通过把融资费用打入出口商品成本,可以由进口商间接负担;而且出口商可以直接享受到政府给予的贴补利息的优惠。不利之处是货款没有进口国银行担保,可能出现不能按期收回货款的情况;而且改变了财务状况,降低了进一步融资的能力。

使用买方信贷,出口商不必同贷款人、进口商进行融资协议的谈判,而且不借款就能收到现汇,风险小,简化了手续并能改善财务报表。不利之处是贷款人有时需要出口商代办该项融资所需的进口商的一切材料。另外,买方信贷审批时间较长,有时不能满足企业立即启动项目，执行合同的要求。

(2)对进口商而言

使用卖方信贷，进口商无须办理复杂的申请贷款的手续，只需和出口商洽谈贸易合同。这样，既保持了自己良好的财务状况，又得到了融资。不利之处是采用卖方信贷融资方式的商务合同货物价格高。

使用买方信贷，进口商直接得到低息、优惠的中长期贸易融资，同时可以以现汇条件同出口商成交。而且进口商了解货物价格和贷款利息，便于计算进口成本和利润。不利之处是买方信贷通常要求进口国提供主权级还款担保，这对于中小进口商来讲很难做到，而且买方信贷成本高，因为此处所说的成本不仅包括投保出口信用险需缴纳的保费，还包括贷款的承担费、管理费等。

(3)对出口商所在地银行而言

使用卖方信贷，出口商所在地银行要经常关注出口商的生产经营情况，关注进口商延期付款的融资偿还情况。

使用买方信贷，若出口商所在地银行贷款给进口商所在地银行，则风险较小；若贷款给进口商，由银行或其他金融机构担保，风险相对较小。

(4)对进口商所在地银行而言

使用卖方信贷不存在与进口商所在地银行的关系。

使用买方信贷，对进口商所在地银行而言，在金融业特别是银行业竞争越来越激烈的情况下，承做买方信贷可拓宽与企业联系的渠道，扩大业务量，增加收益。

经过上述分析，我们可以得出卖方信贷和买方信贷都是很好的贸易融资手段，各有特点和利弊的结论。要充分发挥它们在贸易融资中的作用，必须综合分析进出口双方所在国(地区)的环境及所处状况，才能做出正确选择。

(五)其他出口信贷形式

1. 信用限额安排

这是20世纪60年代后期发展起来的出口信贷新形式。在这种出口信贷形式下，由出口商所在地银行给予进口商所在地银行以一定限额的中长期贷款，并与进口商所在地银行配合，促成多批较小金额的贸易成交。这种信用限额安排有购物篮信用限额和项目信用限额两种。

(1)购物篮信用限额(Shopping Basket Credits)：由出口商银行向进口商银行提供一定的贷款限额，以利于向进口商融通资金，满足进口商购买出口商银行所在国消费品的交易需要。

(2)项目信用限额(Project Lines of Credits)：由出口商银行向进口商银行提供一定的贷款限额，以利于向进口商融通资金，满足进口商购买出口商银行所在国的资本设备或基础工程设备的资金需要。

2. 混合贷款

混合贷款是指为满足同一设备项目融通资金的需要，政府贷款与出口信贷混合发放的贷款。这种混合贷款由于加入了一定比例的政府贷款，就比单纯的买方或卖方信贷对进出口商有更大的吸引力。一是政府贷款一般含有赠与部分，贷款的利率低于买方或卖方信贷；二是政府贷款使用范围广，而单纯的买方或卖方信贷专款专用，不能满足进出口商支付当地费用与设备价款的需要。因此，混合贷款对于促进该国大型设备和工程项目的出口有更大的作用。

3. 存款协议

在这种信贷形式下，进口商银行与出口商银行签订存款协议，按协议规定出口商银行在进口商银行开立账户，在一定期限内存放一定金额的存款，并在期满之前保持约定的最低存款额度，以供进口商向出口商银行所在国购买设备之用。

二、福费廷

福费廷是在延期付款的大型设备贸易中，出口商把经过进口商所在地银行承兑的远期汇票，无追索权地出售给出口商所在地相应的金融机构，提前取得现款的一种出口信贷方式。

（一）业务操作程序

福费廷的业务操作程序有如下几个步骤：

1. 一般在机器设备等资本货物国际贸易中，进出口商进行贸易谈判，确定采用延期付款方式，在5～10年内付清货款。如果出口商资金不足，就可以与进口商商议，采用福费廷。

2. 出口商与当地办理福费廷业务的金融机构联系，该机构在做出承诺之前，一般要了解以下情况：融资的货币、金额、期限，进口商名称和资信，担保人名称和资信，期票或汇票的金额，到期日和付款地，发货、交单的日期，担保形式是背书还是保函，其他必要的手续（如进口许可证等）。如果福费廷融资者对各项条件都已经满意，就可给出一个意向性的承诺，事先做好必要的信贷安排。

3. 出口商开立远期汇票，交进口商往来银行担保，保证在进口商不能履行支付义务时，由该银行付款。担保银行必须是信誉卓著的一流银行，并已取得办理福费廷的金融机构认可。

4. 出口商在交付货物后，将全套货运单据通过银行寄送给进口商，其中由出口商签发的汇票，经进口商承兑以后，再退回出口商。

5. 出口商按事先约定，将经承兑和担保的远期汇票，无追索权地出售给办理福费廷业务的金融机构，就可以取得现款。

（二）业务操作要点

福费廷的操作要点如下：

1. 票据。绝大部分福费廷业务采用由出口商开具以进口商为受益人的期票形式，或者由进口商开具以出口商为付款人并由出口商承兑的汇票。但两种票据在福费廷业务中有非常大的法律差异，即无追索权的问题。《商业票据国际公约》规定，期票的背书者如果在票据上使用“无追索权”条款背书，就可以使自己解脱在这张票据上的任何债务。但使用汇票时，出票人一旦签署了汇票，不管背书是什么内容，总是要负法律责任的。在实践中，出票人可以要求福费廷融资者出具书面保证，在拒付事件中不对出票人进行诉讼。尽管这样，出口商一般愿意采用期票作为付款票据，以便转移风险。

2. 货币。期票和汇票通常以美元、瑞士法郎计值，这是由于这两种货币被广泛使用，融资者可以避免因其他货币计值而产生的再融资的困难。而且，福费廷业务的成本主要是由融资者的筹资成本决定的，采用疲软的或不稳定的货币会由于风险的增加而使福费廷交易费用大幅增加。为了保证采用有效（即完全可转换）的货币支付，如果期票或汇票采用的货币与付款地所使用的货币不一致时，应载明有效条款。

3. 银行保证。福费廷业务中的票据需要进口商所在地的，并在国际上享有较高信誉的银行提供担保。它不仅能掌握进口商的资信情况，减少福费廷融资者所承担的风险，还可以在必要的时候，把票据在二级市场上贴现。一般担保采用保函和背书两种方式，以最简单的方式保证，在原始债务人拒付的情况下，根据票据的时间、数量和币种支付一定的金额。

保函是由保证人签署的列出有关交易条件的一份单独文件。在这份文件中，总金额和相应的每一次还款期限都应写清楚。融资者一般要求保函是完全可以转让的，同时还会要求保函是独立的，与所涉及的合同完全分离，并且保函是不可撤销的。如果不能在保函列明这三条，融资者只有在交易合同履约后，担保人宣布无条件承担债务时，才会购买对出口无追索权的单据。

背书担保是一种不可撤销的和无条件的到期支付保函。担保人直接在每张票据上写上“paraval”字样，并在上面签名。背书担保以其简洁、明确和可以转让的特点，避免了保函中出现的很多烦琐问题，是福费廷业务中优先选择的一种担保形式。

4. 审单。当出口商按规定提交了单据，融资者必须全面审查，以发现遗漏或有无不符之处。另外，还要审查事先约定的各项条件，如签字、授权、进口许可证、外汇管理批复等是否完全满足。如果这些文件和票据出现问题，就必须及时解决。

（三）福费廷的特点

1. 在福费廷中，出口商必须放弃对贴现凭证的一切权益，福费廷方也必须放弃对出口商的追索权。

2. 出口商必须对资本货物的数量、质量、装运、交货期担负全部责任。

3. 福费廷的期限一般在1～5年，属于中期融资业务。福费廷业务最短的为180天（6个月），最长的可至10年，还款方式一般采用每半年偿还1次。

4. 福费廷多以美元为结算和融资货币，其他可自由兑换的货币用得较少。福费廷收费较高，属于批发性融资业务，适合于100万美元以上的大中型出口合同。

5. 福费廷没有官方出口信贷机构或者私人保险公司提供的保险。

6. 福费廷需由进口商所在地银行或其他金融机构提供担保。

福费廷业务对出口商的好处：减少资产负债表上的或有负债；增加了资金的流动性，从而增强借款能力；避免了仅通过国家或私营部门投保可能出现的损失，而且不会出现资金流转问题；避免了利率风险；避免了汇率风险，也不改变债务人的状况；不需支出信贷管理、托收等问题带来的相应的费用。

资料卡 11－3　福费廷与一般贴现的区别

福费廷业务是出口商所在地银行买进远期票据，扣除利息，付出现款的一种业务。出口商借助这种业务，及时获得现金，加速资金周转，促进设备的出口。福费廷与贴现极其相似，但又不相同，其主要的区别在于：

1. 一般票据贴现，如票据到期遭到拒付，银行对出票人能行使追索权，要求汇票的出票人付款。而办理福费廷业务所贴现的票据，不能对出票人行使追索权；出口商在贴现这项票据时是一种卖断，以后票据遭到拒付与出口商无关。出口商将票据拒付的风险完全转嫁给贴现票据的银行。这是福费廷与贴现的最大差别。

2. 贴现的票据为一般国内贸易和国际贸易往来中的票据；而福费廷则多为与出口设备相联系的有关票据。福费廷可包括数张等值的汇票（或期票），每张票据间隔的时间一般为6个月。

3. 贴现的票据有的国家规定具备3个人的背书（Endorsement），但一般不须银行担保。而办理福费廷业务的票据，必须有第一流银行的担保。

4. 办理贴现的手续比较简单，而办理福费廷业务则比较复杂。贴现的费用负担一般仅按当时市场利率收取贴现息，而办理福费廷业务的费用负担则较高，除按市场利率收取利息外，一般还收取下列费用：(1)管理费，一次性支付。(2)承担费，从出口商银行确认承接福费廷业务之日起，到实际买进票据之日止，按一定费率和天数收取。(3)罚款。如出口商未能履行或撤销贸易合同，以致福费廷业务未能实现，办理福费廷业务的银行要收取罚款。这些费用虽均由出口商支付，但最后还是转嫁给进口商，提高设备项目的货价。

资料卡 11－4　福费廷与保付代理业务的区别

福费廷与保付代理业务虽然都是由出口商向银行卖断汇票或期票，银行不能对出口商行使追索权，但两者之间是有区别的：

1. 保付代理业务一般多在中小企业之间进行，成交的多系一般进出口商品，交易金额不大，付款期限在1年以下；而福费廷业务成交的商品为大型设备，交易金额大，付款期限长，并在较大的企业间进行。

2. 保付代理业务不需进口商所在地银行对汇票的支付进行保证或开立保函；而福费廷业务则必须履行该项手续。

3. 保付代理业务，出口商不需事先与进口商协商；而福费廷业务则出进口双方必须事先协商，取得一致意见。

4. 保付代理业务的内容比较综合，常附有资信调查、会计处理、代制单据等服务内容，而福费廷业务的内容则比较单一。

第四节　我国的对外贸易融资

随着我国对外贸易的发展，融入世界经济步伐的加快，近年来，我国开展了一些对外贸易融资业务。

一、进口押汇

进口押汇是指开证行在收到信用证项下单据，审单无误后，根据其与开证申请人签订的进口押汇协议和开证申请人提交的信托收据，先行对外付款并放单。开证申请人凭单提货并在市场销售后，将押汇本息归还给开证行。

进口押汇是开证行给予开证申请人的一种将远期信用证转化为即期信用证的变通的资金融通方式。进口押汇是建立在银行负有第一性付款责任的信用证业务基础上，如果单单相符、单证一致，即使开证申请人不付款，开证行也必须履行对外付款的义务。

二、进口托收押汇

进口托收押汇是指代收行在收到出口商通过托收行寄来的全套托收单据后，根据进口商提交的押汇申请、信托收据以及代收行与进口商签订的《进口托收押汇协议》，先行对外支付并放单，进口商凭单提货，用销售后的货款归还代收行押汇本息。

三、限额内透支

限额内透支是指银行根据客户的资信情况和抵(质)押、担保情况,为客户在其银行往来账户上核定一个透支额度,允许客户根据资金需求在限额内透支,并可以用正常经营中的销售收入自动冲减透支余额。

四、进口代付

进口代付是指开证行根据与国外银行(多为其海外分支机构)签订的融资协议,在开立信用证前与开证申请人签订《进口信用证项下代付协议》,到单位凭开证申请人提交的信托收据放单,电告国外银行付款。开证申请人在代付到期日支付代付的本息。

五、假远期信用证

假远期信用证是指开证行开立的规定汇票为远期,开证/付款行即期付款,且贴现费用由开证申请人负担的融资方式。

六、出口托收押汇

出口托收押汇是指采用托收结算方式的出口商在提交单据后,委托银行代向进口商收取款项的同时,要求托收行先预支部分或全部货款,待托收款项收妥后归还银行垫款的融资方式。

七、出口保理押汇

出口保理押汇是指出口商在获得进口保理商信用额度后,发货并将发票及相关单据提交出口保理商(银行)代其收款时,银行以预付款方式为其提供不超过80%发票金额的融资方式。

本章小结

1. 国际贸易融资的主要形式有短期国际贸易融资和中长期国际贸易融资。

2. 保理可以分为:有追索权保理和无追索权保理;明保理和暗保理;折扣保理和到期保理。

3. 保理业务又称承购应收账款业务,是指出口商以商业信用形式出卖商品,在货物装船后立即将发票、汇票、提单等有关单据卖断给承购应收账款的财务公司或专门组织,收进全部或部分货款,从而取得资金融通的业务。

4. 出口信贷是国际贸易中借贷资本运动的一种形式。它是一个国家为支持和扩大本国大型设备的出口,由该国的出口信贷机构通过直接向本国出口商或外国进口商(或其银行)提供利率较低的贷款,或者是通过担保、保险或是给予利率补贴鼓励本国商业银行对本国的出口商或国外进口商(或其银行)提供中长期贷款,以解决本国出口商资金周转的困难,或满足国外进口商对本国出口商品的延期支付货款需要的一种融资方式。

5. 卖方信贷是指出口国金融机构向本国出口商提供的一种中长期贷款,以使出口商能够在大型资本货物交易合同中向进口商提供延期付款融资,所以又常被称为延期付款方式。买方信贷是指出口国金融机构向进口国银行、政府或进口商提供的一种中长期贸易融资,旨在鼓励进口国购买本国资本货物,同时可确保出口商在贸易合同中能够即期收汇。

6. 福费廷是在延期付款的大型设备贸易中,出口商把经过进口商所在地银行承兑的远期汇票,无追索权地出售给出口商所在地相应的金融机构,提前取得现款的一种出口信贷方式。

复习思考题

1. 什么是保付代理业务？它可分为哪些类型？
2. 什么是福费廷业务？如何进行操作？
3. 买方信贷和卖方信贷有何异同？
4. 福费廷与保付代理业务有何异同？

第十二章　国际融资租赁

学习目标

通过本章学习，了解国际租赁的产生和发展、主要形式、国际租赁的基本特征与优势；理解经营租赁和融资租赁的特点；掌握经营租赁、融资租赁及国际租赁的基本程序，融资性租赁与经营性租赁的异同。

租赁作为一种信用工具早在原始社会末期就形成了。第二次世界大战以后，租赁作为融资工具(媒介)得到广泛运用。科学技术的迅速发展、税收和财务制度的变革以及租赁自身具有的特点，租赁发展到现在无论是内容还是形式都发生了根本的变化：一是租赁成为一种行业；二是租赁技术成熟，品种日渐丰富多样；三是租赁业务拓展到现代高科技领域；四是租赁交易国际化程度加深。

第一节　国际租赁的产生和发展

一、国际租赁的概念

狭义的国际租赁(International Lease)仅指跨国租赁，又称"跨境租赁"，是指分别处于不同国家或不同法律体系之下的出租人与承租人之间的一项租赁交易。

广义的国际租赁不仅包括跨国租赁，还应包括离岸租赁，又称间接对外租赁，是指一家租赁公司的海外法人企业在当地经营的租赁业务。不管承租人是否为当地用户，对这家租赁母公司而言都是间接对外租赁；但对母公司的海外法人企业而言，如果承租人为当地企业，它们之间的租赁交易应为一项国内租赁；如果承租人为第三国企业，它们之间的租赁交易为一项跨国租赁。

二、国际租赁的产生和发展

国际租赁是国际金融市场融资方式与手段的创新。国际租赁是国际贸易发展导致贸易方式多样化的结果。国际租赁是发达国家与发展中国家资金与技术矛盾冲突的产物。国际租赁是企业在飞速发展的科技革命进程中不断谋求新的筹资与投资方式的结果。国际租赁业迅速发展的根本原因主要是：(1)国际贸易的发展，贸易与贸易方式的多样化；(2)新技术革命的发展，技术更新的不断出现；(3)国际融资方式与手段的推陈出新，银行新作用的加强。总之，由于西方各国经济的高速发展，对资金的需求迫切客观要求，促成了租赁业的兴起。同时，一些鼓励对机器和设备投资的国内法规(税收法规)也促进了租赁业的发展。

租赁是一种历史悠久的信用形式,在其漫长的发展过程中,经历了古代租赁、传统租赁和现代租赁三个发展阶段。现代租赁主要指企业之间较长期的动产租赁,也称之为“设备租赁”,它是一项涉及金融、法律、税务和会计及技术等诸多方面的复杂的业务活动,是以融物形式达到融资目的,将贸易与金融活动结合在一起的信贷方式。现代设备租赁有其特定含义,指的是出租人根据承租人的要求,以其自有资金或向金融机构借款,从制造商那里购买承租人选定的设备,将设备长期出租给承租人使用,并按双方商定的方式收取租金。租赁物品一般以动产为主。承租人一般以生产性企业为主,租赁期限通常为5年左右,长的可达十几年,甚至可长达几十年。

当上述租赁业务在不同国家当事人之间进行时,它就成为国际租赁,它是租赁活动在国际领域的扩展和延伸。国际租赁市场一般由如下租赁机构组成:

1. 租赁专业公司。大的专业租赁公司往往在国际上广泛设立分支机构,并设立信贷部门,安排对出口设备租赁的资金供应。

2. 银行保险等金融机构。它们经常对租赁机构提供贷款以助其开展租赁业务。有的银行设立自己的租赁子公司扩展其业务范围,如日中东京租赁公司即为第一劝业银行的子公司。有时银行还同工业垄断组织联合设立科技公司,在世界范围内从事庞大的租赁业务。

3. 融资租赁公司。它不同于专业租赁公司,只从事租赁资金融通业务,限于接受承租人的请求向制造商购买设备出租给承租人。此类租赁一般规定由承租人支付租赁设备的一切费用,并需负责设备的维修和保养。

4. 制造厂商。实际上一些大的制造厂商为了推销其生产的机器设备,常在工厂内设立租赁部,或设立附属于它而在法律上完全独立的租赁公司,在对其提供资金的金融机构参与下,广泛开展租赁业务。

5. 经销商和租赁经纪人。经销商是经销商品的中间商或批发商,但有的也从事租赁业务。在从事租赁业务时,经销商是以出租人身份出现的。租赁经纪人是在承租人与出租人之间安排租赁交易而收取一定佣金的某一公司或个人,它们本身并不经营租赁业务。

6. 国际性租赁组织。这是为了缓和国际租赁业务竞争的需要而由多个国家的银行、租赁公司等共同组成的租赁组织。

第二节　国际租赁的主要形式

一、国际租赁业务的基本形式、程序及特点

(一)融资租赁

融资租赁是出租人根据承租人提供的规格,与第三方(供货商)订立一项供货合同;根据此合同,出租人按照承租人在与其利益有关的范围内所同意的条款取得工厂、资本货物或其他设备;并且出租人与承租人订立租赁合同,以承租人支付租金为条件授予承租人使用设备的权利。

1. 融资租赁的基本程序

融资租赁的基本程序见图12—1。

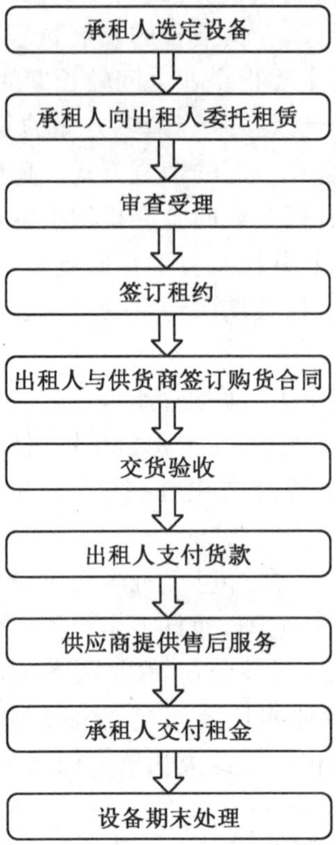

图 12—1　融资租赁的基本程序

2. 融资租赁的特点

(1)涉及三方当事人——出租人、承租人、供货商。

(2)租赁的设备由承租人自行选定。出租人只按用户要求,给予融资便利。

(3)全额清偿。即出租人在基本租期内只将设备出租给一个特定用户。

(4)不可解约性。承租人不能以退还设备为条件而提前中止合同。

(5)设备所有权与使用权长期分离。

(6)设备保险、保养、维护等费用均由承租人承担。

(7)基本租期结束,承租人对设备可以选择留购、续租或退租三种方式。

3. 融资租赁的其他形式

融资租赁由于结构复杂,有许多具体方式:

(1)节税租赁和非节税租赁。节税租赁是指对投资有税收优惠的国家,出租人被税务部门认定为租赁设备的投资者,并有资格享受投资税收优惠的一项租赁交易。非节税租赁有两重含义:一重指承租人被税务部门认定为租赁设备的所有者,并有资格享受税收优惠的一项租赁交易;另一重是指没有税收优惠的国家,出租人与承租人都不可能获得税收优惠的租赁交易。区分节税租赁和非节税租赁的标准一般由实施这一政策国家的税务部门制定,其实质是围绕设备的所有权,谁是该项资产的真正所有者,谁就有资格享受投资税收优惠。区分节税租赁与非节税租赁的具体标准是以出租人的基本租期内是否收回全部投资为标志。如果出租人在基本租期内收回全部投资,这意味着承租人承担了租赁资产所有者承担的风险,在有投资税收优惠的国家，如认定承租人为该项资本所有者，这项交易亦被判定为非节税租赁。如果出租人在基本租期内只收回部分投资，意味着出租人承担了资产所有者的风险，税务部门会确定出租人为该租赁资产的所有者，这项租赁业务亦被判定为节税租赁。所以，出租人如想享受税收优惠，则必须使其租赁交易符合本国税务部门制定的标准。

(2)杠杆租赁。杠杆租赁是指出租人只投资租赁设备购置款 20%～40%，并以此带动其他金融机构为其余 60%～80%的款项提供无追索权贷款的一种租赁交易。

(3)转租赁。转租赁是出租人 A 根据最终承租人的要求先以承租人的身份从出租人 B 租进设备，然后再以出租人的身份转租给用户使用的一项租赁交易。转租赁在融资租赁的基本形式上产生，在保留融资租赁基本特征的同时，增加了一个出租人，交易程序比基本形式复杂。根据与供货商正式签订购货合同的出租人的不同，转租赁分为两种主要模式。

第一种转租赁模式的程序见图 12—2。

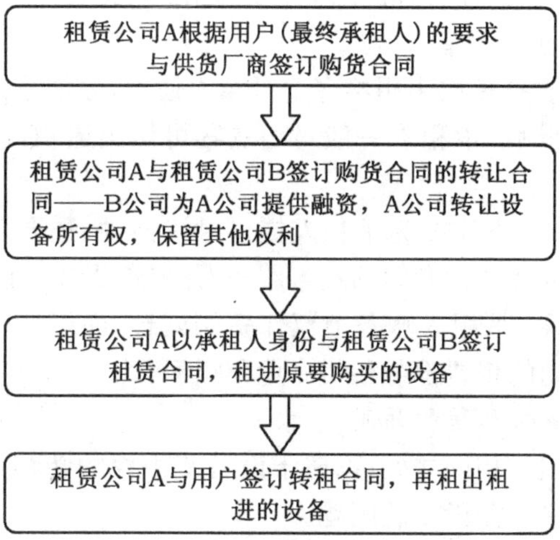

图 12—2　转租赁程序

第二种转租赁模式的程序见图 12—3。

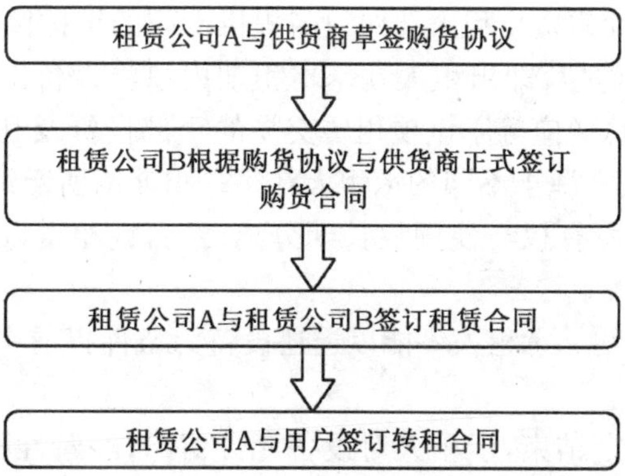

图 12—3　转租赁程序

(4)售后回租。售后回租是设备的所有者将自己原来拥有的部分财产卖给租赁公司,以获得融资便利,然后再以支付租金为代价,从该公司租回已售出财产的一种租赁交易。

(5)介绍租赁。介绍租赁指一家租赁公司以介绍人或见证人的身份促成承租人与另一家租赁公司达成一项租赁交易。对这家具有介绍人性质的租赁公司而言,即为介绍租赁。

(6)综合租赁。综合租赁是指融资租赁业务的基本形式与某些贸易方式相结合的租赁形式,包括租赁与补偿贸易相结合,租赁与来料加工、来件装配相结合和租赁与包销相结合三种方式。

(二)经营租赁

经营租赁(Operating Lease),也称管理租赁,是指出租人根据市场需求,购进通用设备,通过不断租给不同用户使用而逐步收回租赁投资并获得相应利润的一种租赁形式。营业性租赁结构简单,所以形式单一。其特点如下:

1. 租赁期满前,承租人可以在合理的限制条件范围内,提出中途解约的要求,承租人预先通知出租人就可中止合同,退回设备。

2. 出租人一般需要将设备多次出租给多个承租人使用,才能收回全部投资和获得利润。

3. 租赁期满或中止合同后,承租人一般对租赁物可做出退租或续租的选择,但没有留购的权利。

4. 在租赁期内,租赁公司不仅要为承租人提供融资条件,还要负责设备的安装、保养、维修、支付保险费、缴纳税金以及各种专门的技术服务,并要承担技术设备过时的风险。

5. 在经营性租赁方式下,承租人账务上仅作费用处理,而资产仍在出租人的账簿上。这种租赁业务一般由制造厂商的租赁部或租赁专业公司经营。

(三)融资性租赁与经营性租赁的异同

融资性租赁与经营性租赁相同之处:都属于设备使用权的转移,而所有权归出租人;都可以解决承租人资金不足而又急需设备的问题。

融资性租赁与经营性租赁不同之处如下:

1. 融资性租赁涉及三方:出租人、承租人、供货方;经营性租赁只涉及双方当事人,即出租人、承租人。

2. 融资性租赁出租人根据承租人的要求,购买其所需设备,给予融资便利,不负担设备维护、设备缺陷等义务;经营性租赁出租人要对设备提供专门的维护保养。

3. 融资性租赁是全额清偿,即出租人在基本租期内只将设备出租给一个特定用户,出租人从该承租人收取的租金总额应等于该项租赁交易的全部投资及利润;经营性租赁是非全额清偿,即出租人的投资回收来源于不同的承租人在每一租期内所缴纳的租金。

4. 融资性租赁设备的所有权与使用权长期分离;经营性租赁以满足短期需要为主,所有权与使用权表现为短暂分离。

5. 融资性租赁不可解约。承租人不能以退还设备为条件提前中止合同;经营性租赁在租赁期间,承租人可以解约。

6. 融资性租赁基本租期结束,承租人对设备允许留购;经营性租赁设备的所有权不可转让,租期结束,只允许承租人退租。

传统经营性租赁、融资租赁和经营性融资租赁区别见表12－1。

表 12—1　租赁异同对照表

方　式	传统经营性租赁	融资租赁	经营性融资租赁
服务方式	提供融物服务	提供金融和推销服务	提供金融和推销服务
合同特征	一个合同两个当事人	两个合同三方当事人	两个合同三方当事人
业务性质	租借业务	金融业务	金融业务
经营风险	出租人	承租人	出租人/承租人
出租人收益	租金	利息	利息
谁提折旧	出租人	承租人	出租人
物件选择	出租人	承租人	承租人
物件维护	出租人	承租人	出租人/承租人
租期	短期	中长期	中长期
期满物件归属	出租人	承租人	出租人/承租人
适用法律	合同法	合同法	合同法
国家收益	扩大消费需求	扩大投资需求	扩大投资需求

(四)其他租赁方式

1. 返还式租赁

返还式租赁是简单融资租赁的一个分支，它的特点是承租人与租赁物件供货人是一体的，租赁物件不是外购，而是承租人在租赁合同签约前已经购买并正在使用的设备。承租人将设备卖给租赁公司，然后作为租赁物件返租回来，对物件仍有使用权，但没有所有权。设备的买卖是形式上的交易，承租企业需将固定资产转为融资租入固定资产。返还式租赁强调了租赁融资功能，失去了租赁的促销功能，类似于“典当”业务。企业在不影响生产的同时，扩大资金来源，是一种金融活动。

2. 杠杆租赁

杠杆租赁的做法类似银团贷款，专门做大型租赁项目的一种有税收优惠的融资租赁。主要是由一家租赁公司牵头作为主干公司，为一个超大型租赁项目融资。首先成立一个脱离租赁公司主体的操作机构——专为本项目成立的资金管理公司——出项目总金额20%以上的资金，其余部分资金来源主要是吸收银行和社会闲散游资。其余做法与融资租赁基本相同，只不过合同的复杂程度因涉及面广而随之增加。由于可享受税收优惠，操作规范、综合效益好、租金回收安全、费用低，一般用于飞机、轮船、通信设备和大型成套设备的融资租赁。

3. 税务租赁

税务租赁的主要做法与直接融资租赁基本相同，其特点主要是：因租赁物件在承租人的项目中起着重要作用，该物件购买时在税务上又可取得政策性优惠，优惠部分可折抵部分租金，使租赁双方分享税收好处，从而吸引更多的出资人。一般用于国家鼓励的大中型项目的成套设备租赁。在发达国家，因工业化发展到一定程度，税收的优惠逐步取消，后两种做法使用得越来越少。

4. 百分比租赁

百分比租赁是把租赁收益和设备运用收益相联系的一种租赁形式。承租人向出租人缴纳一定的基本金后，其余的租金是按承租人营业收入的一定比例支付租金。出租人实际参与了承租人的经营活动。

5. 风险租赁

风险租赁是指在成熟的租赁市场上，出租人以租赁债权和投资方式将设备出租给特定的承租人，出租人获得租金和股东权益作为投资回报的一项租赁交易。简言之，风险租赁就是出租人以承租人的部分股东权益作为租金的一种租赁形式，这也正是风险租赁的实质所在。

6. 结构式参与租赁

这是以推销为主要目的的融资租赁新方式，它是吸收了风险租赁的一部分经验，结合行业特性新开发的一种租赁产品。主要特点是：融资不需要担保；出租人是以供货商为背景组成的机构；没有固定的租金约定，而是按照承租人的现金流量折现计算融资回收，因此没有固定的租期；出租人除了取得租赁收益外，还取得部分年限参与经营的营业收入。

7. 合成租赁

它扩展了融资租赁的内涵，除了提供金融服务外，还提供经营服务和资产管理服务，是一种综合性全方位的租赁服务，租赁的收益因此扩大，而风险因此而减少，使租赁更显露服务贸易特征。完成这项综合服务需要综合性人才，因此也体现知识在服务中的重要性，合成租赁的发展将成熟的租赁行业带入知识经济时代。

8. 委托租赁

委托租赁是出租人在经营租赁的无形资产。如果从事的是经营性租赁，这种委托租赁就是经营性租赁。如果从事的是融资租赁，这种委托租赁就是融资租赁。委托租赁的一大特点就是让没有租赁经营权的企业，可以"借权"经营。一般企业利用租赁的所有权与使用权分离的特性，享受加速折旧，规避政策限制。电子商务租赁也是依靠委托租赁作为商务租赁平台的。

9. 创新租赁

租赁在中国已经进入第三个发展阶段——创新租赁。它是在保障租赁当事人各方利益的同时，将风险分散到当事人中间。具体做法灵活多变。实际上，它已经将融资租赁和经营性租赁结合起来，发展成现代租赁。由于需要创新，因此每个项目的做法都会有所不同。创新是该项租赁业务的生命。

由于现代租赁的发展灵活多变，以上内容仅是原则区分，实际上许多做法都相互交融在一起，在法律和管理上容易引起混乱，这就是为什么要对租赁进行分类和界定的重要意义。

二、国际租赁的基本特征与优势

(一)融资租赁的基本特征

1. 融资租赁是一种融贸易、金融、租借为一体的特殊金融产品，出租人提供的是金融服务，而不是单纯的租借服务。它属于准金融业务，因此可以由金融机构经营，也可以由非金融机构经营。

2. 它有两个相关的合同(融资租赁合同和租赁物件购货合同)。租赁合同确定融资收益，购货合同确定融资成本。两个合同牵制了三方当事人的权利和义务。

3. 必须有三方当事人(出租人、承租人和供货商)，有时出租人同时担当供货商的角色(结构性参与租赁)，有时承租人担当供货商的角色(返还式租赁)，有时承租人担当出租人的角色(转租赁)。

4. 融资租赁靠四个支柱(法律法规保护、会计准则界定、税收优惠鼓励、监管制度适度)的支撑才能健康发展。没有法律保障,租赁业务难以正常开展。没有会计准则,无法准确界定经营活动是否属于融资租赁的法律保护范围。没有税收上的优惠,融资租赁成本高,没有吸引力。没有监管,金融租赁的无序发展将有可能扰乱金融市场秩序。四个支柱相辅相成,缺一不可,它们之间适度的同步建设,才能保证融资租赁良好的营运环境。

5. 融资租赁的成长还要靠五大驱动因素(经济环境、资本的供给、成本与种类、技术变革、市场的特征),经历六个发展阶段(出租服务、简单金融租赁服务、创造性金融租赁服务、经营性租赁、新租赁产品、成熟)。

(二)国际融资租赁的优势

就发展过程来看,融资租赁的利率水平比银行高,可是仍然在许多国家得到飞速发展的主要原因就是通过融资租赁取得的固定资产比其他方式获得的收益要大,足以抵消利率高的不足。

就发展过程来看,融资租赁的优势有:

1. 双向逆市发展优势

融资租赁有两种主要功能,即融资功能和推销功能。因此在经济发展时期,需要资金时,它能充分发挥融资功能。在经济萧条时期,需要促进投资和消费需求时,可以充分发挥它的促销功能。只要市场在变化,不管朝哪个方向变化都给融资租赁行业带来商机。

2. 非金融机构可以经营金融业务

由于融资租赁的准金融特性,因此在金融管制国家,融资租赁方式是非金融机构可以经营金融业务的少有几个方式中的一个,打破了国家垄断金融的限制(金融机构经营融资租赁没有此优惠)。

3. 可以取得税收优惠

国家为了鼓励投资,专为融资租赁提供了税收优惠,通过融资租赁的项目可以加速租赁物件的折旧。实际上把一些应该上缴国家的税款用来偿还租金,加速了设备的更新改造。

4. 有利于中小企业融资

一般中小企业因为资信问题,很难从银行取得贷款。融资租赁由于有轻松回收、轻松处理以及参与经营等特点,因此对承租企业的资信要求不是很高,主要看项目的现金流量是否充足。因此对项目的担保要求不是很高,填补了银行贷款的空白。

5. 节省项目建设周期

融资租赁将融资和采购两个程序合成一个,因此可以提高项目建设的工作效率。由于租赁本身的灵活性和抗风险能力,也减少了许多项目建设过程中不必要的繁杂手续,可以使企业早投产,早见效益,抓住机遇,抢占市场。

6. 有利于技术改造

因率先使用先进设备,而不用担负由于技术进步使设备落伍淘汰的风险。对企业及时更新技术装备,迅速采取新技术、新工艺,提高产品竞争力和市场占有率十分有利。

7. 融资费用低廉

融资租赁的租金,乍一看比银行的贷款利息要高,但融资租赁是组合服务,在参加项目评估和设备选型等前期工作和设备采购与服务上,还要花费一些费用,须计入租赁成本,承租人贷款上项目也是在利息支付之外支付上述费用,加在一起,就会比作为综合费用的租金高。而且,租赁项目还可享受加速折旧的实惠,可见从资金总体成本上看,融资租赁还是比贷款上项目合算得多。

8. 避免通货膨胀影响

如果企业添置一套生产设备,靠自己积累去采购需要很多时间。在通货膨胀时期,早采购比晚采购费用要低。采用融资租赁可以先得到设备,再用设备产生的效益去还钱,可以说是“借鸡下蛋,卖蛋买鸡”。虽然自己没鸡,照样可以吃鸡和鸡蛋。

9. 防范汇率、利率风险

如果从国外采购租赁物件,需要使用外汇。融资租赁可以将外汇折算成人民币后,以人民币计价租赁,可以使承租企业避免因人民币贬值而带来的汇率风险。由于融资租赁在开始时就采用固定利率,承租企业还可以避免利率波动带来的利率风险。

10. 规避贸易壁垒

各国对相互之间贸易都有一定的限制,通过融资“租赁”,可以避免“直接购买”的限制,从而突破贸易壁垒,迂回进入。另外通过融资转租赁的方式还可以打破一些国家的金融管制,将“贷款”改为融资“租赁”可以避免直接融资的限制。

11. 表外融资

一般企业贷款都要体现在财务报表上,如果负债比例太大,将影响企业的资信程度。通过融资租赁的经营性租赁方式,可以将租赁资产显示在出租人身上,承租人既可使用租赁物件,还不显示负债,实现表外融资。当然承租企业同时还要牺牲一些收益才能获得表外融资。如果牺牲的收益是从租赁物件产生的效益中获得,承租人愿意采用这种办法。

12. 灵活多变

融资租赁是贸易、金融、租借三者结合的产物,既保持自身特色又吸收他方益处,因此在操作上非常灵活,因此搞项目方便、快捷,而且成功率比其他融资方式要高。

资料卡 12—1　船舶融资租赁:本质是融资的一种方式

融资租赁的好处(以船舶融资租赁为例):

(1)杠杆比例高。传统银行贷款最高约 60%,融资租赁可以达到 60%以上,甚至 100%。

(2)为拿不到银行融资的船公司提供服务。航运行业周期性较强,银行贷款能够提供的融资有限,船舶租赁公司对细分市场更熟悉,起到了“增信”的作用。

(3)支付条件较好,稳定现金流。通过租赁的形式,承租人无须一次性支付过高购船资金。

(4)分担承租人船舶资产风险。承租人从船队运营灵活性以及风险管控角度运营船队,包括自有船、融资租赁船只、经营租赁船只。航运下行周期,船舶价格和租金大幅下滑,航运公司可以灵活调整船队,必要时支付违约金退租;经营租赁到期不需要购买船舶。

船舶融资租赁商业模式:船舶租赁公司赚取利息差和船舶租金,是船舶的实际所有者,在必要时,船舶租赁公司可以出售船舶。

船舶租赁公司依靠良好的信用评级和控股股东(一般是银行或者政府投资机构)影响力,通过较低的利率从银行渠道和发放债券获取资金购买客户所需的船舶,然后以融资租赁或者经营租赁的方式,出租给航运公司,赚取利息差和租金。船舶租赁公司拥有船舶的所有权,在必要时,船舶租赁公司可以出售船舶,回笼资金。融资资金来源于自有资金(权益融资)和债务融资(发放债券,银行贷款)。收入来源于船舶租金收入、利息收入和船舶咨询服务收入。

资料来源：申万宏源研究。

第三节 国际租赁业务的操作程序

一、国际租赁的基本程序

在国际租赁融资业务中，租赁程序视租赁方式的不同而不同，但基本程序是相同的(见图12—4)，下面以融资租赁为例加以说明。

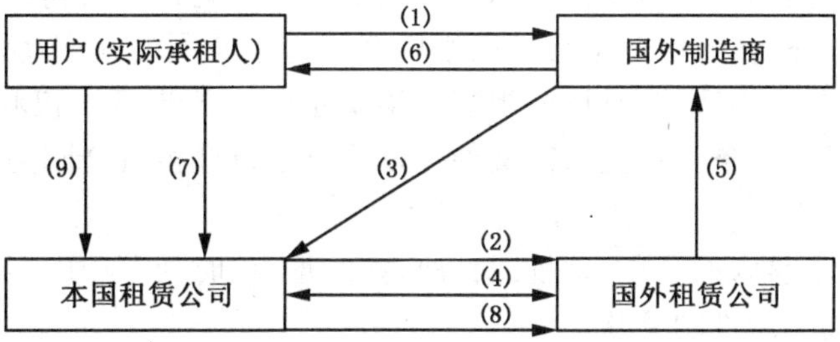

图 12—4 国际租赁基本程序

(1)用户(实际承租人)根据使用需要，自己或委托租赁公司选定租赁物，并与国外制造商商定设备的型号、规格、品种、货价和交货期。

(2)用户先向本国租赁公司提出租赁申请，再通过它向国外租赁公司提出国际申请；用户也可直接向国外租赁公司提出国际申请。

(3)国外租赁公司应要求提出租赁费估价单，包括设备费用、各种税金、银行利息、手续费、租赁费、协议分摊数额等(用户也可以通过本国租赁公司与国外制造商及租赁公司谈判后确认)，然后本国租赁公司与用户签订租赁合同，本国租赁公司与国外制造商签订购买合同。

(4)本国租赁公司可以就上述购买事宜与国外租赁公司签订地位转让合同以及租赁合同。

(5)根据本国租赁公司与国外租赁公司的地位转让合同，由国外租赁公司向制造商付款。

(6)国外制造商按购货合同将设备直接交运用户。

(7)用户按租赁合同规定，按期向本国租赁公司缴纳租赁费。

(8)本国租赁公司按合同规定，按期向国外租赁公司以外汇交付租赁费。

(9)合同期满，用户根据实际情况选择退租、续租或留购。

二、国际租赁业务合同

国际租赁业务涉及多方当事人，因此国际租赁业务涉及的合同也由多个合同构成，比较复杂。以下列举主要合同加以说明。

(一)贷款合同

贷款合同又称融资合同，是出租人与有关金融机构之间签订的关于租赁业务的融通资金协议。通常出租人不会为每项租赁提供100%的资本，而是尽可能地依照贷款银行的要求，通过借贷方式筹集资金。

融资的目的是用于租赁，但各国对租赁的看法不同，给予租赁的待遇也是不同的，因此对融资银行来说，尤其是安排无追索权的贷款时，银行更多地考虑承租人的信用地位，而非出租人的信用地位。但是银行一经同意贷款，其合同规定基本同其他性质的贷款一样。贷款合同主要内容包括：融通资金的双方当事人、融资目的、融资金额与期限、借款利率、还款资金来源及方式、各方权利义务、担保条款及违约责任等。

（二）销售合同

销售合同中的标的物就是租赁合同的标的物，因此销售合同的内容关系到租赁合同的执行。在通常情况下，销售合同条款与一般进出口货物合同相类似，但合同应包含一些与租赁相关的条款，如规定购买人的权利让与条款，以使其与租赁合同的有关条款一致。

（三）租赁合同

国际租赁合同是出租人与承租人为租赁一定财产而明确相互权利与义务的协议。一项租赁交易涉及众多的法律行为，由此会形成以租赁合同为主合同的众多协议的法律文件。作为主合同的租赁合同，制约租赁整个过程，规定了签署主合同的当事人权利、义务、责任，其通常包括一般性条款和专业性条款两类法律文件。以下以融资性租赁合同为例加以介绍。

1. 一般性条款

关于租赁方法、当事人的名称、地址或住所、签约地点、时间等项内容的条款。

关于合同实施前提条件的条款。

关于设备名称、制造商、出厂期、规格、型号、数量、技术性能、交货地点和使用地点的条款。

关于租赁设备订购、交货、验收等项条款。

关于税款费用条款。

关于租期和起租日期条款。

关于租金支付条款。

2. 特殊性条款

关于租赁合同与销售合同及其他合同关系的条款。

关于租赁设备的所有权和使用权条款。

关于承租人不得中途解约及设备灭失、毁损时如何处置的条款。

关于出租人对租赁设备的质量、性能、适用与否的免责条款。

关于过错、违约条款。

关于租赁设备的使用、保管、维修和保养条款。

关于设备保险条款。

关于租赁保证金和担保条款。

关于租赁设备租赁期满的处理条款。

关于对第三方的责任条款。

关于转租赁条款。

关于租赁债权的转让和抵押条款。

关于预提所得税条款。

关于争议解决和适用法律条款。

附带条款。

关于租赁合同的附件。

第四节　我国的国际租赁业务实践

一、融资租赁业在中国的起步

1980年，中国国际信托投资公司承做了中国第一笔租赁国际业务，同期，中国民航在该公司的推动下，利用杠杆租赁方式从美国租进了第一架波音747SP飞机。1981年，中国东方租赁有限公司、中国租赁有限公司成立，标志着中国融资租赁业的开端。

资料卡12－2　“浙租”模式

“浙租”是“浙江租赁公司”的简称，最早是中国租赁公司在浙江的代理部。经过自己努力，业务不断壮大，升格为以地方名称冠名的内资融资租赁公司。1986年在中国第一次重大金融改革时，所有的内资融资租赁公司成建制地改制为非银行金融机构的金融租赁公司。“浙租”是当时16家金融租赁公司之一。

“浙租”是个租赁知识的大熔炉，业界的“黄埔军校”，“浙租模式”影响着当时每一个金融租赁人。

单就租赁模式来说，浙租的租赁模式很简单，就是在直租下采用“三三制”原则下的租赁结构设计，实现“风险共担、利益共沾”的租赁交易模式。

融资租赁是两个合同三方当事人的合同。所谓“三三制”原则就是这三方当事人要共担对等风险。即在同一笔租赁交易下，承租人出租赁额三分之一的保证金，扣押供货商三分之一的尾款，租赁公司只出三分之一的货款，用来完成完整的融资租赁交易设计；租赁公司只出三分之一的钱，就得到租赁物100%的所有权。其担保性质，胜过抵押贷款。承租人支付三分之一的租金偿还保证金，得到100%的租赁物用益物权。对于租赁公司来说提高了承租人的违约成本，抑制了承租人恶意违约的不良企图(因违约成本太高，宁欠银行钱也不能欠租赁公司的钱)。租赁公司借此租赁资产融到购买租赁物件的部分货款。扣押供货厂商三分之一的采购租赁物件尾款，直至租赁项目结束。厂商通过给租赁公司账期的方式，用别人的钱销售了自己的产品，维护了自己的客户。相当于信用销售产品给代理承租人采购的租赁公司。因租赁公司客户资源丰富，从另一个角度，租赁公司也是厂商的产品销售代理商。

供货商用这笔被占压资金来做售后服务的保障，承担推荐承租人失败的责任，提供租赁物件二次销售的梯级市场和渠道，协助租赁公司处置回收的租赁物，填补了租赁物市场退出机制不健全的空缺。实际上厂商给租赁公司提供了一笔三分之一货款的租赁期内“无息贷款”。

融资租赁公司在这个交易中看似只出资三分之一，但租赁公司拿全新租赁资产到金融机构融资。就算打7折融到资金，租赁公司实际多融超一倍的资金。一部分用来开办融资租赁业务。多融的资金用来开发新业务。

资料来源：https://3g.k.sohu.com/t/n465173902,2020年7月10日。

二、融资租赁对中国国民经济的促进作用

融资租赁具有对国民经济发展的逆向支撑作用。在经济繁荣时期，银行信贷政策宽松，融资租赁能充分发挥企业融资功能，推动经济蓬勃发展；在经济萧条时期，融资租赁既担当"强心针"角色，又充分发挥其促销功能，推进投资和消费，刺激经济发展，为经济发展注入新鲜血液。融资租赁是刺激投资、克服投资萎缩的有效手段，可在一定程度上避开国家货币政策波动的影响，对企业稳定发展和国家经济持续稳定增长发挥着积极作用。同时，融资租赁具有加速折旧的作用，合同到期后，必然会有一部分租赁设备进入二手市场进行翻修，客观上促进了我国再制造领域的发展。

融资租赁对促进中小型企业的发展具有独特优势。银行贷款的门槛比较高，在规避了风险的同时也阻滞了中小企业客户的发展需求。而融资租赁将融资与融物相结合，相当于为中小型企业提供了一笔中长期贷款。在融资租赁过程中，设备所有权属于出租人，但使用权和收益权都在承租人。

融资租赁已成为中国引进外资的一条重要渠道，融资租赁是支持企业技术改造的有效方式，在改善宏观投资效果，促进产业政策的调整与基础产业的发展，促进外向型经济的发展上可以起到重要的作用。

案例分析 12—1 融资租赁案例分析——以江西水泥为例

2010 年 10 月 29 日，江西水泥（或称：承租人）、子公司瑞金万年青水泥有限责任公司和中国外贸金融租赁有限公司（以下简称：出租人或买方或租赁公司）签署了《融资租赁合同》《租赁物买卖合同》，将瑞金万年青价值 1 亿元的设备出卖给中国外贸金融租赁公司，再由公司向出租方承租给瑞金万年青使用。租赁期限为 3 年，年租赁利率 5.04%（中国人民银行同期贷款基准利率下浮 10%）；租赁保证金 1 400 万元；租赁手续费 250 万元。

瑞金公司将前期投入的水泥熟料生产线价值 1 亿元的资产置换给出租人，为公司融入 1 亿元的货币资金，出租人购买后将设备以融资租赁方式出租给公司，继续由瑞金公司使用。租赁设备本息公司将按定期等额支付方式，分 12 期支付，将合计支付租金总额 108 377 880 元。

租赁期满后的 10 个工作日内，承租人向出租人支付人民币 1 万元的名义价款购买租赁物，出租人将租赁物的所有权转让给承租人或承租人指定的第三方瑞金公司。瑞金公司获得租赁设备的所有权。

租赁设备金额：100 000 000.00 元

保证金：14 000 000.00 元

租赁手续费：2 500 000.00 元

年利率：5.04%

租赁期：3 年，分 12 期，每期为一个季度

每期租金：9 031 490.00 元（108 377 880.00÷12）

期末租赁物回购残值：10 000.00 元

利润分析：假设实际综合年利率为 r。该项目期初收了设备总额 2.5%的手续费，保证金为 14%，名义年利率为 5.04%，残值回购为 0.01%，即期初实际放款金额为 83.5%（100%－2.5%－14%），假设按 100%放款，还款方式改为期末一次连本带息偿还，则按

复利计算，期末还款为115.894 9%[100%×(1+5.04%)^3]，期末将退还14%保证金，回购残值为0.01%，所以实际期末的还款为101.904 9%(115.894 9%－14%+0.01%)，实际放款金额，以实际利率r计算，就可得出同样的实际期末还款101.904 9%[83.5%×(1+r)^3]。

逆运算可得出

$r=\sqrt[3]{(101.9049\%\div 83.5\%)}-1=6.87\%$（中国人民银行同期贷款基准利率为5.6%，即实际综合年利率为基准上浮22.7%）

若租赁公司的资金成本为基准，并以现值的形式表示利润，则现值利润为设备金额的3.66%，若按租赁公司投入10%的资金作为净资产保证金，则毛利为36.6%(3.66%÷10%)。

资料来源：江西水泥(000789)融资租赁公告。

三、中国进口融资租赁的基本程序

中国进口融资租赁的基本程序包括：承租人的租赁决策；出租人的审查与受理；租赁合同的谈判与签订；租赁业务中承租人应考虑的问题；融资租赁项下购货合同的谈判与签订；合同的履行；租赁标的期满所有权处理。

四、我国融资租赁业务中租赁合同洽谈的内容

《民法典》第七百三十六条规定：融资租赁合同的内容包括租赁物名称、数量、规格、技术性能、检验方法、租赁期限、租金构成及其支付期限和方式、币种、租赁期间届满租赁物的归属等条款。

融资租赁合同由于涉及两个合同、三方当事人，其订立程序和内容一般有特殊要求。融资租赁合同主要是解决承租人对租赁物的需求问题。因此，融资租赁合同的订立一般由承租人发起，其步骤分为以下4步。

第一，承租人选择租赁物的出卖人(供应商)，并与出卖人协商约定买卖合同的条款；

第二，承租人选择出租人(租赁公司)，并与其签订融资租赁合同；

第三，承租人与出租人订立委托协议，委托出租人按照自己确定的出卖人、商定的条件和出卖人订立买卖合同；

第四，出租人以自己的名义与出卖人订立买卖合同，同时，承租人必须在买卖合同上签名盖章。融资租赁合同集买卖合同与租赁合同于一体，因此，融资租赁合同的内容包括租赁和买卖两部分。

租赁部分包括以下条款：(1)租赁关系的当事人，即出租人和承租人。(2)租赁标的物。(3)租赁标的物的出卖人及其制造厂家。(4)租赁标的物的交付与验收。(5)出租人购买标的物的成本。(6)租赁期限。(7)租金及其支付方式。(8)租赁物的保险。(9)其他约定。买卖部分包括以下条款：(1)买卖关系的当事人。其中，出卖人为租赁合同中指定的出卖人，买受人为租赁物的出租人。(2)标的。租赁合同中约定的物。(3)标的物的交付。(4)标的物的担保责任和索赔。(5)标的物的价款及其支付方式。(6)其他约定。(7)承租人对买卖合同的确认。

上述两部分构成融资租赁合同，其中，租赁和买卖并非完全独立的两个合同，而是相互影

响的两个合同。例如，买卖合同不成立、无效或解除，租赁合同也因标的物履行不能而解除；租赁合同不成立、无效或解除，则买卖合同可以解除，但解除买卖合同须经三方当事人同意。

买卖合同一经签字，承租人与出租人就要对租赁条件进行洽谈，因此在租赁合同洽谈中应注意：

1. 关于租赁利率的确定。承租人必须匡算对租赁利率的承受能力。

2. 起租日的确定。承租人与出租人关于确定起租日的立场不尽相同。承租人往往要求以租赁设备确实对其产生效益为基准确定起租日；而出租人则要求以出租人开始为承担人支付费用的时间为基准。确定的起租日越早，承租人所负担的费用就越高。

3. 偿还租金期限的确定。包括租赁期限及租金支付周期。租期越短，出租人收回投资的时间就越短，风险越小，但承租人同期的费用会增加。因此，租期确定应参考该租赁资产的实际耐用年限，可略短于这一年限。

4. 租金计价货币的确定。承租人应要求以自己未来可能拥有的外币种类或在国际金融市场上表现为软币的货币作为租金计价货币，这样可减轻承租人的汇价风险。

五、我国国际融资租赁合同的订立程序

目前，我国涉外融资租赁业务一般都是由用户（承租人）委托有经验的专门租赁机构来进行。订立国际融资租赁合同的大致程序和做法如下：

1. 选定租赁设备

由承租人根据自己的需要选定拟租用的设备和供货人。承租人通过个别接触或国际招标等方式，选择最适用的设备和最低价格的供货厂商。我国的承租企业由于国际联系较少，往往请求租赁公司帮助选择设备和合适的供货厂商。

2. 立项审批

承租人提出对外租赁项目建议书和可行性研究报告，并经有关主管部门批准，持有关批准文件，方可租赁所需机械设备。

3. 委托租赁

承租人的项目获得批准后，凭批准文件到租赁公司办理委托租赁，同时还应递交承租企业的营业执照和财务报表、还款计划落实证明、履行租赁合同的担保、租赁委托书等文件。租赁公司审查了解承租人的企业经营状况和偿付租金的能力，确定接受承租人的委托后，向承租人提供初步租金概算。

4. 签订买卖合同

出租人根据承租人的要求，与选定的供货人洽谈，签订买卖合同。国外多数租赁公司的通常做法是：由承租人与供货人商定设备的规格、型号、品种、价格和交货期等，租赁公司按商定的条件与供货人签订合同购买设备。

5. 承租人和出租人签订租赁合同

租赁公司与承租人商定租赁条件，制订租金概算方案，签订租赁合同，并由担保人盖章确认担保。在租赁公司收到承租人的订货卡或设备分交方案和进口许可证，并收到按规定交付的保证金（一般为货款的10%～15%）后，即由租赁公司将购货合同生效日期书面通知承租人（用户）和国外供货厂商。

本章小结

1. 国际租赁仅指跨国租赁，又称“跨境租赁”，是指分别处于不同国家或不同法律体系之下的出租人与承租人之间的一项租赁交易。国际租赁不仅包括跨国租赁，还应包括离岸租赁，又称间接对外租赁，是指一家租赁公司的海外法人企业在当地经营的租赁业务。

2. 国际租赁市场一般由租赁专业公司、银行保险等金融机构、融资租赁公司、制造厂商、经销商和租赁经纪人及国际性租赁组织等租赁机构组成。

3. 融资租赁是出租人根据承租人提供的规格，与第三方（供货商）订立一项供货合同；根据此合同，出租人按照承租人在与其利益有关的范围内所同意的条款取得工厂、资本货物或其他设备；并且出租人与承租人订立租赁合同，以承租人支付租金为条件授予承租人使用设备的权利。

4. 经营租赁也称管理租赁，是指出租人根据市场需求，购进通用设备，通过不断租给不同用户使用而逐步收回租赁投资并获得相应利润的一种租赁形式。

5. 国际租赁业务涉及多方当事人，因此国际租赁业务涉及的合同也由多个合同构成，比较复杂，一般由贷款合同、销售合同和租赁合同构成。

6. 中国进口融资租赁的基本程序包括：承租人的租赁决策；出租人的审查与受理；租赁合同的谈判与签订；租赁业务中承租人应考虑的问题；融资租赁项下购货合同的谈判与签订；合同的履行；租赁标的期满所有权处理。

7. 我国国际租赁业务中租赁合同洽谈的内容主要有：关于租赁利率的确定、起租日的确定、偿还租金期限的确定及租金计价货币的确定等。

复习思考题

1. 国际租赁业务的基本形式、程序及特点是什么？
2. 融资性租赁与经营性租赁有何异同？
3. 国际租赁的基本特征是什么？
4. 请结合图示说明国际租赁的基本程序。
5. 国际租赁合同的内容有哪些？

第十三章　国际收支平衡[1]

学习目标

通过本章学习，理解国际收支的定义；明确国际收支平衡表的基本原理；知晓国际收支中存在的不平衡问题以及其相应的调节机制、调节工具与调节路径。

国与国之间的往来会产生货币的支付，当然并不是所有的往来都会产生货币的支付，譬如外国以实物形式进行的无偿援助和投资等。为了更好地理解国家之间货币往来的来龙去脉，从一国的角度理解国际金融，我们因此需要学习国际收支和国际收支平衡表。

第一节　国际收支

国际收支的含义一般被认为是一国在一定时期内对外经济交流和对外债权债务清偿所引起的一切货币收支。普遍认为国际收支有狭义与广义两个层面的含义。严格意义上的国际收支是指一定时期内一个国家或地区因各种经济文化交流而必须立即结算的外币收入和支出。广义的国际收支是指一个国家或地区居民与非居民之间发生的一切经济活动的货币价值总和。它是一个国家对外政治经济关系的缩影，也是一个国家在世界经济中的地位和兴衰的反映。国际收支状况通常用国际收支平衡表来反映，它是系统地记录一个国家在一定时期内的国际收支和金融项目的统计表。这个统计表是对国家对外经济的全面了解，基本信息是国家政府制定对外经济政策的主要依据。

国际收支一般具有以下几个基本特征，即对外性、系统性、流量性和事后性。

（一）对外性

国际收支记录的都是一国对外的交往，即本国居民内部的交往不包含在内，主要包含的是本国居民与他国居民之间的交易。居民这个概念在国际收支统计中一般指一国的经济领土（普遍意义上认为是一个政府所管辖的地理领土，还包括该国天空、水域和邻近水域的大陆架）内具有经济利益的经济单位。简单来说，主要包括家庭和组成家庭的个人、社会的实体和社会团体等。

（二）系统性

国际收支的记录是系统性的，它不仅仅是以货币收支为基础，更准确地说，是以交易为基础。这些交易包含涉及货币支付的往来，也包含不涉及货币支付的往来，对于不涉及货币支付

---

① 本章部分内容参考姜波克：《国际金融新编》，复旦大学出版社 2018 年版，第 25—33 页。

的交易，要将其折算成货币予以记录。而对于一些即便实际流动没有发生，但可以推测有交易发生的行为也要予以记录。譬如说，国外直接投资取得的属于投资者本人的收益用于再投资，也需要在国际收支中表现出来。

（三）流量性

国际收支是对一年交易的总结，是一定时期内发生的变量变动的数值，具有流量的特征。

（四）事后性

国际收支是对过去已发生事实的记录，而不是对未来的预测。

第二节　国际收支平衡表

国际收支平衡表是按照特定账户分类和复式记账原则将每一笔国际收支记录汇总编制的会计报表。

一、账户分类

（一）经常账户

经常账户（Current Account）是一个记录国际真实资源交易的账户。它包括以下三个二级账户：贸易账户（它包括货物和服务这两个重要的子账户）、初次收入账户以及二次收入账户。贸易账户中包含的比较重要的子账户是货物（Goods）和服务（Services）。其中，货物账户主要记录的是有形商务或物品的进出口交易，一般来说，货物按离岸价（FOB）计价。另外，经常账户中还包含初次收入和二次收入。初次收入包括居民和非居民之间的两大类交易，即支付给非居民雇员的报酬和投资项下有关对外资产和负债的收益和支出，后者包括有关直接投资、证券投资和其他投资的收益和支出以及储备资产的收益。最常见的投资收益是股本收益（红利）和债务收益（利息）。二次收入又可以称为经常转移。当一个经济体的居民实体向另一个非居民实体无偿提供了实际资源或金融产品时，按照复式记账法原理，需要进行抵消性记录以达到平衡，也就是需要建立转移账户作为平衡项目。转移区分为经常转移与资本转移，经常转移仍包括在经常账户中，而资本转移包括在资本与金融账户内。经常转移排除了下面三项所有权转移（即资本转移）：(1)固定资产所有权转移；(2)同固定资产收买/放弃相联系的或以其为条件的资产转移；(3)债权人不索取任何回报而取消的债务。经常转移包括各级政府的转移（如政府间经常性的国际合作、援助）和其他转移（如个人汇款）。

（二）资本和金融账户

资本和金融账户（Capital and Financial Account）是指记录资产所有权国际流动的账户，它包括资本账户（Capital Account）和金融账户（Financial Account）两个二级账户。资本账户包括资本转移和非生产、非金融资产的购置和弃置（资本转移的含义同上）。非生产性和非金融性资产的取得或放弃，是指各种特许权、经销权、租赁和其他可转让合同的交易。金融账户包括导致经济体外部资产和负债所有权发生变化的所有权交易。根据投资类型或功能，金融账户可分为直接投资、债券投资、金融衍生工具、其他投资、储备资产五类。

其中，直接投资（Direct Investment）是指投资者与另外经济体的企业通过在国外直接建成分支企业的形式或者购买国外企业一定比例股权的形式存在着长期的关系，并且对企业经营管理施加相当大的影响。证券投资（Portfolio Investment）的主要对象是股本证券和债务证券。金融衍生工具这一账户的单列主要是因为随着金融市场的发展而日益增多并且风险较大，将它单独列出有利于风险识别和防范。其他投资(Other Investment)作为一个剩余项目，包括所有直接投资、证券投资、金融衍生工具和储备资产未包括的金融交易。其他投资中最主要的项目是银行的存贷款。储备资产(Reserve Assets)主要包括货币当局可随时动用的资产，包括黄金、特别提款权、在基金组织的储备头寸以及外汇资产。

(三)错误和遗漏账户

国际收支账户采用复式记账方式，因此所有账户的总借方和贷方必须相等。但由于不同账户的统计数据来源不同、注册时间不同以及一些人为因素(如虚假出口报告)等原因，结账时会出现净借方或贷方余额。需要人为设置清算账户，即错误和遗漏账户(Errors and Omissions Account)。它与上面的平衡相同，但方向相反。

国际收支账户结构见图 13－1。

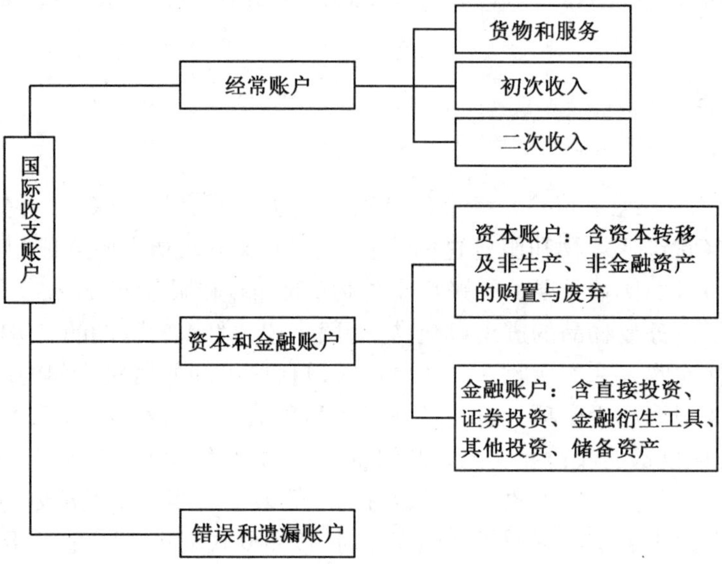

图 13－1 国际收支账户结构

二、复式记账法

复式记账法在国际会计中是通用准则，也就是说，每一笔交易都由两个数值相等、方向相反的账户来表示。国际收支采用复式会计时，主要包括以下三点：

首先，任何交易的发生都必须涉及借方和贷方。有借必有贷，借贷必相等。

其次，借方记录资金使用和占用增加以及资金来源减少(例如，用于进口外国货物或购买外国金融资产或存款)，贷方记录增加资金来源与资金使用和占用减少(例如通过出口国内商品获得资金或从国外获得收入或出售国外金融资产)。根据上述原则，将若干具体交易汇总记录在相应科目下。

最后，汇总每个科目的记录后，余额为正(贷方金额大于借方金额)表示该科目的盈余(或顺差)，负余额(贷方金额小于借方金额)是指主体的赤字(或逆差)。

三、记账货币

由于国际经济交流是以多种货币进行的，为了更好地记录和比较各种交易的数据，需要将它们换算为同一种记账货币，称为记账货币(Recording Currency)或记账本位币。大多数国家使用美元作为其记账货币。过账到国际收支时，以不同币种结算的对外交易需要根据记账货币与特定交易货币的关系(即汇率)转换为记账货币。

2019 年中国国际收支平衡表见表 13－1。

表 13－1　**2019 年中国国际收支平衡表(概览表)**

项　目	行次	亿元	亿美元	亿 SDR
1. 经常账户	1	9 768	1 413	1 024
贷方	2	200 485	29 051	21 033
借方	3	－190 717	－27 638	－20 009
1. A 货物和服务	4	11 398	1 641	1 191
贷方	5	182 470	26 434	19 140
借方	6	－171 072	－24 793	－17 949
1. A. a 货物	7	29 405	4 253	3 081
贷方	8	165 612	23 990	17 371
借方	9	－136 207	－19 737	－14 290
1. A. b 服务	10	－18 007	－2 611	－1 890
贷方	11	16 858	2 444	1 769
借方	12	－34 864	－5 055	－3 659
1. B 初次收入	13	－2 336	－330	－241
贷方	14	16 228	2 358	1 706
借方	15	－18 565	－2 688	－1 947
1. C 二次收入	16	706	103	74
贷方	17	1 787	259	188
借方	18	－1 080	－157	－113
2. 资本和金融账户	19	3 884	567	409
2. 1 资本账户	20	－23	－3	－2
贷方	21	15	2	2
借方	22	－38	－5	－4
2. 2 金融账户	23	3 907	570	412
资产	24	－13 759	－1 987	－1 440
负债	25	17 665	2 558	1 852
2. 2. 1 非储备性质的金融账户	26	2 545	378	271
2. 2. 1. 1 直接投资	27	3 994	581	420
资产	28	－6 744	－977	－707
负债	29	10 738	1 558	1 127

续表

项　目	行次	亿元	亿美元	亿 SDR
2.2.1.2 证券投资	30	4 003	579	420
资产	31	−6 181	−894	−648
负债	32	10 184	1 474	1 067
2.2.1.3 金融衍生工具	33	−165	−24	−17
资产	34	94	14	10
负债	35	−259	−37	−27
2.2.1.4 其他投资	36	−5 287	−759	−551
资产	37	−2 290	−323	−236
负债	38	−2 997	−437	−315
2.2.2 储备资产	39	1 362	193	141
3. 错误和遗漏	40	−13 652	−1 981	−1 433

注：

1. 根据《国际收支和国际投资头寸手册》(第六版)编制，资本和金融账户中包含储备资产。

2. “贷方”按正值列示，“借方”按负值列示，差额等于“贷方”加上“借方”。本表除标注“贷方”和“借方”的项目外，其他项目均指差额。

3. 季度人民币计值的国际收支平衡表数据，由当季以美元计值的国际收支平衡表，通过当季人民币对美元季平均汇率中间价折算得到，季度累计的人民币计值的国际收支平衡表由单季人民币计值数据累加得到。

4. 季度 SDR 计值的国际收支平衡表数据，由当季以美元计值的国际收支平衡表，通过当季 SDR 对美元季平均汇率折算得到，季度累计的 SDR 计值的国际收支平衡表由单季 SDR 计值数据累加得到。

5. 本表计数采用四舍五入原则。

6. 细项数据请参见国家外汇管理局国际互联网站“统计数据”栏目。

数据来源：《中国统计年鉴》，2020 年。

第三节　国际收支的不平衡问题

根据复式记账法，当国际收支平衡表的最终差额为零时，称为“国际收支平衡”；当这一差额为正时，就称为“国际收支顺差”；当这一差额为负时，就称为“国际收支逆差”。后两者统称为“国际收支不平衡”。产生国际收支不平衡的原因大概可以分为七种，分别是临时性不平衡、结构性不平衡、货币性不平衡、周期性不平衡、收入性不平衡、预期性不平衡和币值扭曲。

一、临时性不平衡

临时性不平衡是指由非确定性或偶然因素造成的国际收支短期失衡。这种性质的国际收支失衡一般是轻微的、短暂的和可逆的，可视为正常现象。

二、结构性不平衡

结构性不平衡是指国内经济和产业结构不能适应世界市场变化时出现的国际收支失衡。结构性不平衡通常反映在贸易账户或经常账户中。结构性不平衡有两个含义。第一个含义是指经济和产业结构转变滞后和困难导致的国际收支失衡。例如，在一定的生产和消费需求条件下，一国的国际贸易处于均衡状态。当国际市场变化，新产品不断淘汰旧产品，优质新产品不断淘汰旧款式、劣质产品和新替代品不断出现时，如果国家的生产结构不能根据情况及时调整，那么原来的贸易余额将被破坏，就会出现贸易逆差。这种意义的结构性不平衡在发达国家和发展中国家都存在。结构性不平衡的另一个含义是指一个国家的产业结构比较简单，随着经济发展或外部冲击的出现，国际收支就会出现失衡。例如，如果一国出口产品的需求收入弹性较低，而进口产品的收入弹性较高，那么随着时间的推移和经济的发展，国内进口增长较快，而出口增长缓慢，贸易将发生赤字。例如，一国出口产品的需求价格弹性较高，而进口产品的价格弹性较低。单一产品结构导致的收支失衡在发展中国家尤为突出。结构性不平衡与暂时失衡不同。它具有长期性质，很难逆转。

三、货币性不平衡

货币性不平衡是指在一定汇率水平下，本国货币成本和一般物价上升，导致出口产品价格相对较高，进口产品价格相对便宜，从而导致国际收支失衡。一般来说，本国货币成本和一般物价上涨的原因被认为是货币供应量过度增加，因此国际收支失衡的根本原因是货币。货币性不平衡可以是短期、中期或长期的。

四、周期性不平衡

周期性不平衡是指一国经济的周期性波动引起的国际收支失衡。当一国经济处于衰退期时，社会总需求下降，进口需求也下降，导致国际收支顺差。另一方面，如果一国经济处于扩张繁荣时期，国内投资和消费需求旺盛，进口需求相应增加，国际收支就会出现逆差。周期性失衡在第二次世界大战前的发达资本主义国家最为明显。战后，由于发达国家进口商品消费相对稳定，经济低迷时期出口下降，国际收支表现经常出现偏差。

五、收入性不平衡

收入性不平衡是一个比较泛泛的概念，是指由于一国国民收入增长较快，导致进口需求增长超过出口增长而造成的国际收支失衡。国民收入较快增长的原因有很多，可以是周期性的、货币的，也可以是经济的快速增长引起的。另一个与收入性不平衡有关的概念是由储蓄倾向差异引起的失衡。在追求经济增长和消费增长的前提下，储蓄率较低的国家会出现国际收支逆差，而储蓄率较高的国家往往会出现国际收支顺差。更高的经济增长需要更多的投资，更高的消费会带来更大的需求，这将导致资本和商品进口更快增加，这将有助于形成国际收支逆差。

六、预期性不平衡

预期因素对实物和资金流动的国际收支都有重要影响。从实物上看，当一个国家的经济有望快速增长时，国内居民和外国投资者都会增加对该国的实物投资；当国家的资本货物供应不能满足需求时，投资是通过从资本货物进口资本进行的，资本货物进口增加，经常项目出现逆差。从金融角度看，一方面，经常项目逆差必须由资本和金融项目顺差来弥补；另一方面，随着资源的自由流动，国内经济的增长预期和债券价格的上涨将吸引外资。国内债券市场直接投资带来资本和金融项目顺差。

七、币值扭曲

根据不同的基准,货币扭曲可以有许多不同的定义。仅从价格比较对国际收支的影响来看,币值扭曲是指本外币名义价格的关系继续偏离外币实际价格,因此导致本国商品实际价格持续较高进而导致出口持续相对下降、进口持续相对增加和国际收支持续逆差;或者造成本国商品实际价格持续较低进而导致出口持续相对增加、进口持续相对减少和国际收支持续顺差。币值扭曲通常是由僵硬的汇率政策和汇率制度引起的。

第四节 针对国际收支不平衡的调节

事实上,国际收支不平衡的现象是时常发生的,只是有些国家发生国际收支不平衡的频率较高、程度较深,而有些国家发生国际收支不平衡的频率较低、程度较浅,针对不同的情况,对于国际收支不平衡问题是否调节、如何调节具有相应的不同的调节方式。也就是说,虽然国际收支不平衡的存在是一种必然且常见的现象,在某些情况下甚至还可能是较优的选择。但是,通常来说,连续的巨额国际收支逆差往往意味着本国支付能力和信用水平的下降;而连续的巨额国际收支顺差则普遍意味着本国将大量的实际资源提供给外国消费,而不增进本国的实际福利水平;这两种情况都会损害本国经济的稳定和发展。当持续的巨额的国际收支不平衡难以维持时,就必须采取措施调节国际收支,减少不平衡的程度或改变不平衡的方向。针对国际收支不平衡的调节工具主要有国际收支不平衡的自动调节机制与国际收支不平衡的政策调节工具。其中,国际收支不平衡的自动调节机制包括货币一价格机制、收入机制和利率机制。国际收支不平衡的政策调节工具主要包括支出转换型政策(Expenditure-Switching Policy)、支出增减型政策(Expenditure-Changing Policy)、融资型政策、攻击型政策和道义与宣传型政策。

一、国际收支不平衡的自动调节机制

国际收支不平衡的自动调节机制包括货币一价格机制、收入机制和利率机制。

(一)货币一价格机制

18 世纪英国哲学家和经济学家大卫·休谟在较早的时候论述了货币一价格机制,其论述被称为价格—现金流动机制。货币一价格机制与价格一现金流动机制的主要区别是货币形态。在大卫·休谟的时代,金属铸币参与流通,而如今,则完全是纸币流通。不过,这两种机制论述的国际收支自动调节原理是一样的。当一个国家国际收支发生逆差时,意味着对外支付大于收入,货币外流,在其他条件既定下,本国物价水平下降,由此导致本国出口商品相对比较便宜、进口商品相对比较昂贵,出口相对增加,进口相对减少,贸易差额得到改善。而顺差情况正好相反。具体的调节路径见图 13—2。

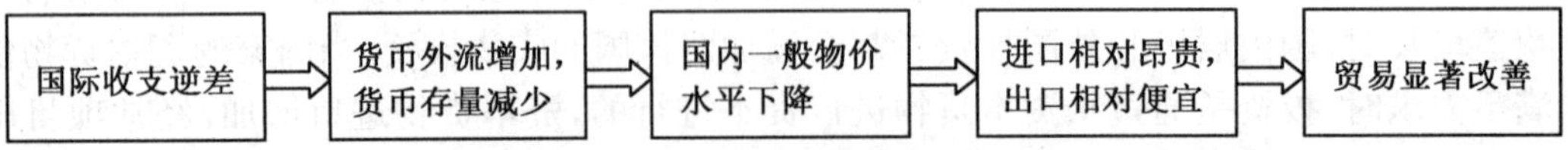

图 13—2 货币价格自动调节机制过程

（二）收入机制

根据收入机制，当国际收支发生逆差时，一国的对外支付也发生了增加，而国民收入出现下降，从而导致社会总需求的下降，贸易显著得到改善，收入机制自动调节过程见图 13－3。

图 13－3　收入机制自动调节过程

（三）利率机制

利率机制与货币－价格机制和收入机制一样，也是在自由经济的假定下存在的。当国际收支发生逆差时，本国货币的存量（供应量）相对减少，利率上升；而利率上升，表明本国金融资产的收益率上升，从而对本国金融资产的需求相对上升，对外国金融资产的需求相对减少，资金外流减少或资金内流增加，国际收支改善。

二、国际收支不平衡的政策调节工具

国际收支自动调节机制对于国际收支平衡的调节具有一定的作用，但是在某些情况下，尤其是在当代，国际收支自动调节机制的调节功能被减弱了许多，这时就需要国际收支不平衡的政策调节工具调节。

（一）支出转换型政策工具

支出转换型政策是指不改变社会总需求和总支出，而是改变需求和支出方向的政策。其主要手段有汇兑政策、补贴关税政策、直接控制等。转变方向，即国内费用从国外商品和劳务转移到国内商品和劳务。本国货币贬值与进口商品和服务的关税提高将导致进口商品和服务的价格相对上涨，而这将导致居民分流部分支出购买进口替代品。

（二）支出增减型政策工具

支出增减型政策主要包括财政政策和货币政策，通过改变对外商品、劳务和金融资产的需求，从而改变社会总需求或总支出水平，达到调整国际收支的目的。财政政策是政府利用财政收入、财政支出和公共债务调控经济的经济政策。其主要工具包括税收收入政策、税收支出政策和公共债务政策。货币政策是中央银行用来调整货币供应量和利率以影响宏观经济活动水平的经济政策。其主要工具是公开市场操作、利率和法定准备金系数。财政政策和货币政策都可以通过调节内部平衡直接影响社会总需求，而社会总需求的变化可以通过边际进口趋势影响进口，通过利率影响资金流动，调节外部平衡。收紧财政和货币政策具有降低社会总需求和总支出的作用。当社会总需求和总支出减少时，对外商品、劳务和金融资产的需求也相应减少，从而改善国际收支逆差。相反，扩张性财政政策和货币政策具有增加社会总需求和总支出的效果。当社会总需求和总支出增加时，对外商品、劳务和金融资产的需求将成比例增加，国际收支逆差增加（或顺差减少）。

（三）融资型政策工具

融资型政策简称融资政策，主要包括官方储备的使用和国际信贷便利的使用。从一国宏观调控角度看，它主要体现为国际储备政策。中长期因素造成的融资政策失衡，需要借助其他政策调整。融资政策与调节社会总需求的支出政策之间存在一定的互补性和替代性。国际收支平衡，一国政府可以采取以支出为基础的政策调整，也可以使用金融资本。简而言之，融资政策就是利用融资来抵消国际收支逆差，在短期内实现经济稳定的政策。

（四）供给型政策工具

供给型政策主要包括产业政策和科技政策。产业政策和科技政策的目的都是通过改善一国的经济结构和产业结构、增加出口商品和劳务的生产、提高产品质量、降低生产成本，从而达到改善国际收支的目的。供给政策的特点是长期性，在短期内难以有显著的效果，但它可以从根本上提高一国的经济实力和科技水平，从而为实现内部均衡和外部平衡创造条件。

（五）道义与宣示型政策工具

道德性政策和声明性政策是指政府主要通过一些没有强制力的经济和行政手段，比如政府定向讲座、演讲等来起到道义和宣示性政策的效果。这一政策的效果一方面取决于政府的号召力和公信力，另一方面也与国际收支的持续性有关。长期国际收支不能通过道德和声明的方法消除，其与经济本身的调整相协调。

本章小结

1. 国际收支复式记账法中，记入借方的项目包括：反映进口实际资源的经常项目；反映资产增加或负债减少的金融项目。记入贷方的项目包括：反映出口实际资源的经常项目，反映资产减少或负债增加的金融项目。

2. 国际收支的调节可以分为自动调节和政策调节。自动调节机制包括货币—价格机制、利率机制和收入机制。国际收支的自动调节机制只适用于完全的自由市场经济。

3. 国际收支的调节政策分为需求政策、供给政策、融资政策和道义与宣示型政策。对总需求的调节又可分为需求增减型政策（主要是财政政策、货币政策）与需求转换型政策（主要是汇率政策、直接管制政策）。对总供给的调节政策又称为产业政策与科技政策。融资政策主要体现为国际储备政策。由于每一种调节政策都存在调节成本，一般要将这几种政策有效搭配。

复习思考题

1. 国际收支平衡表的编制原则是什么？其各账户之间有什么关系？
2. 请简述国际收支不平衡的几种类型。哪些因素会导致国际收支的不平衡？
3. 国际收支自动调节的机制有哪几种？什么环境会使自动调节机制失效？
4. 观察中国2019年的国际收支平衡表，请思考这张平衡表反映了中国经济的哪些特征？
5. 请思考国际收支平衡表中错误和遗漏账户余额的可能来源。
6. 自己设计五笔国际交易，涉及经常账户、资本和金融账户，并以此编制一张国际收支平衡表。

第十四章　国际结算

学习任务

通过本章学习，掌握国际结算的基本种类和业务分类，掌握各种国际结算工具，了解各种国际结算方式的业务流程，了解国际清算体系的构成和运行。

国际结算(International Settlement)是伴随着国际贸易的产生，生产力的提高，经济的增长，货币制度、银行制度、信用制度的发展而产生和发展的。随着国际贸易的发展，国际结算的具体形式也在不断变化，形成了各种为世界各国所接受的结算工具和方式。

第一节　国际结算基础认知

国际结算是指通过跨国的货币收付以结清国家与国家之间的债权债务的活动。国际结算的目的是以有效的方式和手段实现以货币表现的国际债权债务的清偿。

一、国际结算基本种类

国际结算可以分为贸易结算和非贸易结算。具体的国际结算范围可以划分为三类：有形贸易类、无形贸易类和金融交易类。

(一)贸易结算和非贸易结算

1. 贸易结算是指因贸易而产生的货币收付或债权债务的清算，主要包括票据、汇款、托收、信用证、保函等。

2. 非贸易结算是指由其他经济活动和政治、文化交流所引起的货币收付结算，主要包括非贸易汇款、非贸易信用证、旅行支票、非贸易票据的买入与托收、信用卡和外币兑换等。

(二)有形贸易类、无形贸易类和金融交易类

1. 有形贸易类。有形贸易类即有形商品交易。此类贸易结算在国际结算中所占比重较高。

2. 无形贸易类。无形贸易类即以劳务为背景或仅仅是单方面的付出，主要包括国际旅游、国外亲友赠款、出国留学、对国外的捐助及劳务输出等。

3. 金融交易类。金融交易类即纯粹的货币交易，主要包括外汇买卖、对外投资和对外筹资等。

二、国际结算业务分类

按照使用结算支付手段的不同，国际结算业务大体可以分为以下四类：

1. 现金/货币结算

原始的为卖方一手交货，买方一手交钱，钱货两清，通常称为现金交货，现在较少采用。

2. 票据结算

支付票据化意指受票人/制票人凭提示票据支持票款给收款人。

3. 凭单结算

国际贸易订立销售合约后，卖方把货物交给运输商承运至买方收货地，凭借运输商提供的货物单据向买方索取货款，买方付款取得单据提出货物，贸易结算完成。

4. 电讯结算

电汇、SWIFT 电开信用证、电子交单，以及保理业务中的电子数据交换(EDI)，都属电讯结算范围。

第二节　国际结算的工具

一、汇票

(一)汇票的定义与内容

汇票是由一方向另一方签发的，要求付款人在见票时或在一定期限内，向收款人或持票人无条件支付一定金额的书面支付命令。

汇票的基本当事人有出票人(签发汇票并交付汇票的人)、付款人(接受汇票的人，又称受票人)、收款人(收取票款的人，也是第一持票人)。除此之外，在汇票流通过程中，还有背书人、被背书人、保证人等。

根据日内瓦《统一汇票本票法公约》的规定，汇票的成立与有效必须具备以下几项内容：(1)写明"汇票"字样；(2)无条件支付命令；(3)出票地点和日期；(4)付款期限；(5)汇票金额；(6)付款人名称和付款地点；(7)收款人名称或商号；(8)出票人名称和签字；(9)汇票号码。

(二)汇票的种类

根据不同的标准，汇票可以分为以下几种。

1. 银行汇票和商业汇票

根据出票人的不同，可以把汇票分为银行汇票和商业汇票。

2. 即期汇票和远期汇票

根据付款期限的不同，可以把汇票分为即期汇票和远期汇票。

3. 光票和跟单汇票

根据有无附带货运单据，可以把汇票分为光票和跟单汇票。

4. 商业承兑汇票和银行承兑汇票

根据承兑人的不同，可以把承兑汇票分为商业承兑汇票和银行承兑汇票。

(三)汇票的使用过程

汇票的使用过程主要包括出票、提示、承兑和付款。

1. 出票

出票是指出票人签发汇票并交付给收款人的行为。

2. 提示

提示是持票人将汇票提交付款人要求承兑或付款的行为，是持票人要求取得票据权利的必要程序。

3. 承兑

承兑是指付款人在持票人向其提示远期汇票时，在汇票上签名，承诺于汇票到期时付款的行为。

4. 付款

付款人在汇票到期日，应向提示汇票的合法持票人足额付款。

5. 背书

汇票是可以流通转让的证券。根据《中华人民共和国票据法》规定，除非出票人在汇票上记载“不得转让”字样，否则，汇票的收款人可以以记名背书的方式转让汇票权利。

6. 拒付

拒付又称退票。持票人向付款人提示，付款人拒绝付款或拒绝承兑，均称拒付。另外，付款人逃匿、死亡或宣告破产，以致持票人无法实现提示，也称拒付。

7. 追索

出现拒付，持票人有追索权，即有权向其“前手”(背书人、出票人)要求偿付汇票金额、利息和其他费用。

案例分析 14—1　对金融票据缺乏应有的知识而造成损失

中国G公司(进口商)与新加坡H公司(出口商)签订进口一批纤维板的合同，金额为800万美元，分8批交货，每批100万美元，使用远期汇票付款。合同订立后，新加坡出口商按时发来第一批货物，同时开立了8张远期汇票，每张汇票金额为100万美元。但中国进口商的开户银行S银行将8张汇票全部承兑并退还给新加坡出口商。此后，新加坡出口商不再发货，同时将全部汇票转让给美国花旗银行。汇票到期后，花旗银行作为汇票的持票人要求S银行付款。该案导致中国G公司巨额损失。该案损失的主要原因是中国涉案的各方对金融票据缺乏应有的知识。

分析：对于远期汇票付款是指出票完成后不能马上要求，而只能在规定的日期内要求票据权利的票据。而且远期汇票承兑后不可撤销，而G公司在H公司发第一批货物时就对其全部的远期汇票进行承兑，造成了巨额损失。

二、本票

(一)本票的定义与内容

本票是一方向另一方签发的，保证于见票时或定期或在可以确定的将来的时间，对某人或其指定人或持票人支付一定金额的无条件的书面承诺。简单来说，本票是出票人对收款人承诺无条件支付一定金额的票据。

根据日内瓦《统一汇票本票法公约》的规定，本票必须具备以下事项：(1)写明“本票”字样；(2)无条件支付承诺；(3)收款人或其指定人；(4)出票人签字；(5)出票日期和地点；(6)付款期限;(7)一定金额;(8)付款地点。

本票有两个基本当事人:出票人和收款人。本票的付款人即为出票人,故本票无须承兑。

(二)本票的种类

根据出票人的不同,本票可以分为商业本票和银行本票。

1. 商业本票是企业单位或个人签发并承诺在见票时或指定日期无条件支付一定金额给收款人或持票人的票据。按照国际上所使用的商业本票,有远期和即期之分。远期商业本票简称期票,可分为定期付款、出票后定期付款和见票后定期付款期票。商业本票主要是在同城用于清偿出票人自身债务之用。

2. 银行本票是申请人将款项交存银行,由银行签发的承诺自己在见票时无条件支付确定的金额给收款人或者持票人的票据。银行本票按照其金额是否固定可分为不定额和定额两种。不定额银行本票是指凭证上金额栏是空白的,签发时根据实际需要填写金额(起点金额为100元),并用压数机压印金额的银行本票;定额银行本票是指凭证上预先印有定好固定面额的银行本票。定额银行本票面额为1 000元、5 000元、10 000元和50 000元,其提示付款期限自出票日起最长不得超过2个月。银行本票,见票即付,不予挂失,当场抵用,付款保证程度高。

(三)本票和汇票的区别

本票和汇票的区别表现在以下几个方面:

(1)证券性质和当事人个数不同。汇票为委付证券,本票为自付证券。(2)主债务人不同。(3)有无承兑不同。(4)有无资金关系不同。(5)出票人和背书人责任不同。(6)付款人的责任不同。(7)开立份数不同。(8)付款方式不同。(9)付款期限不同。

三、支票

(一)支票的定义与内容

支票是银行存款户签发的,要求银行见票时立即从其账户中无条件地支付一定金额给指定收款人或持票人的书面支付命令。

支票的关系人有以下几个:(1)出票人;(2)收款人;(3)付款人;(4)代收行。

支票必须包括以下内容:(1)写明“支票”字样;(2)无条件支付一定金额的命令;(3)付款银行的名称、地址;(4)出票人签字;(5)出票日期和地点;(6)付款地点;(7)写明“即期”字样(如未写明即期,视为即期支付);(8)支票金额;(9)收款人或其指定人。

(二)支票的种类

根据特征的不同,可把支票分为以下几种。

1. 记名支票与不记名支票

记名支票是指在支票的收款人一栏写明收款人姓名,如“限付某甲”或“指定人”,取款时须由收款人签章,方可支取。不记名支票又称空白支票,支票上不记载收款人姓名,只写“付来人”。取款时持票人无须在支票背后签章即可支取。此项支票仅凭交付而转让。

2. 划线支票

划线支票是指在支票正面画两条平行线的支票。

3. 保付支票

为了避免出票人开出空头支票,保证支票提示时付款,支票的收款人或持票人可要求银行对支票“保付”,这种支票即为保付支票。

4. 银行支票

银行支票也称银行即期汇票，是由银行签发，并由银行付款的支票。银行代顾客办理票汇汇款时，可以开立银行支票。

5. 旅行支票

旅行支票是银行或旅行社向旅游者发行的一种固定金额的支付工具，是旅游者从出票机构用现金购买的一种支付手段。

和其他支票相比，旅行支票有以下特点：(1)金额比较小；(2)没有指定的付款人和付款地点；(3)比较安全；(4)汇款人同时也是收款人；(5)不规定流通期限

第三节　国际结算的基本方式

一、汇付

汇付是银行(汇出行)应汇款人(债务人)的要求，以一定的方式将一定的金额，以其国外联行或代理行作为付款银行(汇入行)，付给收款人(债权人)的一种结算方式。汇付方式不仅运用于贸易和非贸易的结算，凡属外汇资金的调拨都可采取这种方式。

(一)汇付的当事人

汇付又称为汇款。汇付属于商业信用，汇付有四个当事人。

1. 汇款人(Remitter)：在国际贸易结算中通常是进口人、买卖合同的买方或其他经贸往来中的债务人；

2. 收款人(Payee)：在国际贸易结算中通常是出口人、买卖合同的卖方或其他经贸往来中的债权人；

3. 汇出行(Remitting Bank)：是接受汇款人的委托或申请，汇出款项的银行，通常是进口人所在地的银行；

4. 汇入行(Receiving Bank)：又称解付行(Paying Bank)，是接受汇出行的委托解付款项的银行，汇入行通常是收款人所在地的代理行。

(二)汇付的种类

按照支付工具不同，汇付分为电汇、票汇、信汇。目前实际业务操作中，信汇已经很少使用，主要采用电汇方式，票汇一般用于小额支付。

1. 电汇汇款

电汇汇款是汇款人(付款人或债务人)委托银行以电报、电传、环球同业银行金融电讯协会(SWIFT)方式，指示出口地某一银行(其分行或代理行)作为汇入行，解付一定金额给收款人的汇款方式。

2. 票汇汇款

票汇汇款是汇出行应汇款人申请，代汇款人开立以其分行或代理行为解付行的银行即期汇票，支付一定金额给收款人的一种汇款方式。

3. 信汇汇款

信汇汇款是汇出行应汇款人申请，将信汇委托书或支付委托书邮寄给汇入行，授权其解付一定金额给收款人的一种汇款方式。

资料卡 14—1 汇付的业务流程

(一)信汇

信汇是银行用航空信函来指示国外代理行支付汇款的结算方式。信汇的业务流程可以归纳为以下几个步骤:

(1)汇款人填写信汇申请书,连同汇款一起交给汇出行。

(2)汇出行接受客户申请,并给予客户一张信汇回执。

(3)汇出行航邮信汇委托书通知国外代理行(汇入行),委托书上记载汇款人、收款人、金额等内容。

(4)汇入行接到信汇委托书后,向收款人发出汇款通知书,通知其前来取款。

(5)收款人凭有效证件前来取款,汇入行核对无误后付款。

(6)收款人收款并在收款收据上签字。

(7)汇入行向汇出行发出付讫借记通知书。

(8)如汇出行与汇入行没有直接账户关系,则还须进行头寸清算。

(二)票汇

票汇就是银行用即期汇票作为汇款工具的结算方式,票汇的业务流程可以归纳为以下几个步骤:

(1)汇款人填写票汇申请书,连同汇款一起交给汇出行。

(2)汇出行开立银行即期汇票,交给汇款人。

(3)汇款人自行邮寄汇票给收款人或亲自携带汇票出国。

(4)汇出行开立汇票后,将汇款通知书(票根)邮寄给国外代理行。

(5)收款人持汇票到汇入行取款。

(6)汇入行验核汇票与票根无误后,解付票款给收款人。

(7)汇入行把付讫借记通知书寄给汇出行。

(8)如汇出行与汇入行没有直接账户关系,则还须进行头寸清算。

(三)电汇

电汇是汇出行应汇款人的申请,通过拍发加押电报、电传或 SWIFT 给其在国外的分行或代理行,指示其解付一定金额给收款人的一种汇款方式。电汇的业务流程可以归纳为以下几个步骤:

(1)汇款人填写电汇申请书递交给汇出行,并向其交款付费。

(2)汇出行将电汇回执交给汇款人。

(3)汇出行根据电汇申请人的指示,用电传或 SWIFT 方式向国外代理行发出汇款通知。

(4)汇入行收到电传或 SWIFT,核对密押无误后,即可缮制电汇通知书,通知收款人取款。

(5)收款人持通知书前去取款并在收款收据上签字。

(6)汇入行即刻解付汇款。

(7)汇入行将付讫借汇通知书寄给汇出行。

(8)如汇出行与汇入行没有直接账户关系,则还须进行头寸清算。

二、托收

出口商(或债权人)根据买卖合同先行发货,然后开立金融单据或商业单据或两者兼有,委托出口托收行通过其海外联行或代理行(进口代收行),向进口商(或债务人)收取货款或劳务费用的结算方式。

(一)托收的当事人

托收属于商业信用。托收涉及四个主要当事人。

1. 委托人(Principal):也称出票人,一般是出口商,主要是行使与进口商签订的合同上的条款,履行与银行签订的委托收款的合同。

2. 托收行(Remitting Bank):是委托代收款项的银行,主要是按照委托人的要求和国际惯例处理业务。

3. 代收行(Collecting Bank):代收行是在进口地的代理人,根据托收行的委托书向付款人收款的银行。

4. 付款人(Drawee):一般是进口商。主要是支付款项的人。

(二)托收的种类

托收结算方式分为光票托收和跟单托收。

1. 光票托收

光票托收意指金融单据的托收,是不伴随任何商业单据而委托银行代收款项的一种托收结算方式。

2. 跟单托收

跟单托收是主要的托收业务,它分成两大部分,第一是出口托收部分,第二是进口代收部分。出口托收部分是由委托人/出口商出具托收申请书,连同金融和/或商业单据委托出口地托收行代其收取出口货款。托收行接受委托,转委进口代收行按照托收指示,将金融和/或商业单据提示给进口商,当收妥货款后,汇交托收行转交委托人/出口商,完成出口托收业务。进口代收部分是代收行按照托收指示,将金融和/或商业单据提示给付款人/进口商代为索取货款,收妥货款后,汇交托收行转交委托人。

资料卡 14—2　托收的业务流程

光票托收与跟单托收的流程可以归纳为以下几个步骤:

(1)委托人(出口商)填写托收委托书。

(2)托收行将汇票连同货运单据,寄交进口地代理银行。

(3)代收行收到汇票及货运单据,即向付款人做出付款提示。

(4)在付款交单情况下,付款人付清货款,赎取全套货运单据。

(5)代收行通知托收行货款收到,并转账。

(6)托收行将货款交给委托人。

三、信用证

信用证是开证银行根据申请人的要求和指示、向受益人开立的、在一定期限内凭规定的符合信用证条款的单据、即期或在一个可以确定的将来日期承付一定金额的书面承诺，具有不可撤销的特点。

（一）信用证的当事人

1. 申请人（Applicant）：发出开立信用证申请的一方。

2. 受益人（Beneficiary）：信用证中受益的一方。

3. 开证行（Issuing Bank）：应申请人要求或代表其自身开立信用证的银行。

（二）信用证的特点

1. 信用证是一项自足文件。信用证虽然依据合同开立，但是一旦信用证开立，即独立于合同，银行审核单据只依据信用证，与贸易合同无关。

2. 信用证是纯粹的单据业务。银行仅审核单据，而不涉及与单据相关之货物。只要单据符合信用证要求，开证行就要兑付。

3. 若有开证行，则开证行（或保兑行）负首要付款责任。信用证是银行信用，是一种银行担保文件，开证行（或保兑行）负有首要付款责任，且不可追索。

（三）通常的跟单信用证

通常的跟单信用证有两件重大事项：保兑与不保兑的性质、信用证的使用方式。

1. 按照保兑性质来分信用证有不可撤销保兑信用证和不可撤销不保兑信用证。

（1）不可撤销保兑信用证

不可撤销保兑信用证是指保兑行在开证承诺之外做出承付或议付相符交单的确定承诺，该信用证给予受益人双重的付款保证。受益人交单给开证行或指定银行，且单证相符，即构成开证行的确定付款承诺；此外相同单据交给保兑行或指定银行，且单证相符还构成保兑行的确定付款承诺，这样受益人获得上述两家银行的付款保证。

（2）不可撤销不保兑信用证

开证行的不可撤销跟单信用证被一家通知行予以通知，此时信用证项下的通知行作为开证行的代理人，除了合理谨慎地核验所通知信用证的表面真实性外，对受益人不承担任何责任，不可撤销不保兑信用证与通常的不可撤销信用证内容完全相同。

2. 受益人交单给指定银行办理结算，按照使用信用证金额的方式（又称结算条件）分为即期付款信用证、延期付款信用证、承兑信用证、议付信用证。

（1）即期付款信用证

即期付款信用证是开证行或指定银行收到相符交单后应立即付款的一种信用证。

（2）延期付款信用证

延期付款信用证是开证行或指定银行按信用证规定在收到相符单据若干天后再付款的信用证。

（3）承兑信用证

承兑信用证是远期信用证的一种，受益人要开立汇票，开证行或被指定银行对受益人开立的远期汇票一经承兑，信用证项下的不可撤销的付款责任就上升到了票据上的无条件付款责任。

（4）议付信用证

议付信用证是指开证行允许受益人向被指定银行或任何银行交单议付的信用证，按是否限定议付银行分为限制议付信用证和自由议付信用证两种。当信用证规定在某一家具体的指定银行办理议付时称为限制议付信用证，当信用证允许某个国家或某个城市内的任何银行办理议付时称为自由议付。

(四)特殊的跟单信用证

特殊跟单信用证是指不可撤销信用证带有特殊性能或者具有特殊用途的信用证。

1. 可转让信用证

可转让信用证是指信用证的受益人(第一受益人)可以请求授权付款、承担延期付款责任、承兑或议付的银行(转让行),或如果是自由议付信用证时可以要求信用证特别授权的转让行,将信用证全部或部分转让给一个或数个受益人(第二受益人)使用的信用证。

采用转让信用证的方式,可免去中间商的开证程序,给供货商提供付款的保证,使供货商放心生产办理交货,为自己节省一笔开证费用及保证金。中间商还可通过改变信用证的单价及总值获取差价,它的独特之处就在于第一受益人通过替换汇票和商业发票赚取原证与已转让信用证之间的差额。同时通过换单隐去开证申请人的名称,切断供求双方的联系,保住商业机密。

2. 背对背信用证

背对背信用证也是为了适应中间商经营进出口业务的需要而产生的一种信用证,转让信用证的前提是进口商开立的信用证可转让,而背对背信用证中进口商开立的信用证是不可转让的,受益人以该证(母证)作保证,要求该证的通知行或其他银行在该证的基础上开立一张以本地的或第三国的实际供货商为受益人的新证(子证),这张另开的新证就是背对背信用证。

新证开立后,原证仍有效,由新证开证行代原受益人(中间商)保管。中间商可以原证项下收到的货款来支付背对背信用证开证行垫付的资金,从而无须向实际供货商直接支付货款。比较转让信用证来说,背对背信用证的中间商除了要向开证行提供开证担保,交纳保证金或占用信贷额度,还要承担一个独立开证人的付款责任和一个独立受益人可能面对开证行拒付的风险。

3. 款项让渡

UCP600 第 39 条规定:信用证未注明可转让,并不影响受益人根据所适用的法律规定,将该信用证项下其可能有权或可能将成为有权获得的款项让渡给他人的权利。即不管信用证可否转让,都可以办理款项让渡。

款项让渡可以作为融资担保、开立背对背信用证保障、让渡给信用证下的实际供货商以降低风险。

4. 预支信用证

预支信用证是在信用证上列入特别条款,授权议付行或保兑行在交单前预先垫款付给受益人的一种信用证。预支信用证可以分为全部预支信用证及部分预支信用证两种。

全部预支信用证的申请人意欲融资给受益人,在申请开证时就将全部预支款项足额交给开证行,开证行在信用证上加列预支条款,授权议付行凭受益人将来的光票(或单据)以及承诺书(承诺在信用证有效期内装运货物、提交信用证要求的单据)予以议付的购买,而将全部信用证金额扣减利息预先垫付给受益人,并收存受益人交来的信用证正本,在信用证背面注明议付金额,妥为保管,以备将来议付货运单据之用。

部分预支信用证是应卖方要求,买方同意卖方利用购买价格的一部分,如一定百分比的金额用于装运前预付,并且还同意这项预支应在已开立信用证内予以规定,预支的金额将在交单时从付给卖方的金额中扣除。

5. 循环信用证

循环信用证是信用证的部分或全部金额被使用后可以恢复到原金额再被利用的信用证。该信用证源于进出口双方签订长期销售合约，均衡地分批装运货物，为节省开证手续费和保证金而开立的信用证，分为按时间循环使用和按金额循环使用两种。

按时间循环的信用证是指受益人在一定的时间内（如一个月）可议付信用证规定的一定金额，议付后，在以后一定时间内（如下一个月）又恢复至原金额仍可议付使用，在若干个月内循环使用，直至该证规定的总金额用完为止。

按金额循环的信用证是指受益人按照该证规定的一定金额议付后，该证仍恢复到原金额，可供再行议付使用，直至该证规定的总金额用完为止。

6. 对开信用证

对开信用证是指买卖双方各自开立的以对方为受益人的信用证。在对等贸易中，交易双方互为买卖双方，双方各自为自己的进口部分互为对方开立信用证，对开信用证在易货贸易、补偿贸易、来料加工、来件装配业务中使用居多。

7. 长期信用证

长期信用证是指在交易中，当付款责任不能很容易确定，并且根据事件的真正性质（例如承受某种保险风险）和责任范围不可能很快计算出金额、数量时，经常要在引起责任的事件之后若干年才能确定支付金额而开立的信用证。

这种信用证比传统的商业信用证有效期长，并且只有在到期日之前开证行向受益人发出通知，才能被撤销或修改。

8. 无效信用证

无效信用证是指信用证中带有软条款的信用证。软条款是指开证行在信用证内加列受益人不能控制的条款（如信用证中要求以开证申请人出具的单据作为交单或付款条件）从而削弱受益人的地位，使付款受阻，削弱信用证的承诺。

资料卡 14—3 信用证的操作流程

(1)合同规定使用信用证支付货款，进口商填制开证申请书，交纳押金和手续费，要求开证行开出以出口商为受益人的信用证；

(2)开证行将信用证寄交出口商所在地的分行或代理行(通知行)；

(3)通知行核对印鉴无误后，将信用证转交出口商；

(4)出口商审核信用证与合同相符后，按信用证规定装运货物，并备齐各项货运单据，开具汇票，在信用证有效期内一并送交当地银行(议付行)请求议付；

(5)议付行审核单据与信用证无误后，按汇票金额扣除利息和手续费，将货款垫付给出口商；

(6)议付行将汇票和单据寄交开证行或其指定的付款行索偿；

(7)开证行或其指定的付款行审单无误后，向议付行付款；

(8)开证行在向议付行办理转账付款的同时，通知进口商付款赎单；

(9)进口商审单无误后，付清货款，开证行收款后，将单据交给进口商，进口商凭单据向承运人提货。

案例分析 14－2　出口企业因海外疫情导致出现国际结算中交单问题

中国A企业与某国B企业签署买卖合同，合同约定信用证结算。2020年2月，中国企业收到买方所在国银行开出的信用证，通过中国某银行通知A企业。信用证第31D：200330 B国开证行SWIFT代码。货物通过陆运发运后，中国A企业前去通知行"交单"，被告知因开证行所在国国内快递瘫痪，单据无法寄至开证行，信用证即将过期。中国企业焦急地联系买方修改信用证，因为陆运运输单据不同于海运提单，不具有物权凭证效力，买方无须单据就提走了货物，之后再没有回应。

《国际商会跟单信用证统一惯例》(UCP600)是国际商会推荐给国际银行界采用的业务惯例。根据UCP600，受益人(卖方)的主要义务是提交相符的单据，完成这一义务是银行付款的前提。那么交单的对象是谁？是否可以交给通知行(Advising Bank)？

根据UCP600第2条：Presentation means either the delivery of documents under a credit to the issuing bank or nominated bank or the documents so delivered。即交单的对象只有开证行(Issuing Bank)和指定银行(Nominated Bank)。指定银行可以是通知行，但如果信用证并未标明available with ×× bank(通知行)，则通知行就不是指定银行，仅仅承担通知义务。

上述案例中，信用证文本并没有标明"available with 中国通知行"，且SWIFT信息第31D显示"200330 B国开证行SWIFT代码"，即信用证失效地点在B国。很明确，交单银行是B国开证行，受益人把单证提交给国内通知行并没有完成交单义务。

因此，案例中的企业如果要求信用证在中国交单、议付(available with 某中国银行)，则在相符交单的情况下，本应已落袋为安。信用证虽然独立于基础合同，但也是由买方开出，企业在签合同时可以将关键条款在合同中予以约定明确，应特别注意交单地、交单日期、最晚发运日期这些可能受影响的因素，尽量争取可以自己掌控、确定性强的条件。

资料来源：https://www.163.com/dy/article/F9RFP8FP0514AN1F.html，2020年4月10日。

资料卡 14－4　电子信用证业务是必然之路

电子信用证是指利用电子技术等先进科学技术开展信用证全流程业务，是从电开信用证、电子通知信用证、电子交单、电子审单及至电子付款的全流程电子化运作。信用证早期是以纸质材料通过信函方式开立的；随着通信技术的发展，信用证的开立逐步通过电报、电传方式开立，如今信用证几乎都是通过SWIFT(环球同业银行电讯协会)系统开立的。

目前在电子信用证全流程运作过程中，最薄弱的环节是电子交单。国际上已建成的一些第三方系统平台，如BOLERO(Bill of Lading Electronic Registry Organization)系统、ESS(Electronic Shipping Solutions)系统、TSU(Trade Services Utility)系统和TRADECARD、CCEWEB、CARGODOCS等，都在积极推动电子交单。以BOLERO系统为例。该平台以互联网为基础，支持包括进出口商、银行、保险公司、承运人、运输行、港务机构、海关和检验机构等传输、交换、核查电子单据与数据；同时，客户可以通过权利注册申请实现货物所有权的在线转让，银行可以通过该平台进行开证、信用证通知、审单等。中国很多知名的公司都已加入BOLERO系统，如中国银行、中国工商银行、中国农业银行、中信银行、中国海运、中国五矿、中化等。

当前，推动电子信用证的全流程运作的关键并不是技术与共识的问题，而是要重点做好以下两方面的工作：

一是修订与完善 EUCP。国际商会分别于 2002 年和 2007 年相继发布了《跟单信用证统一惯例关于电子交单的附则》的 EUCP1.0 版本和 EUCP1.1 版本，用以指导和规范电子交单与电子审单。但即使是 EUCP1.1 版本，总体来说也非常简单，不能解决电子信用证全流程运作所面临的问题，因此，尽快丰富和完善 EUCP 十分必要。

二是防范单据伪造与变造。与纸质单据不同，在电子信用证项下，由于所有单据的缮制与提交都是通过电子信息方式，因此单据的伪造与变造变得非常容易。如果根据 UCP600 第 34 条关于"银行对任何单据的形式、充分性、准确性、内容真实性、虚假性或法律效力，或对单据中规定或添加的一般或特殊条件，概不负责"的规定，那么在电子信用证全流程运作中，防范单据伪造与变造就成为势必要解决的问题。

资料来源：查忠明：《国际贸易结算：渐进电子化》，《中国外汇》2016 年第 2 期，第 27 页。

第四节　国际清算体系的构成和运行

目前国际清算体系由两大部分组成：一是各国主导的本国货币的跨境清算系统，如美国的 CHIPS（美元跨境清算系统）和我国的 CIPS（人民币跨境支付系统），二是各国统一共享的国际电讯系统，如 SWIFT。

在实际运行中，SWIFT 与各国的跨境清算系统相连，才能实现跨境支付。以美国为例，美元的跨境支付结算需要 SWIFT 同 CHIPS，以及美国另一支付系统 Fedwire（美元大额支付系统）相连。如果银行是跨境清算系统的直接参与者，则直接通过 CHIPS 清算；如果银行是 CHIPS 的间接参与者，首先通过 SWIFT 向直接参与者发送指令，随后由直接参与者通过 CHIPS 完成清算，最终由 Fedwire 完成结算。

在人民币跨境支付上，由 SWIFT 完成支付指令的交换（间接参与者），CIPS 清算，最终通过中国现代化支付系统（CNAPS）下的大额支付系统（HVPS）完成结算。

1. 环球银行金融电讯协会（Society for Worldwide Interbank Financial Telecommunications，SWIFT）

SWIFT 是一个国际银行同业间非营利性合作组织，运营着世界级的金融电文网络，主要为银行金融机构提供信息传输服务，银行接到信息后，按照指令转送到所属的清算系统或支付系统内，完成资金的转账处理。

2. 美元跨境清算系统（Clearing House Interbank Payment System，CHIPS）

CHIPS 是属于纽约清算所协会所有并由其经营的一个私营支付清算系统，主要由美国 12 家联邦储备银行的一系列数量众多的联系成员银行组成，成员包括纽约清算所协会成员、国外银行在纽约的分支机构、纽约商业银行、美国银行在纽约的艾奇法公司及纽约州银行法规定的投资公司。中国银行于 1986 年作为我国加入 CHIPS 的首家银行。联系成员银行必须通过某一家联邦储备银行清算。CHIPS 日处理 270 000 笔结算业务，日结算总额达 1.4 万亿美元，超过 95%的美元跨境支付通过 CHIPS 进行。

3. 欧洲间实时全额自动清算系统(The Trans-European Automated Real-time Gross settlement Express Transfer,TARGET)

TARGET 的清算成员系欧元区内各国的中央银行,任何一家金融机构,只要在欧元区内所在国家的中央银行开立汇划账户,即可通过与 TARGET 相连接的所在国的实时全额清算系统(RTGS),进入欧元的国内或跨国清算。欧洲中央银行及成员国中央银行负责监督 TARGET 的运营,并作为清算代理人直接参与 TARGET 运行。

4. 中国现代化支付系统(China National Advanced Payment System,CNAPS)

CNAPS 由中国人民银行清算总中心建设、运营和管理,主要为金融机构之间和金融机构与中国人民银行之间的支付业务提供最终资金清算,主要包括大额实时支付系统(HVPS)、小额批量支付系统(BEPS)、网上支付跨行清算系统(IBPS)等。在中国的整个支付清算体系内,CNAPS 是全国各支付活动资金最终清算的核心和底层系统。

5. 人民币跨境支付系统(CIPS)

CIPS 是专门用于人民币跨境支付清算业务的支付系统。该系统于 2012 年 4 月 12 日开始建设,2015 年 10 月 8 日正式启动。CIPS 系统主要有以下几个特点:

(1)运行时间为 5×24 小时+4 小时,实现对全球各时区金融市场的全覆盖;

(2)采用实时全额结算和定时净额结算,满足参与者的差异化需求;

(3)采用国际通用 ISO20022 报文标准,充分考虑了与 SWIFT 报文的转换要求,便于跨境业务直通处理并支持未来业务发展需求,提高清算效率。

因此,CIPS 在很大程度上解决了大额支付系统(HVPS)的不足,可提高人民币跨境支付清算效率,推动人民币的国际化。

案例分析 14—3　人民币在国际结算中的支付比例

根据国际结算系统(SWIFT)公布的 2021 年 7 月份国际支付比例数据来看,美元、欧元依然是国际支付中的首选,美元占到了 39%,欧元占到了 38%,英镑占到了 5.99%,日元占到了 2.74%,人民币占到了 2.19%,美元支付比例降幅超过 14%,人民币支付比例和 6 月份相比下降了 0.27%。

2021 年 3 月,人民币在 SWIFT 的支付体系中所占比例为 2.49%,紧接着 4 月和 5 月下滑到了不足 2%,6 月和 7 月重新爬升到 2%以上,位列全球第五。

中国在 SWIFT 体系中并没有绝对优势地位,很多国家都建立了结算系统,中国自然也有自己的货币结算系统,并且于 2015 年开始布局,目前和中国相邻的大多数国家的边境城市使用人民币结算。

根据不完全统计,截至 2021 年年初已经有 97 个国家和地区采用人民币来结算,而"一带一路"的 58 个国家和中国之间的贸易也有采用人民币结算,同时全球七十多个国家把人民币作为外汇储备,人民币正在快速地渗透到世界各国。

资料来源:https://www.sohu.com/a/487015970_100110525,2021 年 9 月 1 日。

本章小结

1. 国际结算是指通过跨国的货币收付以结清国家与国家之间的债权债务的活动。国际结算的目的是以有效的方式和手段实现以货币表现的国际债权债务的清偿。

2. 国际结算可以分为贸易结算和非贸易结算。具体的国际结算范围可以划分为三类:有形贸易类、无形贸易类和金融交易类。

3. 汇票是由一方向另一方签发的,要求付款人在见票时或在一定期限内,向收款人或持票人无条件支付一定金额的书面支付命令。

4. 本票是一方向另一方签发的,保证于见票时或定期或在可以确定的将来的时间,对某人或其指定人或持票人支付一定金额的无条件的书面承诺。简单来说,本票是出票人对收款人承诺无条件支付一定金额的票据。

5. 支票是银行存款户签发的,要求银行见票时立即从其账户中无条件地支付一定金额给指定收款人或持票人的书面支付命令。

6. 按照支付工具不同,汇付分为电汇、票汇、信汇。目前实际业务操作中,信汇已经很少使用,主要采用电汇方式,票汇一般用于小额支付。电汇汇款是汇款人(付款人或债务人)委托银行以电报、电传、环球同业银行金融电讯协会(SWIFT)方式,指示出口地某一银行(其分行或代理行)作为汇入行,解付一定金额给收款人的汇款方式。票汇汇款是汇出行应汇款人申请,代汇款人开立以其分行或代理行为解付行的银行即期汇票,支付一定金额给收款人的一种汇款方式。信汇汇款是汇出行应汇款人申请,将信汇委托书或支付委托书邮寄给汇入行,授权其解付一定金额给收款人的一种汇款方式。

7. 出口商(或债权人)根据买卖合同先行发货,然后开立金融单据或商业单据或两者兼有,委托出口托收行通过其海外联行或代理行(进口代收行),向进口商(或债务人)收取货款或劳务费用的结算方式。托收结算方式分为光票托收、跟单托收。

8. 信用证是开证银行根据申请人的要求和指示、向受益人开立的、在一定期限内凭规定的符合信用证条款的单据、即期或在一个可以确定的将来日期承付一定金额的书面承诺,具有不可撤销的特点。

复习思考题

1. 国际结算基本种类有哪些?
2. 国际结算的工具有哪些工具?
3. 汇票的种类有哪些?本票和汇票有什么区别?
4. 国际结算的基本方式有哪些?
5. 信用证是什么?有哪些特点?

参考资料

1. 傅龙海:《国际结算》,对外经济贸易大学出版社 2018 年版。
2. 刘卫红、尹晓波:《国际结算》,东北财经大学出版社 2018 年版。
3. 姜波克:《国际金融新编》,复旦大学出版社 2018 年版。
4. 田文锦:《国际金融实务》,机械工业出版社 2019 年版。
5. 程丽萍:《国际金融实务》,立信会计出版社 2005 年版。
6. 陈国龙:《国际金融》,浙江大学出版社 2020 年版。
7. 陈湛匀:《国际金融》,立信会计出版社 2005 年版。
8. 侯高岚:《国际金融》,清华大学出版社 2005 年版。
9. 冯文伟:《国际金融》,立信会计出版社 2014 年版。
10. 杨胜刚:《国际金融学》,高等教育出版社 2016 年版。
11. 刘思跃、肖卫国:《国际金融》,武汉大学出版社 2006 年版。
12. 王爱俭:《国际金融概论》,中国金融出版社 2020 年版。
13. 何泽荣:《国际金融原理》,西南财经大学出版社 2004 年版。
14. 吴晓灵等:《中国外汇管理》,中国金融出版社 2001 年版。
15. 杨胜刚、姚小义:《外汇理论与交易原理》,高等教育出版社 2008 年版。
16. 刘舒年:《国际金融》,对外经贸大学出版社 2017 年版。
17. 陈雨露:《国际金融》,中国人民大学出版社 2008 年版。
18. 国际货币基金组织:《国际资本市场:发展、前景和主要政策问题》,中国金融出版社 2001 年版。
19. 杨星:《国际金融学》,广东经济出版社 2001 年版。
20. 何国华:《国际金融市场》,武汉大学出版社 2001 年版。
21. 李翀:《国际金融市场》,清华大学出版社 2005 年版。
22. 朱新蓉:《金融概论》,中国金融出版社 2002 年版。
23. 潘英丽:《国际金融》,中国金融出版社 2002 年版。
24. 龚关:《国际金融理论》,武汉大学出版社 2000 年版。
25. 师玉兴:《国际金融》,对外经济贸易大学出版社 2002 年版。
26. 蓝发钦:《国际金融》,华东师范大学出版社 2015 年版。
27. 卢永忠:《国际金融》,重庆大学出版社 2004 年版。
28. 钱荣堃等:《国际金融》,南开大学出版社 2002 年版。
29. 李多全:《证券投资实务》,北京大学出版社 2005 年版。
30. 王慧彩:《一本书读懂股票期权》,人民邮电出版社 2017 年版。
31. 罗伯特·L. 麦克唐纳著,任婕茹、戴晓彬译:《衍生品市场基础》,人民大学出版社 2009 年版。
32. 甘碧群、曾伏娥:《国际市场营销学》,高等教育出版社 2014 年版。
33. 兰容英、倪信琦:《外汇交易实务》,厦门大学出版社 2019 年版。
34. 杨向荣:《外汇交易实务》,清华大学出版社 2019 年版。